HERMANN
SIMON
헤르만 지몬

HERMANN SIMON

헤르만 지몬

헤르만 지몬 지음 | 유필화 서문 | 김하락 옮김

일러두기

• 이 책은 2018년 독일에서 출간된 헤르만 지몬의 자서전《두 개의 세계, 하나의 인생: 시골 소년에서 글로벌 플레이어로*ZWEI WELTEN, EIN LEBEN : Vom Eifelkind zum Global Player*》를 한국어로 완역한 것이다.

• 저자 헤르만 지몬은 한국어판을 위해 머리말의 일부를 수정하고, 7장 〈한국, 나의 한국〉을 새로 집필하여 추가했다.

학문적 깊이와 인간미를 겸비한
우리 시대 최고의 경영 사상가

―――――

유필화(성균관대학교 경영전문대학원 명예교수)

1947년 독일 북부의 산골 마을 아이펠Eifel에서 태어난 헤르만 지
몬Hermann Simon 박사는 독일이 낳은 초일류 경영학자이자 '유럽의
피터 드러커'라 불리는 경영 사상가이다. 나는 1985년 미국 하버드
경영대학원의 박사 과정에 있을 때 헤르만 지몬과 서신으로 학문적
교류를 처음 시작한 이후 지금까지 약 35년 동안 그와 긴밀한 관계
를 맺어왔다. 오랫동안 이어져온 인연임에도 나는 여전히 헤르만 지
몬 박사를 만날 때마다 그의 탁월한 지성에 감탄하곤 한다.

　헤르만 지몬은 젊은 시절에《경영과학Management Science》,《마케
팅 리서치 저널Journal of Marketing Research》등 최고 수준의 국제 학술
잡지에 여러 편의 주옥같은 논문을 발표함으로써 실력 있는 경영
학자로서 이름을 알리기 시작했다. 그 후《가격관리론》,《히든 챔피
언》,《헤르만 지몬의 프라이싱》등 수준 높은 경영 저서들이 우리나
라는 물론 세계 주요 나라에 번역, 출간되면서 자타가 공인하는 세

계적 경영 저술가이자 경영 사상가로서 굳건히 자리매김했다.

이 책에서도 언급되고 있듯이, 최근 10여 년간 독어권에서 가장 영향력이 큰 경영 사상가를 꼽을 때면 헤르만 지몬이 피터 드러커에 이어 줄곧 두 번째 자리를 차지하고 있다는 사실만 보아도 그의 위치와 영향력을 어렵지 않게 짐작할 수 있을 듯하다.

한편 1985년에 헤르만 지몬이 자신의 제자 두 사람과 함께 설립한 마케팅 전략 및 경영 컨설팅 회사 지몬-쿠허 앤드 파트너스 Simon-Kucher & Partners는 오늘날 경영 전략, 마케팅, 그리고 가격결정 분야에서 타의 추종을 불허하는 초일류 기업이 되었다. 그는 자신이 쌓아온 경영 노하우를 실제로 기업 경영의 세계에 응용하여 이론과 실무 사이의 간극을 메웠으며, 기업가 내지는 최고경영자로서의 솜씨를 유감없이 발휘했다. 뿐만 아니라 지난 수십 년 동안 전 세계를 누비면서 수많은 기업 지도자들에게 자신의 지식과 통찰을 나누어주고 그들의 회사가 더 경쟁력을 갖출 수 있도록 도와주었다.

이렇듯 학자로서, 기업가로서, 사상가로서, 저술가로서 헤르만 지몬이 세계의 경영자들과 기업 경영에 끼친 엄청난 영향은 말로 이루 표현하기 힘들 정도이다. 만일 나에게도 조그마한 업적이나 명성이 주어진다면, 그 대부분은 헤르만 지몬과 교류하면서 배운 갖가지 노하우 덕분일 것이다.

헤르만 지몬은 경영 분야에서 독보적인 경지에 오른 대가이지만, 이야기를 나누다 보면 그의 지식의 깊이는 물론 폭넓은 관심사에 또다시 놀라게 된다. 그와는 역사, 문학, 철학, 예술, 경제 등 어떤 분야를 주제로 이야기해도 막힘이 없으며, 그가 지금까지 쓴 수많은 에세이에서도 그의 다양한 관심사와 번뜩이는 지혜를 접하게 된다. 한편으로 그는 누구를 만나도 친절하며 더할 나위 없이 겸손하다. 가정생활에 충실한 것은 물론 동네 이웃들, 전 세계에 퍼져 있는 국내외 친구들, 교수 시절에 가르친 제자들 등등 삶의 여정에서 인연이 닿은 거의 모든 사람들과 끊임없이 즐거운 교류를 한다. 다시 말해 그는 학문적인 깊이와 폭넓은 관심사, 그리고 너무나도 인간적인 도량을 두루 갖춘 사람이다.

헤르만 지몬은 자신이 태어나고 자란 아이펠 고원 지대에 대한 애정이 각별하다. 그 때문에 전 세계를 무대로 활동하며 바쁜 스케줄을 소화하면서도 자신의 고향 마을에서 벌어지는 지역사회 활동에 매우 적극적이다. 자신이 졸업한 초등학교에 벽화를 기부하기도 하고 아이펠이 배출한 세계적 인물들에 관한 책을 내기도 한다. 즉 그는 세계를 풍미하면서도 결코 자신의 뿌리를 잊지 않으며, 이것이 세계화와 충분히 양립할 수 있다는 사실을 온몸으로 보여주고 있는 셈이다.

이 책은 우리 시대의 위대한 경영 사상가 중 한 명인 헤르만 지몬이 독일의 시골 마을에서 어떻게 자랐고, 어떤 길을 걸어왔으며, 또 어떤 철학을 가지고 그처럼 수많은 일을 해왔는가를 솔직담백하게 써내려간 책이다. 특히 한국 독자들에게는 그가 한국에서 맺은 인연과 다양한 경험을 기술한 7장이 흥미로울 것이다(헤르만 지몬은 한국의 독자들을 위해 이 장을 흔쾌히 새로 써주었다). 세계적인 경영 대가의 눈에 비친 한국 경제 그리고 한국 기업인의 모습, 독일의 선례에 비추어 본 한반도 통일 전망에 대한 이야기들은 그 자체로서 재

있을 뿐 아니라 유익한 시사점도 던져준다.

　　운 좋게도 나는 이 책을 한국의 독자들보다 한발 앞서 읽을 수
있는 기회를 누렸다. 참으로 풍성하고 다양한 내용을 담고 있는 자
서전인 만큼 재미와 교훈을 동시에 선사하는 책이 될 것임을 확신
한다. 한국의 많은 독자들이 이 책을 읽고 헤르만 지몬의 지혜, 통찰,
지식을 각자의 삶에서 활용할 수 있게 되기를 간절히 기원한다.

미국의 한 발표에 따르면 삶에 대한 인식을 결정짓는 것은 첫 18년이라고 한다. 다시 말해서 대체로 삶의 첫 20년이 나머지 인생만큼이나 길게 느껴진다는 것이다. 나는 개인적으로 이 가설이 대체로 맞다고 본다. 나는 20세 생일 직전까지 작은 마을에 살았다. 이 마을은 나의 첫 세계였고, 이곳에서는 시간이 아주 더디게 흘렀다. 그 후 50년간 나의 삶은 급격히 변했다. 나의 삶은 크고 넓은 세계에서 펼쳐졌다. 후에 나는 이것을 '글로벌리아Globalia'라고 불렀다. 두 번째 세계에서는 시간이 점점 빠르게 흘러 나는 첫 번째 세계와 두 번째 세계에서 거의 똑같은 길이만큼 살았다는 인상을 받았다.

　'두 개의 세계, 하나의 인생'이라는 말이 나의 삶을 잘 나타내는 듯하다. 나는 시골 꼬마에서 글로벌 플레이어로 될 운명을 타고나지는 않았다. 그런 계획을 세운 적도 없었다. 그것은 서서히 이루어졌다. 행운과 우연이 크게 작용했다. 언제나 기로가 있었고, 이것이 기회를 제공했다. 나는 대체로 기회를 잘 잡았고, 이때 아내 세실리아의 격려가 결정적 역할을 했다. 아내는 "응당 그래야지요"라고 했고, 나는 아내의 말을 따랐다. 우리가 아이들을 데리고 여행을 할 때나 내가 출타하고 없을 때는 아이들, 즉 제닌과 패트릭도 한몫 거들었다. 오늘의 내가 있게 된 것은 오롯이 아내와 두 아이 덕분이다.

나는 나의 경력 초기 몇십 년 동안을 주로 서양 특히 미국과 유럽의 비즈니스 스쿨에 몸담았다. 그러나 이미 1980년대에 아시아에 체류한 경험이 큰 영향을 주었다. 아시아 특히 한국, 중국 및 일본은 점점 더 나의 관심을 끌었고 갈수록 중요해졌다. 내가 동양 특히 한국에 관심을 가지게 된 데에는 유필화, 이기향 교수 부부가 결정적역할을 했다. 두 분의 도움이 없었다면 나는 아시아를 제대로 이해하지 못했을 것이다. 두 분에게 각별한 감사의 뜻을 전한다.

글로벌 플레이어가 되었음에도 나는 고향과 밀접한 관계를 맺고 있다. 나는 뿌리를 잃지 않았고 토착성을 가지고 있다고 말할 수 있다. 글로벌 산업사회에서 벗어나고자 할 때는 언제나 고향 마을에 돌아가 우리 농가에서 살며 다시 시골 꼬마가 된다. 상반되는 것, 즉 시골 꼬마와 글로벌 플레이어는 일흔 번째 생일 때도 어김없이 등장했다. 우리 식구는 내가 크게 감동받은 선물 두 개를 준비했다. 하나는 시골 꼬마를 위한 것으로 고향 출신 70명으로 구성된 세 개의 합창단이 깜짝 등장한 것이었다. 다른 하나는 글로벌 플레이어를 위한 것으로 한국을 포함한 12개국의 길동무가 등장하는 비디오 메시지 25개였다. 나에게 글로벌 플레이어와 시골 꼬마는 양립할 수 없는 것이 아니라 삶의 양면이다.

헤르만 지몬

HERMANN SIMON

차례 /

1

뿌리

시공간으로부터

"나는 어디서 왔는가?"라는 질문을 한 번쯤 해보지 않은 사람은 없을 것이다. 그 답은 시공간과 관련이 있다. 나는 특정 시공간으로부터 유래한다. 내가 이 세상 빛을 본 농가는 옛 '프로이센의 시베리아', 즉 서부 독일의 중심지에서 멀리 떨어진 곳에 있다.[1] 몹시 추운 이 지방은 내게 엄청난 영향을 주고 깊은 자국을 남겼다. 지금도 지인들은 내 말투로 내 고향을 알아챈다. 나는 처음 만난 사람에게 고향이 어디고 어디서 자랐느냐고 곧잘 묻는다. 한 인터뷰에서 전前 독일 재무부 장관 테오 바이글은 "헬무트 콜은 어떻게 총리 자리에 오를 수 있었습니까?"라는 질문에 "수완 덕분이었습니다"라고 대답했다. 그러고는 "고향이 어딥니까? 부모님은 무슨 일을 하셨나요? 성장 과정은요?"라고 물었다.[2] 나 자신이 특정 공간에 뿌리를 두고 있기 때문에 공간적 뿌리를 묻는 질문에 관심이 많다. 글로벌 산업사회에서 몇 시간 또는 며칠 벗어나고 싶을 때는 고향에 간다.

나는 시간으로부터 유래하는가? 나는 어느 월요일(1947년 2월 10일 새벽 2시)에 태어났다.[3] 일요일에 태어난 아이라는 행운을 두 시간 차이로 놓쳐버렸다. 여느 사람과 마찬가지로 나는 끝없는 조상의 사슬 중 일부이다. 누구나 이 사슬이 끊어지지 않은 덕분에 존재한다. 물론 이런 생각은 새삼스럽지 않다. 일찍이 세네카는 "과거를 돌아보건대 그 이전에는 아무것도 존재하지 않은 시간으로부터 유래하지 않은 자는 없다. 태초부터 우리 시대까지 조상의 계보는 면면히 이어져 있다"라고 말했다.[4] 세바스티안 클라인슈미트는 "우리가 어디서 왔느냐는 질문은 역사적 질문 또는 계보학상의 질문 이상을 의미한다. 이 질문은 철학적인 것이다. 이에 대한 궁극적인 답을 모르기 때문에 사람들은 이 질문을 받으면 곧잘 당황해한다. 존재의 기저에는 불가사의한 것, 모호하기 그지없는 것이 깔려 있다"라고 했다.[5] 우리의 유전자는 끝없이 거슬러 올라가는 조상들의 진화 과정과 경험을 면면히 전달한다. 우리는 시간의 심연으로부터 유래한다. 교육과 환경은 평생 따라 다니는 각인을 이 토대 위에 남긴다.

　　다른 문화에 속하는 사람들은 과거와 더욱 광범하게 결부되어 있다. 아시아 여행 중에 나는 윤회를 다룬 책을 읽은 적이 있다. 죽은 사람의 영혼은 이승과 저승 사이에서 떠돌다가 빠져나와 자기가 죽은 뒤 첫 번째로 태어나는 자기 집안사람에게 돌아가기를 좋아한다는 내용이었다. 영혼은 자기 집안에 머무르기를 선호한다는 것이었다. 윤회설은 전생의 경험에 의거하여 현생의 불안을 설명한다. 물을 무서워하는 사람은 전생에 익사했다는 것이다. 나는 물, 특히 깊은 물을 무서워한다. 나는 헤엄을 잘 치지 못한다. 그렇지만 익사자 수는 깊은 물을 무서워하는 사람 수보다 훨씬 적지 않은가?[6] 영혼이 자기 집으로 되돌아간다는 이론은 생뚱맞은 생각을 불러일으켰다. 내가 태어나기 전에 세상을 떠난 최후의 우리 집안사람은 실제로 익사했다. 그것도 흑해에서. 그는 러시아에서 몇 년간 죽을 고비를 여러 번 넘긴 끝에 마침내 생환하는 것처럼 보였다. 그는 세바스토폴에서 독일 병사를 안전하게 지켜주는 배에 탔다. 그러나 이 배는 러시아 포탄에 맞아 침몰했다. 1944년 5월에 일어난 사건이었다. 8년 후에야 우리는 이 비극적 최후에 대해 알게 되었다. 1952년에 우리는 독일 적십자 산하의 실종자조사협회로부터 소식을 들었다. 한 전우가 승선할 때 숙부 야콥 지몬을 보았는데 배가 곧바로 침몰했다는 것이었다. 야콥 지몬은 죽은 것으로 발표되었고, 우리는 그의 죽음을 애도하면서 가족장을 치렀다. 그는 내가 태어나기 전에 죽은 최후의 우리 집안사람이었다.

또 다른 예가 있다. 아시아에서의 윤회에 대한 나의 생각과 물에 대한 두려움 이야기를 들은 아내 세실리아는 후에 약 150년 전의 사건을 떠올렸다. "당신 집안사람 중에는 숙부 야콥 외에도 물에 빠져 죽은 사람이 있어요. 증조부가 파리에서 무슨 일을 당했는지 기억하고 있어요?" 나의 증조부 안드레아스 닐스는 1871년까지 프랑스에 속해 있었던 로트링겐 출신이었다. 그는 파리에서 우편배달부가 되어 아내와 함께 이사를 갔다. 1875년 11월 18일 첫 아들 요한네스가 태어난 직후 그는 센강에 떨어져 익사했다. 그의 아내는 가족을 데리고 로트링겐으로 되돌아갔고, 로트링겐은 1870~71년 전쟁 이후로 다시 독일에 귀속되었다.

물에 빠져 죽은 집안사람 두 명과 그 후손인 나는 깊은 물에 대한 두려움을 갖고 있다. 이것은 우연인가? 나는 모른다. 나는 윤회를 믿는다고 말할 수 없다. 그러나 윤회를 확신하는 아시아인을 많이 알고 있다. 윤회설이 사후 세계에 대한 기독교인의 믿음보다 덜 그럴듯하다고 볼 이유가 있는가?

후에 나는 사후 세계와 윤회에 관한 다른 책을 읽었다. 로버트 서먼이 편찬한 《티베트 사자의 서》였다. 오랜 친구이자 서울에 사는 유필화 교수의 서재를 방문했을 때 이 책이 내 눈에 띄었다. 유필화 박사는 노스웨스턴 대학교 경영학 석사학위와 하버드 비즈니스스쿨 박사학위를 가지고 있는 경영학자이다. 그러나 그의 진짜 관심사는 철학이다. 그는 5개 국어를 말하고, 유명한 철학자의 저서를 모두 원서로 읽었다. 나는 로버트 서먼을 딱 한 번 만났는데 이 만남은 깊은 인상을 남겼다.

만남은 오스트리아 알프스의 키츠뷔헬에 있는 알파인 대학교 맥킨지 평생교육원에서 이루어졌다. 나는 저녁 8시 무렵에 도착했고, 아무것도 못 먹은 터라 레스토랑으로 갔다. 그곳에는 나처럼 늦게 도착한 손님이 홀로 앉아 있었다. 나는 사람이 있는 것을 잽싸게 알아채고는 옆자리에 앉아도 되느냐고 물었다. 그는 나를 반갑게 맞이했고, 우리는 같이 앉아서 대화를 나누었다. 한 시간쯤 흘러 저녁 9시가 막 넘었을 때였을 것이다. 또 다른 방문객이 객실에 들어와서 우리와 한패가 되었다. 그 사람이 미국인이어서 우리는 영어로 말을 주고받았다. 두 사람은 재빨리 공통점을 발견하고는 토론에 들어갔고, 이 토론은 자정까지 이어졌다. 이때 나는 적극적인 토론자라기보다는 오히려 구경꾼이었다. 이따금 질문을 했을 뿐이었다. 이 두 사람은 로버트 서먼과 세계적인 산악인 라인홀트 메스너였다. 사고로 한쪽 눈을 잃은 후 로버트 서먼은 1970년대 초 서양에 뿌리를 둔 최초의 티베트 승려가 되었다. 후에 그는 미국으로 되돌아가서 승려 신분을 포기하고 뉴욕의 컬럼비아 대학교 불교 연구소 교수가 되었다. 유명한 배우 우마 서먼이 그의 딸이다.

동질의 영혼 두 개가, 즉 로버트 서먼의 영혼과 티베트 및 히말라야와 깊은 연관이 있는 라인홀트 메스너의 영혼이 마주쳤다. 나는 윤회와 불교 가르침에 대한 두 사람의 토론을 경청했다. 서먼이 편집하여 출판한《티베트 사자의 서》는 이전 생에서 새로운 생으로 넘어가는 중간 단계가 어떠한 것인지 상세히 알려준다. 나도 시간의 심연으로부터 오는가? 나는 20년 전이나 지금이나 이에 대해 잘 모른다. 그러나 몇 가지는 불가사의하다. 나는 왜 물을 두려워하는가? 나는 물과 관련된 무서운 경험을 한 적이 없다. 그렇다면 한 번도 본 적이 없는 숙부 야콥이 왜 꿈에 그토록 생생하게 나타나는가?[7]

수 세기에 걸친 여행

우리의 공간 관념은 시간관념보다 구체적이다. 일찍이 아우구스티누스 폰 히포는 "시간이 무엇인지" 곰곰 생각했지만 "아무도 시간이 무엇인지 묻지 않을 때는 시간이 무엇인지 알지만 이를 묻는 사람에게는 시간이 무엇인지 알지 못한다고 말할 수밖에 없다"라는 답밖에 얻지 못했다. 알베르트 아인슈타인은 더욱 실용적인 사람이라 "시간은 시계가 가리키는 것"이라고 간단히 정의했다. 19세기 중엽에 하인리히 하이네는 "시간과 공간이라는 요소는 불안정한 것이었다. 기차 때문에 공간은 죽고 우리에게는 시간만 남아 있다"는 것을 환기시켰다. 앙리 베르그송에 따르면 우리는 공간만 이해하고 시간은 이해하지 못한다. 우리는 공간을 짧다느니 길다느니 넓다느니 높다느니 따위로 설명한다. 우리는 이런 개념들을 시간에도 사용한다. 우리는 인생의 짧음, 긴 시기, 멀리 거슬러 올라가는 사건이라는 말도 하고 '최고의 때'라는 말도 한다. 우리의 언어에서 시간과 공간에는 같은 형용사가 붙어 다닌다. 수학자 쿠르트 괴델은 "세계는 공간이지 시간이 아니다"라고 말했다.[8] 미국의 철학자 랄프 왈도 에머슨은 시간과 공간을 일종의 통일체로 이해한다. 그는 "존재의 느낌은 시공간과 구별되지 않고 분명히 삶과 현존이라는 같은 원천에서 생긴다"라고 말한다.[9] 카를 발렌틴은 정곡을 찌르는 말로 시간과 공간의 연관성을 일치시켰다. 그는 "어제였다느니 5층에 있었다느니 하는 말이 무슨 뜻인지 더 이상 알지 못한다"라고 했다. 어쨌든 내가 유래한 공간이 내가 생겨난 시간보다 훨씬 더 구체적인 것으로 파악된다는 것은 놀라운 일이 아니다.

　내 삶에서 공간적 차원과 시간적 차원은 비중이 같다. 지난 수세기 동안 사람들은 평생 1만 킬로미터밖에 못 다녔을 것이다. 밭에 가기도 하고 때로는 생필품을 구입하거나 생산물을 팔러 시장에 가기도 했다. 1년에 한 번은 머나먼 성지로 순례를 떠났다. 그가 다닌 거리는 짧았다. 출정하거나 이례적으로 순례를 떠날 때만 먼 거리를 다녔다. 평생 다닌 거리가 기껏 수천 킬로미터밖에 안 되었다. 나폴레옹을 따라 전 유럽에 출정하고 수많은 전투를 치른 내 고향 출신 군인 요한 페터 포렌스조차 평생 1만 4,000킬로미터'밖에' 못 다녔다. 2차 세계 대전 때 모든 전선에서 싸운 내 고향의 72사단은 4,000킬로미터를 다녔다.[10]

교통수단이 발달한 덕분에 오늘날 우리는 조상들보다 30~150배 빨리 여행한다. 한 시간에 도보로는 5킬로미터 가고, 자동차로는 100킬로미터 가며, 고속열차로는 300킬로미터 가고, 현대식 제트 비행기로는 900킬로미터 간다. 프랑크푸르트와 순례지 산티아고 데 콤포스텔라의 거리는 2,045킬로미터이다. 순례자가 하루 30킬로미터 걸으면 쉬는 날이 없어도 68일 걸린다. 비행기로는 2시간 반 걸린다. 도보 순례자가 걷는 68일의 652분의 1이다. 예전에는 평생 걸릴 거리를 우리는 며칠 만에 간다. 요즘 나는 강연차 비행기로 베이징에 갔다가 이틀 후 프랑크푸르트에 돌아온다. 1만 5,578킬로미터이다. 약 20시간이 걸리는 시드니에 가기도 하는데 편도로 1만 6,501킬로미터이다. 내가 한 가장 빠른 세계일주 여행은 7일 걸렸다 (프랑크푸르트-뉴욕-샌프란시스코-서울-프랑크푸르트). 총 2만 7,922킬로미터이다. 내가 평생 여행한 거리는 총 수백만 킬로미터이다. 예전 같았으면 수 세대, 아니 수 세기에 해당할 거리이다. 내가 다닌 길은 은유적으로 표현하자면 수 세기에 해당하는 것이었다. 젊은 세대들에게 가장 중요한 현대의 폴란드 작가로 알려진 안드제이 스타시욱도 이와 비슷한 생각을 표명하고 있다. "여행을 많이 하는 사람은 삶을 여러 번 산다."[11]

이제 내 인생의 시간 차원을 보기로 하자. 내가 태어난 작은 마을은 중세와 별로 다를 바 없는 세계였다. 당시 상황을 현재 상황과 비교해보면 내가 살았던 수십 년 동안 예전의 수 세기보다 더 많이 달라졌다. 내가 다닌 길은 킬로미터로도 수 세기에 해당하는 것일 뿐만 아니라 변화의 크기로도 예전의 수 세기에 걸친 변화 속도에 해당하는 것이었을 것이다. 예를 들면 1947년 고향 마을과 21세기 글로벌리아 사이의 세계는 1650년과 1850년 사이의 세계보다 훨씬 더 많이 달라졌고, 아마도 1850년과 1950년 사이의 세계보다 많이 달라졌을 것이다. 당연한 일이지만 중세 말 이후에 살았던 각 세대들이 자신의 시대를 가장 큰 변화의 시대로 느낀 것을 배제할 수 없다.

수 세기에 걸쳐 시공간을 '여행했다'는 주장은 나 자신의 업적을 늘어놓자는 것이 아니다. 우리 세대의 수많은 사람이 훨씬 더 큰 은유적 거리를 걸어왔다는 것이다. 모헤드 알트라드가 그 예다. 그는 베두인족으로 시리아 사막에서 태어났다. 정확한 생년월일은 알려져 있지 않다. 그래서 그는 자기가 몇 살인지 모른다. 그는 프랑스에서 억만장자가 되었고, 레지옹 도뇌르 훈장을 받았다. 그는 "나는 베두인족이었고 사막밖에 모른 아브라함처럼 자랐다. 사람들이 몇 살이냐고 물으면 3,000살이라고 대답한다"라고 말한다. 이로써 역사상 수천 년 걸린 발전을 자기가 경험했다고 표현한 것이다.[12]

변방의 아이들이 만나다

기원에 대한 물음은 부모에게로 돌아가지 않을 수 없다. 어머니 테레제 닐스는 1911년에 프랑스 국경 근처에서 태어났다. 아버지 아돌프 지몬은 1913년에 벨기에-룩셈부르크 국경 근처의 작은 마을에서 세상의 빛을 보았다. 나의 부모는 독일 서부 변방의 아이들이었다. 그들은 어떻게 서로 알게 되었을까? 두 마을이 130킬로미터 떨어진 것을 감안하면 정상적 상황에서는 만날 가능성이 거의 없었을 것이다. 결혼은 대개 마을 내에서 또는 인근 마을 사이에서만 이루어졌다. 멀리서 결혼 상대자를 구하는 것은 매우 드물었다. 주지하다시피 2차 세계 대전은 인생 항로를 적지 않게 바꾸어놓았다. 어머니는 적십자에서 간호사 교육을 이수했다. 어머니는 전쟁 초에 징집되었다. 어머니의 첫 근무지는 운켈 암 라인의 슐츠 호텔이었다. 라인 강변의 고풍스럽고 아름다운 호텔이었다. 이 호텔은 1939년 프랑스 침공 준비 중에 군병원으로 탈바꿈했다. 서쪽으로 프랑스를 침공함에 따라 간호병들도 진군하여 어머니는 메츠와 비스바덴에 잠시 주둔한 후 1941년부터 3년간 바르샤바에 머물렀다. 위생 상병 아돌프 지몬도 그곳에 있었다. 두 사람은 바르샤바의 같은 군병원에서 근무했다. 그리하여 서부 변방의 아이들, 즉 테레제 닐스와 아돌프 지몬은 고향에서 동쪽으로 1,200킬로미터 이상 떨어진 곳에서 서로 알게 되었다. 어느 때에 두 사람은 뜨거운 사이가 되었음에 틀림없다. 이 만남이 없었다면 나는 존재하지 않았을 것이다.

1944년 그들은 어머니의 고향 마을에서 결혼했다. 결혼 다음 날 아돌프 지몬은 대서양 연안으로 떠났다. 독일 잠수함 함대가 배치되어 있는 생나제르에서 그는 다음번 투입을 기다렸다. 몇 주 후인 1944년 6월 6일 연합군이 노르망디에 상륙하여 서부 전선의 후퇴가 시작되었다. 이제 지몬이라는 성姓을 가진 테레제는 바르샤바로 돌아가지 않았다. 몇 주 후인 1944년 7월 소련군이 바르샤바 앞까지 진격해왔다. 그러나 소련군은 스탈린이 바르샤바에서의 폴란드 민중 봉기를 지원하는 데 관심이 없었기 때문에 진격을 멈추었다. 스탈린은 무자비한 봉기 진압을 독일에 맡겼다. 바르샤바에서 나는 부모님이 그때 활동했던 곳을 방문한 적이 없었다. 독일과 폴란드의 관계는 오늘날까지 역사의 그늘 아래 있다. 나는 폴란드인 친구들도 있고 폴란드인을 많이 알기도 한다. 안 지 가장 오래된 폴란드인 친구(가족은 물론 자신도 나치 치하에서 엄청 고생을 했다)는 내가 알기로는 독일어를 이해하고 말한다. 그러나 우리는 30년 넘게 독일어로 한마디도 주고받은 적이 없다. 근래에 나는 독일 신문 기사를 그에게 가끔 보내주기도 하는데 그는 이것을 읽는다. 당시 사람들은 그들에게 가해진 고통을 아직도 극복하지 못하고 있다.

1945년 5월 8일 독일의 무조건 항복으로 2차 세계 대전이 끝났다. 아버지는 프랑스의 포로수용소에 있었다. 어머니는 고향 마을에 돌아갔다. 대중교통이 마비되었기 때문에 어머니는 자전거로 할아버지 집에 갔다. 도처에 혼란이 지배하고 있었으므로 위험천만한 여정이었다. 도시, 도로, 교량은 잔해만 남아 있었다. 도중에 어머니는 프랑스 병사와 미국 병사의 검문을 받았다. 어머니는 피부가 거무스름한 사람을 처음 보았다. 흑인 미군 병사가 머리카락을 쓰다듬었을 때 어떤 공포가 스치고 지나갔는지 어머니는 내게 이야기해주었다. 하지만 어머니는 무사히 목적지에 도착했다. 어머니는 처음으로 작은 마을과 농가를 체험했고, 이곳에서 평생을 살았다. 농부의 아들 아돌프 지몬과 사랑에 빠졌을 때 어머니는 이런 삶을 상상이나 했을까? 낙후된 시골과 비교적 현대적이고 산업화된 고향 간의 대조는 엄청났다.

외가는 나름대로 파란만장한 일을 겪었다. 프랑스 침공 전에 외가 마을 지역은 적색지대로 선언되었다. 적색지대는 사람 짐승 할 것 없이 마을을 떠나야 한다는 것을 의미했다. 작은 농장, 식료품 가게, 목공소를 운영하던 외가는 식솔과 가축을 다 데리고 동부 독일로 이주했다. 1939년 9월 1일 단치히 근교 베스터플라테에서 독일

전함이 발포(뒤에 언급된 말은 2차 세계 대전을 촉발한 히틀러의 의회 연설 중 한 문장이다. 즉 폴란드가 독일을 선제공격했다고 거짓으로 주장해 독일의 공격을 합리화한 것이다.-옮긴이)함으로써 2차 세계 대전이 시작되었다("새벽 5시 45분부터 응사한다.").

정확히 50년 후 나는 어머니가 개전을 경험한 낭만적인 소도시 운켈 암 라인을 어머니 및 나의 대모인 이모와 함께 방문했다. 전쟁 준비의 일환으로 호텔이 인근 요양소와 함께 군병원으로 바뀌었다. 어머니는 간호사로서 이곳에 배치되었다. 우리는 돌로 된 아치 문을 통해 호텔에 발을 들여놓았다. 호텔 안뜰은 고요하고 평온했다. 라인 강변이라 발코니에서 용바위와 롤란트 아치가 다 보였다. 아름답기 그지없는 경관이었다. 알렉산더 폰 훔볼트는 롤란트 아치를 세계 7대 경관의 하나라고 했다. 19세기의 많은 화가들은 용바위와 그 앞의 노넨베르트 섬을 낭만적 그림의 원경으로 이용했다.

우리는 호텔 프런트의 아가씨에게 1939년 사건을 이야기해주었다. 아가씨는 관심을 보였고 나이에 비해 놀라우리만치 잘 알아들었다. 커피를 내온 웨이트리스는 더 잘 알아들었다. 운켈에서 자라고 나이도 웬만큼 든 이 여자는 당시 호텔 주인이 아직 살아 있고 올해 88세라고 이야기해주었다. 어머니는 이 양반을 기억하고 있다.

이날 라인강을 따라 내려가는 이상한 배가 우리를 감동시킨다. 무대로 개조된 갑판에서 악단이 전쟁 초기의 음악과 노래를 연주한다. 상이한 시기의 군복 차림을 한 병사 몇 명이 배 위에 서 있다, 마치 보초를 서는 듯이. 등에서 식은땀이 흘러내리고, 기억이 생생히 되살아나는 듯하다. 그러나 그 배는 각본대로 프랑스의 베르됭, 라인 강, 당시 독일의 수도 본에서 연주한다. 원래는 베르톨트 브레히트가 1차 세계 대전 때 공연하기 위해 이 작품을 썼는데 주최자들이 공연을 세계 대전 이후로 미루었다. 작품에서는 1차 세계 대전 때 베르됭에서 전사하여 제국 군복 차림으로 매장된 병사가 다시 전쟁터(이번에는 2차 세계 대전이다)로 보내지기 위해 무덤에서 꺼내진다. 그는 또 전사하여 비트부르크의 전몰장병 묘지에서 휴식처를 찾는다(이번에는 나치 국방군복 차림이다). 비트부르크는 1985년 5월 8일 미국 대통령 로널드 레이건과 연방총리 헬무트 콜의 논란이 많은 방문으로 세계적으로 유명해진 곳이다. 사람들은 병사에게 안식을 허락하지 않고 무덤에서 꺼내어 새 전쟁터로 보내기 위해 연방 방위군복을 입힌다. 그는 본까지의 마지막 여정을 이 배에서 보낸다. 논란이 많은 이 작품 속의 병사는 라인강 상류의 알터 촐(본의 야외 맥줏집으로 공연 및 이벤트 명소.-옮긴이)에서 궁극적인 안식처를 찾는다. 나는 이 작품의 연출이 주목할 만하다고 본다. 이 작품은 시공간을 괄목할 만한 방법으로 통합하고 있다. 정확히 50년 후인 1989년 9월 1일 나는 어머니 및 대모와 함께 1939년에 야전병원으로 바뀐 라인 호텔 발코니에 앉아 있었다. 1939년 9월의 라인 강변은 1989년의 라인 강변과는 달랐을까? 이 기간 사이에는 50년이 아닌 수 세기가 놓여 있다는 생각이 불현듯 들었다.

유럽, 그리고 가족이라는 운명

우리 가족의 운명은 19세기 및 20세기 유럽의 혼란상을 반영하고 있다. 나의 증조부는 프랑스 수도인 파리에서 살다가 죽었다. 조부는 파리에서 태어났다. 외가는 프랑스와 독일의 지배를 번갈아가며 받았고 한때는 국제연맹의 지배를 받았다.[13] 조부는 1차 세계 대전 때 불가리아에서 말라리아에 걸렸다.[14] 숙부 요한네스 닐스는 오스트리아 빈의 세인트 가브리엘에서 신학을 공부하고 1935년에 사제 서품을 받았다. 그러고는 머나먼 파푸아뉴기니에 가서 53년간 선교를 했다. 부모는 2차 세계 대전 때 우연히 폴란드로 흘러들었다. 폴란드 수도 바르샤바의 군병원에서 같이 근무하다가 서로 알게 되었다. 숙부 두 명은 러시아에서 싸웠고 그중 한 명은 전쟁에서 살아남지 못했다. 1944년 부친은 대서양 연안의 생나제르로 전속되었다. 결혼으로 인척이 된 아저씨 한 분과 외숙부는 북아프리카의 롬멜 휘하에서 근무하다가 미군 포로수용소에서 조우했다. 내가 신념에 넘치는 유럽인이 되는 데 우리 대륙 및 이웃 나라와 밀접하게 결부된 가족사가 중요한 역할을 했다는 것은 분명하다. 나는 프랑스 철학자 브뤼노 라투르의 회의적인 사고방식을 가지고 있지 않다. 라투르는 "유럽, 그것은 내가 망설이며 유럽 조국이라고 부르는 것이다"라고 했다.[15] 유럽은 우리의 '조국'이다. 그렇지 않으면 우리에게 조국은 없다.

어려운 시기에는 조상들이 겪었던 바와 같은 운명의 타격이 수없이 존재한다. 증조부의 자식 8명 중에 4명은 출생 시에 죽거나 어릴 때 죽었다. 아버지의 쌍둥이 형제도 그렇게 죽었다. 숙부 한 명은 1940년에 20대의 나이로 열차 사고 때문에 죽었다. 4년 후에는 그의 동생이 흑해에서 익사했다. 조부는 75세 때 헛간에서 굴러 떨어져 죽었다. 외가에도 운명의 타격이 여러 번 가해졌다. 위에서 보았듯이 증조부는 파리의 센강에서 익사했고, 어머니의 세 자매는 어린 시절을 넘기지 못했다. 이러한 가혹한 운명의 타격이라는 사슬은 수많은 가정에 존재했다. 어린이 사망, 전쟁, 사고는 비싼 공물을 요구했다. 나 자신이 유래하는 조상의 사슬이 끊어지지 않은 것은 우연일까, 섭리일까?

귀향

1945년 9월 아버지는 포로수용소에서 석방되어 조부모 요한 지몬과 마르가레테 지몬 그리고 결혼하지 않은 왕고모 세 사람이 살고 있는 집으로 갔다. 그때 세 사람 다 70대였다. 조부모는 자식이 일곱 명이었는데 전후에도 아직 다섯 명이 살아 있었다. 다들 집을 떠나 있어서 작은 농장을 계속 꾸려갈 수 없었다. 내가 있는 데서 그런 말을 한 적은 없지만 조부모는 고령과 영농에 대해 크게 걱정한 것이 틀림없었다. 그래서 전쟁 발발 전에 우유 검사관으로 일했던 아버지에게는 부모 집으로 돌아가서 농사짓는 것 외에는 선택의 여지가 없었다. 아버지는 1930년대에 농업학교를 두 학기를 이수했지만 농사를 지어본 적이 없었다. 전후에 아버지 세대는 선택권이 거의 없었다. 출생, 집안 전통, 경제적 강제가 자신의 길을 가는 것을 허락하지 않았다. 늙은 부모를 홀로 내버려두어서는 안 되고 부양해야 한다는 의무감이 다른 인생 계획 실현을 가로막았다.

어쨌든 벌써 32세가 된 아버지는 전쟁터에서 한 여자를 데리고 왔다. 그것은 조부모에게 위안이 되었을 것이다. 그러나 가족과 마을 입장에서는 새로 들어온 여자가 매우 특이한 존재였다. 이 여자는 먼 곳에서 왔고, 다른 사투리를 썼으며, 바르샤바와 그 밖의 지역에서 몇 년간 세상 경험을 쌓았다. 이웃 여자들은 자기 마을밖에 몰랐다. 몇몇 여자들은 인근 도시의 중산 가정에서 부엌데기로 몇 년간 일했다. 그러나 어머니는 작은 마을로 가게 된 것을 한 번도 후회하지 않았다.

언어가 주는 유대감

나는 두 언어를 사용하며 자랐다. 어머니는 고향 사투리로 말했는데 이것이 좁은 의미에서 나의 '모국어'이다. 아버지와 이웃들은 그 지역 사투리를 썼다. 나는 주로 이 사투리를 사용했고, 어머니와 말할 때도 이 사투리를 썼다. 그때는 어려서 어머니와 아버지가 다른 사투리를 쓴다는 것을 몰랐다. 두 언어를 사용하는 것은 내가 자란 세계에서는 정상적인 것이었다. 실제로 다른 언어를 사용하는 부모를 둔 아이들도 사정은 마찬가지였을 것이다. 이 아이들은 두 언어 사용을 극히 정상적인 것으로 받아들였을 것이다.

나는 지금까지 고향 사투리를 구사하고 있고 고향에 가서는 늘 이 사투리를 쓴다. 그래서 고향에 가면 푸근함을 느낀다. 물론 이 언어를 구사하는 사람은 계속 줄어들고 있다. 지금도 부모한테서 이 사투리를 배우는 아이와 청소년이 적기 때문이다. 이들은 바깥 세상에 대한 준비를 더 잘하기 위해 고지高地 독일어를 선호한다. 몇 년 전부터 고지 독일어가 어느 정도 되살아나고 있기는 하지만 저지低地 독일어('저지 작센어'라고도 하며, 독일 북부를 중심으로 엘베 강 서쪽의 독일과 네덜란드 북동부에 걸쳐 사용되는 독일의 지역 언어. 참고로 '고지 독일어'는 독일의 표준어이다.-옮긴이)로 읽고 말하는 지역으로 확대되고 있는지는 의심스럽다. 사투리는 입으로만 전해지기 때문에 어린 시절의 언어가 살아남기는 어려울 것 같다. 그러나 나 자신은 고향 사투리를 잊지 않고 죽을 때까지 사용할 것이다. 그것은 나의 일부이다.

함께 사용하는 사투리는 마을 공동체의 정체성에 중요한 역할을 했다. 저지 독일어를 사용하면 저지 독일어 공동체에 속한다. 반면에 저지 독일어 사용자와 고지 독일어 사용자 간에는 일종의 보이지 않는 '벽'이 존재한다. 이 '벽'이 적의와 적개심을 반영한다는 뜻으로 말한 것은 아니다. 그러나 저지 독일어 사용자 간에는 자연스럽게 친근감이 생긴다. 거리감이 없어진다. 이것은 지금도 마찬가지이다. 유명한 시인 요한 볼프강 폰 괴테의 문장도 저지 독일어이다. "각 지방은 그 방언을 사랑한다. 방언은 영혼이 숨 쉬는 원소이기 때문이다."[16] "언어는 고향이다." 괴테는 향수에 관한 에세이에서 위와 같이 말했다.[17]

함께 쓰는 언어는 신뢰감과 푸근함을 가져다준다. 국제 경영 세미나 및 이와 유사한 행사에는 참가자들이 다양해서 다국적 집단을 이루어 협력하고 토론하며 의견을 제시한다. 이때 일반적으로 영어를 사용하는데, 영어는 대부분 참가자에게 외국어이다. 내가 휴식 시간에 수백 번 한 관찰은 흥미롭다. 같은 언어 집단이 금세 형성된다. 점심시간에는 프랑스인, 중국인, 이탈리아인이 끼리끼리 앉는다. 사람들이 국가와 언어를 초월하여 알게 된 이런 행사의 목적이 자신의 언어 세계로 도피함으로써 무색해지거나 좌절되기까지 한다. 어느 날 저녁 수백 명이 참가한 브라우하우스에서 나는 테이블을 돌아다니며 동료들에게 인사를 했다. 한 커다란 원탁에는 프랑스인들만 앉아 있었다. 이것은 국경을 초월한 '세계 모임'의 취지에 맞지 않으니 다른 나라와 다른 연구소에서 온 동료들과 섞여 앉아야 한다고 내가 이의를 제기하자 그들은 이렇게 대꾸했다. "국내에서는 이렇게 한가히 자리를 함께할 시간이 없습니다. 여기서 한 테이블에 앉게 되어 정말 기쁩니다." 프랑스인들은 입심이 대단하다. 프랑스인 참가자들은 모두 영어에 능통함에도 모국어를 말할 때 더 푸근하게 느끼는 것이 분명하다. 당연히 그들은 사람들이 프랑스어로 말해주면 고맙게 여긴다.

개인적으로는 고향 말이 나를 배신하고 시간이 지나면서 굴레가 되는 것을 경험했다. 그것은 출신지가 같다는 인식에서 비롯된다. 나는 고향 사람을 자주 만났다. 베이징, 상하이, 서울, 뉴욕 등 세계 도처에서 만났다. 나는 강연, 토론 또는 상담 때에 고향 말을 쓰는 사람을 종종 만나기도 하고 다른 사람들의 말을 듣고 고향을 알아채기도 한다. 게르하르트 슈뢰더 정부의 문화부 장관 미하엘 나우만은 "방언은 많은 사람들이 마지못해 가지고 다니는 신분 증명서 같은 구실을 한다"고 했다.[18] 세계 굴지의 수압제품 제조사인 보쉬 렉스로트를 방문했을 때가 생각난다. 이사회가 오찬에 초대하여 나는 점심때에 도착했다. 대화가 시작되었다. 느닷없이 한 이사가 말했다. "지몬 씨, 우리의 히에로니무스 박사와 말투가 같습니다." 나는 "히에로니무스 박사가 누굽니까?"라고 묻고는 이어서 덧붙였다. "고향이 어딥니까?" 당시에 렉스로트의 이사였고 그 후에 보쉬 인도 지사장이 되었다가 마지막으로 보쉬 렉스로트의 CEO가 된 알베르트 히에로니무스 박사는 "당신이 알 리가 없는 서부 변방의 작은 마을 출신입니다"라고 대답했다. 그러나 나는 그 마을 이름이 알고 싶었다. "불칸 아이펠의 이머라트입니다"라는 대답이 돌아왔다. 나는 증조부가 이머라트 출신인데 고향 마을에 지몬이라는 이름을 가지고 들어왔다고 덧붙이기만 하면 되었다. 나는 이런 식으로 고향 사람을 많이 만났다. 나의 길이 그들의 길과 곧잘 교차하는 것은 우연일까? 서로 잘 아는 고향 말 때문일까?

이런 만남 때문에 성공, 경력, 인연이 고향 덕분이라는 생각을 하게 된다. 왜냐하면 대부분 사람들이 어릴 때 고향 마을과 도시를 떠나기 때문이다. 고향에서는 이들이 어떤 사람이 되고 어떤 특이한 경력을 쌓는지 아는 사람이 별로 없었다. 그래서 나는 2007년에 〈출세한 아이펠의 아이들〉이라는 제목으로 지역 신문에 연재를 시작했다. 아이펠은 내 고향 이름이다. 매주 한 명을 소개했다. 후에 우리는 이 연재물을 묶어 같은 제목의 책으로 펴냈다.[19] 연재물과 책은 주목을 받았다. 고향 사람들은 입신출세한 아이들을 자랑스러워했다.

언어가 사람을 모으기도 하지만 분리시키기도 하는 상황이 또 있었다. 나는 1958년부터 군청 소재지 비틀리히 인근의 쿠자누스 김나지움에 다녔다. 많은 학생이 시골 출신이었고 그들 대부분은 사투리만 썼다. 고지 독일어는 그들에게 외국어와 다름없었다. 이와 달리 도시에서 자란 학생들은 대개 고지 독일어를 구사했다. 이 학생들은 관리, 의사, 변호사 또는 실업가의 자녀였다. 언어 분리는 사실상 학창시절 내내 유지되었고, 그 이후에도 유지되었다. 시골 아이들은 자기들끼리는 사투리만 계속 썼고, 도시 아이들과 소통할 때는 고지 독일어를 썼다. 이것은 본질적으로는 지금까지도 그렇다.

사투리로 소통한 적이 있는 사람을 만나면 나는 옛날에 함께 쓰던 말투로 저절로 돌아간다. 이런 사람과 고지 독일어로 말하기는 어렵다. 다른 사람들도 마찬가지인 것 같다. 옥토버페스트(매년 10월에 뮌헨에서 열리는 맥주 축제.—옮긴이) 때 우리는 들떠서 딱정벌레 텐트에 둘러앉아 있었다. 15명 남짓한 사람 중에 미하엘 틸 박사가 있었다. 그는 초등학교 은사의 아들로서 지금은 성공한 투자자이다. 우리 두 사람이 어린 시절 언어로 대화를 나누는 것은 당연했다. 달리 방법이 없을 터였다.

2

내가 자란 세계

중세로부터의 인사

　내 고향 출신의 어느 교수는 "어린 시절과 청소년 시절은 오늘날 견지에서 보면 흡사 중세처럼 느껴지는 삶의 세계에 속했다. 기껏 50년 전만 해도 실제로 그랬다. 그러다가 하룻밤 사이에 상상할 수 없을 정도로 급격한 변혁이 일어났다"라고 썼다.[1] 이 말은 나의 어린 시절에도 딱 들어맞는다. 2차 세계 대전 직후에 당시의 농업을 '중세적'이라고 한 것은 결코 과장이 아니다. 19세기 이후로 진보가 있었음에도 여전히 육체노동, 자급자족, 전통적 관습이 지배했다. 수백 명의 작가가 농장에서의 어린 시절을 묘사했다. 나는 그들의 전기에서 나 자신의 이야기를 거듭 확인한다. 나는 비슷한 내용을 독자들에게 반복하고 싶지 않다. 따라서 나 자신이 아직도 기억하고 있는 두드러진 사실 몇 가지로 제한할 것이다.

　교사, 우체국 직원, 경찰을 제외하면 우리 마을 사람들은 모두 농업에 종사했다. 평균 8헥타르의 소농이었다. 최대 지주가 11헥타르를 경작했다. 일은 거의 다 손으로 했다. 농기계로 말할 것 같으면 우리 마을은 앞서가는 지역에 비해 족히 20년은 뒤떨어졌다. 우리 마을에는 그나마 '기계'라 할 수 있는 도구가 두 개 있었는데 자동 수확기와 파종기였다. 이 두 기계는 말이 끌었다. 자동 수확기는 제초용뿐만 아니라 수확용으로 투입되었고, 낫에 비하면 엄청 진보한 것이었다. 건초를 만들고 곡식을 일으켜 세워 묶는 작업은 여전히 손으로 했다. 파종기는 손으로 파종할 때보다 종자가 고르게 밭에 뿌려진다는 장점이 있었다. 그 밖에는 1950년 무렵의 농부의 작업 방식은 100년 또는 200년 전 그곳의 작업 방식과 거의 다를 바 없었다.

가톨릭교회의 역할도 중세적 경향을 보여주었다. 마을 생활에서 가장 영향력이 큰 사람은 가톨릭 신부였다. 그의 칭호가 이것을 잘 보여주었다. '신부님'이라고 불리지 않고 '헤르Herr'('주님'이란 뜻.-옮긴이)라고 불렸기 때문이다.[2] 신부를 만나면 우리는 무릎을 꿇고 "예수 그리스도를 찬미하나이다"라고 읊조렸다. '헤르'는 수확기의 농부가 일요일에 일해도 좋은지 결정했다. 이것은 농부가 주일미사에 '참석'했을 때만 허락되었다. 다들 이 규칙을 지켰다는 것은 말할 것도 없다. 초자연적인 힘에 대한 믿음이 널리 퍼져 있었다. 그래서 마을에는 이른바 '마법사'가 있었다. 병든 가축을 치료하기 위해 부르는 사람이었다. 사람들은 마법사도 두려워했다. 저주를 내릴 수도 있기 때문이었다. 뇌우가 치면 우리는 양초와 신성한 가지에 불을 붙이고 번개를 멀리 내쫓았다.

우리 마을 농업은 자급자족적이었다. 소금, 설탕, 조미료 외의 거의 모든 것을 자체 생산했다. 땔감은 숲에서 가져왔다. 갈퀴, 광주리, 자루 등등의 도구는 농부들이 손수 만들었다. 내가 태어나기 몇 년 전까지도 양모와 아마포를 직접 생산했다. 우리는 요한 지몬을 뜻하는 'JS'가 새겨진 침대 시트와 테이블보를 지금도 많이 가지고 있다. 할머니가 베틀로 짠 것이었다.

돈은 이 자급자족 경제에 그다지 큰 역할을 못했다. 꼭 필요한 돈은 우유, 돼지와 돼지새끼를 팔아서 마련했다. 돈은 언제나 빠듯했으나 그 때문에 불편하다고 느끼지도 않고 가난하다고 느끼지도 않았다. 먹을 것은 다양하지는 않았지만 항상 넉넉했다. 오렌지와 바나나는 크리스마스 때만 먹었다. 과자, 초콜릿 또는 레모네이드조차 귀한 것이어서 우리는 몹시 먹고 싶어 했다. 한번은 도시에서 '호사스럽게 자란' 사촌들이 방학 때 레모네이드를 한 상자 가지고 왔다. 나로서는 축제 주간이나 다름없었다.

생활은 힘들었다. 어린아이인 우리도 힘껏 농사를 거들어야 했다. 할머니는 내가 아홉 살 때 돌아가셨다. 이때부터 부모님은 단 둘이서 농장을 꾸려나갔고 언제나 일손이 부족했다. 작은 농장에 하인이나 하녀를 둘 수는 없었다. 내가 지독히 싫어한 일은 솎아내기였다. 무는 씨앗을 채마밭에 뿌린 후 싹이 트면 밭에 옮겨 심는다. 그것은 예삿일이 아니었다. 옮겨 심을 때에 가물면 싹이 자라지 않았다. 그래서 씨앗을 밭에 직접 뿌리는 새로운 방법을 발견했다. 그러나 이렇게 하면 뽑아내야 할 씨앗이 너무 많았다. 이 과정을 솎아내기라 한다. 무가 제대로 자라려면 약 30센티미터 간격이 필요하다. 솎아내지 않으면 씨앗마다 싹이 튼다. 씨앗을 적소에 정확히 뿌릴 수 없기 때문에 솎아내야 했다. 솎아내기 작업은 여러 날 걸렸다. 그동안 허리를 구부리거나 쪼그리고 앉거나 무릎을 꿇은 채 고랑을 따라 작업을 해야 하므로 무한한 인내심이 필요했다. 솎아내기는 1년 농사 중 가장 인기 없는 작업이었다. 무가 자라는 것을 거의 보지 못하는 것도 한몫했다. 그래서 어린 무를 뽑아낼 수밖에 없었다.

즐겁고 질리지 않는 작업은 감자 수확이었다. 캐내기가 끝나면 감자가 밭에 그득했고, 죄다 손으로 주워 담아야 했다. 식구들만으로는 일손이 모자랐다. 그래서 농장을 가지지 않은 여자 한두 명을 추가로 고용했다. 여자들은 품삯으로 감자나 돈을 받았다. 또한 대개 아이들이 딸려 있어서 천방지축인 아이들이 함께 왔다. 날씨가 도와주면 이보다 더 아름다운 일은 없을 터였다. 아이들 외에는 일해야 했지만 중간 중간에 노는 시간이 있었다. 음료로는 손수 만든 딸기 주스가 있었고, 밭에서 커피를 곁들여 먹는 잼 바른 빵은 별미였다. 해거름에 감자 줄기 따위를 태울 때면 갓 캔 감자를 구웠다. 감자는 으레 불에 그슬렸고, 우리는 손가락을 데었다. 그럼에도 즐거웠다. 저녁 무렵에 아버지가 말과 마차를 끌고 와서 감자가 가득 들어 있는 자루를 실었다. 자루는 밭과 감자 종류에 따라 세 종류, 즉 식용 감자, 돼지감자, 씨감자로 다르게 표시되었다. 굵직하고 탐스러운 감자는 우리가 먹을 것으로 따로 골라놓았다. 말라빠진 감자나 자그마한 감자, 흠집이 많은 것들은 돼지감자 광주리에 담았다. 이듬해 봄에 사용할 씨감자를 담은 후에는 중간 크기의 모양이 좋은 감자를 따로 광주리에 담았다. 세 종류의 감자는 저장법도 달랐다. 운 좋은 날에는 자루가 30개가 넘어서 말이 무거운 마차를 밭에서 끌고 가기도 힘들었다. 어떤 때는 이웃집 말을 동원해야 했다. 마차가 정해진 길로 갈 때는 그나마 수월했다. 우리가 밭을 나서서 마을로 난 길을 갈 때는 대개 이미 어둑어둑하기 때문에 석유램프로마차를 비추어야 했기 때문이다. 램프는 곧잘 부아를 돋우었다. 석유가 다 떨어지거나 심지가 썩거나 램프 자체가 아예 제 기능을 하지 못했다. 그래서 저녁 어둠 속에서 마차를 몰고 마을로 가는 것은 으레 모험이었다. 자동차가 별로 없어서 사고는 없었으나 어둠 속에서 경찰이 불쑥 나타나 램프를 켜지 않고 다닌다고 과태료 경고 처분을 내릴 걱정은 상존했다. 집에 도착하면 가축 먹이도 주어야 하고 마차의 짐도 부려야 했다. 감자는 짚더미 위에 부려놓았다. 그러면 작은 출입구를 통해 곧바로 광으로 옮겨졌다. 풍년에는 감자가 광 천장까지 쌓였다. 씨감자는 광에 칸막이를 치고 따로 저장하거나 채마밭의 구덩이에 저장했다. 돼지감자는 대개 집 뒤에 수북이 쌓아놓았다.

나의 어린 시절과 청소년 시절은 1년 농사와 하루하루 농사가 결정지었다. 김나지움에 진학하면서 나는 군청 소재지로 기차 통학을 했다. 수확기에는 오후 2시 무렵에 귀가하면 자전거를 타고 밭에 갔다. 저녁에는 가축 먹이 주는 일을 거들고 나서 숙제를 했다. 보통 때는 이런 일이 대단하다거나 힘들다고 느껴지지 않았다. 나는 학교에서 아무런 말썽도 일으키지 않았다. 그렇다고 딱히 뛰어난 학생도 아니었다. 1959년은 무척 힘든 해였다. 어머니가 수확기에 몇 주 동안 병원 신세를 져야 했고 그 후 한 달간 보양을 해야 했다. 아버지는 열두 살배기인 나와 함께 일손이 딸리는 이 시기를 헤쳐 나가야 했다. 여동생은 이모 집에 가 있었다. 나는 학교에서 돌아오면 어른처럼 일했다. 일을 더 능률적으로 처리하기 위해 아버지는 착유기를 마련했다. 그래서 나는 아침저녁으로 소젖을 짜야 했다. 나는 착유기의 진공 기법에 매혹되었다. 아버지는 때때로 한밤중까지 곡식단을 밭에 두곤 했다. 우리는 지친 몸으로 저녁 밥상에 앉곤 했다. 아버지는 맥주 두 병을 내놓았다. 하나는 당신이 마실 보통 맥주이고 다른 하나는 내가 마실 (알코올이 적은) 흑맥주였다. 우리는 건배를 했고, 나는 어른이 된 기분이었다. 이 힘든 철에는 학교 성적이 곤두박질쳤다. 나는 그 때문에 안달이 났다. 다음 학년에 어머니가 완쾌되자 나는 노력을 배가하여 학창시절을 통틀어 가장 좋은 성적을 얻었다.

아버지나 어머니가 일을 못하게 될지도 모르고 그 결과 영농을 계속하기가 극도로 어려워질지 모른다는 불안이 내게서 떠나지 않았다. 어른 둘만 매달리는 소규모 영농은 경제적으로 불확실하다. 한 사람이 아프기라도 하면 예비 인력이 없다. 처지를 불평할 이유가 전혀 없었음에도 경제적 불확실성은 내게서 떠나지 않았다. 나의 잠재된 불안은 바로 이런 불확실성에 뿌리를 두고 있었다. 불확실성의 또 다른 원천은 농업이 날씨나 해충 피해 같은 외적 요인에 지배된다는 것이다. 솔직히 말해 나는 이런 불가항력적인 작용 요인에 내맡겨진 일을 꺼린다. 그러나 이런 영향력이 농업에 불가피하다는 것을 부정할 수도 없다. 어린 시절과 청소년 시절의 경험은 경제적 불확실성에 대한 지속적 감정을 내게 남겼다.

어렸을 때 우리는 강제와 자유 사이의 특이한 모순을 경험했다. 규제를 받는 삶, 어른의 감독하에 있는 삶은 엄격한 강제에 놓여 있었다. 이것은 교회 및 기도와 관련된 모든 것에 적용되었고, 학교에도 적용되었으며, 제때에 식사하는 것에도 적용되었다. 신부나 교사처럼 존경받는 인물에 대한 태도도 엄격히 규제되었다. 이와 달리 그 밖의 시간에는 멋대로 내버려지고 완전한 자유를 누렸다. 우리를 지속적으로 감독하거나 우리의 '오락'에 신경 쓸 겨를이 부모에게는 없었다. 우리는 거의 언제나 밖에서 놀았다. 마을이나 근처 떡갈나

소년 집단에서의 리더 역할.
오른쪽에서 세 번째가 헤르만 지몬. 1959년.

무 숲을 돌아다녔다. 우리는 하고 싶은 것을 한껏 할 수 있었다. 관여하거나 간섭하는 어른은 없었다. 나는 인근의 소년 6명 집단에서 나이가 가장 많았다. 그래서 자연스럽게 리더 노릇을 했다.

이 리더 역할과 선동자 역할이 내 인생에서 최초이자 아마도 최고의 경영학교 노릇을 했을 것이다. 우두머리는 해결책을 강구할 수 있어야 하고, 동기를 부여할 수 있어야 하며, 부추길 수 있어야 하고, 임무를 할당할 수 있어야 하며, 집단을 분발하게 할 수 있어야 한다. 그것은 내가 수십 년 후 마스터해야 했던 경영 과제와 근본적으로 다르지 않았다. 이런 소년 집단과 함께 자란 것은 행운이었을까, 우연이었을까? (지금 고향 마을이 그렇듯이) 이웃에 소녀들만 있었다거나 아이들이 없었다면 오늘의 내가 있을 수 있었을까?

우리는 어렸을 때 하루 종일 밖에서 보냈으나 요즘 아이들은 바깥 세계의 아주 적은 부분만 경험한다. 우리는 이웃이 죽으면 관에 안치된 시신을 찾아보는 것을 당연하게 여겼다. 마찬가지로 새로 태어난 아기도 찾아보았다. 우리는 소가 송아지 낳는 모습과 암퇘지가 새끼 낳는 모습을 관찰했다. 푸주한이 돼지를 잡아서 피를 튀기며 멱을 따는 모습도 구경했다. 도끼로 암탉이나 수탉의 목을 칠 때는 곧바로 수프용 냄비에 집어넣어야 하므로 아이들이 얼씬거리지 못하게 했다. 우리는 온갖 종류의 죽은 짐승을 보았다. 잘 보호받고 자라는 오늘날 아이들에 비할 때 하루 종일 밖에서 보낸 아이들에게 이것은 무엇을 의미하는가? 나는 답을 모르기 때문에 이 질문을 한다.

마을 공동체는 삶의 한 단면을 이루었는데 그 중요성은 내가 훗날에야 인정하게 되었다. 이것은 토대가 두 개였다. 하나는 공동체 구성원이 사회적으로 비교적 평등하다는 것이었다. 부유한 집도 없었고, 복지 등급의 바닥에 있는 가난한 사람도 없었다. 축제와 공동체 행사 때는 온 마을이 참여했다. 농사는 연대감 형성에도 기여했다. 같은 밭에 같은 과실을 재배했다. 그래서 농부와 그 가족들은 하나같이 자기 밭에서 감자나 곡물을 수확했다. 이것은 아이들에게 낙원이었다. 무리 지어 밭에서 놀 수 있었기 때문이다. 어른들도 이웃 밭의 사람과 잡담할 시간이 있었다. 저녁이 되면 짐을 잔뜩 실은 마차가 종대를 이루어 마을로 돌아갔다. 다들 서로 아는 사람이었다. 그 반대의 측면은 공공연한 사회적 통제였다. 알려지지 않거나 오랫동안 비밀에 부쳐지는 것은 없었다. 사회 규범의 한계를 넘어선 사람은 따돌림 받을 각오를 해야 했다. 어렸을 때는 이러한 속박을 알아차리지 못했으나 청소년기에는 점점 더 갑갑하게 느껴졌다.

위에서 말한 바와 같은 '중세적' 세계는 큰 변화 없이 나의 10대 시절에 지속되었다. 이때는 우리 마을의 그 누구도 자동차, 욕실 또

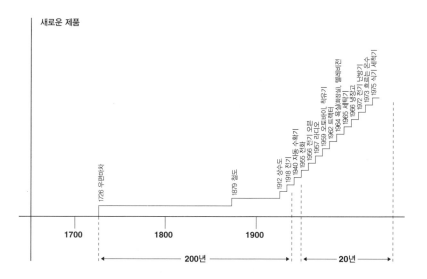

새로운 제품

1726 우편마차
1879 철도
1912 상수도
1918 전기
1940 자동 수확기
1955 진화
1956 전기 오븐
1957 라디오, 착유기
1959 오토바이, 텔레비전
1962 트랙터
1964 옥실(화장실)
1965 세탁기
1966 냉장고
1969 전기 난방기
1972 전기 난방기
1973 흐르는 온수
1975 식기 세척기

1700 1800 1900

←——————— 200년 ———————→ ←—— 20년 ——→

1955년부터 1975년까지의 혁신 제품이 그 이전 200년보다 더 많다.

는 텔레비전을 가지고 있지 않았다. 수백 년 이래 근본적으로 달라진 것이 없었다. 1726년에 투른 운트 탁시스 사가 트리어-코블렌츠 간에 우편마차 노선을 개설했고, 우리 마을에 역참이 들어섰다. 무엇보다도 이것은 '큰' 세계로 연결된다는 것을 의미했다. 약 150년 후인 1879년에 우리 지역에 철도가 들어왔다. 1912년부터 공공 상수도가 들어왔고, 1918년부터 전기가 들어왔다. 내가 태어난 1947년까지 본질적으로 이런 상태가 유지되었고, 1950년대 중반까지 달라진 것이 거의 없었다. 그러나 그 후에는 그만큼 더 큰 힘으로 변화가 일어났다. 자동차와 트랙터가 처음으로 등장했다. 위의 표에서 보는 것처럼 해마다 획기적인 혁신 제품이 추가되었다. 연도는 우리 집을 기준으로 한 것이고, 집집마다 조금 다르다. 우리 집은 대체로 평균에 해당한다.

1955년 이후 20년 만에 나의 어린 시절 세계는 완전히 해체되었다. 이제는 고향 마을에 농부가 한 명도 없다. 수공업자, 장사, 풍습, 교회의 역할은 급격한 변화 속에 사라졌다. 가장 그리운 것은 어린 시절의 마을 공동체이다. 한 번 더 '중세'로 돌아가 수확철의 하루를 마을 공동체와 함께 보낼 수 있다면 그 어떤 것도 감수할 것이다.

고향의 흙으로

누구도 의식하지 못하는 근본적 변화는 우리 몸과 이를 구성하는 분자와 관련이 있다. 어린 시절에는 "나는 무엇으로 이루어져 있는가?"라는 질문에 "고향 마을의 흙으로 이루어졌다"라는 명확한 답이 있었다. 사람은 태어나면서 어머니로부터 분자를 물려받는다. 그후 몸의 세포는 음식을 통해 흡수하는 물질로 양성된다. 음식은 거의 전적으로 고향의 흙으로부터 얻었다. 설탕, 소금, 조미료 같은 몇 가지를 제외하면 먹는 것은 죄다 자체 생산했다. 빵의 원료인 곡물은 물론 채마밭의 채소도 자체 생산했다. 우리가 소비하는 육류, 우유, 달걀도 밭과 목초지의 수확물로 직접 기른 가축으로부터 나왔다. 당시에 우리는 실제로 고향 흙으로 구성되어 있었다. 물과 공기도 이에 속했다.

오늘날 우리는 무엇으로 구성되어 있나? 우리는 모른다. 이 질문에 정확히 대답할 수 없다. "전 세계의 흙으로 구성되어 있다"는 것이 진실에 꽤 가까울 것이다. 한번은 과일 가게에서 과일의 원산지를 헤아려보려고 했다. 사과는 칠레, 키위는 뉴질랜드, 오렌지는 스페인, 여주는 중국, 포도는 남아프리카공화국, 망고는 이집트, 무화과는 모로코, 버섯은 폴란드, 토마토는 네덜란드… 이렇게 끝없이 이어졌다. 우리가 먹는 마가린은 원산지가 어디일까? 말레이시아나 인도네시아에서 나오는 종려유로 만들었을 것이다. 우리가 그 고기를 먹고 있는 소는 어디서 풀을 뜯고 물고기는 어디서 헤엄을 쳤을까? 우리는 모른다.

자급은 오늘날에는 잃어버린 능력을 많이 필요로 했다. 우리는 여러 가지 식물과 가축을 재배하고 사육해야 했을 뿐만 아니라 적절한 가공 능력과 보존 능력도 가지고 있어야만 했다. 우리는 고기를 훈제하거나 소금물에 절이거나 졸임으로써 보존하는 법을 알고 있었다. 과실과 채소의 가공에는 특수 요리법이 필요했다. 과일은 건조시키고 양배추는 소금물에 절이며 자두는 식초에 절이고 당근은 모래에 저장했다. 물건을 사지 않고 기나긴 겨울을 나려면 소소한 요령과 준비가 많이 필요했다. 이렇게 수고를 아끼지 않음에도 언제나 그 나물에 그 밥이었다. 오늘날 우리는 훨씬 다양한 식품을 선택할 수 있다.

오늘날 우리 몸의 분자가 한 마을이나 작은 지역의 흙으로 구성되어 있지 않고 전 세계의 흙으로 구성되어 있다는 사실은 나의 어린 시절 세계와 오늘날 세계 사이의 가장 두드러지면서도 거의 주의를 기울이지 않는 차이점 중 하나일 것이다. 이 차이에 어떤 연관성이 있는지는 말하고 싶지 않다. 우리가 고향의 흙으로 '구성되어' 있지 않고 전 세계의 흙으로 '구성되어' 있다는 사실은 중요한가? 식품이 전 세계의 흙으로 구성되어 있다는 것은 면역 체계에 영향을 미치는가? 나는 모른다. 우리 몸의 분자 조합의 차이를 의식하는 것만으로도 생각은 충분하다. 시간이 지나면 이 변화는 내가 걸어온 길을 설명한다. 내 몸의 물질적 구조는 고향 마을밖에 모르고 고향의 흙으로 구성되어 있는 소년으로부터 전 세계를 집으로 삼고 몸의 분자가 전 세계의 흙으로 구성되어 있는 '글로벌 플레이어'로의 길을 반영한다.

단일 학급, 8개 학년

교사가 단일 학급의 8개 학년 아이들을 어떻게 가르칠 수 있는지 지금의 나로서는 상상이 잘 안 된다. 그러나 내가 1953년 4월부터 다닌 단일 학급 초등학교에서는 그렇게 가르쳤다. 단일 학급 학교가 시끌벅적하고 뒤죽박죽이어서 초등학교 시절 5년에 대한 기억이 생생히 나지는 않는다. 어쨌든 나는 학교를 대수롭지 않게 여겼고, 수업도 그다지 어렵지 않았다. 우리 같은 하급생을 위한 수업 내용보다 교사가 상급생에게 전하는 수업 내용이 더 흥미로웠다. 얼마 후 마을 교사가 중병에 걸려 몇 년 후에 죽었다. 이웃 마을의 교사가 대리로 뛰어들었다. 젊은 여교사가 새로 부임한 후에야 비로소 수업이 정상적으로 이루어졌다. 공부할 의욕이 솟구쳤지만 동시에 여교사를 골탕 먹이는 것이 엄청 재미있었다. 그 당시의 특별한 벌은 방과 후 학교에 남는 것이었다. 나는 이 특별 대우를 매주 즐길 수 있었다. 우리 학년은 토요일 11시에 수업이 끝났지만 나는 으레 상급생들과 함께 오후 1시까지 학교에 남아 있어야 했다. 토요일마다 그랬으므로 부모님은 눈치 채지 못했다. 내가 1시까지 학교에 있는 줄로만 생각했다. 나는 학교에서의 장난이나 방과 후 벌로 남아 있는 것에 대해 집에서는 입도 벙긋하지 않았다. 그랬다가는 다른 벌을 받을지도 모르기 때문이었다. 나는 집과 학교 사이에 '만리장성'을 쌓으려고 안간힘을 썼다.

물론 교칙에 벌이 정해져 있었다. 회초리는 교사의 기본 장비였다. 가벼운 비행을 저지르면 손바닥을 때리고, 중대한 비행을 저지르면 엉덩이를 때렸다. 이 점에서는 가톨릭 신부도 교사에 못지않았다. 유능하고 인기가 있었음에도 신부는 중대한 비행을 보면 여러 사람 앞에서도 욱 하는 성질을 터뜨렸다. 나는 한 차례의 호된 매질을 기억하고 있다. 그 계기는 여자아이들이 나를 비롯한 같은 또래의 몇몇 친구와 함께 사순절 때에 행하는 십자가의 길(예수가 십자가를 지고 골고다로 향하는 모습을 그린 14개의 그림 가운데 하나.-옮긴이) 앞에서의 기도를 방해한 것이었다. 한번은 남자아이들이 담배를 피웠는데 이 소문이 신부님 귀에 들어갔다. 군용차 특히 탱크는 우리에게 큰 매력으로 작용했다. 마침 우리 마을에는 프랑스 부대 또는 미국 부대의 정기 기동 훈련이 있었다. 쉬는 시간에 프랑스 부대의 탱크 행렬이 우리 마을을 지나가서 인근 떡갈나무 숲에 전진戰陣을 설치했다. 그때 우리는 멈출 줄을 몰랐다. 학교고 수업이고 다 잊어버렸다. 탱크가 훨씬 더 흥미로웠다. 쉬는 시간이 끝나자 남자아이들은 없고 여학생들만 있는 교실에 신부가 들어섰다. 이윽고 우리가 학교에 돌아왔을 때 신부는 노발대발했고, 개암나무 매타작이 시작되었다. 새로 부임한 여교사와의 생활은 더 쉬웠다. 그 여교사가 회초리를 든 기억은 나지 않는다. 여학생들도 원칙적으로 체벌을 받지 않았다.

아침에 한 결정

단일 학급 초등학교에서 내 성적은 중간 정도였다. 그래서 김나지움 진학과는 거리가 멀었다. 게다가 나는 말썽꾸러기로 낙인 찍혀서 선생님이 상급 학교 진학 추천을 할 것도 없었다. 김나지움에 진학할 몇몇 학생을 선발할 때는 가톨릭 신부가 결정적 역할을 했다. 이때 김나지움 진학생들이 후에 신부가 될 것이라는 희망을 입 밖에 드러내어서는 안 되었다. 그래서 신부는 이웃 소년 하인츠 토마스를 김나지움 진학생으로 추천하고 나를 추천하지는 않았다. 나보다 한 학년 아래인 하인츠 토마스는 행실이 바르고 성적이 우수했다. 우리는 함께 자라면서 매일 같이 놀았다. 나는 그를 속속들이 알고 있었다. 그는 김나지움에 진학하고 나는 진학하지 못한다는 사실이 나로 하여금 골똘히 생각하게 만들었다. 나는 교육이 무엇이고 커서 어떤 사람이 되어야 할지에 대해 처음으로 곰곰이 생각했다. 조금 상심했을지도 모른다. 그래서 이 문제를 부모님과 논의했다. 부모님한테서는 아무런 압박도 없었다. 결국 나 혼자 결정해야 했다. 등록 기간 마지막 날 아침 일찍 아버지가 내 침대로 와서 "오늘 상급 학교 등록을 해야 하나 안 해도 되나?"라고 묻던 모습이 생생히 기억난다. 나는 "해야겠죠"라고 냉큼 대답했다.

내 인생에서 가장 중요했을 이 결정은 1958년 1월 15일 아침 일찍 이루어졌다. 그러나 등록은 첫 단계에 불과했다. 그다음 단계는 시골 꼬마들에게는 만만치 않은 입학시험에 합격하는 것이었다. 학교 사정으로 우리가 이 시험 준비에 최선을 다하지 못했다는 것을 관계자들은 다들 알고 있었기 때문에 하인츠와 내가 시험을 잘 칠 수 있도록 과외를 해주겠다고 새로 부임한 선생님이 제안했다. 하인츠는 더 일찍 등록했기 때문에 시험 준비가 몇 주 앞서 있었다. 나는 1월 15일 이후에 시험 준비에 뛰어들었다. 시험까지는 몇 주밖에 남지 않았다. 과외는 선생님 댁 거실에서 이루어졌다. 첫 방문은 깊은 인상을 주었다. 서가에 책이 가득했다. 처음 보는 책들이었다. 우리 집에는 책이 몇 권밖에 없었다.

내가 하인츠 토마스보다 뒤처져 있다는 것은 첫 과외 때부터 드러났다. 내가 한 학년 더 높은데도 말이다. 그가 나보다 더 뛰어났거나 몇 번의 과외 효과가 벌써 나타났거나 둘 중 하나였다. 어쨌든 선생님은 내 능력과 진척에 흡족해하지 않았다. 그런 상황이라 골이 날 법도 했을 것이다. 내가 나눗셈을 해결하지 못했을 때 선생님은 인내심을 잃고 말았다. 내 실력에 노골적으로 불만을 표시했다. 나로서는 전형적인 반응을 할 수밖에 없었다. 치과에 가서 입을 벌리지 않고 몇 년간 다시는 가지 않은 것처럼 선생님한테 야단을 맞은 후 나는 숫제 과외를 포기했다.

오늘날의 관점에서 보면 초등학교 5년 동안 많이 배웠다는 생각이 들지 않는다. 주임교사의 병환, 잦은 대리교사 투입, 8개 학년의 동시 수업 등으로 수업이 비효율적이었음에 틀림없었다. 새 교사가 부임하고 두 번째 학급이 설치된 후인 마지막 해는 좀 나았다. 새 교사는 헌신적이고 열정적이었지만 유감스럽게도 그에게는 몇 달밖에 배우지 못했다.

김나지움(고등학교)

김나지움 입학시험 날이 닥쳤다. 어머니는 기차로 나를 군청 소
재지에 데려다주고 다시 집으로 돌아갔다. 나는 100명도 넘는 수험
생 가운데 있었다. 아는 사람은 이웃 소년인 하인츠밖에 없었다. 주
위 사람을 다 알고 지내는 시골 꼬마에게는 낯선 상황이었다.

과외 중단 후 나는 별다른 준비를 하지 못했다. 그럼에도 아니
면 바로 그 때문에 나는 침착하게 시험을 보았다. 수십 년 후 교육에
대한 이야기를 할 때 내 아들이 아빠는 그런 압박감에 시달리지 않
았지만 자기는 엄청난 압박감에 시달린다고 불평했다. 아들 말이 옳
았다. 나에게는 이 중대한 시험이 전혀 압박감을 주지 않았다. 부모
님은 의견 차이가 있었던 것 같았다. 나는 외동아들이었고 여동생이
하나 있었다. 나는 농장 상속인이 될 가망이 있었다. 당시 우리 마을
농부들은 농장을 물려준다는 환상을 가지고 살고 있었다. 외동아들
인 내가 김나지움에 진학하면 농장은 끝장이라는 생각을 하지 않을
수 없었을 것이다. 대학을 졸업한 남동생이 둘 있었음에도 어머니는
나에게 상급 학교에 진학해야 한다고 다그치지 않았다. 어머니도 아
들의 대학 진학과 농장 상속을 두고 갈등을 했다.

오전에는 받아쓰기, 작문, 수학 문제로 이루어진 필기시험이 있
었다. 받아쓰기에는 단일 학급 마을학교에서는 본 적이 없는 단어가
나왔다. 나는 모르는 단어가 나오면 교사에게 말했고, 교사는 친절
하게도 단어를 칠판에 써주었다. 필기시험이 끝나고 우리는 점심시
간을 가졌다. 오후 2시에 다시 돌아가야 했다. 그때까지 누가 허가될
지 다시 말해서 구두시험을 치러야 할지 결정될 것이었다. 농부들은

도시에 나갈 때 버터 빵을 가지고 가서 점심 때 정육점에서 수프와 함께 먹었다. 하인츠 토마스와 나도 그렇게 했다. 우리 둘은 군청 소재지가 처음이었다. 우리는 조금 가진 돈으로 음식점이 딸린 정육점에서 식사를 할 수 있었다. 우리로서는 시험을 얼른 잊기에 딱 좋은 흥미진진한 일이었다. 2시에 우리는 김나지움으로 돌아갔다. 놀랍게도 나는 합격했다. 다른 많은 수험생과 달리 나는 구두 보충시험을 보지 않아도 되었다. 그다지 노력도 하지 않고 요란을 떨지 않고도 내가 그다음 22년간 종사하고 결국 지금까지 걸어오게 된 학문에 이르는 첫 번째 장애물을 거뜬히 넘었다. 이로써 나는 친가 쪽 사람 중에서 농부가 되지 않고 다른 길을 걸은 첫 번째 사람으로 사실상 결정되었다. 외가 쪽으로 말할 것 같으면 내가 대학 교육을 받은 숙부 두 명의 뒤를 이었다고 말할 수 있다. 한 숙부는 가톨릭 선교사가 되었고, 다른 한 숙부는 경제학 박사 학위를 받고 공인회계사가 되었다.

작은 마을학교와의 작별은 아픔으로 다가왔다. 나는 학생은 물론 어른들도 죄다 알고 있는, 나면서부터 친근한 환경으로부터 단절되었다고 느꼈다. 우리 마을 밖의 것들이 모두 그러했듯이 새로운 환경은 엄청난 것으로 느껴졌다. 당시 김나지움은 학생이 약 600명이었고(우리 반만 해도 같은 군 지역 출신 학생이 38명이었다), 교사가 약 30명이었다. 오늘날의 관점에서 보면 매우 작지만 단일 학급 초등학교밖에 모르던 마을 소년에게는 어마어마했다. 군청 소재지가 기껏 9킬로미터 떨어져 있고 우리 마을이 군청 소재지와 철도로 연결되어 있었음에도 나는 새로운 환경에서 오랫동안 이방인처럼 느껴졌고 걸핏하면 향수에 젖어들었다. 영어 수업 시간에 우리는 스코틀랜드 노래 〈내 마음 고원에 있고 여기 없네〉를 배웠다. 이 노래는 애창곡이 되었다. 내 심정, 특히 깊은 골짜기에 있는 군청 소재지로부터 고향 마을의 고원으로 돌아가는 오후의 내 심정을 절절히 묘사했기 때문이었다. 빨간 궤도버스가 가파른 구간을 부르릉거리며 올라갔다. 집에 도착했을 때는 행복했다. 어머니는 음식을 마련해놓고 나를 기다리고 있거나 파종기나 수확기에 부득이 밭에 있을 때는 음식을 따끈따끈하게 데워놓았다. 구조가 정교한 이른바 타워형 스튜냄비 덕분이었다. 바닥 칸에서 물이 끓으면 수증기가 이중 벽을 타고 1층, 2층, 3층으로 올라갔다. 음식이 신선하고 따끈따끈했다. 할머니가 돌아가신 후 다른 일손을 구하지 못한 부모님이 밭에서 일할 때도 나는 곧잘 점심을 맛있게 챙겨 먹었다. 점식 식사 후에는 부모님을 도와주러 집을 나섰다. 숙제는 대개 들일이 끝난 후에 했다.

몇 시간 동안 초등학교에 들른 적이 몇 번 있었다. 교사가 부족하여 노는 날 또는 적어도 빈 시간이 더러 있었기 때문에 이것이 가능했다. 느닷없이 과외를 중단했음에도 계속 좋은 관계를 유지한 그 교사는 언제나 나를 환영했다. 우리는 친구가 되었고 나중에는 함께 여행도 많이 했다. 그의 아들, 즉 뮌헨에서 투자자로 일하고 있는 미하엘 틸 박사와 나는 지금까지도 친하게 지낸다. 그럼에도 옛 초등학교에 잠시 들렀다가 이제는 이 학교에 속하지 않는다는 느낌을 받았다. 그때에는 이른바 김나지움이라는 '상급 학교'에 진학하는 마을 출신 학생이 매우 적었다. 그들은 금세 특별 지위를 획득했고 이에 자부심을 가지는 학생도 적지 않았다. 고지 독일어만 말하는 학생도 많았다. 특히 기숙사 생활을 하는 학생들은 방학 때 고향에 돌아가서도 고지 독일어를 썼다. 통학생들은 마을 공동체 구성원으로서 단체에서 함께 일하는 경우도 적지 않았다. 그럼에도 '상급 학교 학생'이라는 특별 지위를 누렸다.

초등학교 때부터 우리는 체벌에 익숙했다. 그러나 김나지움에도 교사의 난폭한 행위는 상존했다. 김나지움에서는 따귀 때리기 위주였고 매질은 거의 없었다. 몇몇 교사는 자기 나름대로 전략을 계발했다. 어떤 교사는 한 손으로 한쪽 뺨을 꽉 잡고는 다른 손으로 다른 쪽 뺨을 갈겼다. 또 어떤 교사는 이와 비슷한 수법을 써서 학생의 목을 움켜쥐고는 뺨을 갈겼다. 많은 학생들은 집에서도 더 나을 것이 없었다. 위반의 중함에 따라 따귀 때리기나 매질이 가해졌다. 관습은 집집마다 달랐다. 여름에 맨다리를 채찍으로 때리는 것은 특히 무서웠다. 우리 집에서는 그런 일이 없었으나 이웃집에서는 흔했다.

오늘날 관점에서 보면 교사, 신부, 부모의 체벌은 끔찍한 비행이다. 우리 세대의 바람직하지 않은 면 중 적지 않은 것이 이 관행과 관련이 있을지도 모른다. 우리는 이런 것들을 다르게 경험했다. 체벌이 육체적으로 불쾌하다는 것은 말할 것도 없다. 그러나 때로는 맞는 사람이 자신을 영웅으로 여기기도 하고 다른 사람들도 그렇게 생각하기도 한다. 매질을 얼마나 당했느냐는 것으로 다른 학생들의 점수를 매기기도 했다. 내가 토요일마다 방과 후에 남아 있어야 했다는 사실도 학우들의 부러움을 샀다. 행동에 대한 벌의 효과는 기껏 단기간에 그쳤다. 우리에게 더 중요한 교훈은 다음번(예컨대 담배 피울 때)에는 걸리지 않아야 한다는 것이었다. 또한 고자질하는 아이(주로 여학생)에 대한 으름장도 강화되었다.

김나지움의 1학년 우리 반에는 남학생만 있었다. 이렇게 남학생만 모아놓은 것은 금세 효과를 나타냈다. 급우 38명 중 5명만 유급 없이 아비투어(김나지움 졸업 시험.-옮긴이)까지 통과했다. 5명 중 3명은 시골 출신이고, 2명만 도시 출신이었다. 여학생과 신교도 학생들이 모여 있는 1학년의 다른 학급은 통과율이 훨씬 높았다. 두 학급의 문화는 판이했다. 우리 반은 남성 우월주의가 지배적이었으나 다른 반은 평등한 편이었고 우리 반의 특징인 으스대는 행동이 없었다. 미틀러레 라이페(Mittlere Reife. 아비투어 이전 단계.-옮긴이) 후 우리는 한 반으로 합쳐졌다. 돌이켜 생각해보니 이것이 행운을 가져다준 것 같다. 우리의 남성 우월주의적 행동이 아비투어 때까지 근절되었다고는 할 수 없지만 적어도 완화된 것은 분명했다. 특히 이전의 남학생 학급 출신의 '사내' 5명과 함께 우리는 졸업반 학생이 총 22명인 우리 반에서 분명히 소수를 이루었다.

어떤 교사가 내게 깊은 인상을 주고 감명 깊은 흔적을 남겼나? 그리고 깊은 감명은 무엇이었나? 두 번째 질문부터 보겠다. 나는 그 답을 모른다. 어떤 교사가 내게 깊은 인상을 주었는지는 말할 수 있다. 그러나 구체적으로 어떤 것을 남겼는지는 말할 수 없다. 현재의 내 사고방식이나 태도 중에서 어떤 것이 이 선생 또는 저 선생과 관련이 있는가? 아달베르트 풀은 우리에게 독일어, 역사, 지리를 가르쳤다. 그는 제자들의 재능을 단번에 정확히 꿰뚫어보았다. 나는 이 선생님이 나를 매우 신뢰한다는 느낌을 받았다. 나는 그 덕분에 동기를 부여받았다. 풀은 정치에 뜻을 두었지만 대쪽 같은 성품 때문에 좌절했다고들 한다. 귀감이 될 만한 사람이 우리 소도시에는 또 있었다. 다년간 시장을 지낸 마티아스 요제프 메스였다. 그는 나치에 의해 파면되었다. 그는 1929년부터 1946년까지 방대한 일기를 남겼다.[3] 메스는 연방공화국 성립과 함께 기민당 의원으로 연방의회에 진출했다. 그러나 1950년대 초에 재무장rearmament에 반대 투표를 하여 당시 연방총리 콘라트 아데나우어의 눈 밖에 났다. 이것은 연방 정치 경력의 종말을 의미했다. 그는 다시 시장이 되었고, 향토사 연구에 몰두했다. 비틀리히의 가장 인기 있는 민간 축제인 이른바 '조이브레너키르메스'는 그와 관련이 있다. 시의 수호성인 세인트 로쿠스의 날인 8월 16일 다음 일요일에는 해마다 돼지 100마리 이상을 잡았고 10만 명 이상의 방문객이 찾았다. 이 축제는 오랜 전설과 관련이 있다. 시의 성문 파수꾼이 저녁에 빗장을 찾지 못해 무를 성문에 질러놓았다. 밤에 돼지가 와서 무를 먹어치운 바람에 적들이 밀고 들어올 수 있었다. 비틀리히 시민들은 돼지를 죄다 불태움으로써 응징을 했다. 그래서 오늘날까지 '조이브레너'(돼지 불태우기라는 뜻.-옮긴이)라고 한다.

풀은 메스와 마찬가지로 가톨릭적 세계관에서 유래한 분명한 정치 노선과 대쪽 같은 성품 때문에 타격을 입었다. 그는 지금은 없어졌지만 당시 가톨릭 지역에서 큰 영향을 끼쳤던 《라이니셰 메르쿠르》라는 그 지방의 지역 신문을 애독했다. 정교사 풀은 우리에게 흥미진진한 읽을거리를 제공했다. 그는 연방공민교육국에서 데이비드 셥의 레닌 전기를 입수하여 학생들에게 제공했다. 이것은 내가 읽은 첫 전기였고, 전기에 대한 나의 관심은 이때의 독서 체험과 관련이 있다. 그의 불굴의 신념의 결과였거나 대쪽 같은 성품의 결과였을 것이다. 어쨌든 풀은 몇 년 후 우리 소도시의 다른 김나지움으로 옮겼다. 그 후 나는 군청 소재지와 고향 마을 사이의 숲 그뤼네발트에서 산책하는 풀을 가끔 보았다. 구불구불한 그뤼네발트로路를 따라 차를 몰고 가다가 풀을 보면 나는 차를 세웠다. 그와의 만남은 언제나 감동적이었다. 풀은 진척이 있는지 묻고는 나처럼 재능 있는 사람은 정계로 진출해야 한다고 힘주어 격려했다. 자신이 이루지 못한 꿈을 제자를 통해 실현하고자 한 것이었을까? 나는 정계로 진출하거나 그 근처로 다가갈 수 있는 갈림길에 몇 번 서기도 했지만 결국은 방관자로 머무르고 말았다. 지금은 오히려 정치와는 거리가 멀다. 내가 정계로 진출했다면 메스와 풀 같은 운명이 기다리고 있었을지도 모른다. 지인들은 나도 대쪽 같다고 하기 때문이다. 풀은 97세가 되었고 그와의 만남은 내게 흔적을 남겼다. 무엇보다도 풀은 말로만 그치지 않고 행동으로 말했다. 나는 인격을 결정짓는 특징이 대중의 갈채로부터 초연한 것이라고 보는데, 풀이야말로 대중의 갈채로부터 초연한 사람이었다.

교사들 중에서 두 번째로 중요한 사람은 하인리히 데보레였다. 나이 지긋하고 온순한 교사가 2년간 종교 과목을 맡은 후 젊고 원기왕성한 신부인 데보레가 이어받았다. 미국인이라면 데보레를 '사명감에 불타는 사람', 즉 극단으로 흐를 가능성이 있는 광신자라고 했을 것이다. 그는 등사판 유인물 같은 현대적 방법을 사용한 첫 번째 교사였다. 그의 수업은 근사하고 까다로운 현대적 주제를 다루어 흥미진진했다. 그의 가톨릭 종교 과목 수업은 교리문답에 국한되지 않았다. 우리는 코란을 읽었고, 사적 유물론과 변증법적 유물론 및 아시아 종교를 배웠다. 그는 소련과 중국에서의 사태를 다루었다. 마오쩌둥의 동지 저우언라이를 지성인이라고도 했다. 데보레는 여름방학 때마다 여행을 주도했다. 소년 시절 체험 중 가장 기억에 남는 여행인데, 이는 다음 장에서 기술할 것이다.

데보레를 광신적인 사람이라고 한 것은 과장이 아니다. 그는 세상 사람들을 기독교로 개종시키려고 했다. 그는 걸핏하면 우리에게 행동을 부추겼다. 그때 예수회 성직자 파터 레피히가 독일을 여행하며 대중들을 사로잡았다. 데보레는 파터 레피히의 행동을 본받을 만하다고 여겼다. 그래서 우리는 가톨릭 월간지《현대인》의 홍보 활동에 참가했다. 하인츠 토마스와 나는 우리 교구 요충지 두 곳의 주민 약 600명 중에서《현대인》정기 구독자 40명을 모집했다. 우리는 홍보 사례로 가죽 서류 가방을 받고는 의기양양해했다. 나는 사람들이 오래 정기 구독을 했으리라고 생각하지 않는다. 소박한 시골 농부들이 읽기 힘든 신문이었기 때문이다. 우리는 자동차 뒤창에 SOS 스티커를 부착하라고 운전자를 설득하기도 했다. '영혼을 구해 달라Save Our Souls'는 뜻을 가진 SOS 스티커 부착을 통해 우리는 목숨이 위태로운 사고가 발생했을 때 가톨릭 신부를 불러야 한다고 주장했다. 우리는 행락객에게 일요 미사 참여를 촉구하는 플래카드를 캠핑장에 부착하기도 했다.

하인리히 데보레는 91세 생일을 눈앞에 두고 2014년 7월 30일에 죽었다. 2014년 8월 6일 우리는 카를 마르크스의 고향이기도 한 트리어에서 데보레의 장례를 치렀다. 옛 지인은 몇 명만 참석했다. 우리 청소년들을 위해서 한 그 모든 업적에도 불구하고 그는 망각속에 묻혔다. 트리어 교구 지도자들은 장례식에 불참하여 눈길을 끌었다. 그들에게 데보레는 다루기 힘든 반항자일 따름이었다. 과거와의 이러한 만남은 때로는 실망을 가져다준다. 청소년기의 희미한 그림자를 발견할 수도 있기 때문이다.

우리는 교사에게서 무엇을 배웠나? 무엇이 머릿속에 남아 있나? 물론 교사는 학습 내용을 전달했다. 우리는 영어, 프랑스어 그리고 라틴어를 웬만큼 습득했다. 반대로 독일어 수업에 대해서는 구체적으로 남아 있는 것이 별로 없다. 자연과학 또는 역사 수업의 세부 내용도 거의 다 잊어버렸다. 그럼에도 학교에서 배운 지식은 사라지지 않고 사물을 이해하고 일정 수준에서 대화할 수 있는 토대를 마련해주었다. 전문적인 것과 거의 무관한 학설과 이론은 뇌리에 깊이 박혀 있다.

적지 않은 교사의 경우 그들에게 각인된 나치 시대가 우리의 학창 시절에 긴 그림자를 드리웠다. 교사들이 어느 정도 연루되었는지는 거의 알지 못한다. 기껏 풍문으로 들었을 뿐이다. 이것은 주민의 약 5%를 차지하는 이 학교 도시의 유대인의 운명에도 적용된다. 프랑크푸르트만 유대인 시민 비율이 더 높았다고 한다. 1910년에 지은 유대교당은 수정의 밤(1938년 11월 9일 나치가 배후 조종한 유대인 습격 사건.-옮긴이)을 견뎌냈지만 가시 철조망을 두른 판자 울타리 뒤에 있었다(유대교당은 딱총나무 덤불이 무성한 채 일종의 휴면 상태에 있었다. 사람들은 그 앞을 지나가며 시선을 돌렸다. 후에 유대교당은 개축되었고 지금은 문화센터로 사용되고 있다. 학교에서는 유대인의 운명이 언급된 적이 없었고, 우리는 물어보지도 않았다. 아무도 이 주제가 금기시된 것이라고 대놓고 이야기하지는 않았지만 이 주제는 전형적인 금기였다. 이 주제에 대해 말을 꺼내려고 하면 '입도 벙긋하지 못하게 했다.' 1980년대에야 비로소 젊은이들이 먼저 나서서 예전의 유대인 동료 시민들을 초대했다. 이들과의 만남은 내게 '운명적 순간'이었다).

교사들은 "가죽처럼 질기고 크루프슈탈(독일의 강철 공업가 알프레드 크루프가 설립한 회사.-옮긴이)처럼 강하고 그레이하운드(사냥개의 일종.-옮긴이)처럼 빨라야 한다"는 구호를 우리한테 주입했다. 나의 종교 과목 공책에는 "무언가 위대한 것을 이루려고 하면 몸부터 단련하라"는 글이 적혀 있다. 이들 선생님 세대를 회고해볼 때 "체육 선생님들은 혹독하기 짝이 없다"는 말이 나돌았다.[4] 이 말은 우리가 겪은 것도 설명해준다. "너희들과 함께 다음번 전쟁에서는 반드시 이겨야 한다"와 같은 말을 우리는 귀가 따갑도록 들었다.[5] 연방 방위 군 시절 특히 기초 훈련 때에도 나는 이와 유사한 말을 들었다. 일부 하사관은 나치 독일의 국방군에서 복무한 탓인지 혹독한 훈련 방법을 사용했다. 이와 달리 비교적 젊은 장교들은 민주적으로 정당화되는 '내적 지휘'를 중시하는 현대적 정신의 소유자였다.

김나지움에서 나는 '적극적인' 학생이었다. 물론 그 적극성은 몇몇 학과에서는 파괴적인 비판으로 흘렀다. 특히 독일어 선생님이 비판의 대상이었다. 고트홀트 레싱의《현자 나탄》이나 괴테의《타우리스 섬의 이피게니에》같은 고전 강독 시간에 나는 우리 및 우리 시대와의 관련성을 곧잘 캐물었다. 다른 학과, 특히 음악 시간에 나는 방해 요소였다. 예술 관련 학과에 대한 지나치게 비판적인 태도나 때로는 거부하는 태도 때문에 나는 예술에 대한 소양을 쌓을 기회를 잃어버렸다. 김나지움에서의 9년을 더욱 효과적으로 이용할 수 있었는데 그러지 못해 아쉽다. 그 원인은 주로 내게 있었지만 몇몇 교사는 그다지 동기를 유발해주지 않았다. 동기 유발이 학습 성공에 불가결하다는 것을 오늘날 우리는 뇌 연구를 통해 알고 있다.

1966년부터 학년 시작이 봄에서 가을로 바뀌었기 때문에 마지막 학년은 6개월뿐이었다. 나는 학교 생활 13년 6개월 만에 아비투어를 치렀다. 초등학교 5년 동안은 많이 배우지 못했다. 그러나 이런 평가는 틀렸을지도 모른다. 교과 과정이 상급 학생을 위해 정해진 단일 학급 학교에서 많은 것을 배웠을 가능성을 배제할 수 없기 때문이다. 나는 곧바로 대학에 진학하지 않고 연방 방위군에 입대했기 때문에 김나지움 교육이 얼마나 좋았는지 또는 나빴는지 제대로 평가할 수 없었다. 나는 본 대학에 진학한 여자 급우에게 우리를 어떻게 평가하는지 물어보았다. 그 급우는 다른 학생들은 별 볼일 없는데 우리는 경쟁력이 있었다고 했다. 아비투어 수험생이 많이 복무한 우리 중대에서도 그랬다. 나는 중대 대표로 뽑혔다.

김나지움 교장은 고별사에서 미래상을 제시한 권고를 했다. 이를 그대로 인용하기로 한다. "미래에는 민족 간의 경쟁이 모든 분야에서 더욱 격심한 형태를 띨 것이다. 이 경쟁에서 짓밟히지 않으려면 전력을 기울여야 한다. 교육이 그 중심 역할을 담당한다. 민족의 기회는 오로지 교육에 달려 있기 때문이다."[6] 이 말은 1966년 10월보다 오늘날 더 큰 의의를 가질 것이다.

경계를 허물다

시골 생활의 한 특징은 부동성不動性이다. 마을이나 그 부근을 벗어나기가 지독히 어려웠다. 부모님은 차가 없었고, 여행 다닐 시간도 없었다. 그래서 우리는 어린 시절은 물론 청소년기에도 마을에 묶여 지냈다. 군청 소재지에 가는 것이 체험이 될 정도였다. 트리어나 쾰른으로 가는 수학여행이 클라이맥스였다. 나는 부러움을 샀다. 어머니가 자를란트 출신이어서 1년에 한두 번 그곳 친척을 방문했기 때문이다. 방문은 언제나 신났다. 자를란트가 1956년까지 프랑스에 속해 있어서 세관 검사를 받아야 했기 때문이다. 자를란트의 친척은 우리보다 형편이 훨씬 좋았다. 게다가 대모가 식료품 가게를 가지고 있었다. 그래서 어머니는 갈 때마다 자를란트에서 구입할 수 있거나 훨씬 더 싼 커피 또는 이와 비슷한 제품들을 싸들고 왔다. 그 것은 세관을 통과할 때 위험천만한 일이었다. 그러나 우리는 한 번 도 걸리지 않았다.

나이가 들면서 나는 공간적 제약을 의식하게 되었다. 우리는 얼 마나 자주 함께 앉아서 더 크고 넓은 세상을 꿈꾸었던가! 우리는 룩 셈부르크 방송을 들었다. 프레디 퀸의 〈소년이여, 곧 다시 오라〉 또 는 로니(볼프강 롤로프)의 〈몬태나의 산에서〉 같은 유행가는 먼 곳에 의 동경을 고취했다. 나보다 나이가 많은 몇몇 청소년은 집을 떠났 다. 한 명은 배의 요리사가 되었고, 다른 한 명은 먼 주둔지의 연방 방위군에 입대했다. 남자 중에는 쾰른, 레버쿠젠 또는 루르에서 일 하는 일주일 단위 통근자가 많았다. 그들이 집에 돌아오면 '크고 넓 은 세상의 향기'가 물씬 났다. 이것은 1960년대의 인기 담배 피터 스 투이베산트의 광고 문구였다.

그때 더 넓은 세상으로 향하는 문이 우리에게 열렸다. 종교 과 목 교사 하인리히 데보레가 우리를 이탈리아 여행에 초대했다. 이 탈리아, 이탈리아는 괴테 시대 이래로 독일인에게 꿈의 목적지였다. 여행 1년 전에 우리는 벌써 계획을 짜고 준비를 하기 시작했다. 여 행 비용을 마련하기 위해 우리는 강림절 화환을 엮어서 팔고 스폰 서를 물색했다. 우리는 이탈리아어를 배우고 여행 목적지에 대한 정 보를 수집했다. 우리에게 이것은 여행 이상의 것이었다. 모험이기도 하고, 경계를 허무는 것이기도 했다. 1963년 여름방학이 시작되자 버스 두 대가 학생 100명을 태우고 출발했다. 여행은 24일간 계속되었다. 꿈만 같았다. 베니스, 피렌체, 피사, 아시시, 로마 그리고 가르다 호수 야영장에서 보낸 며칠. 우리는 수도원과 순례자 접대소에서 숙박했다. 여행 비용은 고작 280마르크(약 140유로)였다. 하루에 10마르크(약 5유로) 조금 더 들었다. 그렇지만 부모님에게는 부담되는 돈이었다. 나는 비용 때문이 아니라 수확기에 부모님만 남겨놓게 되어서 양심의 가책을 받았다. 열여섯 살인 나는 충분히 힘을 쓸 수 있었고 보통 때는 매일 몇 시간씩 농장 일을 거들었다. 여름방학 때는 으레 부모님을 도와드렸다. 나는 부모님 단 둘이서 어떻게 그 일을 감당했는지 모른다. 하지만 부모님은 내가 이 여행에 빠지면 안 된다고 철석같이 믿고 있었다. 이에 대해 지금까지도 부모님에게 고맙게 생각하고 있다. 종교 과목 교사가 방학 때 학생 100명에게 이탈리아 여행을 제안하고 자기 책임하에 인솔한 것은 아무리 과대평가해도 지나치지 않다. 이 여행은 순전히 사적인 행사였고, 학교 일정과는 무관했다. 다행히 아무런 사고도 없었다. 나는 그가 어떤 책임을 맡았는지 모른다. 물론 그는 종교 과목 교사로서 우리를 교회와 순례지로 데리고 다녔다. 다른 한편으로 도시에서는 우리 청소년에게 큰 자유를 주었다. 우리는 베니스, 피렌체, 심지어 로마에서도 마음대로 돌아다닐 수 있었다. 어느 날 저녁 우리는 피렌체 대성당 계단에 앉아 한밤중까지 독일 민요를 불렀다. 즐겨 부른 노래는 〈우리는 청산에서 왔다네〉였다. 로마에서 우리는 '쿠자누스'라고 더 잘 알려진 쿠에스의 니콜라우스 묘를 방문했다. 그는 모젤 강변의 베른카스텔-쿠에스 출신으로 중세 후기의 세계적인 대학자 중 한 사람이었다. 그의 사상은 오늘날까지 학문에 자리를 잡고 있다.

쿠자누스를 다룬 논문으로 박사학위를 받는 사람이 해마다 전 세계에서 다수 배출된다. 그의 묘는 빈콜리의 산 피에트로 성당에 있지만 그의 심장은 모젤 강변의 베른카스텔 쿠에스로 옮겨졌다.

이 이탈리아 여행은 두 가지 이유에서 나의 가장 아름답고 감동적인 체험 중 하나로 남아 있다. 하나는 고향 마을의 좁은 경계를 처음으로 허물 수 있었다는 것이고, 다른 하나는 비길 데 없는 미의 세계가 이탈리아에서 내게 열렸다는 것이다. 내가 보기에 베니스와 피렌체는 세상에서 가장 아름다운 도시였다. 지금까지 고향 마을과 그 주변밖에 알지 못했던 청소년에게 그 인상은 마치 빛에 한 번도 노출되지 않은 필름에 새겨지듯이 깊이 각인되었다.

하인리히 데보레는 집념이 강하고 투지가 넘쳤다. 2년 후 그는 스페인, 모로코, 포르투갈로의 더 넓은 여행을 기획했다. 이번에는 50명 남짓한 학생이 버스 한 대로 35일간 돌아다녔다. 여름방학을 거의 다 보낸 셈이었다. 이번에도 데보레는 420마르크(약 240유로)라는 믿기지 않는 가격으로 이 여행을 주선했다. 부모님만 남겨 둔다는 양심의 가책은 2년 전보다 훨씬 컸지만 나는 이 여행을 결코 후회하지 않았다. 이 여행은 믿기지 않을 만큼 정신을 풍요롭게 해주고 시야를 넓혀주었다. 바르셀로나의 수도원, 엘체의 야자나무 숲, 그라나다의 알함브라 궁전 및 코르도바가 내 정신의 눈을 뜨게 해주었다. '아프리카의 성모' 성당을 보고 감격한 나머지 우리는 알헤시라스에서 아프리카의 스페인령 고립 영토 세우타로 갔다(나의 '운명의 순간'이기도 한 이 여행에 대해서는 13장에서 자세히 다룰 것이다). 마호메트의 귀염둥이 딸 이름을 딴 포르투갈의 순례지 파티마에서는 순례자의 경건함에 깊은 인상을 받았다. 이곳의 전설과 관련된 현상은 데보레와 우리에게는 실재였다. 당시의 감동적 경험을 지금 추체험하기는 어렵다.

약 30년 후인 90년대 중반에 우리는 아이들과 함께 이탈리아, 스페인, 모로코를 차로 여행했다. 이 여행도 아이들에게는 대단한 경험이었다. 그러나 그 사이에 우리 가족은 세상 구경을 많이 해서 내가 어린 시절에 맛본 감흥은 다시 일지 않았다. 로마에서 나는 잊을 수 없는 1963년의 여행을 추억하며 데보레에게 엽서를 보냈다. 데보레한테서 전화가 왔다. 실로 20년 만에 그와 대화하는 셈이었다. 그는 변함이 없었다. 독일 통일 후 동부 독일에서 선교하고 있다고 들뜬 어조로 말했다. 그는 구동독 시절에 무신론자가 되어버린 사람들을 교회의 품으로 데리고 오려고 했다. 그러나 이 시도는 그다지 성공을 거두지 못한 듯했다. 아이 유아 세례 때 80대에 접어든 그를 다시 보았을 때에도 몸은 노쇠했을망정 말에는 옛날의 열정이 묻어 있었다. 그의 설교는 우리가 학교에 다니던 1960년대의 그 설교였을지도 모른다.

어렸을 때의 이 굉장한 여행 이야기를 듣고 있으면 내가 고향 마을에 질려버렸다고 생각할지도 모른다. 그러나 결단코 그렇지 않다. 청소년 시절에 나는 먼 곳을 동경했다. 그러나 먼 곳에 있었을 때 나는 다시 향수에 사로잡혔다. 향수가 나를 집으로 도로 불러들였다. 이 기묘하고도 상반되는 듯한 복합 감정은 글로벌 플레이어가 된 후에도 늘 따라다녔다. 나에게는 먼 곳에 대한 동경과 향수가 모순이 아니라 존재의 양면이다. 출발과 귀향은 여행에서 가장 아름다운 순간이다.

3

정치 방관자

정치에 대한 소질

아버지는 15년간 우리 작은 마을의 면장을 지냈고, 기민당 소속으로 군의회 의원을 지내기도 했다. 나도 어릴 때부터 정치가 상존하는 환경에서 자랐다. 그러나 여기서 말하는 정치는 중앙의 정치가 아니라 지방의 정치와 실제적 문제이다. 이데올로기는 아무런 역할도 하지 않았다. 읍면 참사회參事會 의원은 이른바 다수결로 선출되었다. 나는 지금도 이를 매우 민주적이라고 생각한다. 읍면 참사회는 의원들이 서로 다 안다는 것을 전제로 한다. 유권자는 투표지에 이름 일곱 개를 썼다. 최다 득표자가 읍면 참사회에 진출했다. 참사회 의원은 면장을 호선했다.

아버지는 임기 중에 중요한 업적 두 개를 달성했다. 하나는 면사무소에 냉동고, 세탁기, 욕조를 설치한 것이었다. 2차 세계 대전이 끝난 지 10년이 지났기 때문에 이것은 발전을 의미했을 뿐만 아니라 획기적인 성과였다. 위의 시설물들은 예전에는 상상도 할 수 없었던 편의를 농가에 가져다주었고, 고기를 냉동시켜 보관하는 것과 같은 새로운 습관이 가능하게 만들었다. 다른 하나는 새 교회를 지은 것이었다. 아버지는 목사와 함께 이 새 교회에서 중요한 역할을 맡았다.

아버지는 법석을 떨지 않고 면의 행정을 이끌었다. 후에 아버지의 뒤를 이어 면장이 된 동갑내기 친구 페터 콜러와 함께 팀을 이루어 마을 운명을 바꾸어 놓았다. 아버지는 대체로 읍면 참사회와 마을의 첨예한 대립을 피했다. 빌미가 생겼을지라도 면민이나 참사회 의원에게 부정적으로 말하지 않았다. 나는 이 점을 중요시한다. 후에 내가 주도한 모임에서는 언제나 단결에 유의했다. 나는 스스로 인정하는 것 이상으로 아버지한테서 리더십을 배웠다.

이런 환경 덕분에 나에게 정치에 대한 기본적 관심이 생겼다. 나는 소년 시절부터 정치에 소질이 있었다. 역사 및 정치학 담당 교사가 싹트고 있는 이 관심을 강화하는 데 기여했다. 그는 소신이 강한 사람이었고, 이를 단호히 개진할 줄 알았다. 그는 정치에 재능이 있었고 첫발을 들여놓기도 했다. 결국 자신의 의견을 곧이곧대로 주장하다가 실패하고 말았다. 그의 논증 방식은 내 방식과 비슷하여 나를 자극했다.

10대 때 나는 선거 행사장을 방문하여 토론에도 참가하였으나 어느 정당에도 가입하지는 않았다. 소소한 마을 정치에서 내 관심을 끄는 더 큰 주제로 어떻게 옮겨가게 되었을까? 재미있는 대화 상대는 일찍 작고한 마을 교사의 아들 디터 슈나이더였다. 그는 마을에서 고지 독일어를 사용하는 유일한 청소년이었다. 그가 김나지움에 잘 적응하지 못하자(비타협적 태도 때문인 듯하다) 그의 부모는 그를 스위스의 기숙학교에 보냈다. 그곳에서 그는 마투라(대학 입학 자격.-옮긴이)를 획득했다. 그는 독일의 여러 대학과 파리 및 암스테르담에서 역사학과 정치학을 공부했다. 그는 정치 성향을 지닌 학생들과 연결되어 있었고 좌파 학생 지도자(특히 루디 두치케와 프리츠 토이펠)를 많이 알고 있었다. 디터 슈나이더는 좌파 동조자였다. 어쩌면 가장 적극적이고 급진적인 집단인 SDS(독일사회주의학생동맹.-옮긴이) 회원이었을지도 모른다. 그는 1966년에 프랑크푸르트에서 열린 SDS 집회에 나를 데리고 갔다. 거기서 나는 마르크스주의자, 레닌주의자, 혁명가들을 만났다. 소박한 시골 출신인 나는 이 집회에서 내건 주제와 요구 사항에 충격을 받았다. 특히 라인 지방 억양의 서투른 독일어로 '샤Schah' 타도를 요구하는 이란인이 특히 기억에 남아 있다. 이런 세계는 내게 새롭고 자극적인 것이었지만 내가 뛰어들 세계는 아니라고 느꼈다. 나는 걸려들지 않았다. 디터 슈나이더는 낙심했다. 후에 그는 뮌헨으로 가서 박사학위를 받고 현대사 연구소에서 일하다가 아까운 나이에 죽었다. 나는 1970년대에 그를 한 번 더 방문했다. 그 후 우리 두 사람은 서로 다른 길을 갔다.

나는 좌파 혁명가가 되지 않았다. 그러나 나는 극우파를 좌파만큼 불신했다. 이런 태도를 행동으로 보여줄 기회가 곧 생겼다.

도나우할레 돌진

1964년 창당 이후 불과 몇 년 만에 신나치당 NPD(독일민족민주당.-옮긴이)는 세력이 커졌다. 1968년 4월 28일 바덴 뷔르템베르크 주 의회 선거에서 NPD는 9.78%를 득표했다. 그것은 오늘날 AfD('독일을 위한 대안'이라는 뜻의 독일 극우정당.-옮긴이)가 달성한 것과 비슷한 득표율이다. NPD는 분명히 극우정당이었다. 당시의 많은 당원들은 옛 나치스였다. 이들은 아직 한창때에 있었다. 아돌프 폰 타덴이라는 사람이 당 의장이었다. 바덴 뷔르템베르크 선거전의 일환으로 NPD는 1967년 11월 15일 울름의 도나우할레에서 대규모 시위를 개최했다. 이 홀은 2,000명 이상을 수용한다. 당시 나는 기본 교육 과정과 사관 후보생 과정을 마치고 공군 제4훈련연대의 교관으로 있었다. 이 연대의 제4대대 본부는 울름의 뷜케 카제르네에 있었다. 우리 중대의 많은 김나지움 졸업생은 출신지가 독일 전역에 분포해 있었고 높은 정치적 관심을 보여주었다. '혁명의 해' 1968년은 일찌감치 그림자를 드리웠다. 우리 부대는 분명히 신나치스에 반대하는 분위기였다. 고지된 NPD 시위에 대해서 격렬한 토론이 벌어졌다. 한 동료가 "왜 우리는 도나우할레로 돌진하지 않는가?"라고 하자 이구동성으로 "옳소!"라고 했다. 부대원 80~100명이 함께했다. 당연히 우리는 군복이 아닌 사복 차림으로 도나우할레로 갔다. 날씨가 이미 추웠기 때문에 병사들은 겨울 외투나 파카를 걸쳤다. 이것은 예상되는 격렬한 몸싸움에 유리한 것으로 판명되었다. 우리는 소그룹을 지어 도나우할레의 여러 출입구로 다가갔다. 문은 NPD 질서 유지원이 지키고 있었다. 질서 유지원들은 입장권 제시를 요구했으나 우리는 그들을 확 밀쳐버렸다. 몇 뉴턴미터(newton meter. 돌림힘을 나타내는 단위. 1뉴턴미터는 회전축에서 1미터 떨어진 곳에서 수직 방향으로 1뉴턴만큼의 힘을 가할 때의 양을 뜻한다.-옮긴이)가 넘는 힘이었다. 질서 유지원들은 잘 훈련된 군인들에게 속수무책이

내가 뒤에서 NPD 질서 유지원을 붙들고 있다. 1967년 11월 15일 도나우할레 울름.[1]

었다. 순식간에 출입구가 트였다. 우리는 홀에 돌진해 들어갔다. 안에서는 한바탕 소동이 벌어졌다. 놀랍게도 초대받지 않은 손님이 많이 있었다. 당시 울름은 코블렌츠 다음으로 큰 연방 방위군의 위수 도시였다. 다른 병영에 주둔하고 있던 많은 병사들이 우리와 마찬가지로 시위 저지를 기도했다. 우리 병영 근처에 있는 울름 조형대학의 좌파 성향 학생들이 많이 참석해 있었다.

타덴과 그가 이끄는 NPD 당원들이 무대에서 소란을 진정시키려고 했다. 수많은 NPD 질서 유지원이 출입을 차단하고 있는 무대로 돌진하는 데 몇 분밖에 걸리지 않았다. 우리 훼방꾼은 수적으로 우세하고 이러한 육탄전에는 더할 나위 없이 준비가 잘 되어 있었다. 우리가 무대로 돌진하자 타덴은 도망쳤다. 결국 시위는 중단되었고, 경찰이 홀을 정리했다.

모든 것은 비극으로 끝났다. 도나우할레에서의 소요 때문에 《도나우 차이퉁》의 한 기자가 죽었다. 그는 홀에 돌진해 들어갈 때

점화한 연막탄 가스에 질식사했다. 다음 날 아침 당직 하사관이 우리 방에 와서 울름에서 발행되는 《도나우 차이퉁》을 코앞에 내밀었다. 커다란 사진(73쪽)이 실려 있었다. 내가 NPD 질서 유지원을 붙들고 있는 모습이었다.

사진 밑에는 "지난 번 임무 수행 때 우리 동료가 시위자와 홀 질서 유지원 간의 싸움에 가담했다. 그의 카메라에 담긴 마지막 사진은 두 손을 든 채 사진사에게 다가가는 NPD 질서 유지원을 포착했다"라고 적혀 있었다. 일주일 후 《슈피겔》에도 내가 질서 유지원을 붙들고 있는 사진과 함께 NPD 시위 돌진에 대한 기사가 실렸다.[2]

사법경찰의 말을 인용한 《슈피겔》에 따르면 병사가 홀에 연막탄을 던진 것이 아니고 "연막탄 투척은 젊은 집회 훼방꾼의 단독 계획임이 거의 확실했다."[3] 《슈피겔》 보도에 따르면 연막탄 제조자는 "전위적이고 비타협적인 울름의 대학교에서 연막탄을 제조한 것"으로 추정되었다. 어쨌든 나는 우리 중대의 그 누구도 연막탄을 가지고 가지 않았다는 것을 단언할 수 있다. 우리는 경찰이 들이닥치지 않을까 불안해하며 며칠을 보냈다. 신문에 난 사진 때문에 경찰은 나를 첫 번째 용의자로 지목했을 터였다. 우리가 연막탄과는 무관했음에도 주거 침입을 이유로 우리를 고소할 것이 분명했다. 그러나 고소는 없었다. 중대장 맥 대위는 소극적으로 대처했다. 그는 도나우할레에서 무슨 일이 일어났는지 한 번도 묻지 않았다. 나는 중대장이 모든 것을 알고 있었다고 본다. 그가 돌진을 묵계한 하사관 E. M.을 몹시 신뢰하고 있었기 때문이다. NPD 집회를 분쇄하고 타덴을 무대에서 쫓아낸 것이 자랑스럽기도 했지만 속수무책이었던 사망 사고 때문에 몹시 놀라고 걱정을 많이 하기도 했다.

긴급조치법 반대

1967~68년의 복무 기간 중에 연방 방위군 동료들과 나는 점점 정치적 성향을 띠게 되었다. 우리는 현 상황에 대해 점점 더 자주 그리고 비판적으로 토론했다. 1968년은 우리 젊은 병사에게도 그늘을 드리웠다. 우리는 긴급조치법을 국가에 의한 자유 및 기본권 침해로 간주했다. 이 법은 기본법을 바꾸고 위기 상황(자연재해, 봉기, 전쟁)에서 국가의 행위 능력을 보장하는 비상 체제를 만들었다. 국가의 이러한 자유 및 기본권 침해에 맞서 우리는 무언가 하려고 했다.

1968년 5월 11일 긴급조치법에 반대하는 대규모 시위가 당시 연방 수도인 본에서 있었다. 그곳으로 가는 도중에 우리는 세계적으로 유명한 경주 트랙인 뉘르부르크링을 지나갔다. 숲가에 포르쉐가 한 대 있었고, 운동선수처럼 보이는 젊은이가 차에 기대어 서 있었다. 나는 "장 클로드 킬리다"라고 소리쳤다. 킬리는 올림픽에서 금메달을 3개 따고 세계선수권 대회에서 6번 우승한 프랑스의 알파인 스키 선수로 당시에는 세계적 스타였다. 그는 스키선수 생활을 접고 자동차 경주에 몰두하여 뉘르부르크링에서 1,000킬로미터 경주에 참가하고 있었다. 우리가 말을 걸자 그는 싹싹하게 응대했다. 우리는 그와 몇 분간 이야기했다. 유감스럽게도 필기구가 없어서 우리는 그에게 자필 서명을 청하지 못했다. 그와의 만남으로 우리는 우쭐해져서 부푼 가슴으로 본에 도착하여 시위에 참가했다.

이 시위로 나는 새로운 경험을 했다. 대부분이 대학생인 6만 명이 넘는 시위자들은 여기저기서 출발하여 본 대학의 호프가르텐비제에 집결했다. 이곳에는 대형 연단이 있었다. 4년 후 노벨문학상을 받게 되는 하인리히 뵐은 계획적인 자유 제한에 매우 비판적인 입장을 취했다. 연사 중에는 시인 에리히 프리트도 있었다. 적들은 원외 야당을 지지한다는 이유로 그를 '슈퇴렌 프리드'('훼방꾼 프리트'라는 뜻.-옮긴이)라고 불렀다. 당시 가장 영향력이 큰 학생 조직인 독일사회주의학생동맹 의장 카를 디트리히 볼프가 가장 신랄한 연설을 했다. 후에 볼프는 클라이스트, 횔덜린, 카프카, 켈러 같은 고전 작가의 작품을 출판하는 출판사의 발행인이 되었다. 그는 '출판 및 문학에 대한 공로'로 2009년에 연방공로십자장을 받았고, 2015년에는 바젤 대학 인문학부에서 명예 박사학위를 받았다.[4] 독일사회주의학생동맹에서 활동하다가 주류로 변신한 좌파 학생 지도자가 적지 않았다. 후에 나는 《매니저》, 프록터 앤드 갬블, 심지어 맥킨지에서 그들 중 몇 사람을 만났다.

민주주의를 위해 무언가 했다는 것을 자랑스러워하며 우리는 뷔헬 비행장의 일상으로 돌아갔다. 우리는 정치에 참여하고 긴급조치법에 반대했다면서 본에 가지 않은 동료들에게 자랑을 하는 전투 폭격기 편대에서 착실히 근무했다. 그런데 시위는 그다지 영향을 미치지 못했다. 1968년 5월 30일 제1차 대연정은 긴급조치법을 가결했다. 그 후 본은 대규모 시위(베트남전 반대, 군비 확장 반대 등등)로 몸살을 앓았다. 그러나 나는 더 이상 시위에 참여하지 않았다.

1969년 총선

1년 후 총선이 있었다. 낙관적 분위기가 지배적이었다. 선거전은 치열했다. 후에 연방총리가 된 빌리 브란트가 사민당의 새 기대주였다. 목사는 기민당, 사민당, 자민당의 연방의회 후보자와 함께 (153개 선거구를 위해) 고향 마을에서 단상 토론회를 기획하고 나에게 사회를 맡아 달라고 요청했다. 대학 공부를 막 시작한 22세의 나는 자신감이 넘쳤으므로 이 벅찬 과제를 받아들였다. 행사일이 다가오자 나는 초조하고 긴장되었다. 그러나 수백 명 앞에서 연단에 올랐을 때 초조함은 온데간데없어졌다. 나는 이런 것을 자주 경험했다. 연단에 오르자마자 나는 무대 공포증을 떨쳐버리고 내 역할에 집중하는 데 성공했다.

그러나 나는 노련한 정치가들을 상대해야 했다. 한스 리하르츠는 고향 이웃 마을의 농가 출신이었다. 기민당 후보인 그에게 이 선거구는 안전한 은행과 다름없었다. 그는 1차 투표에서 항상 60% 이상을 획득했다. 그는 1953년 이래 연방의회 의원이었고, 1958년부터는 유럽의회 의원이었다. 22세의 풋내기가 이런 전문 정치가에게 설교한다는 것은 기대할 수 없었다. 그는 나의 부친을 잘 알고 있었기 때문에 나를 관대히 다루었을 것이다. 자민당 후보 페리 폰 베르게스도 유력한 인사였다. 그는 이 지역에 큰 저택을 가지고 있었다.[5] 라인란트팔츠 주정부에서 차관을 지내고 함부르크의 독일 광유鑛油 회사 DEA(도이체 에르트욀. 후에 도이체 텍사코로 바뀌고 그다음에는 REW-DEA로 바뀌었다가 마침내 쉘Shell로 바뀌었다.-옮긴이)의 대표이사를 지낸 그는 민간경제에서는 물론 정치에서도 경험을 쌓았다. 사민당 정치가 이름은 기억나지 않는다. 어쨌든 그는 이 선거구에서 기회를 잡지 못했다. 이런 노회한 프로들을 상대로 어떻게 사회를 보았는지 모르겠다. 어쨌든 청중 측이나 주최자인 목사 측에서 불평은 나오지 않았다. 비록 작은 마을에서 개최된 것이기는 하지만 이런 경험은 자의식 강화에 크게 기여했다. 나는 정치가들을 상대할 수 있다고 믿었다. 정치적으로 더 적극적으로 될 수 있다는 것을 확인하고 고무되었다. 실제로 본 대학에서는 그렇게 했다.

선거전에서 빌리 브란트를 위해 동분서주한 동향인은 '프리델'이라고 불리는 프리트헬름 드라우츠부르크였다. 그는 우리 군청 소재지 출신이었고, 본 대학에서 공부했다. 그는 일찍이 사민당에 몸담았고, 1969년에는 후에 노벨문학상을 타게 되는 귄터 그라스의 선거 여행을 수행하여 독일 전역을 돌았다. 그라스는 연설에서 빌리 브란트를 적극 옹호했고, 브란트의 선거 승리에 분명히 어느 정도 기여했다. 드라우츠부르크는 그라스가 우리 군청 소재지에 모습을 드러내게 하는 데 성공했다. 드라우츠부르크는 통일 후 베를린의 명소가 된 '슈탠디게 페어트레퉁'(베를린의 유명한 독일요리 전문점으로 '상주 대표부'라는 뜻임.-옮긴이)을 개설하여 독일 전역에 유명해졌다. 동향이라는 사실 때문에 드라우츠부르크와 나 사이에는 어떤 정책보다 더 강한 연대감이 형성되어 있다.

정치적인 대학생

나는 본 대학 시절에 정치적으로 가장 적극적이었다. 내가 대학에서 공부를 시작한 1969년 봄에 파리와 베를린에서 시작된 대학생의 정치적 각성은 점차 소도시와 대학들에게로 확산되었다. 왜 그해에 그런 일이 일어났을까? 이 문제를 다룬 책으로도 도서관을 가득 채울 것이다. 개인적으로는 우리 부모와 선생님들이 나치 시대에 대해 대체로 입을 다물었다는 것이 분명히 결정적 역할을 했다고 생각한다. 행정, 경제, 정치를 책임진 우리를 교육한 사람들이 이런저런 형태로 연루되어 침묵을 지키는 쪽을 택했다. 이 세대 사람들이 히틀러와 나치의 범죄를 옹호하거나 정당화했다는 뜻은 아니다. 우리는 그 시대를 단호히 단죄하는 것을 별로 경험하지 못했다. 1978년에 독일 텔레비전 방송이 나치 범죄와 전쟁 범죄를 광범하게 다룬 〈홀로코스트〉 시리즈를 방영했을 때 나는 시큰둥한 반발을 경험했다. 나는 그 시절에 미국에 있었는데 휴가차 잠시 고향에 와 있었다. 일요일 아침 해장 술자리에서 나는 몇 년 전에 돌아가신 아버지와 동년배인 사람들과 자리를 같이했다. 동석자들은 하나같이 2차 세계대전 때 참전했는데 시리즈에서 나치 국방군을 '비방'하는 것에 강력히 반발했다. 그들은 자기 의무를 다했을 뿐이고 텔레비전에 방영된 것은 예외라는 것이었다. 우리가 자랄 때는 이런 이야기가 금기시되었다.

1960년대 말에 대학생들은 대규모 시위를 통해 이 숨 막히는 위선적 세상으로부터 자신을 해방시키려고 하는 것 같았다. 혼란의 시대가 시작되었다. 이른바 원외 야당이 막강한 영향력을 행사했다. 대학에서는 강의 방해, 연구소 점거, 공공 기물 파괴, 시위가 다반사로 일어났다. 다양한 학생 단체가 형성되었는데 대부분은 좌파이고 극좌파도 적지 않았다. 원조격인 독일사회주의학생동맹이 세력이 가장 컸고, 그 밖에 사회주의대학생동맹, 마르크스레닌주의자, 붉은 세포, 마오주의자, 스파르쿠스단, 기타 소수 분파가 있었다. 보수 진영에서는 기독교민주주의학생연합이 가장 큰 파벌을 이루었다. 그

중간에 자유주의자와 독립주의자가 있었다. 이런 환경은 카리스마적 인물과 출중한 웅변가를 배출하는 토양을 제공했다. 이런 사람들 중에 본 대학에서 두각을 나타낸 사람은 한네스 헤르였다. 30년 후 그는 얀 립츠마의 지원으로 큰 주목을 끈 순회 전시회(나치 독일군의 만행을 폭로하는 전시회.-옮긴이)를 기획했다.[6]

나 자신은 어떠한 조직적 단체에도 가담하지 않고 독자적으로 행동했다. 학생회에서 우리는 뜻을 같이하는 사람들과 함께 행동했다. 이들 중 한 명이 볼프 디터 춤포르트였다. 후에 그는 자민당 슐레스비히 홀슈타인 주 의장과 연방의회 의원을 지냈다. 우리 그룹과 함께 우리는 학생회 선거에서 여러 차례 이겼다. 몇 년 후 나는 빌레펠트 대학의 교수에게 보낸 편지에서 이때의 삶에 대해 이렇게 썼다. "아무튼 정치가 매력이 있었습니다. 대학의 정치 운동이 요란한 시기에 학생회 간부로서 보낸 2년(그중 1년은 회장으로) 동안 학업은 뒷전으로 밀려난 듯했습니다."[7] 학생회 간부를 맡음으로써 나는 귀중한 경험을 쌓을 수 있었다. 나는 (때로는 수백 명의 학생을 상대로) 연설을 하고 논쟁을 주도하여 지지를 얻어내거나 좌파 선동꾼들과 싸웠다. 나는 공격을 많이 받았다. 극좌의 기층 운동 집단인 폴크스비르트샤프트('국민 경제'라는 뜻.-옮긴이)는 전단지를 통해 나를 '적과의 협력자이자 학생의 배신자'라고 매도했다.[8] 다른 집단은 '이론으로 무장하지 않은 지몬산産 실용주의'라고 욕했다.[9] 우리는 신문과 전단지를 제작하고 행사와 선거전을 기획했다. 우리 편을 찾아내어 동기를 부여하고 고무하는 일은 중요했다. 나는 학생회 대변인으로 단과대학 평의회에 참석하기도 하고 교수들을 자주 만나기도 하여 학생들 사이에서는 꽤나 지명도가 있었다. 내 이름은 본 대학 밖에서도 꽤 알려져 있었다. 그래서 새로 설립된 빌레펠트 대학의 위원회에 학생 대표로 파견되기도 했다. 경제학부 설치 여부를 다루는 위원회였다. 나는 본 대학과 빌레펠트 대학의 위원회에서 조수로 활동했다. 물론 활동은 전문 분야에 국한되었고, 대학 전체(학생공동위원회)의 정치에는 관여하지 않았다. 공동위원회에서 활동한 정치 지망 학생은 정치 조직에 더 깊이 관여되어 있었고, 더 많은 시간을 투자하여 정치 경험을 풍부히 쌓고 웅변술도 더 많이 익혔다.

우리 세대가 후에 내가 교수로서 상대한 학생들보다 정치에 훨씬 더 적극적이었다는 사실에 나는 지금까지도 꽤 자부심을 느낀다. 우리는 정부 부처, 교수, 행정관청이 부여한 여건을 그저 감수하지만은 않았다. 변화를 꾀하고 이를 위해 싸웠다. 이제는 변화가 반드시 향상을 가져다준다고 주장할 마음도 없고 그렇게 주장할 수도 없다. 지금 우리가 동경하고 있는 많은 옛 전통이 유감스럽게도 '교수 가운 아래 천년 묵은 곰팡내'라는 구호 아래 파괴되었다. 대학 졸업 자격시험을 치르고 나자 시험 관청은 아무런 장식도 없는 증서를 우리 손에 쥐어주었다. '졸업을 축하하는 것'이었다. 후에 외국의 대학(예컨대 하버드 대학)에서 경험한 학위 수여식을 돌이켜보면 잃어버린 전통에 대한 아쉬움이 되살아난다. 내가 경험한 독일 대학과 폴란드 대학의 명예 박사학위 수여식은 그렇게 다를 수가 없었다. 폴란드 대학의 학위 수여식 때는 가운을 입은 교수들과 '가우데아무스 이기투르'(Gaudeamus igitur. '축복의 날'이란 뜻으로 대학 졸업식 때 부르는 노래.-옮긴이)를 끝까지 불렀다. 간소하고 상징적인 것도 없는 독일 대학의 학위 수여식보다 훨씬 감동적이었다. 1795년에 설립된 프랑스 학사원의 정신문화 및 정치 아카데미의 시상식은 전통

베르트랑 콜롱브과 함께. 2013년 11월 18일 파리.

의 극치를 보여주는 것이었다. 나는 이 아카데미에서 2013년에 '체릴리 마리모 상'을 받았다. 남작 부인 체릴리 마리모가 제정한 이 상은 자유주의 경제가 사회 발전과 인류의 미래에 미치는 역할을 강조한 업적을 기려 해마다 수여하는 것이었다.[10] 1802년 나폴레옹이 설립한 생시르 육군사관학교 졸업 예정자들이 그 유명한 제복 차림으로 양쪽으로 도열해 있는 가운데 우리는 프랑스 학사원에 입장했다. 아카데미 원장 베르트랑 콜롱브과 함께 찍은 사진(82쪽)에서 보는 것과 같은 그 유서 깊은 제복 차림으로 아카데미 회원 40명이 나타났다. 시상식은 200년간 달라지지 않은 엄격한 선례에 따라 진행되었다.

독일의 대학들은 몇 년 전부터 옛 전통을 되살리려고 하고 있다. 어떤 면에서 나의 대학 시절은 마오쩌둥의 '문화혁명'과 비교될 수 있다. 이 두 경우에 전통은 회복 불가능할 정도로 파괴되었다.

그 기간의 학생 봉기와 행동으로 무엇이 달라졌는가? 특히 그 효과를 학생들의 엄청난 시간 및 에너지 투입과 비교하면 전체적으로 보아 달라진 것이 별로 없다. 우리는 정치적 활동에 많은 노력을 투자했다. 그것은 불가피하게 수강과 공부에 부담이 되었다. 그럼에도 나는 시간과 에너지를 투입한 것을 후회하지 않는다. 내가 쌓은 경험은 강의나 책으로는 아예 배울 수 없는 것이었다. 나는 대학 시절의 정치 참여를 내 고향 아이펠에서의 아이들 집단, 아버지의 본보기, 연방 방위군에 이은 또 다른 지도자 수업으로 간주한다.

홈 경기

마인츠 대학 교수 시절에 나는 다시 정치와 접했다. 라인란트팔츠 태생인 나는 우리 주의 정치가를 많이 알고 있었다. 트리어 시장 카를 루트비히 바그너는 베른하르트 포겔의 뒤를 이어 주 총리가 되었다. 포겔은 주 환경부 장관 한스 오토 빌헬름이 주도한 기습 표결 후에 "하느님이 라인란트팔츠를 지켜주시기를"이라는 말을 남기고 사임했다. 적군파RAF에 의해 살해된 독일 경영자 협회 회장이자 다임러의 대표이사인 한스 마르틴 슐라이어의 아들 한스 에버하르트 슐라이어가 주 총리청장을 맡았다. 나는 마인츠 대학의 경영학 과정 설치 문제를 그와 협의했다. 나와 동향인 알프레드 베스 박사는 라인란트팔츠주 환경부 장관이었다. 내가 1963년에 그의 춤 교습소를 방문한 적이 있는 코블렌츠 출신의 하인츠 페터 폴케르트 박사는 주 의회 의장을 맡고 있었다. 하인리히 홀켄브링크는 건강상 이유로 장관직에서 물러났음에도 여전히 주에 영향력을 행사하고 있었다. 그는 우리 김나지움의 교사였다. 기민당에 같이 몸담고 있었기 때문에 아버지와도 잘 아는 사이였고 가끔 우리 집에 들르기도 했다. 나는 유럽연합 위원회 위원이었던 카를 하인츠 나레스의 지도하에 마스트리히트 조약이 라인란트팔츠주에 미치는 영향과 기회를 다룬 주 위원회에서 함께 일했다. 후에 나는 은퇴 후 본의 라인 강변을 산책하는 나레스를 종종 보았다. 나는 당원이 아님에도 기민당의 경제 강령 작성에도 참여했다. 베른하르트 포겔의 타도를 주도한 한스 오토 빌헬름은 1991년 주 의회 선거에서 루돌프 샤르핑에게 패했다. 본 대학 시절부터 잘 아는 모젤 출신의 베르너 랑엔 박사가 그의 후임으로 기민당 주 대표가 되었다. 랑엔이 유럽의회 의원이 되었을 때 요한네스 게르스터가 그의 직책을 물려받았다. 게르스터는 1996년 주 의회 선거 때 기민당 수석 후보자로서 예비 내각 경제부 장관 자리를 나에게 제안했다. 그러나 이때는 이미 마인츠 대학 교수직을 그만두고 지몬-쿠허 앤드 파트너스의 대표이사를 맡기로 결심을 굳혔기 때문에 이 제안은 결국 무의미한 것이 되어버렸다. 그렇지 않아도 이 제안은 수포로 돌아갔을 것이다. 게르스터가 선거에서 쿠르트 베크에게 졌기 때문이다. 베크는 1994년에 사민당 총리 후보로 나선 루돌프 샤르핑을 총리로 밀고 그의 직책을 물려받기로 확약 받았다. 요한네스 게르스터는 1년 후 주 정치에서 손을 떼고 콘라드 트 아데나우어 재단에서 일하기 위해 예루살렘으로 갔다.

풍차에 맞서 싸우기

　　나는 고향 마을의 정치에도 가끔 관여했다. 마을 경계에 큰 풍력발전 단지를 세우려는 계획이 2000년대 초에 수립되었다. 이 계획 때문에 마을이 분열되었고 읍면 참사회도 분열되었다. 나는 이 프로젝트를 반대하는 편에 섰다. 마침내 이 프로젝트는 나의 제안으로 주민투표에 회부되었다. 투표 준비 기간에 나는 집집마다 《슈피겔》 최신호를 나누어주었다. 커버스토리가 풍력 에너지에 관한 것이고 지역의 풍광을 해친다는 이유로 이에 반대한다는 내용이었다. 투표권자 427명 중에 379명(무려 88.76%)이 투표에 참여했다. 기권은 5표뿐이었다. 176표(47.06%)가 풍력 발전 단지에 찬성하고, 198표(과반이 조금 넘는 52.94%)가 반대했다. 몇 주 후에 열린 읍면 참사회의 결정 회의에서는 격렬한 논쟁이 있었다. 결국 읍면 참사회는 8대 5로 풍력 발전 단지 조성에 반대하기로 했다. 풍차보다 풍광을 적게 해치는 40헥타르의 태양광 발전 단지를 풍력 발전기 대신 예정된 부지에 조성하기로 했다. 그러나 10년 후에 분위기가 반전되었다. 지금 군 차원에서 바로 그 부지에 훨씬 더 많은 풍차를 설치하기로 계획하고 있다. 이것은 확대된 풍력 발전 단지의 일부이다. 거대한 풍차가 들어설 것이다. 더 이상 이에 반대하는 것은 부질없는 짓이다. 결국 나는 라 만차의 돈키호테처럼 헛되이 풍차에 맞서 싸운 셈이었다.

재단

　나는 4개의 재단 감사국에서 경험을 쌓을 수 있었다. 통상적으로 재단은 이사회가 효과적으로 활동하도록 조직된다. 이사회는 재단 기금 할당을 결정하는 감사국의 감독을 받는다. 모 독일 대은행의 재단, 소비재 부문 기업가의 민간재단, 이와 유사한 루르 기업가 가문의 재단, 우리 군청소재지의 공익재단이 바로 이 4개의 재단이다. 재단에 대한 나의 경험과 견해는 긍정과 부정이 뒤섞여 있다. 설립자는 재단을 통해 자기 이름이 영원히 남을 것이라 곧잘 생각한다. 이 경우는 단체에서 선출된 사람이 재단을 운영한다는 사실을 망각한 것이다. 나는 재단 활동이 사적 이해관계의 영향을 크게 받는다고 생각한다. 여기서 사적 이해관계란 개인의 치부致富나 이익 획득을 뜻하지 않고 정해진 재단 목적 내에서 개인적 선호에 따라 기금을 운용한다는 것을 뜻한다. 재단이 가치 있는 프로젝트를 추구하는 경우가 적지 않다. 예를 들어 나는 교수로서 조금 기이해 보이기도 하고 나로서는 아무런 흥미도 없는 프로젝트를 재단이 내게 떠맡기는 것을 경험했다. 모든 단체와 조직은 결국 사람에 의해 특징을 갖게 된다. 감독위원회와 재단 감사국에는 다른 곳보다 인간적 결점이 더 많이 나타난다.

　나의 고향 도시 비틀리히에는 1991년에 '비틀리히 시 재단'이 설립되었다. 시는 저전압망을 라인-베스트팔리아 전력공급 주식회사에 매각했다. 그 수익금 1,700만 마르크(약 900만 유로)는 시의 재정에 귀속되지 않고 문화, 사회사업, 스포츠를 진흥하는 공익재단에 귀속되었다. 나는 처음부터 이 재단의 감사국에서 함께 일했다. 재단 이사장은 2009년까지 한스 프리드리히스 박사였다. 그는 연방 경제부 장관과 드레스드너 은행장을 지낸 사람이었다. 프리드리히스가 비틀리히 출신이어서 우리는 동향인이다. 2009년부터 나는 정당 비례대표인 시 참사회 의원과 외부 인사를 포함하는 재단 감사국 의장을 맡았다. 25년 넘게 감사국에 몸담으면서 나는 시장 3명을 경험했을 뿐만 아니라 지방자치단체 차원의 정치도 경험했다. 그러나 몇 가지 예외를 제외하면 이데올로기는 아무런 역할을 하지 못했다. 시장 요아힘 로덴키르히(2009년부터 재단 이사장을 맡았다)는 시 정책을 이념을 떠나 객관적으로 펼치는 법을 알고 있었다. 그는 8년 임기를 마치고 91.7% 찬성으로 시장에 재선되었다. 우리는 재단을 통해 흥미로운 프로젝트를 실현할 수 있었고, 우리 시대의 걸출한 인물들도 만날 수 있었다. 재단 설립 전에 그의 사망을 몇 달 앞두고 미술가 게오르크 마이스터만이 전 연방대통령 발터 쉘과 함께 우리를 방문했다. 나치의 박해를 받은 후 마이스터만은 2차 세계 대전이 끝나자 비틀리히로부터 첫 주문을 받았고 그 후로 이 소도시와 인연을 맺었다. 그는 의미심장한 작품 몇 점과 무수한 교회 창문 설계도를 재단에 기증했다. 민주주의와 사회를 위한 공로를 기려 우리는 그의 이름을 딴 게오르크 마이스터만 상賞을 연방대통령 요한네스 라우, 독일 유대인중앙위원회 의장 샤를로테 크노블로흐, 카를 레만 추기경, 외무부 장관 한스 디트리히 겐셔, 노벨문학상 수상 작가 헤르타 뮐러, 유럽위원회 의장 장 클로드 융커에게 수여했다. 시상식은 주민 1만 9,000명인 소도시 비틀리히에서 가장 중요한 행사였다. 보통 1,400명이 큰 행사장에 와서 이 시상식을 구경한다. 재단 생활의 또 다른 하이라이트는 베를린의 명소인 '슈탠디게 페어트레퉁'의 설립자이자 주인인 프리델 드라우츠부르크가 고향 도시 비틀리히에 기증한 베를린 장벽의 벽돌로 기념물을 설치한 것이었다. 이 기념물은 베를린의 행위예술가이자 환경예술가인 벤 바긴이 예술적으로 형상화한 것으로 2010년 10월 2일 제막되었다. 정치, 심지어 지방자치단체 차원의 정치도 아름다운 면을 가질 수 있다.

선거 지원

나는 본으로 돌아갔다. 2015년 아쇽 알렉산더 스리드하란이 예전의 연방 수도에서 시장 후보로 나섰다. 스리드하란은 인도 출신 외교관과 독일인 사이에서 태어난 아들이다. 그는 본에서 자라고 예수회가 운영하는 알로시우스 콜레그를 다녔다. 그의 두 전임자, 즉 사민당 소속의 베르벨 디크만과 위르겐 님취가 총 21년간 시장으로 있어서 이런저런 문제가 생겼다. 가장 널리 알려진 것은 본의 국제회의장이다. 디크만이 시장으로 있을 때 본 시는 한국인 사기꾼 투자자에게 속아 3억 유로가 넘는 빚을 졌다. 2015년 변화의 때가 온 것 같았다. 그의 오랜 지방자치 정치 경험을 근거로 나는 스리드하란을 최적의 후보로 간주했다. 선거 몇 달 전 나는 본의 《게네랄 안차이거》에 두 쪽짜리 글을 기고했다. 이 글에서 나는 발생한 사태를 가차 없이 비판하고 다시 방향을 설정하기 위해 열 가지를 제안했다.[11] 선거 2주 전에 기민당은 내가 선거 지원의 일환으로 스리드하란을 시장으로 지지한다고 표명한 광고를 실었다. 어쨌든 선거일 저녁에는 극도로 긴장되었다. 아쇽 스리드하란은 1차 투표에서 과반이 넘는

시장 후보로 아쇽 스리드하란을 지지한다는 분명한 표명.
《게네랄 안차이거》, 2015년 8월 29/30일.

50.1%를 획득했다. 나의 작은 선거 지원이 결정적 역할을 했는지는 알지 못한다.

　　사소하지만 수많은 나의 정치적 모험과 간헐적인 정치인 접촉을 되돌아보면 나는 언제나 정치 방관자로 머물렀다고 단언할 수 있다. 대학의 학생회장과 재단 감사국 위원 등 몇 가지 중요하지 않은 직책을 맡은 것을 제외하면 나는 정치적 지도 책임을 맡은 적이 없었다. 나는 정치가로서 출세할 수 있었을까? 그렇지는 않았을 것이다. 그 이유를 몇 개 들어보겠다. 정치적 생명이 표에 달려 있다(그것이 직업 정치가의 운명이다)는 생각을 하면 등골이 오싹해진다. 정치는 가능성의 예술이다. 다른 말로 하면 타협의 예술이다. 타협은 나의 강점이 아니다. 세 번째 이유는 정치에서 솔직히 말하는 것은 오히려 경력에 보탬이 안 된다는 것이다. 나는 이것을 역사 선생님한테서 배웠다. 청소년 시절에는 정치 입문에 대해 숙고하기도 했다. 지금도 나는 이 길에 들어서지 않은 것을 기쁘게 생각한다.

4

우레 같은 시절

물거품이 된 꿈

"구름 너머에 자유가 무한히 펼쳐져 있네. 근심 걱정일랑 모두 그 속에 감추어져 있네." 라인하르트 메이의 이 노래 가사는 청소년 기의 내 심정을 잘 나타내고 있다. 전쟁이 끝나면 또 하나의 전쟁이 기다리고 있다. 다행히도 이 역사적 규칙성은 독일에 적용되지 않았다. 1947년생인 나는 독일 역사에서 처음으로 평화로이 살 수 있는 행운의 세대에 속한다. 어쨌든 독일인은 1945년 이후 '무력' 전쟁을 겪지 않았다. 그러나 '냉전'은 내가 태어난 직후에 이미 표면화되었다. 냉전의 시작은 미국 대통령 트루먼이 자신의 이름을 딴 트루먼 독트린을 발표한 1947년 3월 12일로 거슬러 올라간다. 미국은 공산주의로부터 위협을 받는 모든 국가에 군사적, 경제적 지원을 할 준비가 되어 있다는 것이 독트린의 내용이었다.[1] 1948년의 베를린 봉쇄, 1950년대 초의 한국전쟁, 1953년 6월 17일의 동독 봉기, 1956년의 헝가리 봉기 진압, 1962년 10월의 쿠바 위기, 1968년 러시아의 체코슬로바키아 침공은 동서 대치의 정점을 이루었다. 이런 사태의 전개는 내 고향에서 그다지 주목을 끌지 못했다. 공격은 동쪽으로부터만 가해질 수 있었기 때문에 주요 군사 기지는 연방공화국의 서쪽 경계로 이전되었다. 비트부르크, 슈팡달렘, 뷔헬에 공군 기지가 설치되었다. 유년 시절과 청소년 시절에는 제트기가 굉음을 내며 머리 위를 날았다. 나는 최초의 제트 비행기를 기억하고 있다. 미국 록히드 사의 T33으로 주로 훈련에 투입된 것인데 굉음을 내며 머리 위를 지나갔다. 그 후 미국의 F-86 세이버, F-4 팬텀 또는 독일의 F-104G 스타 파이터 같은 현대식 제트기가 등장했다. 비행 훈련 때는 주민을 거의 고려하지 않았다. 제트기는 귀를 멍하게 할 정도의 굉음을 내며 음속 이상의 속도로 머리 위를 날면서 사람과 짐승을 놀라게 했다. 우레 같은 날들이었다.

그러나 나는 이 초현대식 비행기에 매료되었다. 1950년대 중반의 어느 날 미국 공군 기지 슈팡달렘이 개방되었을 때 이런 세계를 처음 접했다. 누군가가 차로 우리를 에어쇼로 데려갔다. 인파가 쇄도했고, 이때 나는 처음으로 자동차 행렬을 보았다. 자동차가 1킬로미터 넘게 늘어서 있었다. 당시 우리 마을에는 자가용이 없었기 때문에 이것은 진짜 처음 보는 광경이었다. 나는 제트기가 궤도를 따라 나는 하늘을 얼마나 자주 우러러보며 조종석에 앉아 있는 나 자신을 상상했는지 모른다. 나는 비행기 팬이 되었다. 나는 비행기를 죄다 알고 있었다. 심지어 2차 세계 대전 때의 비행기까지 다 알고 있었다. 세계 대전 때 독일 항공기와 적군 항공기 식별을 위해 국민들에게 배포한 책이 크게 도움이 되었다. 나는 이 책을 재빨리 구했었다. 내 방은 모든 항공기의 포스터와 모형으로 가득 차 있었다. 이들 항공기 중에는 유달리 디자인이 멋지고 내가 좋아하는 비행기 스타 파이터가 있었다. 내가 정기 구독한 첫 잡지는 《플루크 레뷰》였다. 나는 우리 지방에 사는 미국인들에게 매료되었다. 가끔 미국인 공군 기지를 방문할 때 나는 그들의 세계를 엿볼 수 있었다. 나는 수중에 들어온 정보를 하나라도 놓치지 않으려고 했다. 다음과 같은 미국 항공기 팸플릿의 장중한 문구를 지금도 기억에서 불러낼 수 있다.

끝을 알 수 없는
광대한 공간에서
우리의 거대한 새는 각다귀처럼 보인다네.
거리가 멀어질수록
우리는 측정한다네.
비행 거리와 속도와 승무원을
그리고 비행술을
가장 중요한 건 승무원이라네[2]

비행에 매료되었기 때문에 스타 파이터 조종사가 되겠다는 청소년기의 꿈이 움텄다. 우리 지역에서 이런 꿈을 가진 청소년은 나 외에도 있었다. 굉음을 내며 머리 위를 나는 많은 제트기에 다른 청소년들도 나처럼 매혹되었을 것이 틀림없었다. 김나지움 동창생 몇 명과 내 고향 출신의 많은 젊은이가 후에 전투기 조종사나 수송기 조종사가 되었다.[3] 그중 한 명인 에르하르트 괴데르트는 놀랍게도 비공식 최고 기록을 보유하고 있다.[4] 그는 '초음속으로 해수면 아래'를 비행한 유일한 독일인 조종사일 것이다. 이런 기록은 어떻게 달성되었을까? 괴테르트는 1961년에 스타 파이터의 독일 버전인 록히드 F-104G의 시험 비행 조종사 교육을 받았다. 시험 비행 장소는 최저점이 해수면 아래 85.95미터인 '죽음의 계곡'이었다. 괴테르트는 약 30미터 높이, 즉 해수면 아래 50미터인 곳을 초음속으로 날았다. 괴테르트의 말에 따르면 뒤로 보인 것은 거대한 먼지 구름뿐이었다고 한다. 그는 속된 말로 슬그머니 '자취를 감추고'는 아무도 이 모험적 비행에 주목하지 않는 것을 흡족히 여겼다. 김나지움 동창생 안드리스 프로이텔은 공군 대장까지 지냈다. 조종사가 된 또 다른 동창생은 위르겐 뷔커였다. 그는 슈팡달렘 공군 기지 근처에서 자라서 소년 시절부터 이미 구닥다리 미군이라는 별명을 갖고 있었다. 우리가 그를 '조Joe'라고 불렀기 때문이다. 후에 그는 42개국에 낙농장을 설립하여 '글로벌 유제품업자'가 되었다. 그는 11장에서 언급할 '독일인 헤르만'(본명은 게르하르트 노이만 박사)을 제외하면 내가 살면서 만난 몇 안 되는 진정한 모험가 중의 한 사람이었다.[5]

게다가 우리 고향에서는 비행이 일종의 전통이 되었다. 우리 마을 출신의 조종사들이 이미 국방군에 있었기 때문이다. 급우인 한스 요아힘 세르바티우스 박사의 아버지인 1922년생 빌리 세르바티우스는 영국에 출격했다. 1924년생인 베른트 엘런은 조종사 교육을 이수하고도 전쟁 끝 무렵이라 항공기가 없어서 출격하지 못했다. 후에 그는 연방공군의 직업군인이 되었고, 종종 뷔헬 비행장에서 나를 그의 차에 태우고 그의 집으로 데려가기도 했다. 우리 지역에서 가장 유명한 조종사는 1918년생인 에르보 폰 카게네크였다. 그는 적기 67기를 격추하여 23세 때 기사십자 철십자장*을 받았다. 그러나 몇 달 후 그에게도 불행한 운명이 닥쳤다. 에르보는 북아프리카에서 배에 총알을 맞아 아프리카의 롬멜 원수 전용기를 타고 그리스를 거쳐 이탈리아의 군병원으로 이송되었다. 그러나 치료하기에는 이미 너무 늦었다. 1942년 1월 12일 에르보는 24세의 나이로 나폴리에서 죽었다. 그의 형 프란츠 요제프는 얼마 전에 이미 죽었다. 탱크병인 동생 클레멘스 하인리히 폰 카게네크도 기사십자 철십자장을 받았다. 아버지 카를 폰 카게네크는 마지막 독일 황제의 시종무관으로 근무하다가 육군 소장이 되었다.

나 자신의 조종사 꿈은 고향과 결부되어 있을 것이다. 1960년 대에 뷔헬의 전투기 편대 33에는 스타 파이터가 있었기 때문이다. 나는 뮌헨에 가서 적성검사를 받았지만 1차에서 색맹 때문에 떨어졌다. 나로서는 하나의 세계가 무너진 셈이었다. 그러나 돌이켜 보면 이 불합격은 행운이었다. 조종사 꿈이 실현되었다면 내가 아직도 살아 있을지 없을지 누가 알리오? 그럼에도 나는 공군에 입대했다.

공군

우리는 마을의 선술집에서 넓고 큰 세계를 얼마나 자주 꿈꾸었던가? 우리에게는 먼 곳에 대한 동경이 끓어오르고 있었다. 우리에게는 마을이 너무 좁았다. 우리는 먼 나라 여행을 꿈꾸었다. 숙련된 정육업자 콘라트 파일은 배의 요리사가 되어 바다를 돌아다닌 후 세계 곳곳에서 겪은 갖가지 모험담을 늘어놓아 우리의 환상에 날개를 달아주었다. 고등학교 졸업 시험이 끝나자 마침내 좁은 세계를 벗어날 기회가 왔다. 1967년 새해 첫날 우리는 미래로의 출발을 술로 축하했다. 우리는 친구가 운전하는 폴크스바겐 비틀을 타고 커브가 많은 길을 따라 집으로 갔다. 커브 길은 분명히 너무 좁았다. 차가 갈지자로 가지 않고 똑바로 갔기 때문이다. 다행히 아무 일도 일어나지 않았고, 우리는 힘을 모아 도랑에서 비틀을 끌어올릴 수 있었다.

다음 날인 1967년 1월 2일 병력 수송 열차가 나를 신병 600명과 함께 라인란트에서 도나우 강변의 울름으로 실어 날랐다. 나의 공군 복무 기간이 시작되었다. 당시의 우리에게 '복무한다는 것'은 의문의 여지가 없었다. 우리 시골 지역에는 대도시에 두드러진 병역 거부 풍조가 아직 도달하지 않았다. 한 동급생은 우울증이 심해서 징병 검사에서 부적격 판정을 받았다. 또 다른 동급생은 부적격 판정을 받자 복무 허가 소송을 제기하여 승소했다. 그 후 급격히 달라진 청소년들의 사고방식을 어떻게 설명할 수 있을까? 계속된 '냉전' 상태가 모종의 역할을 했음에 틀림없다. 우리는 모두 소련과 바르샤바 조약 국가의 위협을 믿고 있었다. 실제로 나는 "러시아인이 쳐들어올지도 모른다"는 불안에 시달렸고, 이 불안은 상존했다. 거의 다 나치 시대와 2차 세계 대전의 공포를 경험했음에도 선생님들에게도 평화주의적 사고방식은 없었다.

나는 공군 제4교육연대 16중대에서 기본 교육을 이수했다. 처음으로 부모 집을 떠나 낯선 환경에 익숙해져야 하는 다른 젊은이들과 마찬가지로 나도 긴장 속에서 다가올 일을 기다렸다. 우리 중대원은 거의 다 김나지움 졸업생이었고, 출신지도 연방 전역에 걸쳐 있었다. 이런 환경에서 어떻게 하면 나 자신을 지킬 수 있을까? 경험 없고 순진한 시골 청년이 대도시 출신의 닳아빠진 신병에게 밀리지 않을 수 있을까? 기본 교육이 주는 육체적 부담을 감내할 수 있을까?

그러나 며칠 후 이런 긴장은 이미 눈 녹듯이 없어졌다. 단언컨대 나는 이런 도전들을 거뜬히 극복했다. 농부의 아들답게 힘든 일에 익숙하고 스포츠로 몸을 단련했기 때문에 행군과 훈련은 그다지 문제가 되지 않았다. 나는 3개월간의 기본 교육 중에 행군을 9킬로미터 더 했다. 숨이 덜 차기 때문일 것이다. 나는 입이 짧지 않아서 군대 음식에 만족했다. 집과 달리 내무반은 난방이 되었고 나는 부족한 것이 없었다. 6주 후에 중대 대표 선출이 있었다. 내가 선출되었다는 사실은 내 자의식에 조금도 손상을 입히지 않았다. 이 새로운 환경에서 사내다워질 수 있었다는 것을 나는 그제야 알았다.

그러나 몇몇 교관들과는 문제가 있었다. 그들의 태도가 내 마음에 들지 않았다. 특히 명령이 불합리하다고 생각되거나 부당하다고 생각될 때 순종은 나와 거리가 멀었다(지금도 그렇다). 고급 장교와 나이 많은 하사관들은 국방군에서 복무한 사람이었다. 퇴역 장군 크리스티안 트룰은 이에 대해 "1966년 연방 방위군에 발을 들여놓았을 때 내가 대해야 했던 상관은 대대장에서부터 장군에 이르기까지 모두 국방군 장교 출신이었다. 나이 많은 하사관들도 국방군에서 복무했었다"라고 말했다.[6] 이런 경험은 그들의 지휘 방법에 영향을 미쳤다. 나는 딱히 '내적 지휘' 원칙 위반을 경험했다고 말할 수는 없지만 기본 교육 기간에 본 그들의 태도와 부하 다루는 법은 시대에 뒤떨어진 것처럼 보였다. 기본 교육 후 나는 교관으로서 울름에 남았고, 1967년 여름에는 뮌헨 근교의 퓌르스텐펠트브루크에서 사관 후보생 과정을 밟았다. 이곳에서는 예비 장교인 우리를 대하는 교관들의 태도가 달랐다. 이곳 교관들은 우리에게 지휘 임무를 맡을 수 있게 해주어야 한다는 것을 이해하고 있었다. 내가 1년 뒤 방문한 뮌헨 노이비베르크의 장교 학교에서는 이것이 훨씬 강하게 적용되었다. 우리는 대학생 취급을 받았고, 교육 방법도 대학과 비슷했다. 실제로 후에 노이비베르크에는 연방 방위군의 대학 두 개가 생겼다.

장교 학교에서는 세계 대전 참전 용사인 애꾸눈의 늙은 대령에게서 깊은 인상을 받았다. 그는 전략 강의를 담당했다. 그가 내린 전략의 정의를 나는 잊은 적이 없다. 그는 전략을 "국가의 모든 역량을 계발하고 투입하여 적을 겁먹게 하고 분쟁이 일어날 경우 적을 최대한 약화시키는 기술이자 과학이다"라고 정의했다. 나는 이 정의를 약간 수정한 형태로 기업에 적용했다. "전략은 기업의 모든 역량을 계발하고 투입하여 최대한 이익을 남기며 오래 살아남게 하는 기술이자 과학이다."[7] 나는 이 간결하고 의미심장한 정의를 하버드 대학 앨프리드 챈들러 교수의 그 유명한 정의보다 선호한다. "전략은 기업의 기본적 장기 목표와 계획을 수립하고, 이 목표를 달성하기 위해 행동지침을 정하고 자원을 배분하는 것이다."[8] 후에 학자이자 컨설턴트로서의 내 활동은 하버드에서 챈들러 교수를 만나기 20여 년 전에 내가 받았던 장교 교육과 맞닿아 있다.

나는 사관 후보생 과정과 장교 과정을 수석으로 졸업했다. 그 때문에 장교 학교장인 대령과 나 사이에 말다툼이 벌어졌다. 이것은 완곡한 명령 거부로 볼 수도 있고 항명으로 볼 수도 있는 것이었다. 대령은 나를 임관하며 "지몬, 넌 장교 학교에 남는다. 난 너 같은 교관이 필요해"라고 말했다. 내 심기에 거슬리는 말이었다. 나는 관행대로 오로지 교육을 받기 위해 이들 학교에 파견되었고 교육이 끝나면 '나의' 전투기 편대 33으로 복귀할 것이라 생각했다. 복귀 보장은 물거품이 되었다. 교육만 담당하면 철모를 왜 써야 하는지 나는 그 이유를 알 수 없었다. 나는 철모를 벗어 내동댕이치며 "절대로 이곳에 남아 있지 않을 겁니다. 전투기 편대로 복귀할 겁니다"라고 소리쳤다. 이런 행동은 군인에게 절대로 용납되지 않는다. 나는 장교 학교에 남아 있었더라면 더 좋지 않았을지 자문해본다. 이 사건은 명령과 복종을 거부하면 군인으로서는 끝장이라는 것을 보여주었다. 나는 우리 두 사람이 왜 평생이 보장되는 공무원을 포기하고 독립했는지 아내 세실리아와 토론한 적이 있다. 우리는 어떤 상사 밑에도 있지 않으려고 한다고 결론을 내렸다. 후에 나는 뒤탈 없이 끝난 그 불미스러운 일에 대해 대령에게 사과했다. 나는 전투기 편대 33으로 복귀했다.

죽음을 부른 안개탄

연방 방위군 시절에 안개탄 때문에 비극적 사고가 발생하여 나는 참담한 의무를 이행해야 했다. 한 신병이 뉘른베르크 근교 로트의 공군 제4교육연대(나도 이 연대에 소속되어 있었다)에서 기본 교육을 마쳤다. 기본 교육 마지막 과정인 기동 훈련 때에 신병들은 엄폐호를 구축하고 판자와 나뭇가지로 덮어야 했다. 적의 공격을 가상하여 어떤 소위가 던진 안개탄이 잠들어 있는 신병의 엄폐호에 떨어졌다. 동료들의 도움으로 안개탄을 제거하기까지 몇 분이 걸렸다. 그러나 몇 분은 너무 길었다. 이 신병은 흡입한 가스 때문에 11일 후에 죽었다. 장례식은 그의 고향 도시에서 치러졌다. 전투기 편대가 가장 가까이 있는 공군 부대였기 때문에 우리 중 몇 명이 장례식에 파견되었다. 동료 다섯 명과 함께 나는 관을 운반하는 참담한 의무를 이행했다. 이 비극적 사고는 독일 전역에서 주의를 끌었고 《슈테른》은 이를 중요하게 보도했다.[9] 우리는 이 사고와 아무 관계가 없었지만 장례식에 온 친족들과 시민들은 당연히 우리를 원망하는 듯했다. 우리는 연방 방위군을 대표하고 있었는데, 그 방위군 근무 중에 친족이자 같은 시민이 세상을 떠난 것이었기 때문이다.

폭탄의 평범성

이른바 '핵 참여'의 일환으로 전투기 편대 33은 철의 장막 너머 미리 정해놓은 목적지에 핵무기를 공급하는 까다로운 임무를 수행했다.[10] 각 조종사에게는 두 가지 목표가 있었다. 조종사는 그곳으로 가는 길을 잘 알고 있었다. 일부 목적지는 스타 파이터의 비행 거리가 본거지로 귀환하는 데 충분하지 않을 것이었다. 조종사는 임무 완수 후 최대한 멀리 되돌아 날아가서 비행기에서 내려야 할 것이었다. 따라서 살아남기 훈련은 스타 파이터 조종사의 기본 교육에 속했다. 독일인 조종사가 모는 독일 제트기에 미국의 핵폭탄이 탑재되어 있었다는 사실은 당시에 거의 알려져 있지 않았다. 이 특별 무기는 비행장의 우리 막사 바로 옆 막사에 주둔하고 있는 미 공군 부대가 관리하고 있었다. 이 임무에 대해서는 스타 파이터 조종사 출신의 한스디터 로이가 쓴 책 《우레 같은 시절》에 자세히 설명되어 있다. 나는 이 장의 제목을 이 책 제목에서 따왔다.[11]

이런 특수 상황 때문에 전투기 편대 33에는 두 개의 보안 비행

중대가 있었다. 하사관 교육 중대ULS와 S가 의미하는 특별 무기를 감시하는 보안 비행 중대S가 그것이다.[12] 나는 ULS에 속했다. 하사관을 교육하고 비행장의 보안 전반을 관할하는 것이 우리의 임무였다. 또한 우리는 나토NATO 경보의 일환으로 핵폭탄을 비행장 밖 창고에서 비행기 격납고로 안전하게 운반해야 했다. 당시에는 국도를 통해 운반했다. 후에 국도와 가교로 연결된 특별 진입로가 건설되었다. 두 보안 비행 중대는 내가 장교 학교에서 알게 된 부대와 달리 구성원이 다양했다. 몇몇 병사는 이미 복역 경험이 있었고, 몇몇 병사는 얼큰하게 취한 상태에서 근무했다. 태도와 상황이 딱 맞아떨어졌다. 나는 이런 병사를 지휘하는 것을 커다란 도전으로 여겼다. 그때 나는 스물한 살이었다.

이 시기에 나는 연방 방위군이라는 거대한 관료 체제를 접했다. 사관 후보생으로 진급하는 것은 쉬운 일이 아니었다. 동기생들은 모두 오래전에 진급했다. 나는 사관 후보생 과정을 수석으로 마쳤음에도 오래 기다려야 했다. 지금 생각해보니 연방 방위군에는 분명히 소원 절차가 있다. 모든 것에 대해 소원을 제기할 수 있으나 진급 탈락만은 예외이다. 일정한 시기에 진급을 요구하는 것은 있을 수 없다. 나는 무엇을 할 수 있었나? 나는 불평등 대우에 대해 소원을 제기했다. 그것은 허용된 소원 사유였다. 1968년 3월 7일 절차를 밟아 제기한 첫 번째 소원은 전투기 편대 33을 거쳐 쾰른의 연방 방위군 인사처로 넘어갔다. 그곳에서 '서류를 보완한 후' 다시 연방국방부 장관에게로 넘어갔다. 처음에 국방부 장관은 그 사이에 이미 진급을 했다는 이유로 소원을 기각했다. 그러나 나는 이의를 제기했다. '진급 지연'을 이유로 소원을 제기한 것이 아니라 '불평등 대우'를 이유로 소원을 제기했기 때문이었다. 국방부 장관은 사건을 본에 있는 연방 방위군 행정처로 넘겼다. 연방 방위군 행정처는 소관사항이 아니라고 했다. 비스바덴의 국방 업무 행정처 IV의 소관사항이라는 것이었다. 서신이 십여 차례 오간 끝에 이 관청은 1968년 12월 4일 나의 소원 제기를 인정했다.[13] 나는 이 신물 나는 절차를 통해 몇 가지 교훈을 얻었다. 하나는 모든 것이 엄격히 정해진 문서 번호와 절차를 통해 처리되는 거대한 관료 체제 다루는 법을 배웠다는 것이다. 다른 하나는 소원을 제기해봤자 소용없다고 한 직속 상관의 말을 듣지 않기로 다짐했다는 것이다. 그러나 그날 결국은 내가 이겼다. 나는 뒤늦게 진급을 했고, 급료는 추가로 지급되었다. 관료주의라는 장치는 적절히 이용하기만 하면 매우 효율적일 수 있다. 수십 년 후 나는 범죄를 저지른 치과 의사에게 엮인 적이 있는데 그는 결국 감옥 신세를 지고 말았다. 나는 연방 방위군 시절의 경험을 살려 치과 의사를 상대로 이런저런 소원을 수많은 관청에 제기했다. 그 때문에 그는 결국 신세를 망쳤다.

전투기 편대 33에 복무하는 동안에 전후의 큰 위기의 하나가 발생했다. 1968년 8월 소련군이 체코슬로바키아에 진입했다. 이것은 우리에게 엄청난 경계심을 불러일으켰다. 이른바 '쾌속 열차 경보'라는 이 침공 때 나는 당직 장교였다. 23시 30분에 사이렌이 요란하게 울렸다. 나토 경보였다! 이것은 원자탄이 탑재되어 있고 조종사가 조종석에 앉아 있는 스타 파이터 여섯 대가 추가로 비상경보 지역으로 출격해야 하고 모든 전투기 편대가 핵무기를 장착해야 한다는 것을 의미했다.[14] 경계 임무를 위해 병사들은 실전용 탄약으로 무장하고 지정된 초소에 주둔했다. 정상적 상황이라면 이것은 기본 훈련이다. 그러나 그날 밤에는 중대원의 절반이 술에 취해 있었다. 나는 다루기 힘든 병사들에게 어떤 명령을 내려야 할지 알고 있어야 했다. 나는 병사들을 운동장에 집결시켰다. 라바우케라고 알려진 병사, 즉 고주망태가 된 G 상병이 "지몬, 날 내버려두지 않으면 네놈부터 쏴죽일 거야"라고 하면서 나를 위협했다. 친한 친구 중에 W라는 부사관이 있었다. 그는 프랑크푸르트 출신의 뛰어난 권투 선수로 국가대표 선수 선발전에 몇 번 참가했다. 강펀치에다가 두 주먹을 다 쓰는 미들급 선수였다. 상병과의 곤혹스러운 충돌이 어떻게 해결되었는지는 더 자세히 언급하지 않겠다. 나는 병사들의 군기를 다잡는 임무를 부사관 W에게 맡겼다. 내가 아는 것이라고는 G 상병이 갑자기 무기력해져서 더는 나를 쏘아 죽일 수 없었다는 것뿐이다. 이때부터 중대원들은 군기가 바싹 들었다. 병사 두 명이 고주망태가 된 상병을 붙들어 트럭에 태우고는 출격 장소로 보냈다. 병사들은 15미터 떨어진 안전한 곳에서 일렬로 서 있었다. 나는 술에 취한 병사 옆에 술에 취하지 않은 병사를 번갈아 세웠다. 술에 취하지 않은 병사가 술에 취한 병사의 탄약과 탄창을 가지고 있었다. 나토 검열관이 다가왔을 때 술에 취하지 않은 병사들은 탄창을 잽싸게 꽂았다. 다음 날 아침 나는 칭찬을 받고 하루 특별 휴가를 받았다. 중대가 신속하고도 일사불란하게 출격 장소에 집결했기 때문이었다. 실제로 무슨 일이 있었는지 알려졌다면 부사관 W와 나는 영창 신세를 졌을 것이다. 나는 이 사건을 훌륭한 지휘의 예로 정당화하지는 않는다. 그러나 섬세한 리더십이 통하지 않기 때문에 우악스런 리더십이 필요한 상황이 있다. 경비 중대에서는 괴팍한 병사를 함부로 다룰 수 없었다. 한번은 어떤 괴팍한 병사가 야간 경계 근무 중에 자동

권총의 탄창을 빼내었다. 천만다행으로 아무도 피해를 입지 않았다. 어쨌든 나는 전투기 편대 33에서 근무하면서 지휘 경험을 쌓았고, 이 경험은 이후의 삶에 크게 도움이 되었다.

원자탄을 보았을 때 무슨 생각이 들었을까? 솔직히 말해 아무런 생각도 들지 않았다. 우리의 임무, 우리 행동의 윤리적 의의 따위는 우리 젊은이와는 무관했다. 지금 돌이켜 보면 나 자신이 이렇게 생각이 없었다는 것이 새삼 경악스럽다. 원자탄은 트럭에 실린 맥주통처럼 유니목(독일 다임러 트럭이 생산하는 대형 트럭.–옮긴이)에 실려 우리 옆을 지나갔다. 철학자 한나 아렌트가 말한 '악의 평범성'이라는 개념이 저절로 떠오른다.[15]

오늘날의 관점에서 나는 그 문제를 어떻게 보는가? 철의 장막이 걷히고 소련이 붕괴된 후 프라하의 국방부에서 바르샤바 조약기구의 침공 계획서가 발견되었다. 2006년에는 유사한 문서들이 바르샤바의 비밀기록 보관소에서 발견되었다. 1969년의 침공 계획서에는 이렇게 적혀 있었다. "분쟁에는 처음부터 대규모 핵공격이 포함되어야 한다. 바르샤바 조약기구는 가장 먼저 핵공격을 주도해야 한다."[16] 이러한 핵 선제공격 전략은 바르샤바 조약기구 군대가 으레 우월하리라고 보고 서방에 대한 급습을 고려해야 한다는 생각에 기인한 것이었다. 이 시나리오에 따르면 소련은 서방에는 핵 반격 외에는 달리 방법이 없을 것으로 생각했다. 그러나 핵전쟁이 불가피한 경우는 선제공격이 최선책이었다. 몇 년 전에 비밀 계획서를 읽었을 때 나는 우리 전투기 편대의 역할을 다른 각도에서 보게 되었다. 우리 전투기 편대가 위협 수단의 핵심적 역할을 하여 당시의 냉전 체제에서 어떠한 열전이나 핵전쟁이 일어나지 않는 데에 기여했을지도 모른다는 것이었다. 지금 생각해도 철의 장막 양쪽에서의 중무장 대치가 발포 없이, 핵폭탄 투하 없이 해체되었다는 것은 기적과 다름 없었다.[17]

추락

군 비행장에는 경비 중대가 묵는 수수한 바라크가 있었다. 바라크는 활주로에서 기껏 200미터 남짓 떨어져 있었다. 다른 전투기 편대는 7킬로미터 떨어진 막사에서 묵었다. 그래서 이들 부대는 군 비행장이 공습을 당해도 피해를 입을 리 없었지만 경비 중대는 피해를 입을 것이었다. 아침이나 저녁에 스타 파이터가 하늘로 날아오르면 바라크가 진동했다. 제너럴 일렉트릭 J79-엔진의 굉음은 길들이지 않았으나 친숙한 용龍이 내는 소리 같았다. 지금도 뮌헨의 국립독일박물관에 있는 우리 부대의 스타 파이터를 보면 이 시절이 떠올라 감회가 새롭다.[18] 그러나 이 스타 파이터는 '과부 제조기'라고도 불렸다. 그 밖에도 그라운드 스파이크, 하늘을 나르는 관棺 또는 자르크파이터(Sargfighter. '관棺 파이터'라는 뜻.-옮긴이)라는 비꼬는 명칭으로도 불렸다.[19] 이 비행기가 매우 불안전했기 때문이다.

어느 날 아침, 중대는 아펠로 갈 준비를 하고 있었다. 갑자기 전 중대원이 활주로 쪽으로 고개를 돌렸다. 발진하는 제트기의 굉음이 낯설었다. 엔진 소리가 기침 소리, 말 더듬는 소리 같았다. 여느 때의 요란한 굉음이 아니었다. 우리는 비행기가 어떻게 땅을 박차고 날아오르는지 보았다. 그때 분사관에서 불꽃을 내뿜었다. 이 비행기는 어느 정도 날아올라 정점을 찍더니 포물선을 그리며 추락했다. 우리는 원자탄 폭발 때와도 같은 거대한 연기구름이 치솟는 것을 약 1.5킬로미터 떨어진 곳에서 보았다. 우리는 이런 폭발 영상을 학교와 군대에서 많이 보았다. 우리는 추락 지점을 경비하기 위해 출동했다. 비행기 발진에 필요한 애프터버너(제트 엔진 재연소 장치.-옮긴이)가 작동하지 않았다. 조종사는 사출 좌석으로 비상 탈출하여 중상을 입지 않고 살아남았다. 그가 부지불식간에 내뱉은 첫마디는 "맥주 한 통 시켜"였다.

이 추락 사고는 전투기 편대에서 처음 있었던 것도 아니고, 공군에서 처음 있었던 것도 아니었다.[20] 독일 공군 스타 파이터 916대 중 269대가 추락했다. 무려 29.4%였다. 추락 사고로 조종사 116명이 죽었다.[21] 추락이 잦았음에도 조종사들은 발진 성능과 비행 성능 때문에 스타 파이터를 좋아했다. 요즘 예전의 조종사들을 만나보면 그들은 하나같이 F-104G에 열광한다.

공군 복무가 끝날 때가 되었다. '바치'라고도 불리는 볼프강 바르치니악과 나는 공군과 작별하기로 하고 파리로 여행을 떠났다. 바치는 프랑크푸르트에서 파리 동역東驛으로 기차 여행하는 것을 늘 꿈꾸었는데 전투기 편대 33에서 복무하느라고 뜻을 이루지 못했다. 이제 그 꿈이 실현되었다. 당시에도 이 대도시의 중심지, 파리의 심장부에는 '레 알Les Halles'이 있었다. 발자크는 이를 다룬 소설을 썼다. 우리는 거기서 밤을 지새웠다. 사흘을 머무르고도 호텔에서는 하룻밤만 묵었다. 우리는 루브르 박물관의 모나리자를 구경하기도 하고 몽마르트르에 오르기도 하면서 파리를 걸어서 정복했다. 걸어 다녀야만 파리를 알게 된다. 우리는 '레 알'에서 단골 술집을 골랐다. 무엇보다도 손님 때문에 우리의 관심을 끈 곳이었다. 뚜쟁이에서부터 백정에 이르기까지 다 있었다.

술집에는 사뭇 긴장감이 감돌았다. 거짓말, 무분별한 행동, 분노의 폭발이 언제 있을지 몰랐다. 우리는 험상궂은 사람과 한 테이블에 앉았다. 그가 팔씨름을 하자고 했다. 우리는 뿌리칠 수가 없었다. 그는 독일어를 잘하지 못했다. 다행히 훈련으로 단련된 바치가 옆에 있었다. 바치는 이 프랑스인을 보기 좋게 꺾어버렸다. 이로써 사태는 간단히 해결되었다. 테이블에 평화가 감돌았고, 우리는 루즈 오르디네이르를 한 병 돌렸다. 프랑크푸르트 출신의 내 친구 바치는 지금도 이것이 독일-프랑스 우호 관계의 시작이었다고 주장한다. 술집 이름은 '로이 드 알'(드 알의 왕)이었다.

연방 방위군을 제대하는 날 나는 또 한바탕 법석을 떨었다. 전투기 편대의 특수 임무 때문에 우리는 비교적 높은 단계의 보안 허가를 받은 상태였다. 나는 인사 기록부 열람을 신청했다. 열람 허가가 났다. 인사 기록부에서 나는 나 헤르만 지몬에 대한 또 다른 보안 검토 문서를 발견했다. 군 방첩대도 일개 관청일 뿐이다. 나는 아무 말 없이 보안 서류를 덮고는 원래 자리에 두었다. 지금도 그 자리에 있을지 모른다.[22]

지금도 미국의 제트기와 독일의 제트기가 궤도를 그리며 내 고향 하늘 위를 날고 있다. 나는 제트기인 것을 확인하면 아득한 지평선으로 사라지는 것을 보면서 물거품이 되어버린 조종사의 꿈을 새삼 그리워한다. "구름 너머…"라는 라인하르트 메이의 마지막 행이 귓전을 울린다.

그 작은 점은 이미
내 눈에서 사라졌네
엔진소리만 단조롭게
아련히 울리네.

5

본격적인 삶의 시작

고달픈 대학 시절

　고등학교 졸업 후 곧바로 대학에 들어갔다면 기계 제작을 전공으로 선택하고 대학은 라인 베스트팔렌 아헨 공과대학교를 선택했을 것이다. 나는 이웃에 사는 사촌형 게르하르트 지몬의 선례를 따랐을 것이다. 게르하르트 지몬은 아헨에서의 대학 생활 경험과 실습에 대해 열정적으로 내게 이야기해주었다. 그러나 연방 방위군 시절과 군에서 경험한 정치의식이 나를 바꾸어놓았다. 나는 경제, 정치, 사회에 대한 문제 제기에 강한 관심을 발전시켰다. 정선한 책을 읽음으로써 이들 학문 분야를 처음으로 개관하게 되었다. 그러나 사회학자-독일어와 정치학자-독일어가 나를 주눅 들게 했다. 결국 나는 경제학을 전공으로 결정했고 본을 학업 장소로 선택했다. 나의 순진한 주관적 관점에서 보자면 라인 프리드리히 빌헬름 대학교를 선택한 이유가 몇 가지 있었다. 하나는 이 대학에는 유명한 교수가 몇 명 있었다는 것이다. 나에게 본은 라인 강변의 소도시가 아니라 연방 수도였다. 고향에서 가깝다는 것도 장점으로 작용한 것 같았다. 뿐만 아니라 나는 비교적 작은 대학에서 공부하기를 선호했다. 그럼에도 당시에 이미 경제학도 6,000명이 공부하고 있는 쾰른 대학에 추가로 등록하여 강의를 듣고 시험을 쳤다.

고등학교를 졸업하면 상당히 포괄적인 지식수준에 이른다. 어쨌든 나는 그렇게 느꼈다. 이 느낌은 만족감과 결부되어 있었다. 고등학교를 졸업하자 배우는 것이 지겨웠다. 이런 생각은 정신적으로 요구하는 바가 적은 연방 방위군 시절에 확 바뀌었다. 나는 대학 공부가 시작되기를 초조히 기다렸고, 새로운 것을 많이 배우기를 열망했다. 2년 반 전에 느꼈던 만족감은 사라졌다. 대학 공부가 시작되자 나는 스위치를 바꾸어놓았다. 나에게 이 변신은 지금까지도 놀라운 것이다. 천하태평으로 아무런 생각도 없이 살고 곧잘 장난이나 하고 동년배들에게 장난을 부추기던 헤르만 지몬이 진지한 대학생이 되었다. 옛날 친구들은 더는 나를 친구로 인정하지 않았고 대학 시절부터 알게 된 사람들은 내 이력을 알고는 경악했다. 나는 초등학교 5년을 헛되이 보냈다. 김나지움 시절도 그다지 진지하게 보내지 않았다. 예를 들면 아비투어 후의 많은 시간을 농땡이 치느라 구두 졸업 시험 준비를 게을리 했다. 시험 성적은 중간 정도였다. 선생님이 내가 농땡이 친 것을 좋게 평가하기 않았기 때문일 것이다. 대학 공부를 시작하면서 모든 것이 달라졌다. 나는 강의를 꼬박꼬박 듣고 모의 시험도 빼먹지 않았으며 리포트와 세미나 논문도 빠짐없이 제출했다. 나는 시간을 허비하지 않고 모든 학업 단계를 되도록 빨리 통과했다.

물론 대학 시절에는 돈에 쪼들렸다. 집에서 돈을 보내주기를 기대할 마음도 없었지만 기대할 수도 없었다. 그러나 연방 방위군에 복무하면서 7,500마르크(약 3,750유로)를 저축했다. 나는 첫 번째 방학 때만 일자리를 구했다. 고속도로 건설 현장에서 하루 14시간, 주 6일 일했다. 시급이 5.11마르크(약 2.55유로)여서 6주간 일하여 거금 2,500마르크(약 1,250유로)를 모았다. 또한 나는 국가의 대학생 재정 지원 프로그램으로부터 320마르크(약 160유로)를 받았다. 두 번째 학기부터는 통계 담당 강사로 일하여 매월 125마르크(약 62유로)를 벌었다. 그다음 학기부터는 경제 이론 교수가 나를 강사로 초대하여 그 교수 밑에서 강의하게 했다. 강사 자리 두 개를 감당하기가 쉽지 않았지만 나는 이 초대를 거절할 수 없었다. 그 밖에도 이런저런 수입원이 있었다. 어느 날 모 출판사 대표가 전단 배포에 관심이 있느냐고 물었다. 구내식당이나 학생들이 많이 모이는 곳에는 무언가를 배포하는 학생이 항상 있었다. 나는 대표의 제안을 수락했다. 며칠 후 초인종이 울렸다. 문 앞에는 운전기사가 서 있었다. "지몬입니까? 이 지역에 팔레트 네 개를 배포해야 합니다." 나는 뜨악한 표정으로 그를 바라보고 또 바라보았다. 그러고는 간신히 그를 알아보았다. 그는 이웃집 사람의 아들인데 나보다 스무 살이나 많았다. 그는 운송회사에서 일하고 있었다. 그는 당시 내가 살고 있는 집 현관에 전단 2만 매가 들어 있는 팔레트 4개를 맡겼다. 전단 1매 배포에 10페니히(약 5센트)라고 했다. 그러나 나는 구내식당 입구에서 전단을 배포할 마음이 추호도 없었고 그럴 시간도 없었다. 진짜 문제는 딴 데 있었다. 나는 전단 1매 배포에 5페니히를 받고 대신 일해줄 학생들을 구했다. 출판사는 전단에 첨부되어 있는 카드가 회수되는 것을 근거로 배포 효율을 관리하고 있었다. 나는 기입된 카드에 대해 학생들에게 특별 수당을 지급했다. 우리가 최고의 회수율을 달성했기 때문에 나 자신에게도 특별 수당이 돌아왔다. 그래서 모두가 다 만족했다.

다른 부업도 이처럼 우연히 생겼다. 나는 남의 차에 무임 승차하여 본에서 부모님 집으로 갔다. 어떤 친절한 사람이 차를 세우더니 태워주었다. 그는 부모님 집으로 가는 길 중간쯤에 있는 뉘르부르크링으로 가는 길이었다. 이 친절한 운전자는 투자 기금 판매 교육을 위해 그곳에 가고 있었다. 이 투자 형태는 새로운 것이었고, 버니 콘펠드에 의해 단기간에 인기 상품이 되었다. 미국인 콘펠드는 해외투자자서비스IOS라는 회사를 겐프에서 운영하고 있었다. 이 회사는 투자 기금을 판매했고, 일반 유럽인들도 이를 알고 있었다. 독일의 은행들은 당연히 이 신규 사업 부문에 참여하려고 했다. 이 친절한 운전자는 이들 은행 중의 한 은행에서 판매자로 일하고 있었다. 그는 판매 교육에 나를 초대했다. 내가 이런 기회를 놓칠 리 없었다. 판매에 관심이 있었다는 것은 말할 것도 없다. 그동안 나는 전前 디플롬(우리나라의 석사학위에 해당하는 학위.-옮긴이)을 취득했기 때문에 웬만큼 지식을 가지고 있다고 생각했다. 교육 과정은 투자 기금의 재정 관리 측면을 다루기보다 오히려 판매 심리를 다루었다. 판매 심리는 새로운 분야로서 큰 관심을 끌었다. 나는 팸플릿과 서식집을 받았다. 투자자 유치 강연도 몇 번 들었다. 그러나 판매는 만만치 않았다. 한편으로 나는 유동 자산을 충분히 가지고 있고 이 새로운 투자 형태에 뛰어들려고 하는 재력가에게 접근할 수 없었다. 다른 한편으로는 버니 콘펠드와 새로운 부문의 선두주자로 간주되던 회사 IOS에 대한 평판이 좋지 않았다. 내가 투자 기금을 판매했던 은행은 마침내 1974년에 파산했다. 기금은 특별 자산이었기 때문에 파산 재단의 관리 대상이 아니었다. 그럼에도 이 투자 형태의 명성은 해를 입었고 이런 상황은 독일에서 투자 기금이 다시 퍼지기까지 몇 년간 지속되었다. 나는 판매 활동을 중단했다. 그렇지만 이를 통해 많은 것을 배웠다고 말할 수 있다.

나는 학생 신분이어서 커다란 도약이 허용되지는 않았지만 잡다한 수입원이 있어서 재정적 곤란에 시달리지는 않았다. 나는 돈 걱정에서 벗어나는 것이 어느 정도 공부에 전념할 수 있는 중요한 전제 조건이라고 생각한다. 정치 활동은 중요한 점, 특히 대중 앞에 나서서 연설하고 대중을 리드하는 점에 있어서 학교에서 배운 것을 보완해주었다.

본에서의 공부는 분명히 양적으로나 질적으로나 얻은 바가 많았다. 필수 과목인 수학은 처음에 내게 적잖은 도전을 안겨주었다. 김나지움에서 얻은 예비지식은 고작 최소한의 요구에만 부응했다. 이것이 고등학교 시절에 수학에 대한 학습 동기가 부족했기 때문인지 수학 교사의 자질이 부족했기 때문인지는 잘라 말할 수 없다. 두 가지가 다 작용했을 것이라고 본다. 공부를 함에 따라 나는 수학 실력을 만회했고, 나중에는 수학의 비중이 큰 경영과학을 선택 과목으로 택했다. 이 과목의 대표자는 뛰어난 수학자인 베른하르트 코르테 교수였다. 후에 코르테 교수는 IBM에서 가장 중요한 고문의 한 명이 되었다. 내가 가장 좋아하는 교수는 경제 이론가인 빌헬름 크렐레였다.[1] 크렐레 교수는 물리학을 전공했다. 그런 만큼 그가 경제를 물리학 원리와 모델의 응용 분야로 여긴 것은 극히 당연했다. 고백하거니와 나는 이 모델이 마음에 들었다. 이 모델에는 수학을 이용하여 최적의 해결책을 도출해낸다는 분명한 전제가 깔려 있었다. 해결책은 깔려 있는 전제에 못지않게 명확했다. 그래서 최적의 성장 경로, 매개 변수의 최적치, 국민 경제 목표치의 최적화가 도출되었다. 크렐레 교수의 가장 야심찬 프로젝트는 전체 경제의 예측 모델이었다. 이것은 70% 이상 일치되게 전체 국민 경제를 모사하는 것이었다. 그 배후에는 이자, 조세, 보조금 등 다수의 국민 경제 지표 변화가 미치는 영향을 예측할 수 있는 생각이 깔려 있었다. 그러나 이런 예측 모델이 절실히 필요한 때마다 이 예측 모델은 무용지물인 것으로 밝혀졌다. 1973년 1차 석유 위기 때도 그랬고, 1978년 2차 석유 위기 때도 그랬다. 정부와 중앙은행이 이런 포괄적 모델을 참고하는지 않는지 나는 모른다. 한 가지 통찰은 위기 때마다 더 분명해졌다. 물리학적 세계상은 경제에 적합하지 않다는 것이다. 물리학에는 자연 법칙에 따른 상수가 있다. 법칙을 이해하고 측정하기만 하면 이 법칙은 동일한 틀 조건하에서 반복되는 사상에 모두 적용된다. 경제에는 이런 상수가 없고, 현실 세계에서는 동일한 조건이 결코 반복되지 않는다. 모순이 적지 않게 나타난다.

대학 은사 중에 자질이 가장 돋보이는 사람은 오스트리아인 교수 프란츠 퍼슬이었다. 통계학은 그에게 영감을 불어넣어 주었다. 그 불꽃이 내게 옮겨 붙었다. 그의 강의 노트는 모범적인 것이었다. 그는 복잡한 통계적 사실 관계를 쉽게 설명했다. 나는 대학 시절 내내 그리고 후에 연구 생활을 할 때도 그의 이론에 크게 신세를 졌다. 통계학은 안 쓰이는 데가 없기 때문이었다. 유명한 통계학자 존 튜키는 "너의 데이터를 보라"는 말을 남겼다. 나는 이 말을 지금까지도 명심하고 있다. 나는 가능한 한 데이터를 제시하고 이를 통계적 방식으로 분석하기에 앞서 최대한 시각화한다. 시각화는 다차원적 구조에서는 한계에 부닥친다. 그러나 빅 데이터 시대에는 가능한 한 튜키의 권고를 명심해야 한다.

본 대학에는 경제학사만 있고 상업학사는 없었다. 나의 대학 시절에 경영학은 단 두 명의 교수가 담당했다. 호르스트 알바흐와 한스 야콥 크뤼멜이었다. 알바흐 교수가 일반 경영학 이론을 담당하면서 생산, 마케팅, 조직 같은 것도 다룬 반면에 크뤼멜 교수는 은행 전문가였다. 후에 나의 박사학위 논문 지도 교수이자 대학 교수 자격 취득 논문 지도 교수가 된 알바흐는 사례 연구를 새로운 교수법으로 도입했다. 이 사례 연구는 경제학자의 이론 부담에 대한 대체 프로그램이 되었다. 이 방법에 반영된 실무 지향성이 내 마음에 들었다. 객원 교수 귄터 클라인의 강의도 매우 실무 지향적이었다. 클라인의 본업은 뒤셀도르프의 회계감사 회사인 바르트 앤드 클라인(현재의 바르트 앤드 클라인 그랜트 손튼)을 운영하는 것이었다. 나는 이 회사의 프로그램을 모두 이수했다. 친척 한 분이 공인회계사 길을 가라고 권한 적이 있기는 하지만 이수 동기는 언젠가 공인회계사가 되겠다는 것이 아니라 경영 연관성을 이해하는 데 있었다.

본에서의 학업 기간 중 나의 사회적 형편은 대체로 좋은 편이었다. 학업 시작 직후에 갓 개소한 학생 기숙사에 들어갔다. 기숙사에는 세계 각지에서 온 학생들이 있었다. 다들 같은 시기에 들어왔기 때문에 친교에 관심이 많았다. 우리 층에는 아프가니스탄, 리비아, 부룬디, 콩고, 캄보디아, 미국에서 온 학생들이 있었다. 고향에 주둔한 프랑스 병사와 미국 병사를 제외하면 나는 대학생이 되기 전에는 알고 지내는 외국인이 별로 없었다. 이제 우리는 같은 층에 살고 같은 주방을 사용하며 시도 때도 없이 본다. 나는 카불 출신의 사미 누르 박사와 친해져서 크리스마스 때 아이펠의 소박한 우리 농장에 초대했다. 이렇게 생긴 우정이 지금까지 지속되고 있다. 사미 누르는 나를 아프가니스탄에 여러 번 초대했다. 우리는 늘 함께 여행하고 싶어 했지만 시간이 없다는 이유로 여행을 해마다 연기했다. 그러다가 때를 놓쳤다. 러시아가 1979년에 아프가니스탄을 점령했기 때문이었다. 그 후로 아프가니스탄 여행은 너무 위험했다.

1971년 11월 어느 수업이 없는 날에 젊은 여자가 이웃 학생인 미국인 해럴드 존슨을 찾아왔다. 해럴드는 이 여학생의 영어 번역을 도와주고 기숙사 식사에 초대했다. 나는 주방에 갔다. 안색이 별로 좋아 보이지 않는 존슨이 여학생과 함께 앉아 있었다. 나는 어리둥절해하며 존슨에게 "이 예쁜 여학생은 어떻게 알았어?"라고 물었다. 나는 존슨이 어떻게 대답했는지 모른다. 나는 내 행동이 여학생에게 적절치 않았다는 것을 알아챘다. 어쨌든 그 여학생은 내 말에 개의치 않는 것 같았다. 몇 달 뒤 나는 사육제 행사 때 우연히 그 여학생을 보았다. 우리는 대화를 나누었다. 저녁에 나는 이 여학생을 내 차 비틀에 태우고 친구 사미 누르가 있는 기숙사로 갔다. 나는 언제라도 스스럼없이 그를 방문할 수 있었다. 사실 나의 방문 목적은 그 여학생과 우연히 마주치는 것이었다. 실제로 나는 그녀와 여러 차례 마주쳤고, 이렇게 우리는 몇 번 만났다. 사미 누르의 적절한 중재가 없었다면 세실리아 조쏭Cäcilia Sossong은 내 아내가 되지 못했을 것이다. 1973년 10월 우리는 그녀의 고향 마을에서 결혼식을 올렸다.

나는 긍정적 감정으로 나의 본 대학 시절을 되돌아본다. 공부는 순조롭게 진행되었다. 나는 대학생의 자유를 누렸고, 돈 걱정을 하지 않았다. 사실 나중에 곧바로 써먹을 수 있는 것은 그다지 많이 배우지 못했다. 그러나 나는 까다로운 사고思考 학교를 졸업했다. 사고력과 분석력은 후에 나의 연구 활동과 컨설팅 활동에 있어서 사실에 대한 지식보다 중요했다. 나는 대학 시절에 내 아내를 만났다. 무엇을 더 바랄 것인가?

조교 시절

나의 디플롬 성적은 기대 이상으로 잘 나왔다. 그래서 알바흐, 코르테, 크렐레 교수가 각각 내게 조교 자리를 제안했다. 이런 상황은 한편으로는 직업적 출세에 대해 이런저런 고민을 안 해도 되게 만들었으나 다른 한편으로는 선택의 고통을 안겨주기도 했다. 나는 알바흐 교수의 지도하에 디플롬 논문을 썼고, 코르테 교수 지도하에 선택 과목 시험을 쳤고, 크렐레 교수 밑에서 강사로 일했다. 나는 세 분 중 두 분의 제안을 거절해야 했다. 내가 주로 수학자로 구성되고 몇몇 수학 교수를 배출하기도 한 코르테 팀에 합류하면 과연 따라갈 수 있을까? 이들 수학자 중 한 명이 아힘 바헴이었다. 후에 나는 바헴과 공동으로 논문을 썼다.[2] 바헴은 쾰른 대학에서 수학 교수직을 얻었고, 후에는 연구원 5,800명이 종사하는 헬름홀츠 협회 산하의 윌리히 연구소 소장이 되었다. 이런 사람의 호의를 물리쳤다면 기회를 잡지 못했을 것이다. 크렐레와 알바흐 중에서 선택하는 것은 더 어려웠다. 크렐레는 대학 시절에 내가 가장 좋아한 교수였고, 그의 정량적 접근 방식은 내 마음에 들었다. 그럼에도 나는 마침내 알바흐 교수 밑에서 조교 생활을 하기로 결정했다. 나는 경영학 및 경영이 경제학보다 내게 더 가까이 있다고 느꼈다. 미래의 내 모습을 내다보니 십중팔구는 매니저, 그것도 대기업에서 우대받는 매니저가 되어 있을 것 같았다. 알바흐는 실무 지향성에 근거하여 이 방향에서 최고의 발전 가능성을 내게 제공해줄 것 같았다. 나는 경제학 석사였음에도 경영학이라는 레일 위에 앉아 있었다. 그 때문에 중대한 전철轉轍이 이루어졌다. 회고하건대 그것은 옳은 결정이었다.

강좌를 보조한다는 것은 무엇을 의미하는가? 무엇보다도 3년간 수입이 보장된다. 나는 조교로서 교사가 받는 정도의 돈을 벌었다. 보수는 아주 후했지만 반대급부가 따랐다. 나는 교수의 강의 준비를 해야 했고, 교수 대신 강의를 해야 했으며, 시험 답안을 바로잡아야 했고, 행정 업무를 떠맡아야 했다. 나는 박사학위 논문을 써야했다. 흔히들 조교는 교수한테 착취당하고 박사학위 통과에 5년 이상 걸린다고 한다. 알바흐 교수의 경우는 오히려 정반대였다. 알바흐 교수는 조교에게 최대한 자유를 주었고, 대체로 과도한 업무 부담을 주지 않았다. 우리는 그가 위임한 업무를 독자적으로 처리할수 있었다. 그래서 나는 박사학위 논문을 가능한 한 집에서 썼다. 집에서는 학교에서보다 더 집중할 수 있었다. 알바흐 교수가 워낙 대외 활동이 많아서 출타하는 일이 잦았기 때문에 조교들이 종종 강의를 대신하기도 했다. 직접 가르치는 것보다 더 유익한 연습은 없다. 철학자 조셉 주베르에 따르면 가르치는 것은 두 번 배우는 것이다. 경영 사상가 피터 드러커는 가르침으로써 배우기 때문에 고령에 이르도록 가르친다고 말하곤 했다. 알바흐 교수는 나에게 경영학 교수 협회 연차 회의를 독자적으로 준비하게 했다. 나는 경험이 전무한 상태에서 이 일에 착수했다. 운 좋게도 만사가 상당히 순조롭게 풀렸다. 회의에 참가한 교수 350명 중에 불평하는 사람이 없었다. 그래서 알바흐 교수도 흡족해하면서 나를 회의록 공동 발행인에 포함시켰다. 〈사기업과 공기업의 투자 이론 및 투자 정책〉[3]이라는 표제의 이 회의록은 박사학위를 받기 전에 내 이름이 들어간 첫 번째 간행물이었다.

알바흐 교수와 공동으로 감정서를 작성한 것은 조교 시절에 가장 흥미로운 일이었다. 특히 영국 회사 웰컴의 프로젝트는 나의 연구 관심사와 이력 형성에 영향을 미쳤다. 이 제약회사는 몇 가지 획기적인 혁신으로 두각을 나타냈다. 이 회사의 주력 제품은 1970년대의 통풍약 자이로릭(알로퓨리놀Allopurinol)이었다. 알로퓨리놀의 특허가 만료된 후 특허 보호를 받는 제품을 개발하지는 않고 특허 만료 후 동일 물질을 사용한 제품을 염가로 공급하는 회사와 복제약 공급 업체가 시장에 나타났다. 유럽연합 집행위원회는 웰컴이 시장 지배적 지위를 남용한다고 비난했다. 웰컴은 획기적인 포진 치료제 조비락스(아시클로버Aciclovir)로도 유명했다. 지금도 아시클로버는 몇 안 되는 항바이러스제의 하나다. 제약업체 통합 과정에서 웰컴은 글락소에 인수되었다가 현재의 글락소스미스클라인에 통합되었다.

감정서 공동 작업은 왜 나에게 매우 중요했나? 나는 계량 경제적 방법과 실증 데이터를 처음 이용하여 이 작업을 했다. 이 방법을 통해 나는 획기적인 경험을 했고, 이 경험은 이후의 연구뿐만 아니라 컨설팅 회사 출범에도 형향을 미쳤다. 이 감정서는 제약업계의 주목을 받았고 제약회사 접근을 용이하게 해주었다. 지금까지 생명과학이 지몬-쿠허의 가장 큰 부문이라는 사실은 바로 여기에 뿌리를 두고 있다.

연구

　나는 연구로 근근이 생계를 이어나갔다. 알바흐 교수는 일반 경영학 강좌를 맡고 있었다. 그는 독일 경영학의 원로이자 장인인 에리히 구텐베르크의 전통을 이어 받았다. 구텐베르크는 교재를 세 권 썼는데 생산,[4] 판매,[5] 금융[6]을 다룬 것이었다. 이 책들은 이 분야의 기본서가 되었고 판을 거듭하여 몇 번이나 발행되었다. 구텐베르크는 원로 그룹의 거물이었고, 붙임성 있고 겸손한 사람이었다. 그가 1967년에 정년 퇴임했기 때문에 그의 강의를 듣지는 못했지만 나는 그를 자주 만났다. 구텐베르크 덕분에 버릇이 하나 생겼다. 구텐베르크 교수는 자신에게 보내진 연구 계획서나 특별 인쇄물에 대해서는 아무리 하찮은 것일지라도 사의를 표했다. 그래서 나는 경영학 잡지에 실린 나의 첫 번째 서평을 그에게 보냈다. 경영학 거물한테서 몇 줄의 감사의 글을 받고는 얼마나 우쭐했던지 아직도 기억이 난다. 나는 가능한 한 이 버릇이 몸에 배도록 했다. 그러나 이메일 시대인 오늘날 내가 가끔 이 면에서 실수하고 있지 않다는 보장을 할 수는 없다.

　일반경영학 강좌 개설은 알바흐 교수의 조교들이 여러 분야에서 활약했다는 것을 의미했다. 한 사람은 대차대조표, 또 한 사람은 인사, 세 번째 사람은 조직과 관련하여 연구했다. 나는 마케팅을 선택했다. 박사학위 논문 주제로는 혁신 제품을 위한 가격 정책을 택했다. 당시 본 대학에는 마케팅 강좌가 없었다. 레겐스부르크 대학에서 강의한 헤르만 자벨 교수가 몇 년 후 본 대학에 초빙되어 마케팅 강좌를 개설했다. 알바흐 교수의 상급 세미나에서 다루어진 다양한 주제는 모든 것에 대해 조금은 알게 했지만 전문 분야에서는 깊이 이야기할 수 있는 상대가 되지 못하게 했다. 마케팅 문헌과 잡지가 별로 없는 도서관도 마찬가지였다. 나는 마케팅 강좌가 있는 농학부 도서관에서 문헌의 일부를 조달해야 했다. 이런 전문 분야에 대한 제약을 극복하기 위해 나는 촉각을 곤두세우고 다른 대학과 학회를 찾아다녔다. 눈을 부릅뜨고 돌아다닌 끝에 브뤼셀에 있는 유럽선진경영연구소EIASM와 접촉했다. 나는 주어진 상황에서 최선의 결과를 얻으려고 했다. 그러나 이런 연구 환경에서 획기적 업적이 생기지 않는다는 것은 당연했다. 나는 박사학위 논문을 3년 만에 끝냈다. 내 박사학위 논문은 1976년 오플라덴에 있는 서독의 출판사에서《신제품 가격 전략》이라는 표제로 출간되었다.[7]

교수 자격 취득

박사논문 통과 후 나는 다시 기로에 섰다. 나로서는 경제계로 들어설 것이 분명했다. 나는 그다지 뚜렷한 목적도 없이 별로 전문적이지도 않은 자리에 지원하기 시작했다. 나는 다양한 부문의 회사에 무작정 지원했다. 몇 개만 거명하자면 보험 회사, 소비재 제조사, 화학품 회사, 광산 회사, 군수품 회사 등이다. 헤드헌터가 뮌헨으로 초빙했을 때 나는 으쓱거렸다. 회사 돈으로 비행기를 탈 기회가 생졌다. 나는 하마터면 큰 보험 회사 이사 보좌역 제안을 받아들일 뻔했다. 연봉 5만 2,000마르크(약 2만 6,000유로)를 제시한 이 제안은 금전적으로는 매우 매력적인 것처럼 여겨졌다. 그때 전화벨이 울렸다. 알바흐 교수가 "대학 교수 자리를 한번 알아봐주지"라고 말했다. 나의 첫 반응은 "으음"이었다. 나는 학계 진출을 진지하게 생각해본 적이 없었다. 내 자화상은 평생 책상머리에 앉아 책에 파묻혀 지내는 연구자와는 거리가 멀었다. 박사학위 논문 통과 후에 나는 교수 자격 취득 논문 따위의 까다로운 요구에 부응해야 하는 일을 하고 싶은 마음이 없었다. 나는 생각할 시간을 달라고 했다. 그러나 고민은 금세 끝났다. 평생 변함없는 조언자 세실리아에게 물으니 곧바로 "당연히 그 제안을 받아들여야지요"라는 대답이 돌아왔다. 세실리아는 나 자신이 생각하는 것 이상으로 내 능력을 신뢰했다. 새로운 길이 열렸다.

　나는 박사학위 논문의 주제를 두 가지 관점에서 확대하여 교수 자격 취득 논문을 썼다. 교수 자격 취득 논문에는 제품과 마케팅 도구, 즉 '가격'을 다루었다. 핵심 주제는 '제품의 라이프사이클에 따른 가격 전략 최적화'였다. 나는 교수 자격 취득 논문에서 가격 외에 광고와 판매를 포함시켜 마케팅 도구를 부연 설명했다. 두 번째 부연 설명은 전체 제품 라인의 확장에 관한 것이었다. 나는 복수의 제품을 동시에 고찰했다. 이 주제는 후에 노벨상을 탄 라인하르트 젤텐이 그의 교수 자격 취득 논문에서 《정태적 이론에 비추어 본 복수 제품군 회사의 가격 정책》[8]이라는 제목으로 이미 다루었다. 나는 교수 자격 취득 논문을 마무리하여 《선의善意와 마케팅 전략》[9]이라는 제목으로 출간했다. 나는 기업이 시간이 흐르면서 구축한 신용 자본을 선의라고 한다. 신용 자본은 광고를 통해 형성되지만 한 제품에서 그 기업의 다른 제품으로 전이된다. 한 제품에 대해 좋은 경험을 하면 그 기업의 제품들에 대한 구매욕과 지불욕이 높아진다. 반대의 경우도 마찬가지다. 좋지 않은 경험을 하면 악의의 전이가 이루어지기 때문이다.

나의 접근 모델을 경험적으로 점검하는 것이 실력을 향상시키는 길이었다. 이를 위해 나는 헨켈 앤드 회흐스트(회흐스트는 당시 세계 최대의 제약회사였다)의 데이터를 이용했다. 위에서 언급한 것처럼 대다수 마케팅 연구자에게는 이런 경험적 데이터가 부족하다. 빅 데이터의 시대인 지금은 상황이 정반대이다. 데이터는 넘친다. 도전은 오히려 실무 관련 통찰과 성과를 가져다주는 분석에 있다. 당시에 나는 운 좋게도 경험적 데이터에 접근할 수 있었다. 내가 제품 브랜드 간의 중요한 통계적 연관성을 밝혀냈다는 사실은 행운이었던 것 같다. 어쨌든 교수 자격 논문은 교수단을 통과했다. 나는 '교수 자격', 즉 경영학 교수가 되는 전제 조건인 전공 강의 자격을 취득했다.

독일연구협회DFG는 내가 교수가 될 수 있도록 몇 년간 장학금을 지급했다. 이 후한 재정 지원 덕분에 나는 연구에 집중할 수 있었고, MIT 슬론 경영대학원에서 박사 후 연구원으로 1년을 보낼 수 있었다.

알바흐 교수의 조교이자 교수 자격 취득 지원자였던 시절을 나는 어떻게 평가하는가? 이 시절에 나의 지평은 예상 이상으로 넓어졌다. 알바흐 교수 밑에서 한 공동 작업과 그와 함께한 공동 작업은 매우 유익한 경험이었다. 이것은 학문 내용은 물론이고 태도, 효율성, 논쟁, 강의 스타일 같은 것에도 적용된다. 알바흐 교수는 젊은 풋내기 조교인 나를 경영 세미나에 끼워 넣어주었다. 나는 그의 수업 스타일과 강의 스타일을 곧잘 관찰할 수 있었다. 그의 높은 학문 수준과 폭넓은 교양은 나에게 귀감이 되었다. 이것은 내가 결코 도달할 수 없는 것이었다. 무엇보다도 나는 어떻게 해야 학술 활동을 효율적으로 할 수 있는지를 알바흐 교수한테서 배웠다. 그 일례가 구술이다. 나는 이 글도 구술하고 있다. 구술이 손이나 컴퓨터로 쓰는 것보다 몇 배 빠름에도 이 방법을 이용하는 사람이 별로 없는 것 같다. 물론 구술은 고도의 집중력과 강도 높은 훈련을 요한다. 알바흐 교수 밑에서의 경험이 없었다면 나는 구술 녹음기 사용자가 되지 못했을 것이다. 예전에 우리는 알바흐 교수의 녹음 테이프를 집으로 가져가서 베낀 다음 연구소에 보낸 적이 있다. 요즘은 훨씬 간단하다. 구술된 텍스트를 사무실 컴퓨터로 보내 베껴 쓰게 하면 된다.

알바흐 교수와의 사적 관계는 기술하기가 쉽지 않다. 나는 알바흐 교수를 무척 존경했고 지금도 존경하고 있지만 언제나 그에게 내 견해를 피력했다. 우리 두 사람 간에는 언제나 어떤 긴장감 같은 것이 있었다. 이것은 우리 두 사람을 아는 사람이라면 다 알고 있는 사실이었다. 어떤 동료는 우리 두 사람의 관계에 대해 "두 분은 너무 닮았습니다"라고 평했다. 강의를 들은 청강생이 내게 와서 "선생님 강의를 들으니 알바흐 교수님 강의를 듣는 것 같았습니다"라고 말한 적이 적지 않았다. 이런 평을 들으면 고통스러웠다. 독창성을 중시하고 모방을 혐오했기 때문이다. 그러나 귀감이 되는 사람과 몇 년 공동 작업을 하다 보면 특정한 태도, 제스처, 표현 방식이 몸에 배어들기 마련이다. 부모를 본받는 아이에게서 보듯이 자기도 모르게 몸에 배는 것은 학습의 중요한 요소를 이룬다. 알바흐 교수가 함께 일하는 사람들을 사회적으로 배려해준 데 대해 사의를 표한다. 시골 꼬마였던 내게 사회는 생소한 곳이었다. 교수 사회에서는 해마다 파티를 여는데 이때는 퇴임 교수들도 초대되었다. 알바흐 교수와의 도보 여행도 유명했는데 이때는 하루 여정 40킬로미터 이상을 소화해야 했다. 나는 알바흐 교수에게 신세를 많이 졌다. 나의 학문적 계획을 배려하여 그가 베풀어준 자유가 없었다면 오늘의 나는 결코 없었을 것이다.

6

세계로

매사추세츠로

　매사추세츠 공과대학MIT, 스탠퍼드, 하버드. 나는 이 세 대학에서 2년 반 동안 연구 생활을 했다. 당시 이미 서른이 넘었음에도 이곳 생활은 여러 가지 점에서 내게 깊은 인상을 남겼다. 무엇이 기억에 남아 있는가? 이 기억들은 얼마나 선명한가? "기억을 통해 시간 여행을 할 때 우리는 몇 가지 사건이 특히 두드러지게 떠오른다고 한다. 이런 기억들의 공통된 특징을 곰곰 생각해보면 그것은 바로 인생에서 가장 생생한 것, 가장 감동적인 것, 가장 아름다운 것 또는 전혀 기대하지 않은 것임을 알 수 있다. 기억은 다발을 이루고, 이 다발은 인생의 특정 단계에서 빽빽해지는 것 같다. 이 현상을 회상 효과 또는 '기억의 언덕'이라고 한다."[1] 미국에서의 생활은 내 기억 속에서 이런 언덕을 이루고 있다.

　매사추세츠에서의 초기 생활을 생각해보면 비교적 사소하고 하찮은 경험들이 먼저 기억난다. 첫 방문 때 나는 찰스강의 보스턴

쪽에 있는 호텔에서 여장을 풀고 하버드 다리를 지나 MIT로 갔다. 다리를 지날 때 누군가가 달리는 차 안에서 나의 새 가죽 재킷에 날계란을 던졌다. 던진 사람의 의도대로 계란이 터졌다. '오, 미국에서는 재미로 이런 짓도 하는구나'라고 나는 생각했다. 그러나 몇 년 후 알고 보니 이 체험은 내가 미국에서 겪은 유일한 뜻밖의 사건이었다.

나는 내 영어 실력이 얼마나 형편없는지 알고는 속이 상했다. 김나지움에서 9년간 영어를 배워 셰익스피어를 원전으로 읽을 수 있었지만 미국 일상어에서는 나의 한계가 드러났다. 지금도 미국인들은 내 말 한 마디를 듣고는 "헤르만, 당신은 독일인입니까?"라고 묻는다. 반대로 아내 세실리아는 미국인이냐는 질문을 자주 받는다. 언어 능력은 이렇게 다르다.

매사추세츠에서 겪은 사소한 경험들은 대개 내게는 아주 생소한 것이었다. 예를 두 개 들어보겠다. 사람들은 거리, 보도, 공원을 밤이고 낮이고 뛰어다녔다. 이른바 '조깅'이라는 것이었다. 이 습관은 당시 독일에는 전혀 알려지지 않은 것이었고, 거의 생각도 못한 것이었다. 숲 일주 달리기 대회 훈련을 하기 위해 저녁에 몇 킬로미터 뛰었을 때 고향 마을 사람들은 나를 미친놈이라고 했다. 나는 사람들 눈에 덜 띄게끔 일부러 어두울 때 뛰었다. '조깅'이라는 말은 당시 독일에는 전혀 알려지지 않았다. 이 말은 1년 후 《슈피겔》에서 처음 접했다.

두 번째 경험은 많은 대학생과 젊은이가 배낭을 메고 다닌다는 것이었다. 이것도 독일에서는 거의 상상할 수 없는 것이었다. 배낭은 도보 여행할 때 사용하거나 군대에서 사용하는 것이었다. 대학생은 고사하고 아무도 배낭을 메고 시내를 돌아다니지는 않을 것이었다. 오히려 몇 년 전부터 유행한 서류 가방을 들고 우쭐거리며 거리를 활보했다. 2017년에 나는 서류 가방을 배낭으로 대체했다. 그것은 결과적으로 현명한 결정이었다. 배낭을 메고 돌아다니는 것이 서류 가방을 손에 들거나 끈으로 어깨에 둘러매고 돌아다니는 것보다 훨씬 편했기 때문이다. 그러나 지금도 내가 배낭을 메고 나타나면 많은 사람들이 놀란다.

이 두 가지 사소한 경험은 유행이라는 것이 곧잘 미국에서 생겨 몇 년 후에 독일에 퍼진다는 것을 보여준다. 이런 현상은 지금도 달라지지 않았다. 인터넷은 이러한 미국의 영향력을 더더욱 강화할 것이다.

다시 MIT 이야기로 돌아가자. MIT 슬론 경영대학원과의 접촉은 1970년대에 브뤼셀의 유럽선진경영연구소에서 알게 된 앨빈 J. 실크 교수를 통해 성사되었다. 이 연구소는 내가 세계적 마케팅 학자들 세계에 들어가는 중요한 교두보가 되었다. 이 학문 분야는 당시 독일에서는 아직 걸음마 단계에 있었다. 1969년에 뮌스터 대학의 헤리베르트 메페르트 교수가 독일에서는 처음으로 마케팅 강좌를 개설했다. 본 대학에서는 1976년에 처음으로 마케팅 담당 교수직이 생겼고, 헤르만 자벨 교수가 담당 교수로 초빙되었다. 마케팅 문헌은 거의 없었고, 마케팅 잡지는 희귀했다. 박사학위 논문과 교수 자격 취득 논문의 출처를 확보하는 데는 적지 않은 돈이 들었다. 이런 형편없는 상황에서 출발했지만 MIT에 와보니 상황이 판이했다. MIT에는 마케팅 교수 일곱 명이 강의와 연구를 하고 있었다. 그중에는 학계에서 큰 명성을 얻은 종신 교수도 세 명 있었다. 위에서 언급한 앨빈 J. 실크 외에 존 D. C. 리틀과 글렌 어번이 있었다. 이미 유명해진 게리 릴리언은 부교수였다. 그 밖에 조교수 세 명도 팀에 속해 있었다. 이들 마케팅 대가 일곱 명은 연구실을 서로 가까이 두어 일종의 '연구 공동체'를 이루고 있었다. 나는 모 조교수 연구실에 책상을 하나 얻었기 때문에 사건 진행 상황을 가까이서 볼 수 있었고, 처음부터 공개 토론 문화를 접할 수 있었다. '마케팅 클러스트'의 중요성을 이해하기 위해서는 규모가 작기는 하지만 1999년에야 뮌스터 대학에서 이와 유사한 것이 형성되었다는 사실을 유념해야 한다. 교수 세 명, 즉 헤리베르트 메페르트, 클라우스 박하우스, 만프레드 크라프트가 뮌스터 대학에서 '뮌스터 마케팅 센터'를 열었다. 후에 소스턴 헤니그수라우와 소스턴 비젤이 가세했다.[2] 그 사이에 열성적인 마케팅 교수 다섯 명을 둔 만하임 대학의 마케팅 학과가 독일 최대의 마케팅 학과가 되었다. 그러나 이것도 MIT보다는 규모가 작다.

MIT 그룹 내에서는 앨빈 실크 교수가 방법론상으로 가장 앞서 있었다. 그의 박사 과정 세미나에서 우리는 복잡한 분류 기법과 통계적으로 까다로운 시장 연구 계획을 둘러싸고 일주일간 논쟁을 벌였다. 이때는 대부분의 마케팅 학자가 트레이드 오프Trade-off 분석 또는 컨조인트Conjoint 분석이라는 것을 모르고 있었다. 그러나 실크 교수와 우리는 이미 이 방법을 집중적으로 다루고 있었다. 이 토대 덕분에 우리는 후에 지몬-쿠허에서도 득을 보았다. 글렌 어번은 특히 신제품과 그 마케팅에 관심이 있었다. 박사학위 논문을 신제품 가격 전략에 대해 썼기 때문에 이 분야는 내 관심 분야이기도 했다. 세 사람 중에서 가장 유명한 사람인 존 D.C. 리틀의 전문 분야는 의사 결정 지원 시스템이었다. 리틀은 경영과학 분야에서도 대단한 명성을 누리고 있었다. 그 법칙은 그의 이름을 따서 '리틀의 법칙'이라고 명명되었다.[3] 리틀과 어번은 매니지먼트 디시전 시스템즈라는 컨설팅 회사를 설립했다. 이 회사 관리자들은 정량적 방법을 이용하여 의사결정을 지원했다. 1970년대 말부터 이용된 스캐너 데이터가 이때 중요한 역할을 했다. 실제로 각 제품의 판매량 또는 개별 고객의 구매량을 이 데이터를 이용하여 큰 비용 들이지 않고 계산해낼 수 있었다. 리틀은 이에 대한 획기적 논문을 마케팅 저널에 발표했고, 나는 이를 독일어로 번역하여 경영지에 실었다.[4] 후에 이 회사는 시카고의 인포메이션 리소시즈에 매각되었다. 인포메이션 리소시즈 사는 스캐너 시대의 선구자라고 할 수 있다. 이 회사는 몇 년 후 뉘른베르크 소비재 연구회와 손잡고 독일 시장에도 발을 들여놓았다. 이 회사의 주력 제품인 비헤이비어 스캔은 소비재 산업계에서 호평을 받았다. 리틀 교수의 스캐너 연구는 빌레펠트 대학에서의 나의 첫 박사 과정 제자인 에크하르트 쿠허의 박사논문 주제가 되었다.

나는 어떻게 MIT 슬론 경영대학원 같은 최고 기관에 접근하는 데 성공했나? 실크 교수와의 개인적 친분이 이때 중요한 역할을 했다. 실크 교수 외에 나에게는 내 부탁에 다리를 놓아줄 대화 상대자가 적어도 한 명 있었다. 더욱 결정적인 것은 내가 1978년에《경영과학》에 발표한 논문이었다. 오늘날 A+ 잡지인《경영과학》이 당시 마케팅에서 차지한 중요성은 아무리 높이 평가해도 지나치지 않다. 새로 창간된《마케팅 사이언스》는 1980년대 중반에야 이 역할을 떠맡았다. 당시 이미 유명해진 마케팅계의 권위자 필립 코틀러를 내 논문으로 '논박했다'는 사실이 중요했다. 코틀러는 1965년에 마케팅 믹스(Marketing Mix. 여러 가지 마케팅 전략을 적절히 결합하여 사용하는 전략.-옮긴이) 관련 논문을 《제품 라이프사이클》에 발표하여 격찬을 받았다. 이것은 격조 높은 수학적 모델이었다. 《코틀러의 경쟁적 시뮬레이션 모델에 대한 분석적 고찰》이라는 논문에서 나는 이 모델이 시간이 지남에 따라 무의미해진다는 것을 입증했다.[5] 예를 들어 그의 모델은 판매에 큰 타격을 입히지 않은 채 제품 라이프사이클에서 가격이 임의로 오르는 것을 설명하지 못했다. 이것이 함의하는 것은 수학적으로 조금 복잡하여 지금까지 아무도 밝히지 못했다. 학계에 전혀 알려지지 않은 독일인이 유명한 필립 코틀러를 정평 있는 경영지에서 '논박했다'는 사실을 관련 학계에서 모를 리 없었다. 덕분에 나는 한순간에 유명해졌고, 이 일이 없었다면 거의 접근할 수 없었던 문이 열렸다. 예상과 달리 필립 코틀러는 나의 '공격'에 개의치 않았다. 나는 1979년 1월에 시카고 북부의 교외 도시 에반스톤에 있는 노스웨스턴 대학으로 코틀러를 찾아갔다.

첫 방문 때 나는 제품 라이프사이클에서의 가격 탄력성에 관한 연구 성과를 코틀러에게 소개했다. 나는 실무 지향적 연구가 목적이라고 자신만만하게 강조했다. 코틀러는 대부분의 마케팅 학자가 실무 지향성을 위해 노력하지만 이것은 좀처럼 달성되지 않는다고 대꾸했다. 특히 실무 지향성에 한계가 있는 미시경제학에서는 가격이 지배한다. 이 점에서는 코틀러가 옳았다.

시카고 대학을 방문했을 때는 조교수 로버트 J. 돌란과 토머스 T. 네이글을 알게 되었다. 돌란은 후에 하버드 경영대학원으로 옮겼다. 나는 1988~89년 학기에 그곳에 객원 교수로 있었다. 우리는 강도 높은 공동 연구를 시작하여 그 결과물을 공동으로 출간했다. 토머스 네이글은 몇 년 후 대학을 떠나 전략적 가격결정 그룹을 설립했다. 이 그룹은 무엇보다도 가격결정 전략 연구에 몰두했다.

　　나는 시카고에서 인디애나주 웨스트 라피엣으로 갔다. 나는 그곳 퍼듀 대학의 프랑크 배스 교수를 방문했다. 그는 존 D. C. 리틀 다음으로 유명한 정량 지향적 마케팅 학자였다. 무엇보다도 그의 이름은 이른바 배스 모델[6]과 관련이 있다. 이 모델은 혁신가와 모방자의 상호 작용으로부터 제품의 확산 경로를 밝힌 것이다. 라이프사이클에 따라 판매 경로를 산출하는 단순한 수학적 모델이기도 하다. 수백 명의 연구자가 이 접근법 연구에 매달려 모델을 변경하기도 하고 경험적 데이터로 테스트하기도 했다. 나의 두 번째 박사 과정 제자인 카를 하인츠 세바스티안도 이 모델을 이용하여 독일에서의 유선 전화 확산을 밝혀냈다. 세바스티안은 이때 광고를 또 다른 변수로 도입했는데 이것은 확산 경로 설명에 크게 기여했다. 우리는 이 주제에 대한 공동 논문을《경영과학》에 발표했다.[7]

　　이로써 나는 내 분야를 선도하는 미국 중서부의 대학들을 찾아다니며 거물급 마케팅 학자들을 개인적으로 사귀었다. 얼마 후에 나는 미국 동부 연안으로 이와 유사한 여행을 하여 뉴욕에서는 컬럼비아 대학과 뉴욕 대학을 방문했고, 필라델피아에서는 와튼 스쿨을 방문했다. 찰스강 맞은편 하버드 경영대학원의 마케팅 교수들과도 열심히 접촉했다.

　　개인적으로는 매사추세츠에서 보낸 학년이 오히려 더 힘들었다. 미국행 직전에 나는 잔뜩 긴장해 있었다. 어쨌든 미국행은 나의 첫 번째 외국 체류였다. 더군다나 세계 최고 대학으로 가는 것이었다. 그곳에서 어떻게 생활하고 학문적 환경에 어떻게 적응할지 불안했다. 처음에는 세실리아와 세 살배기 딸 제닌을 두고 미국으로 가려고 했다. 그러나 세실리아가 이의를 제기하며 "우리도 같이 갈 거예요"라고 했다. 그것은 옳은 결정이었다. 케임브리지에서 셋방을 구하기는 쉽지 않았다. 아주 비싼 가격에 형편없는 셋방을 간신히 구할 수 있었다. 보스턴과 케임브리지로 오려는 수많은 학자와 학생 때문에 임대 시장이 형성되어 있었다. 일상생활에도 문제가 있었다. 이 무렵에 독일은 미국에 크게 뒤떨어져 있었다. 그래서 우리는 실제로 신용카드가 없었다. 예를 들면 미국에서는 신용카드가 없으면 차를 빌릴 수 없었다. 국제 전화는 엄청 비싸고 번거로웠다. 다른 한편으로 미국 생활은 여러 면에서 독일보다 단순하고 편리했다. 나는 동태적 제품 라인 마케팅에 관한 교수 자격 취득 논문을 미국에 방문객으로 체류하는 중에 끝내기로 마음먹었다. 특히 시대의 요구가 언제나 나쁘게 평가될 수 있는 광범한 경험적 분석을 하려 했기 때문에 그것은 매우 야심찬 계획이었다. 고된 연구만이 해결책이었다. 나는 두 달 동안 단 하루만, 즉 서른두 번째 생일날만 연구실에 나가지 않았다. 가족들은 1979년 봄에 나보다 몇 달 앞서 독일로 돌아갔다. 그래서 연구에만 집중할 수 있었다. 그럼에도 우리는 크리스마스와 연말연시에 플로리다주에서 짧은 휴가를 가졌고, 텍사스의 휴스턴에 있는 세실리아의 친척을 방문했다. 플로리다주에서 우리는 빨간 파이어버드(제너럴모터스의 콘셉트 카.-옮긴이)를 빌려 데이토나 해변의 거친 모래밭을 달렸다. 지금도 그렇게 할 수 있을까? 세 살배기 제닌에게는 올랜도의 디즈니 월드 방문이 여행의 하이라이트였다. 소박한 모텔조차 우리에게는 쾌적했다. 우리는 무한 리필을 맘껏 즐겼다. 이것은 당시 독일에는 전혀 알려지지 않은 것이었다. 제닌은 멀리에서 맥도날드 아치(맥도날드를 뜻하는 아치형의 M을 말함.-

옮긴이)를 보았다. 우리는 맥도날드 매장에 들를 수밖에 없었다. 그보다 얼마 전 독일에서는 맥도날드 1호점이 쾰른의 호에 슈트라세(쾰른의 관광 명소.-옮긴이)에 문을 열었다. 휴스턴에서는 행운과 불운을 동시에 겪었다. 렌터카가 고장 나긴 했지만 목적지까지는 몇 미터밖에 남지 않았던 것이다. 거기서 우리는 빌 에크와 엘프리데 에크를 방문했다. 둘 다 자를란트 출신이었다. 엘프리데는 장모의 사촌자매였다. 빌 에크는 1929년에 미국으로 이민 가서 처음에는 디트로이트에서 자동차 관련 일을 하다가 지금은 휴스턴에서 자그마한 호텔을 경영하고 있었다. 그는 낚시광이었다. 우리가 여행을 갔을 때 나는 내 인생에서 처음이자 마지막으로 물고기 한 마리를 잡았다. 자동차로 오래 달렸기 때문에 우리는 텍사스주가 엄청 크다는 것을 알았다. 어쨌든 '외로운 별'로 표시되기도 하는 이 주는 69만 5,000제곱킬로미터로 면적이 독일 연방공화국의 두 배였다.

슬론 경영대학원에 체류한 덕분에 나는 같은 건물에 있는 경제학과의 유명한 학자들을 알게 되었다. 1970년에 두 번째로 노벨 경제학상을 탄 폴 새뮤얼슨과 성장과 혁신에 관한 논문으로 유명하며 노벨상을 탄 로버트 솔로 교수가 이에 포함되었다. 대가들의 강의를 들을 기회가 일주일에 몇 번 있었다. 이런 기회는 본 대학에서도 몇 번 있었다. 당시에 본은 연방 수도였기 때문에 강의를 듣는 사람은 으레 정치가와 중앙 부처의 고관이었다. 그러나 본 대학은 MIT와 하버드의 프로그램을 따라갈 수 없었다.

1979년 학기를 끝으로 케임브리지를 떠났을 때 한 가지 사실은 분명했다. 다시 돌아오리라는 것이었다. 그러나 어떤 모습으로 복귀할지, 어디로 복귀할지는 그 당시에 상상할 수 없었다. 17년 후 우리는 슬론 경영대학원에서 몇 미터밖에 떨어지지 않은 켄들 스퀘어에 지몬-쿠허 앤드 파트너스 미국 사무소를 열었다. MIT 첫 체류가 뿌리를 내렸고, 이 뿌리가 여러 해 후에 열매를 맺었다.

퐁텐블로

퐁텐블로에 있는 경영대학원 인시아드는 1957년에 설립되었다. 따라서 사실상 이런 유의 대학원으로서는 유럽에서 가장 오래된 것이다. 인시아드INSEAD는 Institut Européen d'Administration des Affaires(영어로는 European Institute of Business Administration로 번역할 수 있으며, '유럽경영대학원'이란 뜻이다.–옮긴이)의 약어이다. 프랑스에서 NATO를 OTAN이라 하고, UNO를 ONU라고 하는 것처럼 이 대학원 또한 프랑스에 있어서 사람들은 이를 프랑스어로 표기한다. 인시아드 설립자는 프랑스계 미국인 장군 조르주 프레데릭 도리오와 후에 프랑스 대통령이 된 발레리 지스카르 데스탱의 동생인 올리비에 지스카르 데스탱이었다. 도리오는 1899년 파리에서 태어나 후에 미국으로 이민을 가서 2차 세계 대전 중에 여단장이 되었다. '벤처 투자의 아버지'라고도 불린다. 인시아드의 창업 자금은 파리 상공회의소가 제공했다. 인시아드의 본보기는 하버드 경영대학원이었다. 따라서 바르셀로나의 IESE 경영대학원과 마찬가지로 인시아드를 하버드 경영대학원의 유럽 분원이라고 할 수도 있다.

나의 저서 출간과 미국에서의 강의 및 유럽 회의 참가로 인시아드 동료들은 나에게 주목했다. 그래서 1980년에는 시간 강의를 해달라는 초대를 받았다. 경험의 지평을 넓힐 수 있는 이 기회를 놓칠 수 없었다. 나는 경영 세미나(최고경영자 과정)에 노력의 대부분을 쏟아부었다. MBA 과정에서도 전문 분야인 '가격 관리론'을 강의했다. 때로는 아침에 퐁텐블로에서 그다지 멀지 않은 파리의 오를리 공항에 날아갔다가 저녁에 독일로 돌아오곤 했다. 방학 때는 한두 주 머무르며 최고경영자 과정 강의 준비를 하곤 했다. 나는 그 학교의 경영진과 마케팅 교수들을 더 잘 알게 되었다. 당시의 학장은 빈 출신으로 하버드에서 박사학위를 받은 하인츠 탄하이저였다. 그는 전략적 기업 경영 전문가였다. 이것은 내가 비교적 좁은 마케팅 영역을 넘어 점차 관심을 갖게 된 주제였다. 나는 오스트리아 출신으로 노스웨스턴 대학에서 박사학위를 받은 라인하르트 앙겔마르 교수와 함께 강의하기도 했다. 그 무렵에 장 클로드 라레슈가 유명한 마케팅 시뮬레이션 프로그램인 마크스트라트Markstrat를 개발했다. 나도 빌레펠트와 마인츠에서 이 프로그램을 자주 이용했다. 이 프로그램은 교육학적으로 매우 가치가 있었다. 마케팅 결정이 현실과 흡사한 시장에 미치는 작용을 설명하기도, 경쟁을 가상 실험하기도 하기 때문이었다. 나는 두 번째 측면이 더 중요하다고 생각한다. 절대적으로 옳은 결정은 없고 모든 것은 결정에 달려 있다는 것을 학생들이 이것을 통해 배우기 때문이었다.

인시아드는 국제적 네트워크를 내게 열어주었다. 인시아드가 없었다면 이 네트워크에 접하기 어려웠을 것이다. 독일 인시아드 협회를 통해 독일에서도 매우 흥미로운 접촉이 많이 있었다. 인시아드는 아시아에도 촉수를 뻗쳤다. 1980년에 앙리 클로드 드 베티니에의 주도하에 유럽 아시아 센터가 설립되었다. 베티니에는 그 후 8년간 소장을 역임했다. 이런 배경에서 나는 헬무트 쉬테 교수와 함께 아시아에서 경영 세미나를 진행할 수 있었다. 어떤 기회에 우리는 자카르타에서 당시 회흐스트 인도네시아 지사장이 소유하고 있는 작은 섬으로 갔다. 섬에는 흐르는 물이 없었고, 발전기는 몇 시간밖에 가동되지 않았다. 돌아오는 길에 나는 뱃멀미를 했다. 그것은 아시아에서의 첫 모험이었고, 그 후에는 이런 모험이 적지 않았다. 헬무트 쉬테는 후에 상하이에 있는 중국유럽국제경영대학원CEIBS의 원장이 되었다. 나는 수십 년 후인 2010년에 그곳에서 쉬테를 또 만났다. 쿠알라룸푸르에서의 또 다른 세미나를 계기로 우리는 가족 여행을 했다. 우리는 향수를 불러일으키는 열차를 타고 쿠알라룸푸르에서 싱가포르로 가서 어떤 섬에서 일주일을 멋지게 보냈다.

인시아드의 모태라고 할 수 있는 미국의 하버드와 달리 퐁텐블로의 사람들은 뚜렷한 국제 지향성을 내세우며 출발했다. 그래서 MBA 학생들은 영어, 프랑스어, 독일어를 할 줄 알아야 했다. 그러나 아시아 학생들의 입학을 대폭 늘리면서 이 요구 사항은 오래 가지 못했다. 그럼에도 인시아드는 현재도 교수가 250명이 넘는 세계적인 경영대학원이고 싱가포르와 아부다비에 분원을 두고 있다. 인시아드에서의 공동 작업은 MIT 체류 이상으로 국제 실업계 접근을 가능하게 해주었다. 덕분에 나는 유럽과 아시아의 최고경영자를 많이 만났다.

퐁텐블로 체류 중에 나는 2만 5,000헥타르가 넘는 거대한 퐁텐블로 숲의 진가를 알았다. 퐁텐블로 자체는 인구 1만 6,000명의 소도시이지만 그 면적은 엄청 넓다. 퐁텐블로 숲은 유명하다. 예를 들면 주세페 베르디의 〈돈 카를로〉가 그곳에서 공연된다. 나는 숲속을 끝없이 달렸다. 때로는 기괴한 돌과 코끼리, 두꺼비, 악어 같은 동물을 마주치기도 했다. 이 숲에는 버섯 3,000종이 있다고 한다. 물론 길을 잃지 않도록 주의해야 한다.

1985년 4월 슐로스 그라흐트의 독일경영연구원USW 원장으로 초빙된 것을 끝으로 인시아드와의 인연이 끝났다. 두 기관이 최고위 과정 교육 시장에서 경쟁자였기 때문이었다. 독일경영연구원을 이끌면서 동시에 인시아드에서 강의를 할 수는 없었다.

일본에서의 에피소드

교수라면 누구나 3~4년 만에 얻는 이른바 연구 학기는 대학 교수의 삶에서 가장 반가운 것이다. 연구 학기에는 강의 의무가 면제되어 연구에만 전념할 수 있다. 나는 연구 학기 때는 언제나 외국에 머물렀다. 1983년 봄에 게이오 대학에서 나를 도쿄로 초대했다. 이 초대는 시기적으로 내 계획에 딱 들어맞았다. 다음 겨울 학기에 객원 교수로서 체류하기로 되어 있었기 때문이다.

우리는 허겁지겁 준비를 했다. 일본으로 출발하기 일주일 전에 지벤게비르게의 새집으로 이사를 갔기 때문이었다. 이사는 세실리아 혼자 도맡아 한 셈이었다. 나는 트라베뮌데에서의 강연을 마치고 금요일 저녁에야 집으로 가서 짐을 꾸려야 했다. 어쨌든 6개월 여행의 출발은 토요일 아침으로 정해져 있었다. 일본 방문 후에는 중간에 파푸아뉴기니에서 잠시 체류한 후 곧바로 스탠퍼드로 가야 했고, 스탠퍼드에서는 1984년 4월까지 석 달 동안 손님으로 체류하기로 예정되어 있었다.

만사가 순조로웠다. 여덟 살배기와 세 살배기 두 아이와 함께 하는 6개월 여행이라 짐이 만만치 않았다. 우리는 트렁크 일곱 개를 가지고 출발했다. 얼마 전부터 비행기로 소련을 경유하여 일본으로 갈 수 있었다. 알래스카의 앵커리지를 길게 경유하는 우회로는 이제 필요하지 않았다. 그러나 모스크바의 셰레메티예보 공항에서 중간 기착해야 했다. 비행기 안에서 우리는 내가 인시아드 시절부터 잘 알고 있던 기업가 토르스텐 그리스 네가를 만났다. 그는 필리핀에 있는 자신의 치아 공장에 가는 길이었다. 그는 셰레메티예보 공항에 서 인형 두 개를 사주어 두 아이에게 큰 기쁨을 선사했다. 오랜 비행 은 세실리아에게 고문이었다. 우리는 흡연자석 바로 뒷줄에 앉아 있 었다. 우리 앞에 앉아 있는 일본인이 줄기차게 담배를 피워댔고, 세 실리아는 연거푸 기침을 했다. 도쿄에서는 카즈요시 홋타 교수가 가 족들과 함께 공항에 마중 나와 있었다. 그는 게이오 대학을 대표하 여 체류 중에 나를 보살펴주었다. 그와의 만남은 자연스레 우호적이 고 진심 어린 것이었고, 이로부터 우정이 싹터 수십 년 동안 지속되 었다.

우리는 금세 일본의 상황에 직면했다. 대학 측이 제공한 주택은 도쿄 한가운데 있는 미타 캠퍼스 바로 옆에 있었다. 내 사무실까지 는 몇백 미터만 걸어가면 되었다. 주택은 면적이 34제곱미터로 전형 적인 일본식 주택이었다. 안으로 들어가려면 문에서 몸을 푹 숙여야 했다. 욕실은 면적이 약 2제곱미터였지만 제 기능을 발휘했다. '침 실'에는 장롱이 두 개 있었다. 우리는 푸톤(Futon. 침대로 사용하는 메 트리스.-옮긴이)에서 잤다. 나는 이듬해에 MIT에서도 푸톤을 사용했다. 비서구적인 새로운 경험이었다.

다음 날인 월요일 아침 곤혹스럽게도 뜻밖의 일이 벌어졌다. 세실리아가 기침을 심하게 하면서 폐 근처가 아프다고 하소연했다. 홋타 교수가 우리를 미타 캠퍼스의 작은 응급실로 데려갔다. 응급실 의사는 즉시 게이오 대학병원으로 데리고 가라고 했다. 우리는 허겁지겁 꼭 필요한 것들만 챙긴 후 택시로 도쿄 시내를 가로질러 병원으로 갔다. 택시를 타고 가는 데 한 시간 넘게 걸렸다. 의사와 간호사들은 매우 친절하고 싹싹했지만 의사소통이 문제였다. 세실리아는 입원해야 했다.

나는 두 아이와 함께 야마노테 라인으로 미타에 돌아갔다. 이 '녹색 라인'은 도쿄 순환선이다. 분 단위로 운행되는 열차가 역과 역을 지나며 대도시와 교외를 잇고 있다. 우리는 그다음 2주 동안 야마노테 라인에 대해 더 잘 알게 되었다. 두 아이와 나는 오후에는 하루도 빠짐없이 세실리아가 입원해 있는 병원에 갔다. 에비스, 고탄다, 시나가와 또는 다마치 같은 역 이름들이 지금도 생생하다. 나는 도쿄에 가면 시간을 내어 이 노정을 차로 다시 돌아보며 그때의 기억을 되살린다.

나는 도쿄 한가운데서 두 아이(제닌은 여덟 살, 패트릭은 세 살) 때문에 또다시 예상치 못했던 일을 겪었다. 제닌은 오모리[8]에 있는 독일인 학교에 가야 했다. 그러기 위해서는 먼저 구舊시가지를 거쳐 다마치 역으로 가야 했다. 그다음에는 다마치 역에서 야마노테 라인의 열차를 타고 다음 역인 시나가와까지 가야 했다. 이 큰 역에서 다른 라인으로 갈아타고 다다음 역인 오모리로 가야 했다. 오모리 역에서 독일인 학교까지는 그다지 멀지 않았다. 나는 두 번이나 제닌을 학교까지 바래다주었다. 그다음부터는 제닌 혼자서 가야 했다. 첫날에는 아무 탈 없었지만 깜짝 놀랄 일이 터지고 말았다. 제닌이 9시에 다시 집으로 온 것이다. 오모리 역에서 딴 출구로 나오는 바람에 학교를 찾아가지 못했다고 했다. 다행히도 다시 집에 오기는 했다. 다음 날 나는 한 번 더 제닌을 학교까지 바래다주었다. 그 후로는 여덟 살배기에게는 어렵기만 한 등교가 순조롭게 이루어졌다. 한편 세 살배기 패트릭과 관련하여 대학은 내게 큰 도움을 주었다. 독일어를 공부하는 여학생을 베이비시터로 구해주었기 때문이다. 미나 오타니가 곧바로 패트릭을 돌봐주어서 이 어려운 상황에 엄청난 도움을 주었다. 덕분에 나는 연구 계획의 일부를 실현할 수 있었다.

나는 연구 학기 동안 독일 기업의 일본 시장 진입 문제를 연구했다. 나는 일본어를 읽는 것은 고사하고 말할 줄도 몰랐다. 그래서 경영인, 기업가, 학자들과의 대화를 기본적인 지식의 원천으로 삼았다. 세실리아는 2주 후에 퇴원했다. 그날은 아이들에게도 내게도 엄청 기쁜 날이었다. 나는 다시 일에 전념했다.

나는 거대 도시 도쿄에 있는 주요 독일 회사를 모두 방문했다. 나는 사장들에게서 시간을 얻어내는 데 대체로 성공했다. 나는 연구 범위를 독일 회사에만 국한하지 않고 미국 기업의 경영자와 유럽의 다른 기업 경영자들과 이야기를 나누었다. 그들의 시장 진입 문제와 시장 전략은, 당연한 일이지만, 유사했다. 아울러 나는 일본의 학자들과 대학들을 접촉할 수 있는 기회를 이용했다. 예수회에서 운영하는 소피아 대학은 특히 유익하고 분위기가 좋았다. 당시에 벨기에인 로버트 발롱 교수는 세계화 전문가로 알려져 있었다. 히토츠바시 대학에서는 히로타카 타케우치 교수를 알게 되었다. 그는 13년 후 미국에서 일본으로 돌아와 그 유명한 대학의 교수가 되었다. 일본 문화로 귀화하는 것은 그에게 쉽지 않은 일이었지만 그 후 10년간 그는 일본에서 크게 성공했다. 히토츠바시 대학 경영대학원을 설립한 것이다. 히토츠바시 대학과 달리 이 경영대학원은 도쿄 한가운데 있다. 그 기간 내내 그는 하버드 경영대학원의 마이클 포터 교수와 긴밀히 협력했다. 최근에 그는 도쿄에서 정년퇴직을 하여 하버드로 돌아갔다. 나는 그의 영혼이 미국에 처음 체류한 13년에 매달려 있다는 인상을 늘 받았다. 그는 케이프 코드에 집을 가지고 있었는데 휴가는 언제나 여기서 보냈다. 나는 가쿠슈인 대학(학습원 대학을 말함.-옮긴이)의 타카호 우에다 교수도 알게 되었다. 일본 황실의 자제들은 전통적으로 가쿠슈인 대학에서 공부했다. 나와 우에다 교수는 우정을 오래 유지했다. 지금도 우리는 회의를 공동으로 개최하기도 한다. 그는 독일로 나를 몇 번 찾아오기도 했다.

나는 게이오 대학에서 마케팅 전략을 주제로 일련의 강의를 했다. 이 강의와 관련하여 나는 쇼지 무라타 교수와 긴밀히 협력했다. 그는 필립 코틀러의 마케팅 교과서를 번역하여 유명해졌다. 유명한 미국인 저자의 책을 번역하면 일본에서는 금세 큰 명성을 얻을 수 있었다. 이것은 19세기의 고전 시대를 연상케 한다. 당시에 독일에서는 큰 명성을 얻은 작가, 철학자, 학자들이 외국인 저자의 명저를 번역했다. 지금은 번역이 별로 할 만한 것이 못될 것이다. 그러나 무라타 교수는 다른 능력으로도 유명했다. 여느 아시아 국가와 마찬가지로 일본에서도 대개 중매결혼을 한다. 이때 이른바 '중매쟁이'가 결정적 역할을 종종 한다. 중매쟁이는 젊은이를 많이 알고 있다. 중매쟁이는 천생연분이라고 생각되는 미혼 남녀를 연결해준다. 무라타 교수는 크게 성공한 중매쟁이로 명성을 누리고 있었다. 몇 년 후에 나는 일본인 의료 장비 사업가의 집에 손님으로 몇 번 갔다. 그때 이 사업가에게는 아직 미혼인 27세의 외동딸이 있었다. 그는 사업 승계 걱정이 이만저만이 아니었다. 마침내 그는 딸을 위해 사업을 승계할 수 있는 남자를 찾아달라고 무라타 교수에게 부탁했다. 몇 년 후 나는 무라타 교수의 중매가 성공해서 어느덧 사위가 된 남자가 그 회사에서 일하고 있다는 것을 알았다. 무라타 교수는 결혼을 200건 넘게 중매했다고 한다. 그는 2015년에 죽었다.

사업가의 자택에 초대받는 것은 작은 화젯거리라고 할 수 있다. 일반적으로 일본에서는 그런 일이 없다. 아마도 라인 강변의 우리 집에 그를 초대한 것에 대한 답례였을 것이다. 어쨌든 그것은 나와 세실리아에게는 잊을 수 없는 체험이었다. 그의 집은 도쿄 한가운데의 작은 공원 옆에 있었다. 첫 번째 방문 때 우리는 조금 일찍 도착해서 도쿄의 온화한 시월 저녁 공기를 마시며 공원을 배회했다. 거대 도시의 혼잡 속에서 이 공원은 정적에 잠겨 있었다. 이 정적 때문에 우리는 명상적 분위기에 젖어들었다. 그의 집에는 동화에나 나올 법한 일본식 정원이 있었다. 저녁 식사 후 우리는 정원에 앉았다. 우리의 대화는 번번이 중단되었다. 어색함 때문이 아니라 우리가 이 놀라운 정원을 멍하니 바라보았기 때문이었다.

나는 도쿄, 와세다, 히토츠바시, 가쿠슈인, 추오(중앙대학을 말함.-옮긴이) 같은 명문 대학에서 강연할 기회가 있었다. 나는 예정에도 없는 간사이 지구를 들르기도 했다. 그곳에서 우리는 알바흐 교수의 강좌를 통해 특히 고베 대학과 좋은 관계를 맺었다. 그래서 나는 본을 방문하거나 독일에서의 회의에 참석한 교수들을 다시 많이 보았다. 그 밖에 신칸센을 탄 것도 하나의 체험이었다. 그것은 독일의 이체ICE(고속열차.-옮긴이)를 처음 타기 훨씬 전의 일이었기 때문이다. 이체는 1991년에야 개통되어 최대 시속 250킬로미터로 슈투트가르트와 만하임 사이를 오갔다. 반면에 일본의 신칸센은 1964년부터 운행되었다. 도쿄 올림픽을 위해 개통한 것이었다. 나는 도쿄에서 처음으로 일본식 호텔에서 묵었다. 그러나 호텔은 반만 일본식이었고 전통적인 료칸(일본 고유의 숙박 시설.-옮긴이)이 아니었다. 우리에게 매우 생소한 료칸은 몇 년 후에야 체험했다.

나는 일본에서 지내는 동안 강연 준비를 위해 일본 관련 책을 많이 읽었다. 그러나 알고 보니 현실은 책을 통해 안 것과 너무 달랐다. 책을 통해서는 어떤 나라와 문화를 이해하는 것은 고사하고 파악할 수도 없다. 일본에 체류하면서 얻은 가장 중요한 깨달음은 사회가 우리가 잘 아는 원칙과는 완전히 다른 원칙에 따라 조직될 수도 있고 꽤나 순조롭게 돌아가기도 한다는 것이었다. 이런 교훈은 미국이나 서방 국가에서는 얻을 수 없다. 미국이나 서방 국가를 지배하는 시스템과 원칙은 독일의 그것과 비슷하기 때문이다. 그 밖에도 나는 많은 것을 깨달았다. 예를 들면 일본인은 대화를 할 때나 강의를 할 때 좀처럼 구체적인 표현을 하지 않는다. 말이든 글이든 두루뭉술하다는 것이 특징이다. 따라서 무슨 뜻인지 확정하기가 쉽지 않다. 상대방 의견과 다를 때는 이런 현상이 특히 더 심하다. 일본인은 "아니오"라고 말하지 않는다. 그 후로는 나도 종종 질문이나 부탁에 가타부타 대답을 하지 않게 되었다. 대답을 하지 않는 것은 일본인의 거절 방식이다. 나는 그런 경우를 많이 겪었다. 그것은 나름대로 효과가 있다. 누군가가 청을 하면 거절하기가 쉽지 않다. 도쿄의 우리 사무실 카운슬러의 경우 가타부타 말하지 않는 것과 두루뭉술하게 넘어가는 것이 단점이라고 생각한다. 그러나 그것이 나의 서구식 관점이라는 것을 인정하지 않을 수 없다. 일본인이 이것을 나처럼 받아들이는지 받아들이지 않는지 나는 모른다. 나 자신은 똑소리 나는 표현을 선호한다. 어쩌면 일본인들은 내 사고방식이 옳다고 여기지 않을 것이다.

나는 일본에서 시스템이 완벽하게 작동하는 것을 보고 깊은 인상을 받았다. 가장 좋은 예가 철도이다. 장거리 교통인 신칸센이든 근거리 교통인 야마노테 라인이든 간에 열차는 분 단위로 정확히 출발한다. 또한 플랫폼의 정차 표시된 곳에 센티미터 단위로 정확히 멈춘다. 승하차, 길게 줄서서 기다리는 것, 큰 역에서 계단 이용하는 것이 엄격하게 규정되어 있다. 더욱 중요한 것은 실제로 모든 사람이 이 규정을 준수한다는 것이다.

일본의 엄격한 규칙이 사회의 변화 능력 및 혁신 능력과 상치되는 것은 불가피하다. 나는 일본에 처음 체류한 이후 무엇이 변했느냐는 질문을 곧잘 받는다. 나는 "변한 게 없습니다"라고 판에 박힌 대답을 한다. 물론 극단적으로 말하자면 내 대답이 옳은 것은 아니다. 그러나 내가 받은 전반적인 인상은 그렇다. 야마노테 라인은 35년 전과 똑같은 것 같다. 수많은 건물, 식당, 가게, 파친코 가게가 복잡하게 얽혀 있는 미타 지구의 좁은 골목을 지나갈 때 나는 1983년 겨울로 되돌아가 있는 느낌이 든다. 야마노테 라인의 승차권 가격마저 당시와 같다. 나는 지금도 도쿄에서는 세계가 멈춰 있다는 인상을 곧잘 받는다.

휴가가 시작되자 세실리아가 다시 건강을 되찾았다. 우리는 도쿄와 그 주변을 둘러보았다. 차로 카마쿠라에 가서 거대한 불상을 보고, 휴가지 닛코에 들러 그림처럼 폭포가 쏟아지는 바위 위에서 원숭이들이 곡예를 하는 것도 보았다. 당시에는 무언가 살 돈이 거의 없었음에도 세계에서 물가가 가장 비싼 긴자 쇼핑 지구에도 들렀다.

도쿄에서의 몇 달이 훌쩍 지나갔다. 미국발 노스웨스트 항공기로 필리핀의 마닐라로 가서 그곳에서 에어 뉴기니 항공기로 파푸아뉴기니의 수도인 포트 모르즈비로 간다는 것이 우리의 여행 계획이었다. 그러나 계획대로 되지 않았다. 노스웨스트 항공기가 몇 시간 연착되었다. 그래서 마닐라에서 파푸아뉴기니로 가는 비행기를 못 탈 것이 뻔했다. 파푸아뉴기니행 비행기는 일주일에 딱 한 번 운항했기 때문이다. 세계의 변방은 지금도 교통편이 매우 듬성듬성하다. 우리는 마닐라에서 일주일 동안 발이 묶일 뻔했다. 노스웨스트 항공기는 우리를 홍콩으로 데려다주었다. 홍콩에는 이곳에 정주하는 캐세이퍼시픽 항공사의 파푸아뉴기니행 연결 비행편이 사흘 뒤에 있었다. 이 항공사는 나도 잘 알고 있을 만큼 명성이 높았다. 이 항공사는 스와이어 그룹에 속해 있었다. 나는 인시아드에서 이 그룹 소유주를 알게 되었다. 한밤중에 우리는 아이 둘과 함께 트렁크 일곱 개를 가지고 공항으로 가서 파푸아뉴기니에서 기다리고 있을 완전히 다른 세계에 대한 기대에 부풀어 있었다.

세상 끝에서 - 파푸아뉴기니

동틀 무렵 우리가 탄 대형 제트기가 파푸아뉴기니의 수도 포트 모르즈비에 착륙했다. 파푸아뉴기니는 몇 년 전에 오스트레일리아에서 떨어져 나와 독립 국가가 되었다. 포트 모르즈비에서 말씀의 선교 수도회를 이끌고 있는 수사修士 헤르만이 우리를 기다리고 있었다. 우리는 독일에서 그를 한 번 방문한 적이 있어서 마치 집에 온 것 같았다. 우리는 포트 모르즈비에서 하룻밤 묵었다. 이때 흰개미를 처음 보았다. 다음 날 아침 우리는 작은 비행기에 탑승했고, 비행기는 우리를 고원 지대에 있는 마운트하겐으로 실어 날랐다. 다른 승객들은 원주민이었다. 그들은 포트 모르즈비에서 일하다가 크리스마스를 맞아 고향에 가는 길이었다. 개발도상국에서 흔히 볼 수 있는 것처럼, 그들은 수하물과 선물을 잔뜩 가지고 있었다. 닭이 들어 있는 새장을 가지고 가는 사람도 있었다.

마운트하겐에서는 숙부 요한네스 닐레스가 토요타 G클래스를 주차해놓고 운전자와 함께 우리를 기다리고 있었다. 우리는 그가 독일에 체류하던 1976년에 그를 마지막으로 만났다. 그는 늙기는 했으나 78세 치고는 아직 정정했다. 그는 우리가 알고 있는 가톨릭 사제처럼 보이지 않았다. 개척자 같았다. 피부는 수십 년간 아열대 지방의 햇볕에 그을려 있었다. 그는 챙이 넓은 모자를 쓰고 있었고, 어디서나 입을 수 있는 옷을 입고 있었다. 토요타 자동차는 튼튼한 느낌을 주었다. 포트 모르즈비에서 공부하다가 크리스마스 휴가차 마운트하겐에 머무르고 있는 신학교 학생이 운전사 노릇을 하고 있었다. 이 학생 덕분에 우리는 흥미진진한 것들을 경험했다.

나의 60번째 생일날에 우리 아이들은 마운트하겐에서 밍겐데까지의 자동차 여행에 대해 이렇게 말했다. "우리는 지프를 타고 갔어요. 지프는 몇 킬로미터 달린 후에 어딘지 알 수 없는 곳에서 펑

소리를 내어 타이어가 펑크 났다는 것을 알려주었어요. 개 이빨로 만든 목걸이를 한 벌거숭이 원주민들이 빙 둘러서서 보는 가운데 타이어를 교체했어요. 몇 시간 후 우리는 벼룩에 물리고 아노펠레스 모기에 뜯기면서 기진맥진하여 선교 기지에 도착했어요." 아이들 말이 좀 과장된 면이 없지 않지만 당시 여덟 살인 제닌과 세 살인 패트릭이 이 모험을 어떻게 체험했는지는 아무도 모른다.

숙부는 사람들이 흔히 '슈테일러 선교사'라고 하는 말씀의 수도회 수사였다. 이 명칭은 네덜란드의 지명 슈테일Steyl에서 유래한다. 아놀드 얀센은 1875년에 이곳에 이 수도회를 설립했다. 지금 이 수도회 본부는 본의 코블렌츠 문 앞 장크트 아우구스틴에 있다. 우리가 방문했을 때 요한네스 닐레스는 거의 50년 전부터 이 멀리 떨어진 나라에서 살고 있었다. 이윽고 우리는 선교 기지인 밍겐데에 도착했다. 닐레스는 이곳에서 은퇴할 때까지 주임신부로 일했고 지금은 반 연금생활을 하고 있다.

이런 선교 기지를 어떻게 생각해냈을까? 이 선교 기지는 신도가 수백 명인 성당이 중심을 이루었다. 물론 이 성당은 그 양식과 건축 자재가 원래의 목적인 예배에 적합한 건축물이었다. 그래서 벽의 일부는 골함석으로 되어 있었다. 선교사와 원주민들은 가장 큰 성당을 온전히 보존하고 있다는 것에 대한 자부심이 대단했다. 선교 기지에는 소떼가 있는 큰 농장, 가게, 그리고 기계와 도구를 자체 수리할 수 있는 작업장, 병원, 원주민 여자가 아기를 출산하는 어린이집도 있었다. 이 기지는 내 고향 출신인 수녀가 관리하고 있었다. 기술 담당자도 독일인이었다. 우리는 이 독일인이 독일을 방문했을 때 만난 적이 있었다. 이 기지는 침부 지구를 관할하는 주교의 본거지 역할도 했다. 주교는 폴란드인으로 과묵하면서도 친절한 사람이었다. 후에 네덜란드인이 그의 후임이 되었다. 이 멀리 떨어진 세계의 한 쪽 구석에서 우리는 또 하나의 유럽을 발견했다. 아쉬운 것이 없었다. 우리는 일본에 있을 때보다 더 빨리 적응했다. 기지는 게스트하우스도 운영하고 있었는데 우리는 이곳에서 편히 묵었다. 기후와 원시적 환경의 기지 위치 때문에 우리는 해충의 피해를 어느 정도 입을 수밖에 없었다. 쥐가 통로를 휙 스치고 가기도 했다. 우리 피부에는 깨무는 곤충과 흡혈 곤충의 자국이 남아 있었다. 그러나 그것은 우리가 파푸아뉴기니의 고원 지대에서 받은 깊은 인상에 비하면 무시할 수 있는 것이었다. 세 살배기 아들 패트릭만이 이 놀라운 체험을 생생히 기억할 수 없을 것이었다. 그러기에는 패트릭이 너무 어렸다. 패트릭은 도쿄에서 곤경을 치른 후 행복한 날들을 체험했다. 패트릭은 같은 또래의 원주민 아이와 친구가 되었다. 두 아이는 드넓은 선교 기지에서 마음껏 떠들며 놀 수 있었다.

대규모 돼지고기 축제

크리스마스 때 침부 지구를 방문한 것은 행운이었다. 대규모 돼지 도축이 있었기 때문이다. 이 축제는 5년 또는 7년에 한 번 개최되었다. 사방에서 원주민 수백 명이 한 곳에 모였다. 알록달록한 옷에다가 분장을 한 사람이 많았다. 원주민들은 구덩이를 파고 그 안에 불을 피운 후 그 불에 돼지고기를 푹 삶았다. 가장 좋은 고기는 바나나 잎에 싸서 재 위에 두었다. 축제장 공기에는 군침 돋우는 냄새가 배어 있었다. 다들 들떠 있었다. 원주민들은 돼지고기 먹는 것을 더기다릴 수 없었다. 평소에 단백질 섭취가 부족했기 때문이다. 기본적으로 원주민들은 채마밭에서 자라서 연중 내내 수확이 가능한 채소와 과일로 먹고살았다. 고기를 창고에 저장할 필요는 없었고, 실제로 창고 같은 것도 없었다. 아열대 기후는 고기 저장을 허용하지않았다. 짐승을 잡으면 고기를 얼른 먹어치워야 했다. 우리가 방문했을 때는 30년 전의 아이펠처럼 일반 집에는 냉장고나 아이스박스가 없었다. 드문드문 있는 취락에 전기가 들어온 적도 없었다. 우리는 야생동물을 보지 못했다. 원주민들은 맨손으로 숲을 돌아다녔다. 새조차 드물었다. 새들도 단백질 사냥의 희생물이 되었다. 고기 먹는 것은 예외적 현상이었다.

몇 시간 후 고기가 푹 삶아졌다. 사내들이 안달하며 기다리는사람들에게 고기를 뭉텅뭉텅 나누어주었다. 사람들은 탐욕스러운식욕으로 고기에 달려들었고 만족할 줄 모르는 것 같았다. 그들에게이례적인 고기를 어쩌나 먹었던지 곧바로 본격적인 단백질 쇼크를경험하는 사람들도 있었다. 의사가 허겁지겁 달려왔고, 몇몇 사람은선교 기지의 병원으로 보내졌다. 사람들이 우리한테도 삶은 고기를내놓았다. 이 호의적인 제의를 거절하기는 쉽지 않았다. 그러나 이런 고기를 먹는 것은 매우 분별없는 짓일 것이었다. 당연히 돼지는선모충병 검사나 이와 유사한 검사를 받지 않은 것이었다. 우리에게는 식육 검사관이 없었다.

가장 외진 곳

밍겐데에서 우리는 겔랜데바겐을 타고 침부 주州로 여행을 많이 했다. 침부(심부Simbu라고도 표기한다)는 파푸아뉴기니 21개 주의 하나로 주민 25만 명이 넓은 지역에 분포되어 있었다. 주도는 쿤디아와이다. 주민이 8,000명이어서 주도라기보다는 오히려 '가장 큰 마을'이라고 할 수 있지만 작은 비행기가 위태롭게 급경사를 이루며 착륙하는 자체 활주로가 있다. 쿤디아와에는 가게, 술집, 작은 호텔 그리고 주변 지역 주민에게 필요한 것이 모두 있다. 이 주의 명칭은 깊은 골짜기를 이루며 쿤디아와로 흐르는 침부강에서 따왔다. 그곳에서 우리는 숙부와 신학교 학생인 운전사와 함께 차로 뎅라구 쪽으로 갔다. 세상에는 '외딴'이라는 수식어가 딱 들어맞는 곳이 분명히 많이 있다. 물론 뎅라구도 그런 곳이었다. 자동차 여행은 아슬아슬했다. 길은 침부 계곡의 가파른 비탈에 들쭉날쭉 나 있었다. 산사태가 나서 일방통행밖에 안 되는 곳도 더러 있었다. 게다가 우리는 운전사를 믿을 수 없었다. 운전사가 수도 포트 모르즈비에 사는 신학교 학생이었음에도 그에게는 원주민 버릇이 배어 있었다. 그는 마취 작용을 하는 것으로 널리 알려진 빈랑나무 열매를 걸핏하면 씹어댔다. 수십 년간 봐온 때문인지 숙부는 아랑곳하지 않았다. 그러나 나는 운전사에게서 눈을 떼지 않았다. 열매 씹는 것이 너무 거슬려 마침내 나는 운전사에게서 빈랑나무 열매를 빼앗아버렸다. 도중에 우리는 교차로를 지나갔다. 1934년 원주민에게 살해당한 초기 선교사를 기억나게 하는 곳이었다. 초기 선교사들이 원주민에게 강한 반감을 불러일으킨 것은 당연했다. 원주민에게는 선교사가 다른 행성에서 온 적대적인 외계인으로 보였을 것이 틀림없다. 이 미지의 지역에서 선교할 때 선교사들은 때로는 총을 휴대하기도 했는데 모르슈호이저가 살해당하기 전에 어떤 신부가 원주민 돼지 두 마리를 쏘아 죽였다. 슈테일러의 수사 한 명도 1935년에 화살에 맞아 죽었다.[9]

몇 시간 후 우리는 이윽고 목적지인 뎅라구 선교 기지에 도착했다. 오두막 수십 개가 옹기종기 모여 있는 이 선교 기지는 파푸아뉴기니의 최고봉인 4,509미터의 윌헬름 산기슭에 있었다. 최고봉에 '모인' 등산가들이 이 외로운 곳에 고립된 적도 있었다. 숙부가 1930년대 중반에 혼자서 어떻게 이곳에 선교 기지를 구축할 수 있었는지 상상이 안 된다. 우리는 근처의 원주민 취락과 오두막을 방문했다. 우리는 전통 결혼식에 초대를 받기도 했다. 원주민들은 우리를 극진히 영접했고 우리는 안전하다고 느꼈다. 원주민 부족이 명예 추장이라고 부른 숙부의 명성 덕분이었다. 숙부가 없었다면 원주민에게 그렇게 가까이 다가갈 수 없었을 것이다.

파푸아의 '아이들'

파푸아뉴기니 사람들만큼 인정 많고 솔직한 사람을 나는 만난 적이 없다. 그러나 이런 긍정적인 감정에도 다른 면이 있다. 때로는 살육으로 이어지는 부족 싸움이 옛날에도 있었고, 지금도 있다. 여러 해 후인 2010년에 나는 침부 지구에서 멀지 않은 도시 고로카의 대학생들을 시드니에서 만난 적이 있다. 항구의 한 식당에서 저녁을 먹을 때 파푸아의 대학생들이 고향 이야기를 했다. 한 대학생이 자기는 작은 마을 출신이라고 했다. 화장실이 오두막에서 조금 떨어진 곳에 있는데 혼자 화장실에 가는 것이 매우 위험하다고 했다. 적대적인 이웃 부족의 누군가가 숨어서 자기를 노리고 있다가 언제 죽일지도 모르기 때문이라고 했다. 그래서 자기를 지켜주고 경우에 따라서는 경보를 발해 줄 사람을 항상 데리고 간다고 했다.

부족 간의 적대는 부족 내의 상당히 긴밀한 단결과 대립된다. 수도 포트 모르즈비에서의 경험이 이를 설명한다. 우리는 원주민 운전사와 함께 시내 관광을 했다. 운전사는 고지高地 출신이었다. 갑자기 운전사가 멈추더니 기뻐 날뛰었다. 그는 "완톡Wantok, 완톡!"이라고 소리치며 길을 가로질러 뛰어가 다른 원주민의 목을 껴안았다. 도대체 무슨 일이었나? '완톡'은 피진 영어 단어다. 영어를 단순화한 피진 영어는 남태평양에서 사용되고 있다. '완톡'은 '원 톡One Talk', 즉 '한마디 말'이라는 뜻이다. 위키낱말사전은 완톡을 이렇게 정의하고 있다. "가까운 친구: 일반적으로 같은 언어를 토대로 사회적 유대가 강한 사람." 언어는 공동 소속의 분명한 특징으로 간주된다. 두 번째 원주민은 운전사와 같은 마을 출신이어서 같은 언어를 사용했다. 같은 언어를 사용한다는 것은 파푸아뉴기니에서 매우 중요하다. 파푸아뉴기니에는 방언이 700개가 넘기 때문이다. 자기 부족 출신이거나 같은 마을 출신인 사람을 '완톡'이라고 한다. 파푸아에서는 공동 언어가 신원을 확인하는 요소이다. '완톡', 즉 '같은 언어를 사용하는 사람'은 같은 부족의 형제를 나타내는 개념이 되었다. 이 책 첫머리에서 기술한 아이펠 사람들의 경우와 똑같다. 수도에 사는 운전사가 고지 출신의 '완톡'을 만났으니 기뻐 날뛸 법도 하다.

파푸아뉴기니 사람들의 인정은 크리스마스 때 특히 잘 드러났다. 원주민 수십 명이 선교 기지에 와서 명예 추장인 숙부에게 선물을 주었다. 숙부의 집에는 원주민들이 채마밭에서 가져온 농작물과 과일이 잔뜩 쌓였다. 원주민들은 숙부를 만나자 꼭 껴안고 놓아주지 않으려고 했다. 숙부는 원주민에게 이를테면 성자였다.

선교사

여덟 살배기와 세 살배기 두 아이와 함께 유럽인 가정이 방문한 것은 원주민에게는 물론 선교사들에게도 이례적인 일이었다. 우리는 외빈용 숙소에 묵으면서 주교, 사제, 수사와 함께 따로 식사를 했다. 유럽 음식이 나왔고, 점심때는 항상 세 코스였다. 우리의 방문으로 성직자들은 모처럼 기분 전환을 하기도 했지만 정상 가정과의 만남은 그들에게 불협화음을 야기하기도 했다. 사제와 수사는 어디까지나 독신이었다. 그들은 형편이 어렵지 않았다. 필요한 것은 모두 있었다. 그러나 젊은 엄마와 아이 둘이 있는 가정과 기지에서 함께 생활하고 식사를 같이하는 것에 마음의 평정을 잃은 성직자도 한두 명 있는 것 같았다. 숙부는 독신을 결심한 것, 특히 아이를 갖지 않기로 결심한 것은 모든 것을 포기한다는 것을 의미했다고 우리에게 터놓고 말했다. 그럼에도 우리는 가족 토론 때에 진심이라기보다는 장난삼아 파푸아뉴기니에 숙부의 후손이 몇 명 있느냐 없느냐는 질문을 곧잘 던지곤 했다. 외딴 선교 기지 뎅라구에서의 외로운 세월들을 생각하면 그런 질문도 나올 법할 것이다.

선교사들은 원주민들을 지속적으로 기독교로 개종시키고 서구인의 생각대로 문명화된 행동 방식을 갖게 하는 데 성공했을까? 이런 질문도 있을 법하다. 2000년대에 몇몇 행동주의자가 교회에 대해 비판적인 견해, 심지어 적대적인 견해를 피력했다. 그들은 교회와 수도회가 그들 땅에 발을 디디게 된 배경을 따졌다. 선교 초기에 선교사들은 당시의 교환 수단인 땅을 속임수로 부족들한테서 빼앗았을 것이다. 지금이라도 적절한 토지 가격을 지불하거나 그렇지 않으면 토지를 반환하라는 요구가 있었다. 그 무렵 나의 사촌 베레나 토마스 박사가 종조부 요한네스 닐레스의 생애를 다룬 영화를 제작했다. 〈침부의 파파〉라는 제목의 이 영화는 밍겐데에서 개봉되었고, 우리는 온 가족과 함께 침부에 가기로 했다.[10] 그러나 주교가 우리의 방문을 급히 말렸다. 그는 급진주의자들이 우리의 방문을 협박 기회로 이용할 가능성을 염두에 두었을 것이다. 몸값을 요구하며 납치하여 인질로 잡아둘 가능성이 있어 안전이 보장되지 않을 것이었다. 우리는 난처했다. 그러나 결국은 여행을 포기하기로 했다. 그 이후로 우리는 지금까지 파푸아뉴기니에 다시 간 적이 없다. 이와 달리 베레나 토마스 박사는 종조부의 나라에 몇 번 갔고 고로카 대학에서 몇 년간 강의도 했다.

숙부는 선교사 중에서(원주민까지 포함해도) 인품이 빼어난 사람이었다. 그는 머나먼 침부 주에서 54년간 살며 활동했다. 2차 세계대전 중에는 오스트레일리아에 억류되었다. 그는 이 기회를 이용하여 시드니 대학에서 민족학 학위를 받았다. 그는 파푸아뉴기니 건국자에 속했고, 몇 년간 국회의원을 지냈다. 선교사와 정치가 두 가지 역할을 하다가 엄청난 비판을 받았고, 때때로 교황청과 갈등을 빚기도 했다. 결혼 문제에서 더 큰 자유를 옹호했기 때문이었다. 그는 로마 교황청의 엄격한 계율이 원주민의 현실과는 거리가 있다고 생각했다. 원주민들은 그를 명예 추장으로 삼았다. 교황은 그에게 '교회와 교황을 위한 공로상'을 수여했고, 엘리자베스 2세 여왕은 '대영제국 훈장'을 수여했다. 숙부는 자신의 인생을 돌아보며 이렇게 말했다. "영광스럽게도 나는 외부의 영향이 있기 전에 침부 사람들의 문화와 관습을 관찰했다. 나는 인생의 황금기를 침부 사람들에게 바쳤다. 지금도 침부 사람들에게 애착을 가지고 있다. 침부 사람들은 나를 '침부의 파파'라고 부른다. 나는 오래 살았고, 내 인생이 생산적인 것이었다고 생각한다. 나는 종교적 소명, 사제로서의 소명, 선교적 소명에 대해 하나님에게 감사를 드리고 파푸아뉴기니 사람들에게도 감사를 드린다."[11]

숙부는 84세 때 독일의 성 벤델 선교 학교로 돌아갔고, 1993년에 사망하여 매장되었다. 원주민들은 그들 자신보다 숙부를 더 사랑했을 것이다. 숙부가 가까이 지낸 추장의 딸 엘리자베스 감부글은 숙부의 사망 소식을 듣고 이렇게 말했다. "당신은 그분을 조국으로 데리고 갔어요. 우린 당신이 돼지를 잡았는지 안 잡았는지 몰라요. 우린 실망했어요. 우린 당신이 그분 장례식을 격식을 갖추어 치렀는지 아닌지도 몰라요. 우린 몰라요. 마냥 울기만 했어요."[12]

하루 두 번의 새해맞이

우리는 1983~84년 새해맞이를 두 번 체험했다. 새해맞이 축제일인 1983년 12월 31일 우리는 뉴기니 고지에서 이륙하여 포트 모르즈비에 착륙했다. 저녁에 우리는 그곳 선교 기지의 신부 및 수사들과 새해맞이 축제를 열었다. 자정이 넘어 우리는 1984년 새해 소원을 빌며 작별했다. 두어 시간 후 우리는 에어 뉴기니의 보잉 707에 탑승했다. 비행기는 태평양과 날짜 변경선을 가로질러 10시간 만에 우리를 하와이에 데려다 놓았다. 우리는 현지 시간으로 16시 무렵에 하와이에 착륙했다. 정확히 말해 새해맞이 축제가 시작되는 때였다. 태평양의 작은 섬 몇 개를 제외하면 하와이는 파푸아뉴기니보다 20시간 늦게 1984년이 시작되는 맨 끝 섬의 하나였다.

우리는 낙원 같은 하와이에 사흘 머물렀다가 샌프란시스코로 날아갔다. 그곳에는 에블린 코울이 마중 나와 있었다. 에블린은 팰로앨토의 애서턴에 있는 자기 집을 스탠퍼드 대학의 손님 거주용으로 빌려주었다. 에블린은 베트남 출신인데 미국인 알렉스 코울과 결혼했다. 알렉스는 아프리카의 말라위 공화국 수도인 릴롱궤에서 개발 프로젝트에 참여하고 있었다. 에블린은 몇 달간 알렉스에게 가 있었다. 그래서 스탠퍼드 대학에서 그다지 멀지 않은 그녀의 근사한 집이 비어 있었다. 우리에게는 행운이었다.

샌프란시스코에 갈 작정이라면

가장 아름다운 대학을 들라고 하면 스탠퍼드 대학을 첫 번째로 꼽을 것이다. 이 면에서 스탠퍼드 대학은 그다지 멀리 떨어져 있지 않은 캘리포니아 대학 버클리보다 앞선다. 스탠퍼드 대학은 미국의 철도왕 릴런드 스탠퍼드 2세가 1891년에 설립했다. 스탠퍼드 대학은 처음부터 독일어 모토 "자유의 바람이 분다"를 선택했다. 이 모토는 격렬한 비판에도 아랑곳없이 스탠퍼드 대학이 나치 시대에도 유지했고, 지금도 사용되고 있다. 스페인 식민지 양식의 건물들이 실리콘 밸리와 태평양을 가르는 산맥 기슭의 매우 넓은 땅에 자리 잡고 있다. 1984년에는 이 넓은 평지가 비어 있었다. 인터넷 시대의 인구가 조밀한 실리콘 밸리는 아직 없었다. 승자는 휴렛패커드였다. 반도체 회사 인텔은 가파른 상승세를 타고 있었다. 애플은 이제 막 출발선에 있었다. 1984년 2월의 슈퍼볼 경기[13] 중에 선보인 애플 매킨토시를 소개한 텔레비전 광고가 기억난다. 스티브 잡스의 소개는 이렇다. "리들리 스콧 감독은 어떤 여자 운동선수가 오웰의 빅브라더처럼 생긴 사람에게 조종당하는 대중에게 망치를 내던지는 광고 제작에 관여했다. 광고가 영사 스크린에 비칠 때 스크린이 하얗게 되어버렸다. 마치 기발한 발상으로 과거의 암울한 전체주의 시대에 대한 기억을 깡그리 지우는 것 같았다."[14] 굳이 누구라고 거명하지 않더라도 빅브라더가 IBM이라는 것은 다들 알고 있다. IBM은 그때 이미 시장 지배력을 가지고 있었다. 이 힘은 오늘날 인터넷 기업의 힘을 능가하는 것이었다. 스티브 잡스는 이 광고로 숭배의 대상이 되었다.

나는 MIT 교수만큼 탁월한 교수들을 스탠퍼드 대학에서 만났다. 그러나 스탠퍼드 대학 교수들은 연구 관심사가 다양했다. 가장 중요한 대화 상대는 데이비드 B. 몽고메리 교수, 시누 스리니바산 교수, 겨우 23세인 라지브 랄 교수였다. 랄 교수는 카네기 멜런 대학에서 박사학위를 받은 후 스탠퍼드로 옮겼고 바로 그해에 조교수가 되었다. 몽고메리 교수는 MIT에서도 강의를 한 적이 있어서 그곳

교수들과 연구 방향이 같았다. 스리니바산 교수는 방법론 전문가로서 컨조인트 측정법 개발에 결정적 기여를 했다. 이 측정법은 10여년 후 가장 중요한 정량적 시장 연구법이 되었고, 후에 지몬-쿠허에서도 중요한 역할을 했다. 라지브 랄 교수는 가장 생산적인 정량적 모형 개발자로서 새로 창간된 잡지 《마케팅 사이언스》에 논문을 많이 발표했다. 후에 그는 하버드 경영대학원으로 옮겼고, 정량적·이론적 연구와 결별했다. 그러나 나는 로버트 윌슨 교수에게서 가장 중요한 자극을 받았다. 윌슨 교수는 비선형적 가격결정에 관한 획기적 논문을 《마케팅 사이언스》에 발표했다.[15] 그는 이 접근법의 논리와 가능성을 강연에서 설명했는데 이것은 나를 매혹시켰다. 내가 게오르크 타케에게 제안한 박사학위 논문 주제도 당연히 이것에서 나왔다. 타케는 객원 연구자로서 스탠퍼드 대학에서 한 학기를 보내고 1988년에 '비선형적 가격결정'이라는 제목의 박사학위 논문을 완성했다.[16] 특히 이 논문에는 철도 카드(독일 철도청에서 판매하는 기차 할인 카드.-옮긴이)의 이론적 기초가 포함되어 있었다. 5년 후 우리는 당시에 독일철도주식회사의 마케팅 및 판매 담당 이사였던 헤묘 클라인과 함께 이 카드를 개발했다. 따라서 1984년 스탠퍼드 대학에서의 강연이 1993년 독일의 철도 카드 개발의 직접적인 계기였다고 할 수 있다.

그러나 캘리포니아는 사무실과 책상머리에만 붙어 있기에는 너무 아름답다. 아침에 집을 나서면 새파란 하늘과 찬란한 햇빛이 내게 인사를 했다. 나는 이것을 하루를 사무실에서 보내기보다는 밖에서 보내라는 초대라고 생각했다. 독일에서는 화창한 날씨를 이용하지 못하면 무언가를 놓쳤다는 감정이 슬그머니 일어난다. 그러나 날씨가 매일 화창했기 때문에 이런 생각은 몇 주 후에 사라졌다. 오늘 화창한 날씨를 이용하여 밖에서 보내지 못하면 비 걱정할 것 없이 모레나 주말에 이용하면 되었다. 우리는 샌프란시스코를 탐색했다. 나에게 있어서 미국에서 가장 아름다운 도시는 보스턴이나 뉴욕이 아니라 샌프란시스코다. 우리는 태평양 연안의 아뇨 누에보에 갔다가 해변에 누워 있는 바다코끼리 수백 마리를 보고 놀랐다. 몬트레이에서는 존 스타인벡의 캐너리 로우(몬트레이 시의 해변에 있는 통조림 공장 골목. 존 스타인벡은 고향의 이 골목 이름을 따서 《캐너리 로우》라는 작품을 썼다.-옮긴이)를 추체험해보려고 했다. 존 스타인벡의 이 작품과 그 밖의 작품을 나는 학창시절에 읽었다. 우리는 옐로스톤 국립공원의 암석군에 매혹되었다.

캘리포니아에서 보낸 시간은 매우 유쾌한 추억으로 남아 있다. 우리는 멋진 집에 머물렀다. 여덟 살배기 딸은 미국인 학교에 잘 다녔다. 세 살배기 아들도 이때를 즐겼다. 나 자신은 1979년보다 더 늘어지게 보냈다. 1979년에는 대학 교수 자격 취득 절차를 눈앞에 두고 있었지만 당시는 빌레펠트 대학의 교수였다.

다시 매사추세츠로

하버드는 다르다. MIT 또는 스탠퍼드 대학과도 다르다. 전형적인 독일 대학과 미국 대학의 차이가 미국 대학과 하버드와의 차이보다 적다고 나는 종종 말했다. 어쨌든 이것은 내가 1988~89년 학기를 보낸 하버드 경영대학원HBS에 적용되는 것 같다. 내가 경험한 바로는 HBS는 강한 독자적 기업 문화를 가진 기업에 가까웠다. 이 독자성은 여러 면을 가지고 있다. 1908년에 설립된 HBS는 세계에서 가장 오래된 경영대학원 중 하나다. 해마다 학생 900명을 모집하는 HBS는 최대 2년의 정규 MBA 프로그램 과정을 가지고 있다. 세계 500대 기업인 '포춘 글로벌 500'의 CEO는 하버드 졸업생이 압도적 비중을 차지한다. 2012년 연구에 따르면 세계 500대 기업 중 65개 기업의 CEO가 하버드 출신이었다. 이 중에서 40명의 CEO가 하버드 경영대학원의 MBA를 가지고 있었다. 스탠퍼드 졸업생의 네 배이다. HBS가 지금까지 세계 최대의 지명도와 세계 최고의 명성을 누리고 있다는 것은 말할 것도 없다. 그러나 이 학교는 적 또한 많다. 그래서 HBS는 걸핏하면 비판적 저자들의 성토 대상이 된다.[17] 보스턴 찰스 강변의 아름답기 그지없는 HBS 캠퍼스는 '최고'라는 명성에 걸맞다. 이 점에서는 스탠퍼드 대학에 필적할 수 있을 것이다. 그러나 보스턴의 날씨는 캘리포니아보다 훨씬 덜 매력적이다. 매사추세츠의 8월은 무덥고 후덥지근하다. 매사추세츠에서 보낸 두 번의 겨울을 생각하면 지금도 몸이 오들오들 떨리기 시작한다. 몹시 추울 때는 3주 연속 온도계의 눈금이 화씨 0도 이하에 머물렀다. 화씨 0도는 섭씨 영하 17도이다. '몬트리올 익스프레스'라고 불리는 살을 에는 듯한 북풍이 불면 체감 온도는 종종 섭씨 영하 20도 이하로 떨어졌다. 그런 날에는 온화한 본이 몹시 생각났다.

하버드는 어떤 점이 다른가? 무엇보다도 나는 강의에 큰 의의를 둔다. 이 점은 사례 연구를 많이 이용하는 것과 밀접한 관련이 있다. 하버드는 사례 연구 방법을 개발하고 꾸준히 보완하여 세계의 경영대학원에서 독보적 지위를 획득했다. 사례 연구 방법은 하버드 경영대학원의 정수이다. 더프 맥도날드는 저서에서 이렇게 말했다.
"사례 연구 방법은 교수법의 기초이다. 그것은 재정 지원의 목표이
다. 연구비도 다른 부문보다 더 우선적으로 이에 투입된다. 사례를
가르치고 이에 대한 논문을 발표하는 것이 교수 업적 평가의 첫째
기준이다. 그것은 비스니스에 대한 하버드 경영대학원의 신조를 전
파하는 첫 번째 수단이다. 하버드는 사례 연구 방법의 우수성을 확
신하고 있다."[18]

전 세계 경영대학원에서 사용하는 사례 연구의 약 80%는 하버
드에서 유래하거나 적어도 하버드 케이스 클리어링 하우스를 거쳐
서 통용되는 것이다.[19] 나는 교수들이 사례 연구 토론 준비를 얼마나
집중적으로 하는지 가까이에서 경험할 수 있었다. MBA 과정 학생
총 900명이 약 100명씩 9개 반에 할당된다. 각 반은 같은 사례 연구
를 다룬다. 이를 지도하는 교수의 수는 보통 9명 미만이다. 2개 반을
지도하는 교수도 몇 명 있기 때문이다. 각 그룹은 집중적으로 준비
한 후 사례 연구 프로그램 리더의 지도하에 몇 시간에 걸친 토론을
한다. 이 모임에서 가능한 질문과 생각할 수 있는 견해가 모두 검토
된다. 이것은 9개 반에서 토론이 틀에 박힌 대로 이루어진다는 것을
의미하지 않는다. 대학 강사들은 각기 다른 스타일과 방법을 가지고
있다. 그러나 그들은 집중적인 토론을 이용하여 만약의 경우에 대비
한다. 프로그램 리더와 2명 또는 3명의 대학 강사는 언제나 노련한
투사이다. 이들은 경험을 비교적 젊은 교수에게 전수한다.

그 밖에 개별 준비 시간이 있었다. 나는 이에 대해 대체로 할 말
이 없다. 그러나 나와 함께 공동 작업을 한 로버트 J. 돌란(밥Bob이라
고도 불린다)은 사례 연구 토론이 있을 때마다 약 10시간 준비했다.

그는 자신이 다룬 사례 가운데 몇 개는 직접 썼고 몇 번 강의를 했음에도 그랬다. 그는 세부 정보, 모든 수치, 토론에서 제기될 법한 모든 변수에 대해 준비하려고 했다. 학생들은 그의 이런 엄청난 노력을 높이 평가했다. 밥 돌란은 언제나 최우수 평가를 받은 대학 강사의 한 사람이었다. 이러한 사실은 강의의 달인들끼리 치열한 경쟁을 하는 하버드에서 매우 큰 중요성을 가진다.

교수들이 철저히 준비하는 만큼 학생들도 그에 못지않게 열심히 준비한다. 학생들은 매일 사례 연구 세 개에 대해 준비해야 한다. 이것은 대단한 정신 집중과 시간 투입을 요한다. 그래서 으레 밤늦게까지 준비하기 마련이다. 교수가 강의실에 들어서는 순간 학생들은 바짝 긴장하고 있음이 틀림없다. 교수가 누구에게 "말머리를 꺼내"라고 할지 아무도 모르기 때문이다. 지명된 사람은 약 15분간 발표하면서 사례를 분석하고 해결책을 제시해야 한다. 이 발표가 토론 총점의 50%를 차지하기 때문에 학생들은 기를 쓰고 이에 매달린다. 무엇보다도 이처럼 극도로 경쟁이 심한 상황에서 창피를 당하려는 사람은 없다. 반에서의 명성은 토론에서의 발표에 좌우된다.

좋은 기업 사례를 쓰는 것은 고도의 기술이다. 논문 필자와 기관은 정보를 제공하고 사례 연구를 허락하려는 기업에 접근해야 한다. 기업에 접근한다고 당연히 허락받는 것은 아니다. 헛다리짚는 경우가 적지 않기 때문이다. 이런 사례 연구는 때로는 매우 유익하다. 때로는 성공을 통해서보다는 실패를 통해서 더 많이 배운다. 결정이 분명하지 않은 상황을 설명하기는 어렵다. 관련 있는 결정 대안이 두 개 이상 있는 때에만 사례 연구는 흥미롭다. 그 경우에만 논거를 서로 검토할 수 있고 찬성자와 반대자가 자기 입장을 제시하여 토론이 흥미진진해진다. 사례 연구 논문이 하버드에서 그렇게 많이 발표되는 이유가 무엇일까? 그것은 사례 연구에 높은 가치를 두는 기업 문화의 문제이기도 하다. 하버드의 사례 연구는 다른 대학에서 A+ 학술지에 논문을 발표하는 것과 비슷한 역할을 한다. HBS 입장에서 보면 사례 연구는 재정적으로도 수지가 맞다. 더프 맥도날드에 따르면 2014년에 사례 연구는 1,200만 건 인용되어 3,000만 달러 수익을 가져다주었다.[20] 이런 사례 연구가 히트를 쳐서 전 세계 수백 개의 경영대학원에 사용되면 저자는 연구에 참가한 학생들을 위해 수익이 짭짤한 로열티를 받는다. 하버드의 많은 교수가 자문 활동을 하는데 일부 교수는 기업의 자문에 응하기도 한다. 하버드는 학생과 교수의 구성이 대단히 국제적이다. 그러면서도 내부적으로는 대단히 미국적인 특성을 지니고 있다. 이것은 모순인가? 딱히 모순이라고 할 수는 없다! 무엇보다도 경영 관련 빛이 미국에서 발하여 다른 곳으로 발산된다는 것을 인정해야 하기 때문이다. 미국만큼 경영학과 경영 이론에 중대한 영향을 미치는 나라는 이 세상에 없다.

"HBS는 미국의 경영대학원 교육을 항상 주도해왔다. HBS는 세계의 경영대학원 교육도 지배했다"[21]는 맥도날드의 말은 적절하다. 세계적 명성을 얻은 다른 나라의 많은 경영대학원은 하버드의 분원인 셈이거나 모방자이기 때문이다. 퐁텐블로의 인시아드, 런던 경영대학원 또는 바르셀로나의 IESE가 이에 속한다. 이것은 IESE 교수들의 영향을 크게 받은 상하이의 중국유럽국제경영대학원 같은 아시아의 경영대학원에도 마찬가지로 적용된다. 이런 점에서 하버드의 학생들이 미국식 경영을 우선적으로 배우려 하고 자국의 경영 방식을 미국에 이식하지 않는 것은 당연하다. 정도는 덜하지만 이것은 교수에게도 적용된다. 마이클 포터와 몇 년간 긴밀히 협력한 히로타카 타케우치 같은 사람은 몇 가지 아이디어를 일본에서 미국으로 이식했지만 미국식 아이디어를 일본으로 더 많이 가져갔다. 미국에 많이 있는 독일 출신 교수들은 대체로 미국의 시스템에 적응했다. 나는 독일식 스타일을 성공적으로 미국에 이식한 사람을 얼른 거명할 수 없다. 다른 세대에 속하는 피터 드러커가 가장 먼저 이런 경향을 보여주었다. 미국 출신이 아닌 교수의 압도적 다수는 인도 출신이다. 당시의 하버드 경영대학원장도 니틴 노리아였다. 거의 모두가 경영학과 경영 이론을 미국식 모델에 맞추었다. 두 사람은 예외다. 2010년에 죽은 전략 연구가 C. K. 프라할라드는 《피라미드 밑바닥에 있는 부》라는 책[22]에서 개발도상국의 엄청난 잠재력을 처음으로 보여주었다. 텍사스 오스틴 대학의 비제이 마하잔 교수도 조국 인도와 제3세계를 집중적으로 다루었다.[23] 미국은 경영학의 엘도라도이다. 주요 대학과 최고 잡지(A+ 저널)가 있고, 전략 부문의 마이클 포터와 마케팅 부문의 필립 코틀러 같은 세계적 거물들이 있기 때문이다.

흥미롭게도 독일과 일본은 대부분의 다른 나라보다 하버드의 영향을 더 적게 받았다. 경영사학자 로버트 로크는 이에 대해 다음과 같이 말한다. "독일에서 미국 스타일의 경영대학원을 찾아봤자 헛수고다. 독일의 회사와 대학은 미국과 같은 방식으로 경영 연구에 접근하지 않는다. 따라서 미국의 회사와 대학이 요구하는 교육과는 다를 수밖에 없다. 독일은 회사를 자체 생명력을 가진 온전한 유기체로 보는 경향이 있다. 미국의 유산계급은 이런 환상을 품고 있지 않다. 회사는 돈 공장에 지나지 않는다."[24]

나는 하버드 시절에 MIT에서 보낸 1978~79년보다 책상머리에 더 적게 붙어 있었다. 이것은 테오도르('테드') 레빗 교수가 초기에 해준 조언 덕분이었다. "하버드에서는 자네가 하버드에서 할 수 있는 것만 하게." 이 조언은 매우 유용한 것으로 밝혀졌다. 그래서 나는 대화와 경청에 많은 시간을 보냈다. 레빗은 내가 알고 지내면서 젊은 시절에 독일 사람들에게 당한 불쾌한 경험에 대해 이야기하지 않은 몇 사람 중의 한 사람이다. 지금 생각해보니 이런 경험에 대해 적극적으로 물어보지 않은 것이 잘한 것인지 아닌지 모르겠다. 당시에는 상처를 헤집는 것이 위험하다고 생각했다. 일리노이 대학 어배너 샘페인의 줄리안 지몬 교수와의 만남이 기억난다. 우리는 캠퍼스를 산책했다. 그는 울적해 보였다. 그가 불쑥 말했다. "헤르만, 당신은 나와 이야기를 나누는 첫 번째 독일인이오." 줄리안 지몬도 유대인 혈통이었다. 그는 다재다능했다. 인구학뿐만 아니라 마케팅에서도 높은 명성을 누리고 있었다. 그의 입장은 맬서스와 대립되는 것이었다. 그는 세계의 장기적 발전과 관련하여 낙관주의를 표명했다. 1980년에 그는 세계의 미래를 오히려 비관적으로 본 유명한 생물학자 파울 R. 에를리히와 엄청난 주목을 끈 내기를 했다. 이른바 지몬-에를리히 내기였다. 에를리히는 10년 후 5개 금속 가격이 오를 것이라고 주장했다. 지몬은 반대 주장을 하여 내기에 이겼다. 가격에서 인플레이션을 무시하면 지몬의 주장은 지금까지도 옳을 것이었다. 1998년에 줄리안 지몬은 66세 생일을 며칠 앞두고 죽었다.[25]

　　다시 하버드 이야기로 돌아가기로 하자. 당시 하버드 경영대학원의 가장 젊은 스타는 마이클 포터였다. 1980년대 초에 그는 명저 《경쟁 전략》[26]과 《경쟁 우위》[27]를 출간했다. 그 후에는 국가 경쟁력에 주목하여 이에 관한 방대한 책《국가의 경쟁 우위》[28]를 출간했다. 그는 단순한 이론으로 30대 때에 이미 세계적 명성을 얻었다. 가치 창출 사슬을 따라 경쟁을 수평으로뿐만 아니라 수직으로도 고찰한 5 세력 모형Five Forces Model, 기업은 아주 크거나 또는 특정 시장에 집중하는 작은 기업이어야 한다는 U자 곡선, 경쟁 우위 매트릭스가 이에 속한다. 본질적인 것을 단순화하는 것은 포터의 장점이었다. 이 장점은 강의에서도 나타났다. 그는 언제나 문제를 두 개 또는 몇 개의 요소로 나누어 핵심 또는 본질을 파악했다. 또한 75분 회의의 약 3분의 2만 사례 연구에 할당하고 나머지는 유럽 모델에 따른 강의에 할당함으로써 통상적인 하버드 모델을 벗어났다. 나는 그의 방식이 사례 연구 토론만 하는 것보다 더 유익하다는 것을 알았다. h지수가 151, i10 지수가 500으로 매우 높은 것을 보아도 마이클 포터의 학문적 명성이 얼마나 대단한지 알 수 있다. h지수는 n논문의 수이다. 이것은 적어도 n번 인용되었다는 것을 말한다. i10 지수는 적어도 10번 인용된 논문의 수이다. 내가 개인적으로 알고 있는 학자 중에서는 필립 코틀러만이 h지수 156, i10지수 747로 포터보다 높다. 그러나 지수 산정일에 포터는 코틀러보다 정확히 열여섯 살 적었고, h지수는 인용이 추가되고 나이를 먹음에 따라 높아질 수 있다.[29]

내가 하버드에 있을 때 포터는 크리스티안 케텔의 지원을 받으며 부분적으로는 히로타카 타케우치와 협력하여 국제 경쟁력 문제를 연구했다. 이때 클러스터(Cluster. 협력생산 시스템.-옮긴이)와 관련하여 독일을 집중적으로 연구했다. 포터는 '꿰뚫고 있다'고 할 만큼 독일 문제에 정통한 몇몇 미국인 중 한 사람이었다. 1989년 3월 8일 포터와 대화를 나눈 후 나는 다음과 같이 메모해두었다. 한 나라의 산업은 다음 세 가지 조건이 충족될 때에만 강해진다.

- 국내 시장의 수요가 질적으로나 양적으로 높아야 한다.
- 튼튼한 산업 기반시설을 갖추고 있어야 한다.
- 국내 경쟁이 치열해야 한다.

특히 히로타케 타케우치는 이런 사상을 일본에 이식했다. 치열한 국내 경쟁 때문에 기업이 7개 이하만 살아남으면 이들 기업이 세계를 정복할 것이라고 타케우치가 말한 것이 기억난다. 이 말은 놀랍게도 지금도 들어맞을지 모른다. 그러나 1990년 이전에도 수용된 지혜였다. 이 일본식 도취감은 《세계를 바꾸어놓은 기계》라는 책의 출간으로 절정에 달했다.[30] 지금 우리는 사정이 완전히 달라졌다는 것을 알고 있다.

당시 독일은 문제가 있어 경제적으로 취약한 것으로 간주되었다. 하버드 경영대학원의 생산 전문가 스티븐 휠라이트와 나눈 대화가 기억난다. 휠라이트는 독일 산업의 취약점에 대해 자세히 말했다. 그가 본 독일 산업의 문제점은 다음과 같은 것이었다.

- 너무 느리다.
- 공장에 소프트웨어가 너무 적다.
- 완제품에 전자제품이 너무 적다.
- '거창한 해결책'을 노리고 너무 야심차게 소프트웨어 개발을 지향하고 있다(그의 말에 따르면 일대 계획).

이제 이 점에 있어서도 사정이 달라졌다는 것을 우리는 알고 있다.

그 밖에 깊은 인상을 준 사람으로는 여교수 로자베스 모스 캔터가 있다. 캔터 교수는 기업의 리더십 문제를 심리학적, 사회학적 관점에서 고찰하여 미국의 산업과 정치에 상당한 영향을 미쳤다. 예를 들어 당시 미국 대통령 후보 마이클 듀카키스의 고문으로 활동했다. 명예 박사학위 23개는 캔터 교수의 학문적 명성을 잘 보여준다.

그 밖에도 기업사가 알프레드 챈들러 같은 유명한 교수도 알게 되었다. "구조는 전략을 따른다Structure follows strategy"[31]는 모토는 챈들러에게서 나왔다. 교양 있고 친절한 사람이자 리하르트 바그너의 팬인 후계자 리처드 테들로우는 31년 후인 2011년에 하버드에서 애플 대학(애플의 내부 훈련 기관.-옮긴이)으로 옮겨 큰 반향을 불러일으켰다. 나는 하버드 경영대학원의 소매업 전문가 월터 샐먼도 높이 평가했다. 그는 내가 제대로 접해 보지 못한 부문인 소매업에 대해 잘 알고 있었다. 소매업 이야기를 하다 보니 메트로 그룹 설립자 오토 바이스하임의 70번째 생일이 생각난다. 우리는 쾰른의 카우프호프에서 생일잔치를 했다. 바이스하임은 우리를 데리고 카우프호프를 돌며 공연에 대해 설명해주었다. 내 옆에는 롤랜드 베르거가 있었다. 나는 그에게 소매업에 대해 조금 알고 있느냐고 물었다. 그는 "예, 조금 압니다"라고 대답했다. 나는 조금 안다고 할 수 없다. 월터 샐먼의 아내이자 정신 분석가인 마조리 샐먼도 특이한 사람이었다. 마조리 샐먼이 내 사무실에 왔다. 사무실은 수수하기 짝이 없었다. "섹스어필한 구석이 없네요"라고 그녀가 한마디 했다. 세실리아가 그냥 넘어갈 리가 없었다. 그래서 우리는 비싼 책을 몇 권 사서 벽을 장식했다.

하버드에서 나와 가장 가까운 협력 파트너는 로버트 J. 돌란이었다. 1979년에 나는 시카고 대학의 젊은 조교수인 돌란을 알게 되었다. 돌란은 가격 관리론에 관심이 있었는데 로체스터 대학의 금융 전문가 마이클 젠센의 지도하에 박사학위를 받고 시카고 대학에 초빙되었다. 첫 만남 이래 우리는 아주 친하게 지냈고, 부인들끼리도 친했다. 우리의 공동 작업은 《파워 프라이싱》이라는 책[32]으로 결실을 맺었다. 이 책은 1996년에 출간되어 지금까지도 꽤 팔리고 있다. '아주 오래된' 책인데도 아마존에서 2016년도 '베스트셀러'가 되었다. 유감스럽게도 2판은 나오지 않았다. 그 이유는 밥 돌란이 2001년부터 2012년까지 미시간 대학교 로스 경영대학원장으로 있었기 때문이다. 시간을 빼앗는 원장 직책이 2판을 작업할 여유를 주지 않았다. 2012년 하버드로 돌아간 돌란은 다시 강의를 맡았고 다른 주제에 관심을 쏟았다. 나도 독일어로 된 《프라이스하이텐》[33]을 출간하느라 다른 길을 걸었다. 이 책은 미국에서는 《가격결정자의 고백》[34]라는 제목으로, 한국에서는 《헤르만 지몬의 프라이싱: 가격이 모든 것이다》라는 제목으로 각각 출간되었다. 세월이 흐르면서 우리는 가족들과 자주 만났고, 그 결과 지속적인 우정이 형성되었다. 밥 돌란은 언제나 비판적인 대화 파트너였다. 그는 재빠르게 문제의 정곡을 찔렀다. 그러나 그는 하버드에서 강의하는 것을 다른 무엇보다도 좋아했다. 그는 종종 '강의하는 즐거움'에 대해 말하곤 했다. 그 밖에도 그는 분쟁 중인 기업의 자문을 맡아서 명성을 날렸다. 폴라로이드와 코닥 간의 특허 분쟁(폴라로이드가 특허권 침해를 이유로 코닥을 제소했다)이 특히 유명한데 이때 돌란은 폴라로이드 측 자문을 맡았다. 공교롭게도 돌란만큼이나 유명한 하버드 대학 교수 로버트 버젤이 코닥 측 자문을 맡았다.[35] 결국 코닥은 9억 900만 달러를 폴라로이드에 지불해야 했다. 승소는 무엇보다도 밥 돌란의 자문 덕분이었다. 그 결과 이런 절차와 관련하여 돌란의 가치가 크게 높아졌다. 디지털 사진으로 도약하지 못하여 두 회사가 다 망했다는 것은 운명의 아이러니이다.

채용 시즌인 가을에 개최되는 최고경영자 강연은 하버드 시절의 정점을 이루었다. 나는 강연장에서 잭 웰치, 마이클 델 같은 사람들을 보았고, 미국에 체류한 첫해인 1979년에는 IBM의 CEO인 프랭크 T. 캐리와 그 밖의 사람들을 많이 보았다. 이런 유명한 최고경영자들은 가능한 많은 졸업생에게 자사 지원을 격려하기 위해 개인 자격으로 하버드 강연에 참여했다. 독일에서는 개인 자격 초빙을 상상하기 어렵다. 그러나 잠재력이 큰 하버드 졸업 예정자들이 모인 자리인 만큼 CEO들이 몸소 빠듯한 시간을 쪼개어 링에 올랐다. 슐로스 그라흐트에 있는 독일경영연구원에서 독일의 최고경영자를 많이 보았지만 하버드에서의 기업 소개는 종류가 다른 것이었다. 미국의 경영자들이 소통 면에서 훈련을 더 잘 받았다고 할 수 있었다. 그동안에 독일도 이 점에서 향상이 있었다. 그럼에도 독일인보다 미국인에게 접근하기가 더 쉽다. 강연 후에는 대개 소그룹별로 리셉션이 있어서 스스럼없이 최고경영자에게 말을 걸 수 있었기 때문이다. 그 밖에 케네디 공공정책 대학원에서도 나는 대단히 흥미로운 만남을 경험했다. 찰스강 건너편에 있는 이 대학원은 공공행정학 석사학위를 수여한다. 이곳에서는 주지사들이나 그 밖의 명사들 예컨대 니키타 흐루시초프의 아들 세르게이 같은 사람이 강연을 했다. 세르게

이는 몇 년 후 미국으로 이주했고, 1999년에 미국 시민이 되었다. 예외적 허가를 받아 1988~89 학기 중 몇 달간을 케네디 공공정책 대학원에서 보내게 된 동독 출신 연구자 두 명을 나는 처음으로 알게 되었다. 두 사람은 함께 있으면 이미 다 알고 있는 동독 이야기를 했다. 나는 그중 한 사람과 종종 맥주를 마셨다. 그러면 완전히 다른 세상 이야기가 나왔다. 나는 이 개별적 대화를 통해 동독이 오래 가지 않으리라는 것을 분명히 알게 되었다. 1989년 중반에 독일로 돌아가 마인츠 대학에서 《동독의 서독 기업 전략》이라는 제목의 박사학위 논문을 지도한 것이 나의 첫 활동의 하나였다. 유감스럽게도 이 주제를 다룬 박사 과정 학생은 1989년 후반기와 이듬해에 변을 당하여 이 프로젝트를 포기했다.

　나는 하버드의 특수한 문화를 언급했다. 그것은 여러 면에서 나타났다. 그중 하나가 교수 식당이었다. 교수들은 그곳에서 점심 식사를 하고 또 리셉션을 열기도 한다. 유감스럽게도 이 아름다운 제도는 이제 더 이상 존재하지 않는다. 가을 학기가 끝날 때쯤 소네스타 호텔에서 무도회가 열렸다. 나는 이와 같은 것을 다른 대학에서는 경험하지 못했다. 하버드 대학 총장 데렉 복은 1988년 10월 5일 외국인 초빙학자들을 리셉션에 초대했다.[36] 그중에는 독일인들이 있었고 독일인 중에는 위에서 말한 동독 출신자들도 있었다. 이때만 해도 우리는 우리나라가 어떻게 불리는지 몰랐다. 이름표에 총 6개의 다른 명칭, 즉 독일, 서독, 독일(서부), 독일연방공화국, 독일민주공화국, 동독이 적혀 있었다. 족히 1년이 지나서야 이 문제는 없어졌다. 하나의 독일만 있게 되었다.

　나는 하버드에서 '마빈 바우어' 펠로(특별 연구원을 말함.-옮긴이)

지위를 얻었다. 마빈 바우어는 컨설팅 회사 맥킨지의 설립자 중 한 사람이었다. 맥킨지 사는 마빈 바우어의 이름을 딴 장학금을 하버드 경영대학원의 초빙교수 네 명에게 주었다. 이 프로그램의 일환으로 하버드는 전공과 국적이 다른 학자 네 명을 1년간 초빙했다. 다른 세 사람은 각기 영국, 프랑스, 이스라엘 출신으로 전공은 물류, 금융, 조직론이었다. 네 사람 가운데 나만 마케팅 전문가였다. 우리는 교수 지위를 얻었고, 완전한 자격을 갖춘 교수단 구성원이 되었다. 나는 이런 방식으로 미국의 사회보장 시스템에 들어가 사회보장 번호를 부여받았다. 이 기금으로부터 받은 연금이 16년 후 독일에서 교수로서 받은 연금보다 많았다. 그러나 독일로 돌아간 후에도 여러 해 동안 미국의 이 시스템을 위해 납입금을 냈다.

비즈니스 스쿨 네트워크

게를링 사의 감독위원회 회의 때 누군가가 "모든 업종은 한 마을과 같다"라고 했다. 이 금언은 세계 경영대학원계에도 적용된다. 나는 여러 해 동안 세계 각국의 교수를 많이 사귀었다. 이때 유럽 지역에서는 이미 언급한 브뤼셀의 유럽선진경영연구소가 돌쩌귀 역할을 했다. 이 연구소는 유럽선진마케팅연구소EAARM 설립도 발의했다. 이 명칭은 너무 거창하다는 생각이 든다. 1984년 소장이 되었을 때 나는 명칭을 유럽마케팅학회EMAC로 바꾸었다. 그 후로는 이렇게 불린다. 현재 이 학회는 57개국 출신의 회원 1,000명 이상을 거느리고 있다.

헤르만 지몬과 톰 피터스. 베를린 1995년. / 헤르만 지몬과 마이클 포터. 프랑크푸르트 1993년.

비즈니스 스쿨 네트워크를 통해 나는 국제 학술회의와 비즈니스 회의에서 강연할 기회를 많이 얻었다. 이때 흥미로운 점의 하나는 유명한 강연자를 알게 되고 이들의 강연 스타일을 배우게 된다는 것이다. 이런 강연을 계기로 나는 톰 피터스, 미증유의 베스트셀러 《초우량 기업의 조건》의 저자인 로버트 워터맨, 하버드 시절에 알게 된 마이클 포터, 《트라이어드의 힘》으로 유명한 겐이치 오마에, C. K. 프라할라드, '핵심 역량' 개념을 처음 사용한 게리 해멀, 리엔지니어링 개념으로 유명한 마이클 해머, '혁신기업의 딜레마'라는 말을 처음 사용한 클레이튼 M. 크리스텐슨, 그리고 그 밖의 거물들을 많이 만났다.

1992년에 나는 런던 경영대학원LBS의 초빙교수가 되어 파트타임으로 2002년까지 강의했다. 독일 기업의 생산성을 다룬 강연에서 나는 "우리는 일할 때 일한다"는 독일인에 대한 피상적인 말을 사용했다. 그러자 LBS의 동료 패트릭 바위즈 교수가 이렇게 비판했다. "독일인은 불공정한 경쟁을 하고 있습니다. 실제로는 근무 시간 동안 일합니다."[37]

나는 LBS의 종신직 제안을 거절했다. 유럽과 미국의 유명 경영
대학원의 제안(특히 원장직 제안)도 받아들이지 않았다. 나는 외국에
서 계속 살며 일하고 싶지 않았다. 외국에서는 독일에서처럼 관계망
을 구축할 수 없다고 생각한 것이 하나의 이유였다.

접촉의 결과로 오래 지속된 장기 협력이 몇 번 있었다. 1986년
다니카 퍼그가 슐로스 그라흐트로 나를 찾아왔다. 다니카는 슬로베
니아 출신으로 파리의 소르본 대학에서 박사학위를 받았다. 다니카
는 지금 생각해도 환상적이고 매우 비현실적인 것으로 생각되는 계
획을 내놓았다. 소련의 영향을 받는 국가에 첫 경영대학원을 설립하
겠다는 것이었다. 여기서 나는 '소련의 영향을 받았던'이라고 하지
않았다. 유고슬라비아와 그 일부였던 슬로베니아(유고슬라비아 사회
주의 연방공화국의 일부였다가 독립했다.-옮긴이)는 소련의 영향으로부
터 벗어나 있었다. 서부 발칸 지역을 유고슬라비아에 편입하려고 압
력을 가했던 티토는 1980년에 사망했다. 유고슬라비아가 붕괴될 조
짐이 있었다. 1991년 슬로베니아는 유고슬로비아에서 분리하여 독
립한 최초의 국가가 되었다. 그러나 더 이상의 발전은 매우 불확실
해졌다. 이런 여건에서 경영대학원을 설립하려는 젊은 여자의 의도
는 매우 야심적이었지만 내게는 환상적인 것처럼 여겨졌다. 다니카
는 결심을 밝혔고, 나는 이를 진지하게 받아들였다. 나는 독일경영
연구원과 여러 경영대학원에서 쌓은 경험을 첫 대면 때와 이후의 접
촉 때에 기꺼이 다니카와 나누었다. 온갖 반대가 있었음에도 다니카
교수는 그녀의 계획을 실현했다. 국제경영개발센터IEDC는 중유럽
과 동유럽 최초의 경영대학원이 되었고, 오늘날에는 독일 동쪽 경계
에서부터 우랄 산맥에까지 이르는 이 지역에서 지도적 학교 역할을

하고 있다. 다니카 교수는 세력 범위를 좁은 슬로베니아 너머로 확대했다. CEEMAN(중유럽 및 동유럽 경영개발협회Central and East European Management Development Association.-옮긴이)을 설립하여 오늘날 국제 경영대학원계에서 널리 알려진 인물이 되었다. 나는 IEDC의 국제자문위원회 위원으로 위촉되었고, 견문을 넓힌다는 구실로 아름답기 그지없는 슬로베니아와 펄 블레드(알프스의 진주 블레드 호수.-옮긴이)를 방문할 수 있었다. 2009년에 나는 IEDC에서 명예 박사학위를 받았다.

바르샤바의 코즈민스키 대학과의 오랜 협력도 생각난다. 설립자 안드레이 코즈민스키 교수는 바르샤바 대학에서 강의했다. 그는 언제나 자유사상가였는데 공산주의 체제하에서 엄청난 박해를 받았다. 그는 바르샤바 조약기구의 쇠퇴와 함께 다시 주어진 자유를 과감히 이용했다. 1993년에 그는 부친 레온 코즈민스키의 이름을 딴 사립대학을 설립했다. 1980년대 초반부터 이미 친하게 지내던 예지 디에틀 교수를 통해 우리는 알게 되었다. 디에틀 교수의 손자 마렉 디에틀 박사는 지몬-쿠허 앤드 파트너스의 바르샤바 사무소를 몇 년간 관리했고, 2017년에는 바르샤바 CEO가 되었다. 그래서 관계가 강화되었다. 나는 코즈민스키 대학 국제자문위원회 위원으로 위촉되어 그곳에 내 경험을 전할 수 있었다. 이 위원회에서의 공동 작업으로 나는 또 득을 많이 보았다. 또한 코즈민스키 교수와 개인적 우정도 쌓았다. 2012년에 나는 코즈민스키 대학에서 명예 박사학위를 받았다.

바르샤바만큼 많이 방문한 중유럽 도시는 없다. 부모님의 역사가 어떤 역할을 했을까? 그러나 나는 부모님이 활동했던 곳을 찾아내려고 하지는 않았다. 다음번 방문 때는 한번 해볼 작정이다. 짐작

컨대 별로 찾아내지 못할 것이다. 1944년 8월의 봉기 이후 독일이
바르샤바를 쑥대밭으로 만들었기 때문이다. 스탈린 부대는 비스와
강 건너편에서 그저 보고만 있었다.

7

한국, 나의 한국

먼 곳의 친구들

한국과 독일의 지리적 거리는 8,000킬로미터가 넘는다. 이렇게 멀리 떨어져 있음에도 한국과 독일은 친구이다. 나는 어릴 때 이미 한국을 알고 있었다. 그 이유는 두 가지였다. 하나는 한국전쟁이었다. 1950년 6월에 한국전이 발발했을 때 나는 너무 어려서 알 수 없었다. 그러나 1953년 7월에 전쟁이 끝났을 때 여섯 살 반인 나는 극동에서 어떤 비극이 벌어졌는지 아버지한테서 전해 들었다. 어쨌든 전쟁은 항상 입에 오르내리는 주제였다. 아버지, 가족, 이웃들은 몇 년 전에 끝난 2차 세계 대전 때의 끔찍한 경험을 입버릇처럼 이야기했다. 한국전쟁으로 말미암아 또 다른 세계 대전의 위험이 독일인들 의식을 짓눌렀다. 그래서 한국전쟁은 특히 독일에 공포를 불러일으켰다. "한국전쟁은 3차 세계 대전을 유발할지도 모른다"는 말이 나돌았다.[1]

나를 비롯한 독일인들이 한국에 주목하게 된 두 번째 원인은 당연히 분단이라는 공동 운명이다. 독일 분단이라는 주제가 집에서나 학교에서 얼마만큼 우리를 사로잡았는지 지금은 상상하기 어렵다. 크리스마스 때 우리는 창문에 양초를 놓고 동독 사람들에게 안부를 전했다. 모금이 있었고, 동독으로 소포를 보냈다. 이런 상황에서 비슷한 운명에 처한 한국 사람들에 대한 관심, 동정심, 이해심이 싹텄다. 어떤 면에서 이런 것은 지금도 지속되고 있다. 2018년 8월에 남북한 친척들이 재회했을 때 독일 언론은 상세히 보도했고 독일인들은 깊은 감동을 받았다.

또한 1960년대에 적지 않은 한국인들이 독일로 이주했다. 이주자는 주로 간호사와 광부였다. 이들과 그 후손들은 독일에 거의 완전히 통합되었고, 교육을 중시하여 크게 성공하기도 했다. 본의 요한 병원 주임 의사 고연준 박사는 2003년에 돌아가신 나의 어머니를 사망 직전까지 돌보았다. 가까운 친구 발터 뫼비우스 박사는 한국인 여성과 결혼했다. 기숙사의 옆방 친구도 한국인과 사귀다가 결혼했다.

나는 본 대학 시절에 한국인 학생을 몇 명 알게 되었다. 내가 후에 조교가 된 알바흐 교수의 강좌에서 우리는 한국인 박사 과정 학생을 지도했다. 후에 내가 빌레펠트 대학 교수로 있을 때도 한국인 박사 과정 학생을 지도한 적이 있다. 나는 많은 한국인과의 만남을 대부분 생생히 기억하고 있다. 내가 겪은 한국인 학우, 동료, 학자들은 대개 붙임성이 있고 열심히 일하는 파트너였다. 그래서 나는 한국의 진가를 알게 되었고 한국에 호기심이 생겼다. 제목을 '한국, 나의 한국'이라고 한 만큼 이 장에서는 이 아름답고 친절한 나라에 대한 나의 개인적 생각, 체험, 특수한 관계를 기술하려 한다.

첫 번째 집중적인 공동 작업

나는 유필화 박사와 함께 첫 번째 집중적인 공동 작업을 했다. 서울의 의사 집안 아들로 자란 그는 서울대학교에서 공부했고 경영학사 학위를 받았다. 그러고는 젊은 나이에 미국으로 가서 노스웨스턴 대학에서 MBA 과정을 마쳤다. 이 시절에 그는 나와 거의 같은 시기에 필립 코틀러 교수를 알게 되었다. 이어서 그는 하버드 경영대학원에서 나의 친구이자《파워 프라이싱》의 공저자인 로버트 J. 돌란 교수 지도하에 박사학위를 받았다. 세상은 참으로 좁다! 유필화 박사는 가격결정에 대해 연구했기 때문에 내 저서에 관심을 가지고 있었다. 그는 빌레펠트 대학에서 연구할 수 있는지 내게 편지로 물었다. 이를 승낙한 것은 지금 생각해도 기쁘다.

그래서 유필화 교수는 1986년에 빌레펠트 대학에서 한 학기를 보냈고, 그 다음 학기는 내가 원장으로 있는 쾰른의 슐로스 그라흐트 독일경영연구원에서 보냈다. 그가 슐로스 그라흐트에 있을 때 우리는 나의 독일어 교재《가격 관리론》영어판 작업에 집중했다. 노스웨스턴 대학과 하버드 경영대학원에서 7년간 공부한 만큼 전공 실력은 물론 어학 실력도 영어 교재 집필을 돕기에 충분했다. 그의 도움과 지원이 없었다면 영어판《가격 관리론》은 그때 출간되지 못했을 것이다. 그러나 유필화 박사 덕분에 이 작업을 성공적으로 끝낼 수 있었고, 1989년에 뉴욕의 엘스비어 출판사가《가격 관리론》이라는 표제로 출간했다.[2] 유필화 교수가 이 책 출간에 이루 말할 수 없는 도움을 준 데 대해 나는 머리말에 이렇게 썼다. "유필화 교수에게 사의를 표하고 싶다. 그는 독일에 연구원으로 있으면서 이 책 출간에 아주 크게 기여했다. 특히 두 개 장, 즉 동태적 가격결정과 시장 세분화에 관한 장은 그의 생각에 힘입은 바 크다."[3]

　그러나 이 프로젝트를 같이한 것은 우리에게 학문적 공동 작업 이상의 결과를 가져다주었다. 유필화 교수와의 만남은 수십 년간 지속된 우정과 유익한 관계를 가져다주었다. 그는 한국과 나 사이의 '중개자'가 되었다. 이때 디자인학 교수이자 출중한 여성인 그의 아내 이기향이 핵심 역할을 했다. 나의 아내 세실리아와 함께 우리는 항상 그룹을 이루었다. 이 그룹은 언제나 감흥을 불러일으켜 우리는 지루함을 몰랐다. 우리의 한국 및 독일 상호 방문은 곧잘 우리 삶의 절정을 이루곤 했다.

　유필화 교수는 서울의 성균관대학교 경영전문대학원에서 수십 년간 강의했고, 나도 이곳에서 종종 강연을 했다. 이 대학에는 세계 각국에서 온 학생들이 많다. 내 강연이 끝나면 우리는 곧잘 식사하러 갔다. 그래서 나도 학생들을 개인적으로 만났다. 나는 성균관대학교 학생들의 지식과 안목에 언제나 깊은 인상을 받았다. 유필화 교수는 KT, 교보생명보험, 제일기획 같은 주요 기업의 사외 이사를 역임하기도 했다.

　또한 유필화와 이기향은 손님을 후하게 접대한다. 두 사람은 서울의 역사지구에 있는 유 교수의 부모님이 옛날에 살았던 저택을 게스트하우스로 사용한다. 이기향은 1층을 그리스풍으로 꾸미고 정선한 미술품으로 아취 있게 장식했다. 우리는 서울 방문 때 으레 이 특별한 집의 손님이 되었다. 우리는 이 집에서 잊을 수 없는 시간들을 보냈고, 대단히 흥미로운 사람들을 만났다.

　2층에는 유명한 철학자와 역사가의 저서를 모두 구비한 철학

낭만적인 아이펠의 소도시 몬샤우Monschau에서
유필화 교수 부부와 함께. 2016년.

서재가 있다. 유 교수는 이 저서들을 5개 국어, 즉 한국어, 중국어, 영어, 일본어, 독일어로 읽는다. 그는 어학에 재능이 뛰어나다. 그의 독일어는 탁월하고 완벽하다. 반대로 우리는 독일에서 유 교수와 그 가족을 접대할 수 있었다. 이때는 언제나 특기할 만한 일이 있었다. 영광스럽게도 2000년에는 당시 이미 고령에 접어든 유 교수의 부모님이 우리 집을 방문했다. 이기향 교수는 본의 전통식 호텔 쾨니히스호프에서 자신이 직접 디자인한 의상으로 패션쇼와 춤 공연을 개최했다. 독일인 관중들은 이 주목할 만한 쇼에 크게 열광했다. 우리는 유 교수 부부 및 그 아이들과 함께 독일의 박물관, 명소, 낭만적인 옛 도시와 마을을 여러 번 방문했다. 나는 그들이 독일을 알고 사랑하고 있다고 믿는다.

　우리가 한국을 방문했을 때도 마찬가지였다. 우리는 언제나 귀한 손님으로 모범적인 대접을 받았다. 그들은 서울의 아름다운 곳, 박물관, 역사적 명소, 사찰을 보여주었다. 우리는 서울 교외의 민속

촌을 두 번 방문했다. 그곳에서 나는 자신의 과거를 다시 발견했다. 문화적 차이와 지리적 거리가 있었음에도 옛날 도구와 작업 방식이 내가 어릴 때 알고 있었던 그것과 놀랄 만큼 유사했기 때문이다.

나는 아내와 함께 천년 고도 경주도 방문한 적이 있는데, 이때는 IBK기업은행 경제연구소 연구위원인 권준화 박사가 우리를 안내해주었다. 권 박사는 독일에서 공부하고 박사학위를 받은 만큼 독일어를 완벽하게 구사했다. 덕분에 한결 편하게 여행할 수 있었다.

한국과 독일: 공동 운명체

비무장지대DMZ 방문은 가장 감명 깊었다. 역사의 거울을 보는 것처럼 그곳에서 한국과 독일의 공동 운명을 체험했기 때문이다. 나는 1964년 베를린 수학여행 때 독일의 드라마를 통해 처음으로 한국의 분단에 대해 알게 되었다. 우리는 기차로 이른바 헬름슈테트의 철의 장막을 통과했다. 기차는 오래 정차했다. 동독 인민경찰이 한 사람 한 사람 조사를 하고 구석구석 수색했기 때문이었다. 수색견이 기차 밑을 뛰어 돌아다녔고 경찰이 객차 지붕에 올라가 숨어 있는 사람이 없는지 확인했다. 숨 막히는 상황이었다. 베를린 국경 통과 때도 비슷한 상황이 벌어졌다. 그때 서독 사람은 베를린의 동부 지구는 방문할 수 있었지만 다른 곳은 방문할 수 없었다.

헬름슈테트와 베를린에서 느꼈던 것과 같은 압박감이 DMZ 방문 때도 스멀스멀 일어났다. 남한 침투용으로 북한이 파둔 좁은 땅굴로 내려갈 때는 불안감이 엄습했다. 국경에서 끝나는 현대식 역驛

도 내게는 강한 상징성을 지닌 것으로 느껴졌다.

한국에서의 강연과 토론 때는 당연히 통일 문제가 곧잘 언급되었다. 이런 사건의 예측 불가능성에 대해서는 13장에서 자세히 다룰 것이다. 독일 통일이 이루어진 방식과 시기에 대해서는 아무도 예측하지 못했다. 나는 한국의 통일도 마찬가지일 것이라고 생각한다. 통일은 이루어질 것이다. 그러나 언제, 어떻게 이루어질지는 아무도 모른다. 몇 년이 걸릴 수도 있지만 독일의 경우처럼 갑작스럽게 이루어질 수도 있다. 최근의 접촉, 즉 미국 대통령 도널드 트럼프와 북한 권력자 김정은의 만남 및 이에 상응하는 남북한 정치 지도자의 만남이 마침내 통일된 한국으로 이끌어줄 프로세스의 단초가 되기를 누구나 바라지만 이에 대한 확신은 없다. 독일의 경우처럼 통일 프로세스가 평화적으로 진척되기를 바랄 뿐이다. 냉전 시기의 적이 핵으로 무장한 채 대치하고 있다는 사실을 감안할 때 지금까지 평화가 유지된 것은 내게는 기적처럼 여겨진다.

나는 한국에서 어떻게 통일을 준비해야 하느냐는 질문을 종종 받았다. 나는 그런 준비가 가능한지 알지 못한다. 물론 다양한 시나리오를 고려할 수는 있다. 그러나 이 시나리오대로 실현될지는 아무도 모른다. 통일은 서독에 엄청난 부담을 지웠다. 1990년 이후 무려 25억 유로가 동독의 연방주 이른바 구동독에 투입되었다. 이런 엄청난 재정 지원에도 불구하고 당시 연방총리 헬무트 콜이 약속한 번영은 실현되지 않았다. 구동독 연방주는 소득, 국내총생산, 생산성에서 여전히 구서독 연방주에 뒤처진다.

두 가지 이유에서 통일 부담은 한국이 훨씬 클 것이다. 하나는 서독과 동독의 인구 비율이 약 4 대 1이었던 반면에 남한과 북한의

국경이 끝나는 기차역에서.
유필화 교수 부부와 함께. 2013년.

인구 비율은 약 2 대 1이라는 것이다. 다른 하나는 남한과 북한의 경제력 차이가 서독과 동독의 그것보다 훨씬 크다는 것이다. 어쨌든 동독은 소련 블록 내에서 '낙원'으로 간주되었다. 이런 여건 때문에 국경이 완전히 철폐되고 사람들이 자유롭게 왕래할 수 있었던 독일의 통일이 한국 통일의 청사진으로는 적합하지 않을 것이다. 그러나 북한의 산업은 경쟁력이 충분하지 않기 때문에 동독의 산업처럼 완전히 재편해야 한다고 말할 수 있을 것이다. 동독의 기업들은 사실상 아무런 가치가 없었다. 어쨌든 한국의 평화적 통일을 볼 수 있다면 나는 무척 기쁠 것이다.

한국 경제

나는 한국 경제에서 어떤 인상을 받았나? 한국의 기업, 기업가, 경영자들과 어떤 경험을 했나? 내가 보건대 기회는 어디에 있고, 도전은 어디에 있는가? 지난 수십 년간 나는 한국의 각료, 정부 관리, 협회 대표, 기업가를 많이 만났다. 나는 한국 경제의 성과에 놀라움을 금하지 못한다. 한국이 1960년대 중반까지도 극빈국이었다는 사실과 현재의 성과 수준을 고려하면 경의를 표할 수밖에 없다. 그러나 나는 몇 가지 점에서 한국 산업을 비판적으로 본다. 이를 정부, 대기업, 중소기업으로 나누어 살펴보기로 한다.

정부

내가 한국과 독일에서 만나본 한국의 관료들은 대개 전문성을 갖추고 있고 야심만만하다는 인상을 주었다. 그들은 정보에 밝고 소통에 적극적이었으며 자신이 무엇을 하려고 하는지 잘 알고 있었다. 특히 앞으로 해야 할 업무 관련 주제에 대한 이해 및 이에 따른 분석에 대해서는 혀를 내두를 수밖에 없다. 한국 정부는 혁신을 위한 노력에 큰 관심을 가지고 있다.

계획의 실현 여부와 실현 방법에 대한 분명한 공언公言은 내가 관여할 바 아니다. 그러나 나는 이 점에 의구심이 든다. 다음과 같은 것이 나의 주목을 끈다.

- 몇몇 다른 정부 부처가 같은 문제 또는 적어도 유사해 보이는 문제를 다룬다. 정부 부처 간에 효율적인 조정이 있다는 인상을 나는 받지 못했다.
- 정부 또는 관할 부처가 너무 자주 바뀐다. 어쨌든 독일보다는 자주 바뀐다. 그러면 우선 사항이 달라진다. 이것은 우선 사항이 장기적으로 또는 지속적으로 이행되지 않는다는 것을

의미한다.

- 대기업(재벌)이 정부에 큰 영향력을 행사하는 것 같다. 재벌이 변화를 수용하지 않거나 배척하면 정부가 목표를 제대로 달성할 수 없다.

- 문제는 다 알려지고 옳게 규명된다. 그러나 한국 사회의 가치 체계가 해결을 방해한다. 직업 교육을 예로 들어보겠다. 지금 한국 젊은이의 약 80%가 전문대학 또는 종합대학을 졸업한다. 나는 몇 퍼센트가 최적인지 모른다. 그러나 80%는 분명히 너무 높다. 육체노동을 할 사람과 이를 위해 직업 교육을 제대로 받은 사람이 미래에도 필요하기 때문이다. 사회의 가치 체계가 대학 교육만을 높이 평가하고 직업 교육을 과소평가하면 정부는 거의 해결 불가능한 문제에 봉착하게 된다.

협회 또는 이와 유사한 기관이 주최한 수많은 회의에서 나는 강연할 기회가 있었다. 나는 한국 관광업계의 지도적 인사들과 자리를 함께한 적도 있다. 중요한 것은 한국의 관광사들이 국제화를 위해 히든 챔피언으로부터 무엇을 배울 수 있느냐는 것이다.

대기업

주지하는 바와 같이 한국 경제 구조는 독일의 그것과 크게 다르다. 독일은 중소기업의 나라이고 독일 경제의 최대 강점은 중소기업에 있다. 이와 달리 한국은 경제력과 경제 성과가 고도로 집중되어 있는 나라이다. 통계에 따르면 10대 재벌이 한국 국내총생산의 50% 이상을 달성한다. 이것은 강점의 표시이기도 하다. 1960년대 이후 한국의 놀라운 발전이 무엇보다 재벌에 힘입은 바 크다는 것은 말할 것도 없다.

내게 깊은 인상을 준 것은 이 거대 기업들의 위기 극복 능력이다. 이것은 1998년의 산업 전반에 걸친 위기 예를 들어 자동차 산업의 재편 같은 것에서 나타났다. 또한 삼성전자도 갤럭시 S7의 흥행몰이 실패 후 효과적인 위기 관리 능력을 보여준 바 있다. 더 빨리 반응하고 더 빨리 전환하는 능력이 일반적으로 대기업의 강점은 아니지만, 혁신에도 적용된다는 것은 분명하다. 한국의 대기업은 빠르다. 가히 혀를 내두를 만하다. 유감스럽게도 독일 대기업에 대해서는 그렇게 말할 수 없다.

고도의 집중이라는 동전의 뒷면에는 무엇이 있는가? 위험을 첫 번째로 꼽을 수 있다. 2017년에 매출 2,120억 달러를 달성한 삼성전자 같은 기업이 심각한 위기에 빠지면 한국 전체가 흔들린다. 나는 언제나 경고의 예로 노키아를 든다. 2000년대 초반 노키아의 황금기 때는 핀란드 수출의 4분의 1을 노키아가 차지했다. 핀란드는 지금까지도 노키아의 몰락으로부터 완전히 회복되지 못하고 있다. 위험에서 벗어나려면 한국 경제의 분산이 매우 바람직할 것이다. 그러나 가까운 장래에 분산이 이루어지리라는 인상을 나는 받지 못했다.

중소기업

내가 한국에서 접촉한 것, 만난 것, 강연한 것은 대개 중소기업이라는 주제와 관련이 있었다. 무엇보다도 사람들은 독일의 히든 챔피언에 대해 배우고 싶어 했다. 독일에는 세계 시장을 주도하는 중소기업이 1,000개가 넘는다. 하지만 한국에서는 이런 중소기업을

30개 정도 발견할 수 있었다. 한국의 기업 책임자들이 독일의 히든 챔피언으로부터 무엇을 배울 수 있는지 묻는 것은 당연하다. 이 문제와 관련된 프로그램이 항상 있었다. 이를 위해 상당한 예산도 투입되었다.

내가 곧잘 초대를 받는다는 사실로부터 나는 세계적 경쟁력을 갖춘 중소기업을 만들기 위한 나의 주장과 제안이 청중들에게 호평을 받고 있다고 결론을 내린다. 내가 여러 가지 계기에서 강연한 분석과 제안 몇 가지를 소개하고자 한다.

많은 한국인 대화 상대의 견해에 따르면 한국 중소기업의 가장 큰 문제는 우수한 인력을 끌어들이지 못한다는 것이다. 나는 이런 생각은 최고 인재를 오로지 '높은 IQ', '최고 학교 교육', '최고 대학 졸업' 등등과 결부시키는 한국의 교육 제도에 뿌리를 둔 선입견이라고 본다. 실제로 독일 히든 챔피언의 다수는 학교 교육은 받지 못했으나 아이디어와 기업가적 열정을 가진 기업가가 설립했다. 이것은 마이크로소프트의 빌 게이츠, 델 컴퓨터의 마이클 델, 애플의 스티브 잡스처럼 크게 성공한 몇몇 미국인 기업가에게도 적용된다. 이들은 학교 교육을 마치지 못했다. 독일의 히든 챔피언은 대학 우수 졸업자들을 잘 채용하지 않는다. 물론 그들이 히든 챔피언이 본사를 둔 지방에 가지 않으려고 한다는 것도 한 가지 이유라는 것은 분명하다. 한국의 도전은 충분히 지적이면서(반드시 평균 이상이어야 한다는 뜻은 아니다) 중소기업을 설립하여 세계 정상에 올려놓겠다는 기업가적 용기를 가진 젊은이를 충분히 확보하는 데 있다. 나는 이런 젊은이가 지적으로 매우 뛰어나고 최고 교육을 받은 사람들이 포진하고 있는 재벌 기업에서 최고의 기회를 가질 수 있을지 의심한다.

나는 한국의 중소기업이 적절한 사람을 끌어들이지 못하는 것은 무엇보다도 사회적 가치의 문제라고 생각한다. 문제는 부모의 입김을 포함한 이런 가치 체계를 어떻게 하면 바꿀 수 있느냐는 것이다. 한국에는 마이크로소프트, 애플, 아마존, 구글, 페이스북, 알리바바, 텐센트의 설립자 또는 젊은 나이에 이미 갑부가 된 사람 같은 역할 모델이 필요하다. 성공한 기업가는 고용된 관리자보다 돈을 더 많이 번다. 이 사실을 사람들에게 알리는 가장 좋은 방법은 역할 모델을 이용하는 것이다. 나는 한국에도 이런 역할 모델이 있다고 생각한다. 그러나 이들은 알려지지 않았을 것이고 이들의 성공은 전해지지 않았을 것이다. 성공 사례 몇 개가 널리 알려지면 기적 같은 작용을 할 것이다. 이 점에서는 정부와 언론이 중요한 역할을 할 수 있다. 앙겔라 메르켈은 수시로 젊은 기업가들을 만나 이들의 진취적 기상이 자신한테 얼마나 중요한 영향을 미치는지 보여준다. 한국 사회에 이런 강력한 신호를 보내주는 진취적인 사람이 있는가?

나는 한국의 젊은이들에게도 강연을 많이 했다. 이들은 관심이 많고 지적이며 매우 열심히 일하고 많이 배운다. 그러나 나는 대다수 젊은이의 꿈이 높은 사회적 명성을 누리며 재벌 기업에서 일하는 것이라는 인상을 지금도 가지고 있다. 이에 반해 자기 회사를 설립하려는 의지는 덜 계발된 것처럼 보인다. 자기 회사 설립은 강한 중소기업의 토양이다.

젊은이의 약 반은 여성이다. 여성은 남성이 지배하는 대기업에서 동등한 기회를 가지는가? 나는 의심스럽다. 여성에게 중소기업에 종사하거나 자기 회사를 설립할 용기를 불어넣을 문을 열어주어야 한다. 이때도 여성 역할 모델이 중요한 역할을 할 수 있을 것이다. 미국에서도 여성 회사 설립자가 적다는 것을 주지의 사실이다.

높은 상속세가 중소기업 부문 형성에 치명타라는 것은 분명하다. 상속세가 재산 형성을 방해하기 때문이다. 이 점에서 프랑스는 최악의 예다. 프랑스는 재산세도 높고 상속세도 높다. 그래서 중소기업이 거의 없고 히든 챔피언도 적다. 내 생각에는 스위스, 오스트리아, 스웨덴처럼 상속세를 폐지하는 것이 최상의 방법이다. 상속세는 재산 분배를 바로잡는 효과적 수단이 아니다. 독일은 상속세가 전체 세수의 0.78%밖에 안 된다. 재분배 효과가 아주 적다(매년 전체 재산 10조 유로 중에서 40억 유로). 상속세를 유보하면 그만큼 기업의 자산이 자유로워진다. 상속인이 상속받은 회사를 10년간 운영하면 상속세가 면제되는 것이 독일의 시스템이다. 이것은 상속인에게 회사를 대기업에 매각하기보다는 운영하도록 부추겨 중소기업의 독립과 경제의 분산에 기여한다. 한국은 상속세가 중소기업 발전을 방해하지 않는다는 점에 유의해야 한다.

내가 확실한 답변을 기대하지 않는 한 가지 질문은 중소기업을 진흥하기 위해 회사의 어떤 인력을 동원할 수 있느냐는 것이다. 교육 시스템이 모든 면에서 결정적 역할을 할 수 있는가(나는 그럴 것이 틀림없다고 생각한다)? 노조, 산별 단체, 사용자 단체, 상공회의소를 이용할 수 있는가? 정당은 어떤 역할을 할 수 있는가? 물론 이것은 비교적 큰 회사의 문제이다. 힘의 분권화, 회사 위험의 다각화, 소득 및 복지의 분배와 관련이 있기 때문이다. 나는 '경제의 민주화'라는 개념을 좋아하지 않는다. 경제는 민주주의가 아니기 때문이다. 그러나 이 개념이 지향하는 방향은 옳다. 집중화와 분권화 사이의 최적점이 어디인지는 아무도 모른다. 그러나 나는 한국에서는 추碰가 경제적 힘의 중심이 비교적 적은 집중화 쪽으로 너무 기울었다고 확신한다. 단기간에 국가 소득을 매우 높은 수준으로 끌어올리기 위해서는 어쩌면 이 전략이 옳았을지도 모른다. 그러나 이것이 미래를 위한 최상의 구조인 것 같지는 않다.

사람들

나는 정치가, 관리, 학자, 기업가, 매니저 등등의 한국 사람을 많이 알게 되었다. 이들과의 만남은 대체로 유쾌했다. 무엇보다도 나는 오만하거나 교만한 사람을 보지 못했다. 여기서는 내가 만났던 사람들 중 네 명을 좀 더 자세히 언급하려 한다(아주 특별한 한국인 한 명에 대해서는 12장에서 따로 다루겠다).

초기에 나는 동아제약 설립자이자 초대 CEO인 강신호 박사를 알게 되었다. 이 만남은 한편으로는 당시에 내가 제약업계를 집중적으로 연구하고 있었고 다른 한편으로는 강 박사가 독일에서 공부하고 독일과 깊은 연고가 있었기 때문에 이루어졌다. 강 박사는 한창 때에 재미있는 경험을 하나 했다. 그는 포도주 전문 주점에서 로마의 주신酒神 바쿠스 상을 보았다. 후에 동아제약의 첫 제품 이름을 지을 때 그는 이 경험을 기억해내고 제품명을 바쿠스(한국어로는 박카스)라고 했다. 박카스는 1963년에 처음 출시된 한국의 에너지 음료이다. 박카스는 동아제약 미국 현지 법인을 통해 미국에서도 판매된다. 처음에 박카스는 에너지 음료로 판매되지 않고 감기 예방 및 숙취 해소용 '한약'으로 약국에서 판매되었다. 오늘날 박카스는 레드불처럼 젊은이들에게 큰 인기가 있다.

알고 보니 강신호 박사는 진정한 기업가였다. 우리의 토론은 언

2001년 삼성전자 방문.
왼쪽에서 두 번째가 황창규 박사, 왼쪽에서 세 번째가 유필화 교수.

제나 매우 유익하고 깊이 있었다. 그가 독일에서 공부한 덕분에 그
럴 수 있었는지 나는 모른다. 어쨌든 나는 그를 보면 전형적 독일 경
영자가 떠올랐다.

  황창규 박사는 2001년에 처음 만났다. 당시 그는 삼성전자 메
모리 사업부 CEO였다. 오찬 자리에서 황 박사는 음악을 연주할 수
있는 소형 기기를 내게 선물했다. 연주된 곡은 음질이 아주 좋았다.
그러나 나는 다른 곡을 듣지는 못했다. 기기 조작 장치와 디자인에
개선의 여지가 있어 보였다. 이 기기가 시장에서 성공하지 못할 것
은 당연했다. 어쨌든 그것은 삼성 제품에 적용되었다. 그러나 이 기
기에서 유래하고 황 박사가 스티브 잡스와 공동 개발한 애플의 아이
팟에는 적용되지 않았다. 황 박사는 미국에서 박사학위를 받았고 후
에 삼성전자 CEO가 되었다. 그 후에는 몇 년간 정부에 몸담았고, 한
국의 '최고기술책임자'라는 명예로운 칭호를 얻었다. 우리는 몇 년
간 자주 만났다. 황 박사는 본의 라인 강변에 있는 우리 집을 방문하

2012년 당시 기업은행장 조준희와 함께.

기도 했다. 그는 2014년부터 한국에서 두 번째로 큰 통신 기업 KT
의 CEO로 재직하고 있다. 이 직책을 맡고 있을 때도 나는 여느 때
와 다름없이 편안하게 그를 만났다. 나는 가끔 황 박사를 생각한다.
그 이유는 무엇보다도 내가 마지막으로 KT를 방문했을 때 황 박사
가 내게 블루투스 스피커를 선물했기 때문이었다. 나는 이 스피커
를 우리 집 스포츠 룸에 설치했다. 나는 운동을 할 때마다 이 스피커
를 틀었다. 그러면 황 박사가 생각났다. 노벨상 수상자 폴 크루그먼
이 이 멋진 선물에 대해 쓴 적이 있다. 그것은 "반복해서 계속 사용
할 수 있고 선물한 사람을 언제나 생각나게 하는 물건"이다. 이런 의
미에서 황 박사는 내게 이상적인 선물을 준 셈이었다.

  좋은 추억 때문에 자꾸만 생각나는 또 한 사람은 조준희이다.
그는 2010년부터 2015년까지 기업은행장을 역임했다. 그는 한국의
중소기업 진흥에 각별한 노력을 기울였다. 그는 히든 챔피언 콘셉트
에 사로잡혀 있었다. 그는 기업은행 본점 로비에 일종의 한국판 히

한복을 입고 세실리아와 함께. 2013년 7월.

든 챔피언 명예의 전당을 만들었다. 그는 자랑스럽게 나에게 이것을 보여주었다. 그는 나를 기업은행 '경영관리 고문'으로 위촉하고, 양해 각서를 체결하여 한국과 독일의 중소기업 진흥을 위해 상호 방문하기로 합의했다.[4] 그가 행장으로 있는 동안 우리는 일관되게 이 계획을 실행에 옮겼다.

조준희는 우리 집을 방문했을 때 특별한 선물로 우리를 놀라게 했다. 아내 세실리아와 손자 아르비드 그리고 나에게 한복을 선물한 것이었다. 그는 사진을 보고 우리 몸 치수를 어림잡았을 것이다. 아름답기 그지없는 이 옷들은 우리한테 딱 맞았다. 우리는 한국인이 방문하거나 한국 관련 행사가 있을 때 보란듯이 한복을 입는다.

내게 깊은 인상을 주고 내가 몇 번 만난 또 다른 한국인 기업가는 교보생명보험의 CEO인 신창재 박사이다. 그는 2000년부터 CEO로 재직했는데 그의 임기는 큰 도전으로 시작되었다. 1998년의 금융위기 후폭풍을 극복해야 했기 때문이었다. 그는 탁월한 기량을 발휘하여 이를 극복했다. 현재 교보생명보험은 고객이 500만 명이 넘고, 성공가도를 달리고 있다. 신 박사는 언제나 매우 침착하고 여유 있게 행동한다. 그는 남의 말에 귀를 잘 기울이고 '생각하는' 경영인이다. 나는 그가 경솔히 행동하지 않고 심사숙고 끝에 결정을 내린다고 생각한다. 이것은 생명보험 같은 부문에서는 매우 중요한 것이다. 이 부문에서 중요한 것은 단기 수익성이 아니라 장기적 안정과 안전이기 때문이다.

나는 이 네 사람, 즉 강신호, 황창규, 조준희, 신창재를 통해 한국에서 다양하고도 흥미로운 만남을 경험했다. 이들은 나의 경험과 삶을 매우 풍부하게 해주었다. 이에 대해 감사를 드린다.

저서 출간

지식을 다른 사람과 나누는 방법이 몇 개 있다. 개별적 대화, 집단 앞에서의 강연, 책 출간, 언론 기고가 바로 그것이다. 나는 한국에서 모든 경로를 다 이용했는데, 그중에서도 특히 저서 출간에 힘을 기울였다. 《히든 챔피언》은 한국에서도 독일에서만큼 팔렸으며, 《헤르만 지몬의 프라이싱》도 한국에서 큰 관심을 끌었다.

이 책들이 나오게 된 것에 대해 특히 유필화 교수에게 사의를 표해야 한다. 나는 몇 권의 책을 유 교수와 함께 공저자로 출간할 수 있었다. 유 교수는 여러 출판사와 접촉함으로써 항상 나를 도와주었고 수준 높은 번역이 이루어지도록 최선을 다해주었다. 그의 도움이 없었다면 한국에서 이렇게 많은 책을 출간하지 못했을 것이다. 유 교수가 이 책의 서문을 써주기로 한 것에 대해서도 고마움을 표한다.

2016년 한국 기업가들의 본 방문. 맨 오른쪽이 조윤성.

　미디어를 통해 알리는 것이 덜 중요하지는 않다. 언론에 기고한 것은 시간이 지나면 상당수가 책으로 출간된다. 여기서는 《조선일보》에 실린 기고문을 특별히 언급하고자 한다. 서울시는 우리 집에서 히든 챔피언 투자자 유치를 위한 광고 방송물을 제작했다. 이것은 유럽과 미국에서 CNN을 통해 100회 넘게 방영되었다. 나는 일주일 내내 한국의 텔레비전 방송사와 함께했고, 독일 히든 챔피언에 대한 1시간짜리 특집 방송물에서 '앵커맨' 노릇을 했다. 때로는 한국 경영 잡지의 표지 인물로 나오기도 했다. 수많은 인터뷰를 통해 나는 한국의 저널리스트들이 언제나 만반의 준비를 하고 있다는 인상을 받았다. 회의나 강연 시에는 국제인재개발센터IMDP의 조윤성과 종종 협력했다. 그는 스위스 로잔의 국제경영개발원IMD에서 공부하고 스위스에서 몇 년간 살았다. 그는 세미나와 기업가의 유럽 방문을 기획하고 히든 챔피언 관련 연구를 하고 있다. 특히 조윤성은 독일 현지와 한국에서 히든 챔피언 관련 세미나를 10여 차례 기획하는 등 한국 정부 기관과 기업들에게 히든 챔피언 성공 전략을 알리는 역할을 해주었다. 2019년 1월 28일에는 독일 지몬-쿠허 앤드 파트너스에서 나와 조윤성의 히든 챔피언 경영원이 MOU를 체결했다. 향후 한국과 독일의 활발한 교류와 협력을 통해 더 많은 한국 기업들이 글로벌 히든 챔피언이 되길 희망한다.

환대

내가 세상에서 만난 사람은 대다수가 친절했다. 그렇지만 친절에도 차이가 있다. 독일인은 근엄한 편이다. 뚱할 때도 있고 쌀쌀맞을 때도 있다. 이것은 가까운 사이가 될 때까지 지속될 수도 있다. 미국인과는 금세 관계를 맺을 수 있지만 피상적인 것에 그치기 쉽다.

나는 한국에서 언제나 과분한 환대를 받았다. 한국인은 유달리 친절하게 나를 접대했다. 꽃다발로 맞이하고 선물을 잊지 않았다. 한국 측 주인이 그렇게까지 준비하는 것에 양심이 찔리기도 했다. 독일 손님을 맞이하고 기쁘게 하는 일이라면 한국 측 주인은 언제 어디서나 최선을 다했다. 나는 어디서나 만족했다.

그 많은 만남 때마다 한국 측 주인이 나를 위해 시간을 내준 것이 특히 인상 깊었다. 서양에서는 그렇게 한다고 말할 수 없다. 유감스럽게도 나도 그렇다. 서양 사람은 언제나 시간의 압박을 받는다. 정해진 일정표에 따라 부리나케 돌아다닌다. 나는 한국어에 능통하지 못한 것이 개인적 약점이라고 생각한다. 이 점에서는 절망적이다. 유럽어를 말할 때도 나의 독일어 악센트가 느껴지기 때문이다.

한국어를 말할 때는 정확한 발음이 중요하다. 그래서 한국인 친구나 대화 파트너와 완벽한 소통 가능성을 포기한 채 살아야 한다. 그럼에도 말로는 소통에 조금 부족한 점이 있더라도 서로 잘 이해한다는 인상을 받는다. 한국인 이름을 기억하기도 쉽지 않다. 이것은 김, 이, 박 등등의 성이 많은 것과 관련이 있기도 하고, 나의 어학 지식 부족으로 이름을 들었을 때 아무것도 연상되지 않는다는 사실과도 관련이 있다. 이 약점 때문에 곤경에 처하기도 한다. 한국인 대화 파트너의 이름을 기억할 수 없기 때문이다. 그러나 이런 일은 유럽에서도 일어난다.

이 장을 시작하면서 말한 것처럼 시간이 지나면서 나는 한국에 대한 커다란 애정이 생겼다. 한국에 갈 때마다 집에 있는 것처럼 편안함을 느끼고 발전과 혁신력에 경탄한다. 두드러진 기술적, 경제적 성과 외에도 엄청난 환대가 나를 곧잘 한국으로 이끈다. 아름답기 그지없는 이 나라, 언젠가는 하나로 통일된 한국을 앞으로도 자주 방문하고 싶다.

8

대학과 슐로스 그라호트

이 세상에서 만나지 못하면

독일의 도시 빌레펠트보다 더 유명한 것은 "이 세상에서 만나지 못하면 빌레펠트에서 만나자"는 금언이다. 이 도시는 1994년에 처음 퍼진 이른바 빌레펠트 음모론으로 유명해졌다. 그 음모론에 따르면 벨레펠트란 도시는 아예 존재하지도 않는데 있는 것처럼 보이게 한다는 것이다. 이 도시에는 두 개의 얼굴이 있다. 빌레펠트 주민들 자신은 이 도시에 열광하는 반면 고속 열차를 타는 사람들은 대체로 이 도시에서 내리지 않는 것이다. 내리는 사람이 있더라도 대부분이 교수이다. 빌레펠트에는 명문대학이 있기 때문이다. 《타임스》의 고등교육 기관 랭킹에 따르면 빌레펠트 대학은 세계 300대 대학에 속한다.[1]

비록 미미한 역할이었을망정 나 자신도 이 대학 설립에 관여했다. 신설 대학의 경우 교수도, 조교도, 학생도 없기 때문에 단과대학 평의회는 다른 대학의 종사자들로 구성되었다. 나는 본 대학 경제학

부 대변인 자격으로 빌레펠트 대학 단과대학 위원회에 파견되었다.[2]
노르트라인 베스트팔렌주 과학부의 원래 계획은 다른 곳보다 강의
담당 교수가 더 적은 연구대학을 빌레펠트에 설립하는 것이었다. 이
를 위해 오스트베스트팔렌의 비교적 한적한 곳에 은거하여 연구에
만 집중할 수 있는 정상급 학자를 초빙할 예정이었다. 빌헬름 크렐
레 교수는 이 계획에 대해 다음과 같이 말했다. "빌레펠트 대학 설
립 계획을 세웠을 때는 연구에 관심 있는 각 분야의 학자들 마음을
사로잡을 연구 중심의 작은 대학을 염두에 두었다. 이렇게 하여 (…)
높은 수준에서의 연구와 강의의 합일이라는 오래된 생각이 그대로
지속되었다."[3]

이 야심찬 프로젝트는 시작 때 전도가 유망했다. 1차로 초빙된
교수 중에는 후에 노벨 경제학상을 탄 라인하르트 젤텐 교수가 있었
다. 그는 지금까지도 이 분야에서 노벨상을 탄 유일한 독일인이다.
세계적으로 유명한 경제학자 카를 크리스티안 폰 바이츠제커 교수
가 얼마 후에 합세했다. 사회학부에서는 니클라스 루만, 프란츠 자
버 카우프만 같은 거물들을 확보할 수 있었다. 그러나 초기의 초빙
노력은 오래가지 못했다. 본 대학의 빌헬름 크렐레 교수, 호르스트
알바흐 교수 같은 뛰어난 학자들을 빌레펠트 대학으로 초빙하려는
몇 번의 시도는 실패했다. 궁극적으로는 위치의 이점이 너무 적은
탓이었는지도 모른다. 이것이 이 야심찬 계획의 실현을 가로막았다.

나는 설립 위원회에 관여함으로써 경험을 풍부히 하고 지평
을 넓힐 수 있었다. 나는 대학이 안고 있는 도전들을 새로운 관점
에서 알게 되었다. 나는 수많은 독일 대학의 구성원들과 네트워크
를 형성할 수 있었다. 이 단계를 지배하고 있던 새 출발 정신은 학문

과 연구에 대한 내 관심을 높여주었다. 물론 당시에는 몇 년 후에 내가 빌레펠트 대학의 교수가 되리라고는 생각하지 못했다. 사실 나는 1979~80년 겨울학기부터 교수 자격 취득 논문이 통과된 후 정교수로 임명되기까지 그곳에서 강의를 했다.

인생이라는 강은 굽이굽이 흐른다. 경험이 깊이 각인되어 기억에 생생하게 남는 시기가 있는가 하면 특별한 사건이 일어나지 않아 기억에 각인되지 않고 그냥 흘러가는 것처럼 보이는 시기가 있다. 미국 체류 시절과 달리 빌레펠트 체류 시절은 두 번째 범주에 속한다. 나는 강의와 연구를 하고, 필기시험 답안을 수정하고 구두시험을 평가했다. 또한 학사학위 논문을 심사하고, 박사 과정 학생을 지도하고, 교수 업무를 처리했다. 유명 잡지에 기고하고, 《가격 관리론》[4]과 《선의와 마케팅 전략》[5]의 초판을 출간하고, 에크하르트 쿠허 박사와 카를 하인츠 세바스티안 박사의 박사학위 논문을 심사하는 등 크고 작은 성과가 있었다. 행정 업무, 끝없는 회의, 경제학부 학장 임무 등으로 여유가 별로 없었다. 그러나 삶이란 그런 것이다. 나는 일의 70%가 재미있고 30%가 고역이면 균형 잡힌 것이라고 곧잘 말한다.

우리 학부는 계량을 중시한다. 이것은 큰 영향을 미친다. 나는 이것을 긍정적으로 보기도 하지만 그다지 달갑지 않게 여기기도 한다. 학생의 자율 선발은 긍정적인 면이었다. 이것은 학업 개시 때 이미 효과를 발휘하지만 기초 과정 중에 더 큰 효과를 발휘한다. 수학적 요구를 감당할 자신이 없는 학생은 아예 빌레펠트 대학을 기피했다. 본 대학도 마찬가지였다. 기초 과정에서 아주 엄격하게 솎아냈다. 그 결과 본 과정에서 유급자가 적고 학생들은 평균 이상으로 우수했다. 학업 내용이 이론과 모델을 매우 중시하는 것은 조금 덜 탐탁했다. 생산 또는 금융은, 내 생각으로는 지나치게, 수학적 계획 기법으로 환원되었다. 학부 내에서 이루어진 응용 문제 교환은 내가 미국에서 진가를 알게 된 것인데 우리 학부에서는 부득이 제한적으로 행해졌다.

그러나 강의와 연구 수준은 전반적으로 높았다. 설립된 지 오래되지 않았음에도 우리는 세계적으로 인정을 받았다. 나는 이 대학의 첫 번째 마케팅 교수였다. 나는 박사 과정 학생 전원을 미국의 최고 대학에 반 년 동안 유학 보낼 수 있었다. 에크하르트 쿠허는 우리가 교환 프로그램을 진행한 적이 있는 조지아 대학에서 1년을 공부한 후 시카고 대학으로 갔다. 카를 하인츠 세바스티안과 클라우스 힐레케는 캘리포니아 대학 로스앤젤레스UCLA에서 객원 연구원으로 있었고, 게오르크 타케는 스탠퍼드 대학에서 연구했다.

우리는 세계적으로 유명한 교수들과 자주 인사를 나눌 수 있었다. 존 D. C. 리틀, 프랭크 배스, 존 하우저, 리처드 슈말렌지, 게리 릴리언을 비롯하여 많은 교수들이 우리를 방문했다. 졸업생의 수준은 우리 대학 졸업생의 성공 경력을 보면 알 수 있다. 하르트무트 오스트로브스키는 베텔스만의 CEO가 되었고, 부카르드 슈벵커는 컨설팅 회사 롤랜드 베르거의 CEO를 몇 년간 역임했다. 빌레펠트 대학 졸업생들은 지몬-쿠허 앤드 파트너스의 설립과 성장에도 결정적 역할을 했다. 36세 때 독일의 모 대형 은행 최연소 이사가 된 레온하르트 '레니' 피셔도 빌레펠트 대학에서 공부했다. 특히 오스트베스트팔렌 지역의 수많은 중소기업과 히든 챔피언들의 사장도 빌레펠트 대학에서 공부했다.

여성의 지위 향상, 즉 남녀의 관계와 대학 학위에 있어서의 성적 중립화를 위한 운동이 1980년대에 많이 일어났다. 대학생 후생 복지 기구는 명칭이 '슈투덴텐베르케'에서 '슈티디렌덴베르케'로 바뀌었다. 경영학과 졸업생에게 경영학사를 수여하기만 할 것이 아니라 경영학과를 졸업한 여성에게는 '여女경영학사'를 수여하자는 생각이 커다란 반향을 불러일으켰다. 이 신조어는 격렬한 논쟁을 불러일으켰다. 한 동료는 이에 단호히 반대했다. 나는 나서지 않았다. 이러나저러나 내게는 마찬가지였기 때문이다. 지금 생각해보니 그런 논쟁은 터무니없는 것 같다. 그것으로부터 무엇을 배울 수 있다는 말인가? 사람들은 개혁이라고 하면 일단 판단을 유보한다. 판단이 감정에 휘둘릴 때는 더더욱 그렇다. 판단이 찬반에 대한 합리적 검토에 따라 이루어지지 않고 전적으로 관습에 따라 이루어질 수 있기 때문이다. 사람들은 개혁이라고 하면 일단 관망하는 태도를 취한다. 곧바로 거부하지도 않고 즉시 새 시류에 동참하지도 않는다. 그러면서 찬반에 대한 합리적 논거를 검토하려고 한다. 이때 문제를 미래의 관점에서 살펴보면 더욱 좋다. 5년 또는 10년 후에 그런 생각은 어떻게 받아들여질까? 선뜻 확신이 서지 않는 것이었는데도 실현될까? 어쨌거나 실현된 것에 반대하는 것은 헛수고이다.

나의 빌레펠트 시절은 몇 번의 휴직으로 중단되곤 했다. 나는 3년간 뮌헨 슐로스 그라흐트의 독일경영원구원 원장을 맡았다. 빌레펠트 대학에서의 나의 강의 의무와 시험 관리 의무는 그동안에 대리인이 맡았다. 처음에는 시간강사 포코 터 하제보르크가 함부르크 대학에 초빙될 때까지 맡았고, 그다음에는 시간강사 루츠 힐데브란트가 베를린 훔볼트 대학 교수가 될 때까지 맡았다. 하버드 경영대학원에 체류할 수 있게끔 대학이 1년간 휴직을 허락해준 것에 대해서도 감사를 드린다. 그러나 급료 중단 조건하에 이루어진 이 휴직에 다들 찬성한 것은 아니었다. 어떤 학생이 《비르트샤프츠보헤》(독일의 주간 경제지.-옮긴이)에 다음과 같이 기고했다. "미국인들은 마케팅 보충 수업을 필요로 하지 않는데 왜 지몬 교수가 하버드에서 강의합니까? 지몬 교수는 빌레펠트 대학에 복귀해야 합니다. 그러면 수천 명의 학생이 기뻐할 것입니다."[6]

빌레펠트 대학의 또 한 특징은 그 건축학적 구조였다. '개혁 대학'이라는 구상은 학제 간의 긴밀한 협력을 예정하고 있었다. 협력을 용이하게 하고 촉진하기 위해 모든 학부가 한 건물에 있었다. 건물의 중심부는 천장이 유리로 된 거대한 홀이었다. 이 홀은 마치 중세 도시의 시장 같았다. 실제로 이 '시장'에는 상점, 식당, 우체국을 비롯하여 일상에 필요한 것이 모두 있었다. 심지어 수영장도 있었다. 시장을 거쳐야 강의실에 이를 수 있었다. 1층에는 각 학부의 전문 도서관이 있었다. 2층부터 10층까지는 사무실과 세미나실이 있었다. 공간이 1,200만 세제곱미터이고 순 이용 면적이 14만 제곱킬로미터인 이 거대한 건물은 이런 구조로 이루어졌다. 이보다 더 효율적일 수가 없다. 나는 10층 사무실에서 최단 시간에 강의실, 도서관 또는 식당으로 갔다. 몇 분 만에 볼일을 처리할 수 있었다. 그러나 이런 건물이 인간에게 적합했고 또 지금도 적합한가? 이 건물 안에서 편안함을 느끼는가? 판단은 역사에 맡긴다.

성주

성城에 한 번 '살아 보고 싶다'는 꿈을 꾸어보지 않은 사람이 있을까? 나도 이런 꿈을 꾼 적이 있다. 나는 진짜 성 안에 있는 사무실을 3년간 사용할 기회가 있었다. 이 성은 빌레펠트 대학 건물보다는 작을 것이었다. 슐로스 그라흐트는 쾰른 지역에서 가장 인상 깊은, 해자垓子에 둘러싸인 성의 하나다. 이 아름답기 그지없는 성은 날개 면이 세 개인 바깥 성채와 날개 면이 두 개인 성주의 저택으로 이루어져 있다. 성의 정원은 프랑스풍으로 조성되었으나 19세기에 영국풍으로 개조되었다. 이 화려한 성은 볼프 메테르니히가家가 400년간 소유했다. 이 가문의 종가는 1945년까지 이곳에 있었다. 슐로스 그라흐트에서 유명한 인물이 몇 명 태어났다. 1658년에 태어난 프란츠 아르놀트 폰 볼프 메테르니히는 파더보른과 뮌스터의 후작 주교가 되었고, 1829년에 태어난 카를 슈르츠는 1848년에 자유의 전사가 되었고 후에 미국의 내무부 장관이 되었다.[7]

나는 어떻게 이 아름다운 근무처에 오게 되었는가? 아주 간단했다. 1976년에 본부를 쾰른에서 슐로스 그라흐트로 옮긴 독일경영연구원 원장으로 초빙된 것이다. 독일경영연구원은 대학 은사 호르스트 알바흐 교수와 그의 보훔 대학교 동료 발터 부세 폰 콜베 교수의 주도하에 1969년에 설립되었다. 독일경영연구원의 운영 주체는 110개 회사 단체였다. 이 단체에는 독일의 거의 모든 대기업과 비교적 규모가 큰 선별된 중소기업이 속해 있었다. 원래 계획은 교수 한 사람이 능력의 절반을 본 대학에서의 강의에 사용하고 나머지 반을 경영연구원 관리에 사용하게 하는 것이었다. 연구원이라는 명칭은 노르트라인 베스트팔렌주도 동의한 이러한 역할의 통합에서 유래한다. 그러나 이 의미심장한 계획은 1968년 이후의 정치적 혼란의 소용돌이에 빠져들어버렸다. 좌파 세력과 대학들이 엄청 반대했다. 산업체가 이러한 통합을 통해 대학의 강의에 영향을 미친다는 것은 있을 수 없다는 것이었다. 결국 대학과 사설 연구소의 통합 계획은 실패로 끝났다. 산업체는 자기 길을 갔다. 그러나 독일경영연구원이라는 명칭은 유지되었다.

연구원의 사명은 관리자의 업무 처리 잠재력을 최고로 계발하는 경영 연수에 있었다. 독일경영연구원의 사명은 하버드나 인시아드 같은 경영대학원의 최고경영자 과정의 사명에 비견되는 것이었다. 기술자와 자연과학자의 경영 교육에 특별히 중점을 두었다. '기술자와 자연과학자를 위한 경영학BTN'이라는 3주짜리 세미나는 지금도 이어지고 있다. 통일 후 유사한 독일 기업 단체가 베를린에 '유럽경영기술학교ESMT'를 설립했다. 이 학교의 본관은 구동독 국가평의회 건물이었다. 독일의 산업계가 연구 기관 2개를 함께 운영할 의사가 없었기 때문에 독일경영연구원은 유럽경영기술학교에 통합되어 지금까지 최고위 과정 교육 부문을 담당하고 있다. 독일경영연구원은 여전히 본부를 슐로스 그라흐트에 두고 있고, 울리히 린호프가원장을 맡고 있다.

1985년 4월 1일 원장에 취임했을 때 나는 38세였다. 독일경영연구원 역사상 최연소 원장이었다. 대학은 독일경영연구원에서 3년 근무한다는 조건으로 휴직을 허락해주었다. 그래서 나는 새 임무에 집중할 수 있었다. 나는 독일경영원구원을 이끄는 것이 벅찬 도전이기도 하지만 나를 성장시킨다고 생각했다. 나는 알바흐 교수 밑에서 혹독한 학문적 훈련을 쌓았다. 알바흐 교수는 젊은 조교인 나를 경영 세미나에 투입했다. 20대 중반인 나는 나이가 열 살에서 스무 살 더 많고 여러 나라에서 경험을 쌓은 노련한 경영자 앞에 모습을 드러내어야 했다. 가장 쉬운 임무는 강의였다. 강의는 준비하고 계획을 세울 수 있기 때문이다. 무엇보다도 기술자와 자연과학자들이 강의 내용에 고마워한다는 것이 밝혀졌다. 실무에서 경비 계산, 자금 조달, 가격 형성 같은 경영 문제에 항상 봉착하는데도 체계적인 해결책이 없기 때문이었다.

사례 연구 토론을 감당하기는 훨씬 더 어려웠다. 좋은 사례 연구는 토론 때 갑론을박이 있기 마련이기 때문이었다. 이때는 전문 지식에 정통해 있어야 하고 사례 연구 텍스트에 포함된 정보를 기억해야 하고 토론을 진행하며 장악할 수 있어야 했다. 또한 마지막에는 명확한 결론이나 교훈 몇 개를 도출해야 했다. 알바흐 교수가 세미나에서 나를 처음 소개했을 때 나는 이런 일을 맡기는 처음이라고 솔직히 말했다. 1975년 10월 바트 나우하임 한 호텔에서 있었던 세미나였다. 당시 독일 최대의 화학 그룹이자 세계 최고의 제약회사인 회흐스트의 노회한 경영인 30명이 세미나실에 앉아 있었다. 후에 알바흐 교수는 경험이 하나도 없는 초보자인 내가 이들 노회한 경영인들 앞에 모습을 드러냈을 때 가슴이 철렁했다고 털어놓았다. 그러나 나는 2주간 계속된 포화를 부상도 입지 않고 견뎌냈다. 또한 그때 이들 경영인과 접촉한 것은 10년 후 지몬-쿠허 앤드 파트너스를 창업하는 데 밑거름이 되었다. 회흐스트 사는 초기에 우리 회사의 최대 고객이었고 몇몇 대화 상대자는 바트 나우하임에서 있었던 나의 첫 경영 세미나 때 알게 된 사람이었기 때문이다.

우리는 하버드의 사례 연구 외에 알바흐 교수가 개발한 사례 연구도 이용했다. 초기의 경영 세미나에서 쌓은 경험은 내게 매우 유익했다. 이 지식은 후에 인시아드에서의 강의 활동을 통해 더더욱 깊어졌다. 내가 얻은 가장 중요한 통찰은 이론과 달리 실무에서는 간단하고 분명한 해결책은 거의 없고 그때그때 가능한 행동 선택을 놓고 찬반을 저울질해야 한다는 것이다. 이때 행위자와 그의 동기를 이해하는 것이 매우 중요하다. 이것은 후에 컨설팅 활동을 할 때 매우 가치 있는 것으로 밝혀진 아주 단순한 통찰이다. 자연과학자에게는 판매자 또는 금융 전문가에게 대는 논거와는 다른 논거를 대야 한다.

이 경험과 MIT 및 스탠퍼드 체류 경험을 바탕으로 나는 슐로스 그라흐트의 관리 임무를 잘 준비했다. 나의 개인적 목표의 하나는 독일경영연구원을 더욱 국제화하는 것이었다. 그때까지만 해도 세계에 그다지 알려지지 않았기 때문이다. 그러나 방금 여기서 말한 이 목표는 본질적으로 실패로 끝났다. 이 목표를 달성하려면 '지력智力'의 국제화가 이루어져야 할 것이었다. 다시 말해서 직원과 강사의 대부분을 교환해야 할 것이었다. 이것은 3년 만에 극복될 수 없었다. 내부의 저항도 만만찮은 것으로 밝혀졌다. 우리는 영어로 진행하는 세미나를 도입하기는 했으나 애초의 목적 달성에는 실패했다. 국제화 시도 실패에서 얻은 교훈은 민족의 요구를 지향하는 인원과 구조로는 국제화가 어렵기만 하다는 것이었다. 이것은 제품보다 서비스에 더 많이 적용된다. 서비스의 경우 사람을 '국제화'해야 하기 때문이다.

그럼에도 나는 인접 분야에서 중국과 인연을 맺을 수 있었

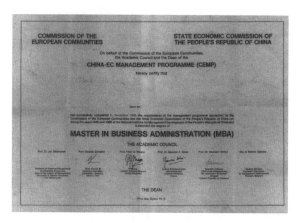

중국의 제1호 MBA 증서. 1986년.

다. 유럽 위원회(유럽공동체 위원회)는 거의 같은 시기에 베이징에
서 MBA 프로그램을 시작했다. 이 프로그램을 위해서는 여러 나라
의 교수들로 구성된 단과대학 평의회가 필요했다. 나는 이 평의회에
속해 있었다. 그 결과 중국에서 수여된 최초의 MBA 증서 하단에는
(몇몇 다른 사람의 서명과 함께) 내 서명도 있었다.

　　현재 아시아 굴지의 경영대학원으로 꼽히는 상하이 소재 중국
유럽국제경영대학원은 이 초기의 MBA 프로그램에서 유래했다. 이
때 내가 잘 아는 바르셀로나 IESE 경영대학원의 페드로 누에노 교
수가 결정적 역할을 했다. 초대 원장은 스페인 사람 알프레도 파스
토르였고, 2대 원장은 다년간 아시아와 오세아니아에서 활동한 독
일인 교수 롤프 크레머였다. 3대 원장은 내가 잘 아는 하버드 경영
대학원의 존 켈치 교수가 2년간 맡았다. 그 후에는 1982년에 인도네
시아에서 경영 세미나를 함께 개최한 적이 있는 헬무트 쉬테 교수가
원장직을 맡았다. 나는 중국유럽국제경영대학원에서 여러 번 강연

을 했다. 그때마다 그 발전상에 경탄을 금할 수 없었다.

슐로스 그라흐트 시절 3년은 내 인생에서 가장 아름답고 학문적으로도 괄목할 만한 업적을 남긴 시기이다. 당시에는 의식하지 못했지만, 그 시절에 이미 그 후의 나의 삶에 결정적 영향을 미칠 기반이 다져졌다. 나는 무엇을 배웠고 슐로스 그라흐트의 특수한 점은 무엇이었나? 행정, 기반 시설, 호텔 등등을 담당하는 상인 기질의 관리자와 협력하여 나는 처음으로 꽤 큰 기관을 이끌었다. 이 기관은 돈벌이와 무관하다는 점에서 공익 기관이었으나 자체 경비는 조달해야 했다. 약 50명에 달하는 여러 대학의 교수들에게 강의료를 지급하고 기관 유지에 필요한 엄청난 비용을 충당하는 것은 예삿일이 아니었다. 이를테면 이 기관은 중소기업과 같았다. 이를 관리하고 계속 발전시키는 것은 내게 크나큰 즐거움이었다. 나는 처음부터 새로운 기회를 찾아내고 내 안의 성장 본능을 일깨웠다. 기존에 우리가 개설한 여러 세미나는 아주 탄탄하게 구성되어 있었으나 그것들의 성장 잠재력은 크지 않았다. 왜냐하면 우리가 제공하는 세미나는 대체로 좌석이 매진되었기 때문이다. 가격(여기서는 학비 또는 등록금을 말함.-옮긴이) 인상 여지는 제한되어 있었다. 수요 때문에 그런 것은 아니었으나 독일경영연구원의 소유주와 고객이 대체로 같았기 때문이었다. 소유자를 대표하는 단체는 당연히 비용 충당을 요구했다. 비용이 증가하면 가격 인상을 허락할 준비가 되어 있었다. 동시에 그들은 자신들이 직원을 세미나에 보내고 특정 회사를 위한 세미나를 열게 하는 고객이기도 하다는 것과 그러기 위해서는 더 높은 가격을 지불해야 한다는 것도 생각하고 있었다. 이런 생각 때문에 제동이 걸렸고 우리는 가격을 조금만 인상할 수 있었다. 새 프로그램 구상도 성장의 한 방법이었다. 예를 들어 나는 제약업계와 소매업을 위한 세미나를 도입하고 '최신 경영 관리'라는 세미나도 추가했다. 우리는 특정 회사를 위한 세미나 개최에 중점을 두었다. 그 결과 무엇보다도 GM을 주요 고객으로 확보할 수 있었다. 이와 관련하여 나는 오펠(푸조-시트로엥 계열의 독일 자동차 회사.-옮긴이)과 디트로이트에 있는 제너럴 모터스의 최고 경영진을 더 잘 알게 되었다. 내 임기 3년 만에 우리는 350만 마르크인 총매출을 600만 마르크 이상으로 끌어올렸다. 국제화에는 그다지 성공하지 못했어도 그것이 작은 위안이었다.

슐로스 그라흐트에서의 생활은 행정 책임자 때문에 종종 우울해지기도 했다. 그는 종신직이었기 때문에 곧잘 성주처럼 행세했다. 3년마다 돌아가면서 맡는 학술 책임자와 그 사람 간에는 으레 마찰이 있었다. 독일경영연구원의 공동 설립자이자 중추적 인물인 호르스트 알바흐 교수는 이 때문에 슐로스 그라흐트에서 손을 떼고 코블렌츠의 오토바이스하임 경영대학WHU에 관심을 가졌다. 내 후임자인 롤프 페퍼코번 교수는 임기를 반 남겨두고 사임했다. 나도 처음에는 이 문제로 골머리를 앓았으나 시간이 흐름에 따라 잘 대처하게 되었다. 이에 대해 경제 주간지는 "헤르만 지몬은 이 불공평한 싸움에서도 여전히 최고위직을 맡고 있었다. 빌레펠트 대학의 마케팅 교수는 사소한 모욕에는 꿈쩍도 하지 않았다. 지몬은 자신과 독일경영연구원의 대외적 영향력을 교묘하게 이용했다"고 썼다.[8] 그러나 행정 책임자가 우리의 중국 플랜 봉쇄에 관여했을 가능성을 나는 배제하지 않는다.

독일경영연구원과 그 네트워크

슐로스 그라흐트 시절에 가장 고무적이었던 것은 내가 구축할 수 있었던 네크워크였다. 이 네트워크는 위원회 위원, 강연자, 세미나 참가자 세 가지였다. 나의 직속 상사는 바이엘 CEO인 헤르베르트 그뤼네발트 교수였다. 그는 도이체방크의 이사인 호르스트 버가드와 회흐스트의 이사인 에르하르트 부이용의 도움을 받으면서 지원 단체의 장을 맡고 있었다. 세 사람은 이 유서 깊은 학교 출신의 귀인이었다. 이들 밑에서 일하거나 함께 일하는 것은 즐거웠다. 그들은 내 제안을 거의 모두 받아들였지만 국제화 제안만은 완강히 반대했다. 당시에 바이엘과 회흐스트가 이미 사실상 세계적 기업이었다는 점에서 이것은 놀라웠다. 당시에 일종의 감독 위원회인 감사국은 독일 경제계에서 가장 중요한 인물의 한 사람인 오토 볼프 폰 아메롱겐과 도이체방크의 대변인인 알프레드 헤르하우젠 박사 휘하에 있었다. 감사국에는 매우 우수한 인재들이 포진해 있었다. 실제로 최고경영자들이 회의와 모임에 참가했다. 알프레드 헤르하우젠은 내가 만난 사람 가운데 가장 인상 깊었던 사람의 한 명이었다. 그러나 그도 대단한 지위 의식을 보여주었다. 보안 문제는 당시에 매우 중요한 것이었다. 그가 방문하거나 강연하러 올 때는 그 전날 보안팀이 성城을 구석구석 살폈다. 그는 보안 차량을 타고 다리를 지나 안뜰에 들어갈 수 있는 유일한 사람이었다. 그래서 그라흐트에서 근무하는 사람들은 일찌감치 성에 모였다. 당시 스위스 은행협회장의 방문은 이에 대조되는 것이었다.[9] 당시 스위스 은행협회는 최소한 도이체방크만큼의 자산을 관리하고 있었다. 맨 앞의 폴크스바겐에 타고 있던 협회장 발터 프레너는 성 앞에서 내렸다. 그는 작은 서류 가방을 든 채 문을 두드리며 말했다. "프레너라고 합니다. 강의하러 왔습니다." 아무도 그를 알아보지 못했거나 이 수수한 차림의 작은 사내가 어떤 사람인지 알아채지 못했을 것이었다. 헤르하우젠은 자신감이 넘쳤다. 그는 헨켈 폰 도너스마르크 백작 아우구스티누스 하인리히와 친했는데 아우구스티누스는 괴짜 프레몽트레 수도회원으로서 슐로스 그라흐트에 강연하러 자주 왔다. 어느 날 저녁 우리는 레스토랑에 함께 앉아 쾰른의 추기경 요제프 회프너에 대해 이야기를 했다. 아우구스티누스 신부는 회프너가 박사학위를 네 개 가지고 있다고 말했다. 그런 사람은 분명히 많지 않다는 것이었다. 그러나 헤르하우젠은 "아우구스티누스, 우리도 마음만 먹었으면 그만큼 땄을 걸세"라고 말했다.

헤르하우젠은 1989년 11월 30일 적군파(서독의 극좌파 무장단체.-옮긴이)에게 암살되었다. 이때 나는 뮌헨의 MTU(독일의 항공기 엔진 제조업체. 현재의 MTU 에어로 엔진스Aero Engines.-옮긴이) 회장 귄터 바그너의 사무실에 있었다. 바그너의 여비서가 들어와서 바그너에게 가더니 "헤르하우젠이 방금 살해되었어요"라고 말했다. 우리는 충격을 받았다.

슐로스 그라흐트에서 네트워크가 구축된 두 번째 그룹은 강연자였다. 이 그룹은 실무자와 학자로 구성되었다. 우리는 일련의 학문적 협력자를 고용하고 있었다. 내 지도로 박사학위를 받은 카를하인츠 슈부코브가 특히 기억에 남아 있다. 그는 현재 브레멘 대학교 국제경영연구소 소장으로 있다. 슈부코브는 인력개발 분야의 권위자가 되었고, 요아힘 구트만과 함께 25년 넘게 인력개발 편람을 매년 발행하고 있다. 2018년도 편람의 표제는 '2018 HR 트렌드: 전략, 문화, 혁신, 콘셉트'였다.[10] 현재 베를린의 유럽경영기술학교 교수이자 히든 챔피언 연구소 설립이사인 자비네 라우도 당시에는 슐로스 그라흐트의 조교였다.

그러나 슐로스 그라흐트에는 연구 책임자를 제외하고는 교수로서 정식 채용된 강의 인력이 없고 국내외 여러 대학의 교수가 자유 협력자로서 강연을 했다. 강연자는 대개 경력이 많은 실무자였다. 이들 덕분에 나는 독일 산업계의 최고경영자 수백 명을 알게 되었다. 대기업과 비교적 큰 중소기업의 수많은 대표이사, 이사, 부서장이 바로 그들이었다. 그래서 나는 3년 후에 지멘스 또는 보쉬, 거대 자동차 회사, 화학 기업, 그리고 만네스만, 티센 또는 크루프 같은 테크놀로지 회사의 사장들을 알게 되었다. 이들 회사는 독일 경제의 단면이었다. 큰 중소기업의 사장들도 종종 강연을 했다. 트럼프 사의 베르톨트 라이빙거 교수가 그 예였다. 그는 헬리콥터로 성의 안뜰에 착륙했는데 이때 지붕의 일부가 날아가버렸다. 우리는 라이빙거를 가끔 볼 때마다 이 에피소드를 언급하며 곧잘 웃곤 한다. 강연자 특히 경영인과 기업가는 실무에 관한 것을 보증했기 때문에 독일경영연구원의 토대 역할을 했다. 1988년 《매니저》는 독일 기업의 연수 책임자 500명을 대상으로 한 조사 결과를 다음과 같이 공개했다. "중요한 것은 세미나가 실무 위주로 이루어진다는 것이다. 이 때문에 연수 전문가들이 독일경영연구원의 세미나를 선호한다. 독일경영연구원은 인시아드, 장크트 갈렌, 하버드처럼 유명한 엘리트 양성 소임을 보여주고 있다."[11] 설문조사가 독일 기업의 연수 책임자들만 대상으로 한 것임을 한 번 더 밝혀둔다.

세 번째 네트워크는 세미나 참가자이다. 나는 슐로스 그라흐트에서 근무한 3년 동안 독일경영연구원의 기함旗艦, 즉 종합 경영 세미나를 이끌었다. 이것은 원래 알바흐 교수가 10주짜리 세미나로 시작한 것이었다. 이 매머드 프로그램은 1969년 본의 장크트 아우구스틴 수도원에서 처음 개최되었다. 수도원 분위기는 10주 동안의 고된 트레이닝을 상징했다. 종합 경영 교육 외에 기업의 간부가 될 경영인을 결집시키는 것도 이 프로그램의 목적이었다. 여러 주 동안 함께 있음으로써 우의를 돈독히 하려는 의도가 있었다는 것도 분명하다. 원래의 10주 세미나가 시간이 지나면서 너무 긴 것으로 밝혀져 우리는 기간을 6주로 줄이고 이에 맞추어 집중적인 프로그램을 구성했다. 아침 운동을 시작으로 8시 정각에 첫 강의가 있었다. 강의는 저녁까지 이어졌고, 저녁 식사 후에는 20시부터 또 강연이 있었다. 참가자는 거의 다 왔고, 참가자들이 다음 날 사례 연구 준비를 해야 했기 때문에 나도 자정 전에는 잠자리에 들지 못했다. 나도 이 6주 동안 프로그램에 꼬박꼬박 참가했다. 우리는 강연자를 100명 확보했다. 그중에는 최고경영자뿐만 아니라 연방총리 같은 정치가도 있고, 연방카르텔감독청장 볼프강 카르테 같은 최고 연방관청의 장도 있고, 연방 방위군 참모총장이나 해군대장 디터 벨러스호프 같은 장군도 있었다. 세미나 명칭의 '종합'에 걸맞은 것이었다. 프로그램은 최고경영자가 직면할 영역을 모두 망라했다. 신학자, 사회학자, 예술가의 강연도 포함되어 있었다. 나는 이 경영 세미나 3개에서 각기 참가자 30명을 담당했다. 90명 중에 여성은 딱 1명이었다. 슈투트가르트의 기계 제작사 게링의 사장인 도로테 슈타인 게링이었다. 참가자 몇 명은 CEO가 되었다. BHF 은행의 페터 글로이슈타인 박사, 퓌스트알피네의 페터 슈타라하머 박사, 현재의 코베스트로(당시는 바이엘 재료과학사)의 하겐 뇌렌베르크 박사, 독일 의약사 은행조합의 귄터 프로이스, MTU 프리드리히스하펜(현재의 롤스로이스 파워 시스템즈)의 롤프 한센 박사, ADAC 회장인 페터 마이어 같은 사람이 그 예다. 그 밖의 많은 사람은 여러 부문에서 기업의 중역이 되었다.

알바흐 교수는 이미 재회 모임을 가졌다. 종합 경영 세미나 참가자들은 동창회 이야기를 했을 것이다. 참가자들은 이 전통을 지금도 어어가고 있다. 그래서 평생 결속과 우의를 다진다는 목적이 사실상 달성되었다. 참가자들은 배우자들도 슐로스 그라흐트에 초대하여 서로 알게 함으로써 유대를 강화했다.

나는 이 세미나를 현재의 관점에서 어떻게 평가하는가? 이 세미나는 주로 사례 연구를 토대로 하는 하버드 경영대학원의 프로그램과 확연히 다르다. 우리의 세미나는 기업의 리더를 대상으로 했다. 그래서 '살아 있는 사례 연구'라고들 한다. 나는 슐로스 그라흐트에서 3년 근무하면서 강연에 총 458회 참석했다. 이 중에서 345회는 경영자가, 113회는 교수가 강연했다. 나는 다양하기 그지없는 수많은 모임을 통해 사람 자체가 그 사람이 하는 말보다 더 중요하다는 것을 배웠다. 강연 내용으로부터는 그다지 많은 것을 얻지 못했다고 솔직히 고백해야 되겠다. 그러나 사람, 그중에서도 별난 사람은 잊히지 않는다. 그래서 지금도 재회 모임에 나가면 게르하르트 아커만스 이야기가 곧잘 입에 오르내린다. 그는 슈퍼마켓 체인 알카우프의 설립자였다. 후에 그는 이 체인을 메트로에 매각했고, 메트로에서 레알 마르크트가 생겨났다. 아커만스는 새 민영 텔레비전

슐로스 그라흐트 전경.

방송에 관여하여 프로지벤Pro7을 설립했고, 이것이 자트아인스Sat1
와 합병되어 오늘날의 프로지벤자트아인스가 생겨났다. 아커만스는
'알카우프'라는 이름을 어떻게 생각해냈느냐는 질문을 받고 "그야
간단하죠. 모든 걸 다 파니까요alle kaufen. 그래서 알카우프Allkauf라고
했습니다"라고 대답했다. 캐시 앤드 캐리 도매 체인 젤그로스Selgros
라는 이름도 이와 비슷하게 생겨났다. 젤그로스는 젤프스트베디눙
스그로스한델SELbstbedienungsGROSshandel(셀프 서비스 도매업self-service
wholesaling이라는 뜻.-옮긴이)이라는 단어에서 따왔다. 그러나 이런 별
난 사람은 대기업보다는 오히려 중소기업에 더 많았다. 후에 나는
히든 챔피언 연구를 하면서 이런 기업가를 많이 만났다.

　　슐로스 그라흐트는 휴식의 오아시스였다. 이 성은 쾰른 문 앞
의 라인 갈탄 지대에 위치한 소도시 에르프트슈타트 리프라르에 있
다.[12] 그러나 성 주위를 둘러싼 연못 위의 다리를 넘어 육중한 떡갈
나무 문을 지나 성에 들어서면 리프라르와 그 주변은 까맣게 잊어버
린다. 환상環狀의 바깥 성채와 본관이 이 이상적 세계의 틀을 이루고

있다. 건물 사이의 빈 곳은 넓은 해자가 보호하고 있다.

이 성은 시끄러운 곳을 벗어나 세미나 하기에 딱 알맞은 곳이었다. 슐로스 그라흐트는 이 세미나로 유명해졌다. 다른 데 신경 쓸 일이 없었다. 세미나 참가자들은 학습과 상호 소통에 오롯이 집중할 수 있었다. 나는 3년 동안 딱 한 번 세미나 참가자와 함께 저녁에 쾰른으로 갔다. 여자들의 사육제(사육제 전야에 여자들이 거리에서 유쾌하게 소동을 벌이는 것.-옮긴이)가 있었다. 주지하는 바와 같이 이때 쾰른에는 곰이 미친 듯이 날뛴다. 세미나 참가자들은 다음 날 아침에 돌아갔으나 사육제는 정확히 아침 8시까지 계속되었다.

내 사무실은 환상적인 곳이었다. 모퉁이 망루에 있는 방으로 해자와 성에 딸린 공원이 보였다. 나는 이곳에서 왜가리를 처음 보았다. 이 큰 새는 지금은 드물지 않게 볼 수 있지만 1980년대에는 다시 독일에 서식하기 시작할 무렵이었다. 슐로스 그라흐트 같은 수변水邊 지역은 왜가리에게 이상적인 조건을 제공했다. 사무실에는 사용하지 않는 위층의 방으로 이어진 나선형 나무 계단이 있었다. 그 방은 성주의 방인 것 같았다. 외떨어진 슐로스 그라흐트는 사람에게도, 작업 환경에도 영향을 미쳤다. 내가 살아오면서 머물렀던 그 밖의 곳에서는 항상 분망했는데 슐로스 그라흐트에서의 생활은 그다지 분망하지 않았다. 세미나 참가자와 강연자들이 이곳에 왔다. 우리는 가끔 산책만 하면 되었다. 당시에는 휴대전화와 인터넷이 아직 없었다. 팩스가 가장 최근에 나온 혁신 제품이었다. 퍼스널 컴퓨터는 이 시기에 갓 도입되어서 아직 표준 장비가 아니었다.

이임 기념으로 독일경영연구원은 이곳에 자주 들른 화가 오트마르 알트의 〈슐로스 그라흐트에 바치는 경의〉라는 제목의 그림을 나에게 선물했다. 지금 이 그림은 내 작업실을 장식하고 있다. 나는 매일 이 그림을 보며 '성주'로서 지낸 멋진 시절을 떠올린다.

요한네스 구텐베르크 대학으로부터의 교수 초빙

하버드 연구 생활이 끝나자 나는 빌레펠트 대학으로 복귀하지 않고 상황이 크게 다른 요한네스 구텐베르크 마인츠 대학으로 갔다. 빌레펠트 대학은 '개혁 대학'이었으나 마인츠 대학은 정형화된 구조를 가진 고전적이고 전통적인 대학이었다. 원래 마인츠 대학은 1477년에 마인츠의 대주교이자 독일의 선제후 겸 대재상인 디터 폰 이젠부르크가 설립했다. 프랑스 혁명의 외중에 강의 활동이 중단되었다가 1946년에야 비로소 인쇄술의 발명자 요한네스 구텐베르크의 이름을 본떠 다시 개교했다. 선제후이자 대주교가 설립한 다른 두 대학, 즉 쾰른과 트리어의 대학도 비슷한 운명을 겪었다.[13]

나는 뮌스터로 옮긴 클라우스 바크하우스 교수의 강의를 이어받았다. 그러나 일이 순조롭게 풀리지 않았다. 당시 마인츠 대학에는 경영학사 학위는 없고 경제학사 학위와 상업교사 학위만 있었다. 유능한 기민당 정치가인 문교부 장관 게오르크 필터 박사와 협상을 한 끝에 나는 이적을 조건으로 경영학 과정을 도입했다. 필터의 이 요구는 정당했다. 어쨌든 그는 경영학을 전공 학과로 도입하려고 했기 때문이다. 바크하우스 교수가 물러난 뒤 남은 경영학 교수 3명을 압박하던 다수의 경제학 교수들은 나의 요구를 그들의 주도권을 정면 공격하는 것으로 간주했다. 필터 장관은 이의를 제기하며 나의 전공 분야 설치 요구를 승낙한 것을 철회했다. 문교부는 전공 분야 대표 및 나와 함께 마감 시한을 정했는데 나는 이 시한에 두 시간 늦었다. 이것은 말로 구워삶아야 했다. 이처럼 중요한 마감 시한에 당사자인 나 때문에 교수들과 문교부 관리들이 두 시간 기다려야 했다. 다른 편 대표들이 그렇게 해석하리라는 것을 배제할 수는 없지만 나로서는 타산이나 악의에서 늦은 것은 아니었다. 왜 늦었느냐고? 나는 당시 거주지인 쾨니히스빈터에서 마인츠로 차를 몰고 가려고 했다. 고속도로로 가는 도중에 심한 눈보라가 몰아쳤다. 이런 날씨에 마인츠에 간다는 것은 절망적이었다. 나는 차를 돌려 본의 중앙역으로 가서 다음번 도시 간 급행열차를 탔다(당시에 도시 간 특급열차는 아직 없었다). 그래서 라인란트팔츠주 문교부에 두 시간 늦게 도착했다. 이 두 시간이 너무 길어서 처음에 화를 냈던 전공 분야 대표자들도 누그러져 있었다. 동료들에게는 담당 문교부 관리와 이야기하는 것 외에는 달리 방법이 없었다. 문교부 관리는 장관과의 합의에 따라 나의 요구를 승낙하여 경영학 과정을 도입하는 것에 호의를 보이지 않았다. 나는 끈질기게 요구했다. 내가 취임한 직후에 경영학사 과정이 도입되었다. 이에 따라 대학에 경영학 강좌 5개가 신설되고, 경제학과 경영학 간의 세력 관계가 계속 옮겨졌다. 예상대로 다음 해에는 경영학을 선택한 학생이 경제학을 선택한 학생보다 약 4배 많았다.

마인츠에서는 박사학위 논문 지도와 교수 자격 취득 논문 지도가 가장 큰 기쁨을 가져다주었다. 나는 빌레펠트 대학에서 이미 중시한 주제를 계속 다루었다. 카이 빌팅거는 그때까지 거의 연구되지 않은 주제인 가격 관리론의 매출 문제를 박사학위 논문에서 다루었다.[14] 마르틴 파스나흐트는 복잡한 서비스 가격 차별화 문제를 다루었다.[15] 크리스티안 홈부르크는 1995년에 교수 자격 취득 논문에서 고객 충성도를 주제로 다루었다.[16] 세 사람 다 교수가 되었다. 만하임 대학의 홈부르크 교수는 독일의 마케팅학계뿐만 아니라 경영학계에서 가장 활동적인 학자로 간주되었고 세계적으로도 명성을 떨친 학자로 간주되었다. h지수 90으로 독일어권에서는 단연 선두를 달리고 있다. 나는 그와 함께 《고객 만족》이라는 책을 몇 판 찍어내기도 했다.[17] 마인츠에서는 게오르크 뷔브커가 묶음 가격을 주제로 박사학위 논문을 썼다. 그는 지금 지몬-쿠허에서 글로벌 뱅킹 부문을 성공적으로 이끌고 있다. 마르틴 뫼를레와 에크하르트 슈미트는 이 부문에서 경력을 쌓았다.

우리 전공 분야가 비대해져서(무엇보다도 경영학 과정이 도입된 덕분이다) 우리는 8,800만 마르크짜리 새 건물을 가지게 되었다. 그러나 당시 라인란트팔츠주는 이미 재정 궁핍으로 허덕이고 있었다. 나는 경영학과를 상징하는 새 건물 건립 후원자를 물색하고 후원자 이름을 따서 건물 이름을 짓자고 학과 평의회에 제안했다. 이때 마인츠의 베링거 인겔하임이나 쇼트 같은 지역 대기업을 염두에 두고 있었다. 그러나 그것은 벌집을 쑤신 꼴이 되었다. 20년 전 대학 경제학 세미나와 관련하여 본에서 겪은 일이 생각났다. 사립대학은 너나할 것 없이 이 돈줄을 이용했다. 대학은 건물이나 대형 강의실에 후원자 이름을 붙여주었고, 반대급부로 돈이 대학으로 흘러들어갔다. 그러나 산업계와의 유착은 무엇보다도 마인츠 대학의 법학자들에게 받아들여질 수 없는 것으로 여겨졌다.

마인츠 대학의 학부는 빌레펠트 대학의 학부보다 훨씬 더 보수

적이었음에도 이것은 내 일에 영향을 그다지 미치지 않았다. 마인츠는 독일의 한가운데 있다는 커다란 장점이 있었다. 프랑크푸르트 공항은 엎어지면 코 닿을 거리에 있었다. 나는 경제계 인사들을 만나기 위해 프랑크푸르트의 호텔 에어포트 클럽(나는 이 호텔의 창업 멤버이기도 하다)을 종종 이용했다. 게다가 권위 있는 강연자를 확보하기도 더 쉬웠다. 그래서 내가 개최한 강연에는 당시 에어버스의 전신인 DASA의 CEO이자 후에 다임러의 CEO가 된 위르겐 슈렘프, 독일 포드 지사의 CEO 다니엘 괴드베르, 도이체방크 총재 롤프 브로이어, 위르겐 헤레우스, 바이엘의 CEO 만프레드 슈나이더, 라인홀트 뷔르트, 해군 대장 디터 벨러스호프, 연방 방위군참모총장이 출연했다. 후에 우리는 지몬-쿠허 앤드 파트너스라는 이름으로 도이체방크의 공동 CEO 위르겐 휘첸, 바스프의 CEO 위르겐 함브레히트, 당시의 프레지니우스(현재의 네슬레) CEO 울프 마르크 슈나이더, 밀레의 공동 CEO 라인하르트 진칸 또는 캐버릿 회장 알베르트 배니 같은 권위 있는 강연자를 많이 확보했다. 이 시기의 강연자 중 가장 흥미로운 사람은 제너럴 일렉트릭 에어크래프트 엔진의 전 CEO이자 '제트 시대의 아버지'인 게르하르트 노이만 박사였다. 그가 마인츠 대학에 강연하러 오면 대형 강의실 1,200석으로도 부족했다. 그에 대해서는 12장에서 더 자세히 언급할 것이다.

나는 교수직을 맡고 정치에 관심을 가진 것 외에 강연도 하고 UNIC의 발전에도 기여했다. UNIC는 나의 박사 과정 첫 학생인 에크하르트 쿠허와 카를 하인츠 세바스티안과 함께 설립한 컨설팅 회사의 당시 이름이었다. 중요성이 크게 다르기는 해도 나는 절정기를 네 번 맞았다. 시대의 요구는 감내할 수 있는 정도를 넘었다. 방향을 다시 바꾸는 것이 적절한 것 같았다. 나는 기업의 선택의 폭을 넓혀주기 위해 컨설턴트가 되기로 결심했다.

1994년 말 나는 요한네스 구텐베르크 마인츠 대학에 사직을 통보하고 교수직을 그만두었다. 그 후로는 대학에서 강의는 하지 않았으나 강연은 수없이 했다. 1995년 4월 1일 나는 지몬-쿠허 앤드 파트너스(우리는 이날 이후 우리 회사를 이렇게 불렀다)의 대표이사에 취임했다. 당시 우리는 본의 사무실밖에 없었다. 그러나 마인츠 대학에서 나한테 배우던 졸업 자격시험 준비생과 박사 과정 학생의 시험을 다 마무리 짓는 데 몇 년이 걸렸다. 이로써 내 인생의 책에서 마인츠 장을 마무리할 수 있었다.

세계 속의 독일 마케팅학

알바흐 교수의 조교로 있을 때 나는 마케팅학은 '독일이라는 섬'에만 있지 않고 얼마든지 발전시킬 수 있다는 것을 금세 알아차렸다. 국제회의와 외국 체류에서 얻은 인상은 이런 통찰을 지속적으로 강화시켰다. 나는 교수 자격을 취득하기 전에《독일 마케팅학의 국제적 위상》이라는 제목의 짧은 논문을 발표했다. 이 논문에서 나는 세계적 잡지에 더 많이 기고하고 활동 무대를 넓힐 것을 내 전공 분야의 학자들에게 촉구했다.[18] 그 결과 교수 세계로부터 멀어졌다. 교수 자격도 없는 햇병아리가 어떻게 경험이 많은 교수들에게 세계를 무대로 활동하라고 훈계하고 영어로 논문을 기고하라고 말할 수 있었겠는가? 나는 이 논문이 내가 다른 대학의 교수가 되는 것을 막았을 가능성을 배제하지 않는다. 몇 년 후 나는 더 자세히 분석한 글을 《국제적 경쟁 속의 독일 경영학》이라는 제목으로 경영지에 또 기고했다.[19] 핵심 논제는 독일의 경영학자들은 영어 잡지를 읽을 수는 있지만 영어로 글은 쓰지 못하느냐는 것이었다. 블랙홀처럼 정보를 빨아들이기만 하고 밖으로 내놓지는 못한다는 것이었다. 그래서 독일의 경영학이 세계에 영향을 미치지 못한다는 것이었다. 더 나아가 나는 독일 잡지에 영어로 기고할 것을 요구했다. 많은 동료들은 나의 이런 주장을 이단으로 받아들였다. 베를린 자유 대학의 발터 엔드레스 교수를 예로 들겠다. "헤르만 지몬이 기고문에서 한 제안에 나는 반대한다. 독일 잡지에 영어로 기고하라는 제안은 그다지 적절하지 않다. 그는 독일 경영학자들에게 영어로 글을 더 많이 쓸 것을 요구한다. 그러면 미국인과 영국인은 분명히 편할 것이다. 그러나 그들은 왜 독일어를 배우려고 노력하지 않는가? 지몬은 언어 장벽 극복이라는 짐을 독일인의 어깨에 올려놓는다. 분명히 지몬은 독일어를 학술어로 보존하는 데 전혀 관심이 없다."[20] 지금 《저널 오브 비즈니스 이코노믹스》(이전의 경영지), 《슈말렌바흐 비즈니스 리뷰》(경영 연구지에서 유래) 또는 《마케팅 ZFP》, 즉 《저널 오브 리서치 앤드 매니지먼트》(원래는 연구와 실무를 위한 마케팅지) 같은 독일 잡지는 영어만으로 또는 주로 영어로 출간된다. 그럼에도 이런 독일 잡지가 더 널리 읽혀야 한다. 그러기 위해서는 뒤늦게나마 독일 잡지가 영어로 갈아타야 할지도 모른다. 이런 갈아타기가 훨씬 이전에 이루어진 경영과학 같은 분야가 이를 잘 보여준다. 다행히도 독일인 마케팅 학자의 세계 무대 활약이 크게 늘어났다. 이것은 회의에도 적용되고, 잡지에도 적용된다. 이에 대해 베를린 자유 대학의 알프레드 쿠스 교수는 "최근 세계적 잡지에 독일인의 기고가 극적으로 증가한 것을 관찰할 수 있었다"라고 썼다.[21] 그러나 쿠스 교수는 이 것이 비교적 소수의 저자에게 해당한다는 것도 지적한다. 크리스티안 홈부르크(만하임 대학), 쾽케 알버스(킬 대학 교수였으나 지금은 함부르크의 퀴네 물류 대학 교수) 및 그의 제자 베른트 스키라(프랑크푸르트 대학) 또는 만프레드 크라프트(뮌스터 대학) 등 몇 명만 거명할 수 있다는 것이다. 선도적 잡지 《저널 오브 마케팅》의 독일인 저자 논문 비율은 2001년 6.2%에서 2011년 12.6%로 두 배 증가했다.[22] 이런 진전은 크게 다행한 일이다. 지금 독일인은 이 분야에서 미국인 다음으로 두 번째 그룹을 형성하고 있다. 내가 수십 년 전에 도발적인 요구를 했을 때는 이렇게 되리라고는 생각지도 못했다.

나 자신과 대부분의 독일인 저자들이 영어 모국어 사용자에 대해 평생 불리함을 각오해야 한다는 것을 나는 결코 부인하지 않는다. 외국어인 영어를 어느 정도 마스터했다 하더라도 제대로 교육을 받은 영어 모국어 사용자 수준에 이르지는 못할 것이다. 그러나 이 문제가 새삼스러운 것은 아니다. 베른카스텔 쿠에스 출신으로 쿠에스의 니콜라우스라고 알려진 중세 말엽의 세계적 대학자이자 동향인인 쿠자누스는 당연히 당시 학자들의 국제어인 라틴어로 글을 썼다. 쿠자누스는 갈릴레이보다 200년 앞선 1440년에 "지구는 우주의 중심이 아니다Terra non est centrum mundi"라고 표명했다. 그러나 그는 오늘날 우리가 영어에 대해 겪는 어려움, 즉 모국어 사용자에 대한 경쟁의 불리함을 극복하는 어려움을 나름대로 인식하고 있었다. 그의 저서 《보편적 화합에 대하여》의 서문에는 "독일인은 마치 천성을 바꾸듯이 엄청난 노력을 해야 라틴어를 정확히 구사할 수 있다"[23]라는 구절이 있다. 니콜라우스는 자신의 형편없는 필력을 한탄하면서도 고전 교육을 받은 이탈리아인이 쓴 평이하면서도 우아한 글에 경탄한다. 오늘날 나와 많은 동료들의 미국인 및 영국인에 대한 관계도 이와 다를 바 없다. 언어 측면에서 우리는 평생 불리하다.

저자가 된다는 것

학창 시절에 나는 언젠가 저자가 되어 인생의 상당 부분을 책과 논문을 쓰며 보내리라고는 한 번도 생각한 적이 없었다. 독일어 작문과 외국어 작문은 학생들에게 달갑지 않은 의무였고 따라서 점수는 대개 형편없었다. 우리 김나지움은 1964년에 처음으로 학교 신문을 창간하여 '자명종'이라고 명명했다. 우리는 곧바로 작은 센세이션을 불러일으켰다. 급우 볼프람 슈미트가《혁명은 그 자식들을 풀어준다》의 저자 볼프강 레온하르트를 인터뷰했다. 레온하르트가 그 직전에 우리 김나지움이 있는 만더샤이트로 이사 와서 그에게 접근한 것이었다. 그는 죽을 때까지 그곳에서 살았다. 2014년 8월 30일 우리는 힘메로드 수도원에서 엄숙한 장례식(한스 디트리히 겐셔도 참석했다)을 치름으로써 그와 작별했다.《자명종》에 대해 말하자면 나는 필자는 아니었고 판매 책임자였다. 이것은 내가 일찍부터 마케팅과 판매에 관심을 가지고 있었다는 것을 보여주는 것일까?《해즈보른Hasborn》이라는 제목으로 1968년에 나온 나의 첫 간행물은 고향 마을을 다룬 것으로 신축 교회 헌당 기념 간행물에 실렸다.[24] 나는 온갖 사실을 주민, 교육 수준, 이동, 직업, 경제와 결부시켰고, 매우 단순한 통계적 방법을 사용하여 상호 관계를 분석했다. 후에 연구할 때에도 나는 이 방법을 사용했다. '비판적 고찰'이라는 부제가 딱 들어맞았다. 나는 이 분석으로 마을에서 외톨이가 되었다.

이 풋내 나는 첫 출판물이 나온 이후 8년간 이렇다 할 출판물은 없었다. 수년간의 박사학위 논문과 교수 자격 취득 논문 작업은 기쁨이라기보다는 오히려 고역이었다. "논문을 발표하라. 그렇지 않으면 그만두라publish or perish"는 명령은 모든 대학 교수 지원자에게도 적용되었지만 내게도 적용되었다. 글을 더 많이 쓸수록 글을 쓰는 재미도 불어났다. 이러한 재미는 내가 책상에서 많은 시간을 보낸 후에 나온 작품이 시험에 합격해야 한다는 압력으로부터 자유로워진 다음에 더 커졌다. 그 대신 시간이 지나면서 내가 스스로 선택해서 책을 쓰는 일이 많아졌다.

수십 년 지나자 책이 어마어마하게 쌓였다. 그러나 정확히 몇 권인지 따지는 것은 별로 의미가 없다. 모든 책이 다시 쓰이지는 않았기 때문이다. 책 중에는 이전 판과 약간 다른 판이 있다. 내가 직접 쓰거나 출간한 책은 총 40권쯤 들 수 있다. 내 책들은 26개 언어로 출간되었다. 이것저것 다 고려하면 다른 판본이 족히 150개는 된다. 글 쓰는 데 들인 노고와 시간은 확연히 구별된다. 6주 만에 쓴 책이 내가 '가장 빨리' 쓴 책이다. 《위기에 대응하는 33가지 즉각 조치》[25]라는 책이었기 때문에 서둘러야 했다. 비상약을 투여할 상황이라면 서두르지 않을 수 없다. 언제 위기가 끝나고 이에 대한 관심이 누그러질지 아무도 모르기 때문이다. 타이밍은 딱 맞아떨어진 것으로 밝혀졌다. 1년도 안 되어 이 책은 13개 언어로 출간되었고, 러시아에서는 2015년에 2판이 나왔다. 두 권짜리 《가격 관리론》[26] 초고를 쓰는 데 시간이 가장 많이 걸렸다. 6주가 아니라 6년이 걸렸다. 이런 책을 쓰는 것은 마라톤 이상의 장거리 경주이다. 이런 책을 다시 구상하여 쓰라고 한다면 지금은 끈기가 없어서라도 못 쓸 것이다. 그럼 가장 신나게 쓴 책은? 나는 《히든 챔피언》을 곧잘 든다. 이 책을 쓰면서 인상 깊었던 기업가들을 알게 된 때문인지도 모른다.

내 책은 대부분 베스트셀러가 되지 못했다. 하지만 2007년에 출간된 《21세기의 히든 챔피언》이 독일의 비즈니스 베스트셀러 목록에서 2위를 차지했다. 또한 내 책 중에 몇 권은 중국에서 월등히 많은 판매 부수를 달성했다. 수십 만 부가 팔린 것도 있었다. 중국 시장은 몇 배나 더 크다. 내 책은 일반인이 아닌 전문가가 주 독자층이었고, 게다가 꽤 비쌌다. 나의 기본 목표는 책을 가능한 많이 판매하는 것이 아니라 적합한 목표 집단을 획득하는 것이었다. 이 목표는 어느 정도 달성되었을지도 모른다. 어쨌든 책으로 돈을 많이 벌지는 못한다. 그러나 책은 명성을 쌓기에 딱 좋고(베스트셀러 작가를 제외하고는 알려진다고 하는 것이 맞는 말일 것이다), 명성이 쌓이면 강연 요청이 뒤따른다. 몇몇 사람의 강연료가 인세 수입보다 많은 이유를 나는 지금도 알 수 없다. 지금까지 이에 대해 납득할 만한 설명을 들은 적이 없다.

학술 논문 출간은 책 쓰는 것과는 다른 도전을 가져다준다. 1970년대와 1980년대에 미국 잡지에 논문을 게재하면서 알게 된 절차 때문에 나는 정말로 골머리를 앓았다. 젊은 학생들이 쓴 글에 따르면 학술 잡지에 논문을 싣는 것은 이제 더 어려워졌다. 몇 번의 교열, 발행자 및 교열자와의 논쟁, 기고문이 최종적으로 채택될지 여부의 불확실성은 엄청난 인내와 끈기를 요한다. 그러나 이 노고에는 보답이 따랐다. 미국 잡지에 논문을 게재하지 않았다면 나는 세계적으로 알려지지 않았을 것이다. 그러나 대학 근무를 그만 둠으로써 이런 절차를 따르지 않아도 되었다. 게다가 이제 나의 목표 집단은 학자가 아니라 실무자였다.

《매니저》에 다년간 기고한 칼럼이 이 목표 집단 형성에 크게 기여한 것으로 밝혀졌다. 칼럼니스트 역할은 다음과 같이 달성되었다. 하버드 체류에 앞서 나는 당시 《매니저》 편집장 울리히 블레케에게 접근하여 〈하버드로부터의 보고〉라는 제목으로 한 달간 칼럼을 쓰겠다고 제안했다. 이 보고는 내가 하버드에서 얻게 될 아이디어와 통찰을 독일의 경영자에게 소개하는 것이었다. 《매니저》는 이 목적 달성과 목표 집단 형성을 위한 최적의 매체였다. 《매니저》는 1971년에 《슈피겔》의 자회사로 설립되었다. 《슈피겔》의 노회한 저널리스트 레오 브라반트가 다년간 초대 편집장을 맡았다. 슐레스비히 홀슈타인 주 총리 우베 바르셀이 제네바의 한 호텔에서 죽은 채로 발견되었을 때 우리는 브라반트에게 '언론과 경제'라는 주제로 슐로스 그라흐트에서 강연해달라고 했다. 한 사진기자가 시체 사진을 찍었고, 이 사진은 후에 공개되었다. 종합 경영 세미나 참가자들은 이를 심각한 문제라고 보고 이 잘못된 행위에 대해 브라반트에게 해명을 요구했다. 브라반트는 자신도 그 사진기자와 똑같이 행동했을 것이라는 말로 강연을 시작했다. 저널리스트라면 그런 기회를 놓칠 수 없다는 것이었다. 이로써 브라반트는 세미나 참가자들의 요구를 잠재웠다.

브라반트의 후임자는 울리히 블레케였다. 블레케는 나의 하버드 제안을 긍정적으로 받아들였다. 지론 칼럼은 이렇게 생겨났고,

25년 넘게 《매니저》에 게재되었다. 나는 이 칼럼에서 다양한 주제를 다루었다. 현실적인 주제를 다루기도 하고 원칙적인 주제를 다루기도 하면서 저자에게 매우 중요한 능력을 습득했다. 무엇보다도 사용 가능한 글자 수가 4,000자로 제한되어 있었다. 이것은 아무리 복잡한 주제일지라도 DIN A4(DIN은 독일산업표준을 말한다.-옮긴이) 두 쪽 정도로 처리해야 한다는 것을 의미한다. 내 초고가 대개 이보다 길었다는 것은 분명하고, 자신이 쓴 글이 잘려나가는 것을 좋아할 저자는 없다. 그러나 이 제한은 불가피했고, 이에 따라 나는 본질적인 것에 집중하여 주제를 단순화하고 명확한 언어를 구사할 수밖에 없었다. 첫해에는 《슈피겔》에서 근무한 적이 있는 《매니저》 저널리스트들이 내 초고를 퇴고했다. 퇴고가 항상 내 마음에 든 것은 아니었지만 이를 통해 내 글이 더 나아졌다는 것은 인정하지 않을 수 없다. 특히 제목이 그러했다. 특정 내용은 전문가에게 맡겨야 한다. 전문가는 이를 더 잘 다룰 수 있다. 글쓰기 훈련이 거듭됨에 따라 교정은 더 적어졌고 마침내 불필요해졌다. 칼럼니스트로서의 이 경험 덕분에 지금은 풋내기 학자 때와는 다르게 책을 쓰게 되었다. 자신이 전문가라고 확신하려면 적절한 문체로 글을 써야 한다. 이것은 강연에도 적용된다. 유감스럽게도 탁월한 학자들조차도 강연 전문가 수준에 이르지 못한 사람이 많다. 이들은 자신의 문체나 강연 스타일을 전문가에 필요한 수준으로 맞출 수 없다. 칼럼니스트 시절에 나는 《매니저》 편집장 다섯 명을 겪었다. 꽤나 지적인 울리히 블레케는 젊은 나이에 죽었다. 그의 후임자는 내가 하버드 시절에 알게 된 페터 크리스트였다. 크리스트는 하버드 대학 유럽학 센터 객원 연구원이었다. 그의 뒤를 이어 볼프강 카덴이 5년간 편집장을 맡았다. 카덴은 다섯 명 중에서 가장 뛰어난 편집장이었다. 나머지 두 사람은 아르노 발처와 슈테펜 클루스만이다. 어느 땐가 나는 이 기나긴 칼럼 쓰기 경주에 지쳐버렸다. 마침내 더는 칼럼을 꼬박꼬박 보내지 않아도 되어서 기뻤다. 나는 칼럼을 150개 넘게 썼다. 칼럼 외에 다른 활동으로는 《매니저》 독자들에게 내 지명도를 높이지 못했을 것이다.

1990년에 《w&v》 잡지와의 인터뷰에서 나는 "은퇴하면 무엇을 할 생각입니까?"라는 질문을 받았다. "내가 직접 경험한 농촌 사회에서 글로벌 서비스 사회로의 변화를 다룬 책 《변화하는 시대: 되돌아오지 않는 시간》을 쓸 생각입니다"라고 나는 대답했다.[27] 2017년 여름 이런 발언이 담긴 인터뷰 내용을 서류에서 발견하고는 나는 깜짝 놀랐다. 2016년에 바로 이 책을 상당히 썼기 때문이었다. 제목은 《잃어버린 기억의 정원》이었고, 내용은 내 삶의 첫 20년 동안 이루어진 엄청난 변화를 다룬 것이었다.[28] 이미 1990년에 이 책을 쓰겠다는 생각을 하고 있었다는 것을 알고 나 자신도 놀랐다. 그러나 나는 머릿속에 품은 계획은 실제로는 나중에 실현된다는 것을 종종 깨달았다. 그래서 조교 시절에 학술 논문을 위한 아이디어와 주제를 메모장에 적어두었다. 지금 이 메모장을 보면 10년 걸린 것도 있기는 하지만 거의 모든 주제가 실현되었다는 것을 깨닫는다. 메모는 중요한 것 같다. 아이디어가 사라져 일과성—過性에 그치는 것을 막아주기 때문이다.

감독위원회

1980~90년대 대학 교수 시절에 나는 7개 감독위원회(우리나라의 이사회와 비슷한 개념이다.-옮긴이)와 4개 재단 감사국 위원으로 초빙되었다. 다른 위원들은 경험이 풍부한 전문가와 기업가인데 나만이 경험이 없는 신출내기였다. 슈투트가르트에 본사를 두고 있는 뒤르(2016년도 매출 35억 7000만 유로)와 코닥 독일 자회사 그리고 신설회사 이어프라이스의 감독위원회 위원직이 내게는 가장 유익했다.[29] 뒤르는 자동차 도장 부문에서 세계 시장을 선도하는 기업이다. 이 회사는 1989년에 증권거래소에 상장되었다. 그러나 후에 독일철도의 CEO가 된 가족기업가 하인츠 뒤르는 가족들과 함께 지배 주주로 남아 있었다. 감독위원회에는 도이체방크 이사회 대변인 롤프 브로이어, 바덴뷔르템베르크 주립은행의 CEO이자 후에 테센 폰 하이데브렉의 도이체방크 이사가 된 발터 췌겔 같은 사람이 있었다. 나는 감독위원회 관점에서 상장 주식회사의 운영 원리를 알게 되었다. 언제나 참석한 총회, 이사회와 감독위원회 간의 상호작용, 지배 주주의 역할이 바로 그것이었다. 비교적 큰 회사가 대개 그렇듯이 감독위원회에는 실무 전문가보다 금융 전문가와 법률가가 더 많이 있었다. 이 점에서 다행히도 비즈니스 전문가가 많은 이사회의 집행을 신뢰해야 했다. 이런 점에서 나는 당시 이사회 의장 슈미트를 전적으로 신뢰했다. 뒤르는 세계 시장을 선도하기는 했으나 시장 점유율은 4분의 1에도 미치지 못했다. 시장은 과점되어 있었다. 내 생각으로는 이 시장에만 집중하고 다각화는 피하는 것이 옳을 것 같았다. 그러나 뒤르는 다름슈타트의 회사 카를 셴크와 공동으로 자동차

부품 납품업체를 인수했다. 이것이 문제를 야기하여 결국 하인츠 뒤르가 직접 나서서 자기 회사를 옳은 방향으로 되돌려 놓아야 했다. 1990년대 말에 나는 대학을 떠남과 함께 위원직을 물러날 수 있었다. 나는 물러나는 이유를 하인츠 뒤르에게 말해주었다. "귀하는 저를 대학 교수로서 초빙했지 컨설팅 회사 CEO로서 초빙하지는 않았습니다. 저의 지위가 바뀌었기 때문에 위원직을 계속 수행할 수 없습니다."

코닥 독일 자회사에서는 뒤르와는 완전히 다른 경험을 했다. 이곳 감독위원회에도 금속노조 대표가 있었다. 주요 입장을 정하는 자본 대표자 회의가 항상 먼저 있었다. 자본주 측과 근로자 측의 빈번한 대립 때문에 나는 형식적인 감독위원회 회의가 별로 건설적이지 않다고 생각했다. 나는 외부의 금속노조 대표가 개인적 영달을 위해 회의를 이용하고 있다는 인상을 받았다. 또한 이 미국 기업의 독일 주식회사 이사회가 발언권이 별로 없다는 것을 알았다. 때로는 로체스터의 코닥 본사 부서장들이 직접 나서서 독일 자회사 이사회 견해를 기정사실보다 앞세우기도 했다. 제너럴 모터스와 오펠에서는 감독위원회 위원이 아닌 고문으로 있으면서 나는 비슷한 것을 경험했다. 내 견해로는 코닥의 최종 도산은 통찰 부족 때문이 아니었다. 감독위원회 위원으로 활동하기 전에 나는 코닥을 위해 경영 세미나를 여러 번 개최했다. 디지털화가 위협이라는 통찰은 일찍부터 있었다. 이미 1983년에 코닥은 기술이 사진을 어떤 식으로 바꾸어놓든지 간에 회사는 '영상 사업'에 매진한다고 사업의 정의를 다시 내렸다. 이것은 분명히 올바른 통찰이었다. 그러나 아는 것이 행하는 것을 의미하지는 않는다. 10만 명이 넘는 코닥 직원이 고전적 카메라 기술과 화학 필름에 종사하고 있었다. 게다가 코닥은 수십 년간 시장을 지배했기 때문에 현저히 교만해져 변화를 꺼리게 되었다. 이런 인력과 문화로는 종래의 시장을 파괴하는 새 시장을 개척하기 어렵다. 다각화 시도도 한몫을 했다. 그래서 코닥은 제약산업에 뛰어들려고 했고, 그 일환으로 스털링 드럭(바이엘 아스피린의 미국 제조사.-옮긴이)을 인수했다. 스털링 드럭은 아스피린을 제조했지만 그 밖의 점에서는 선도적 연구 기업에 속하지 않았다. 다각화의 경우 흔히 보듯이 중간 규모의 제약기업을 인수한 편승자가 궁극적으로 선도적 제약기업을 이길 수 없다는 것이 밝혀졌다. 어쨌든 그것은 바이엘에게는 행운이었다. 1차 세계 대전 때 소유권을 상실한 바이엘이라는 사명과 아스피린이라는 브랜드명을 이 문제를 계기로 되살 수 있었기 때문이다. 바이엘의 전 이사회 의장 헤르베르트 그뤼네발트 교수는 바이엘과 아스피린에 적용되는 미국의 상표법이 레버쿠젠에는 없기 때문에 미국에서는 계속 초조해했다고 내게 종종 말하곤 했다. 이 문제는 그뤼네발트의 다다음 후계자 만프레드 슈나이더 박사가 1990년대에 최종적으로 해결할 수 있었다.

신설 회사 이어프라이스IhrPreis.de 감독위원회에서의 경험도 판이했다. 이 인터넷 회사는 1999년 9월 8일 오토바이스하임 경영대학 졸업생 프랑크 빌슈타인, 마르크 그륀들러, 크리스티안 랑겐, 마르크 라코지, 토르스텐 베버, IT 전문가 마르크 라코지 그리고 법률가 토마스 슈토프멜 박사가 설립했다. 감독위원회 위원장은 후에 기민당 소속 연방의회 의원이자 기민당 부대표가 된 미하엘 푹스 박사였고, 위원은 전 연방경제부 장관 귄터 렉스로트 박사, 인시아드 교수 크리스토프 로흐 그리고 나였다. 비즈니스 아이디어는 이른바 가격 제시 모델에 입각한 것이었다. 이 모델은 고객이 가격을 제시하면 공급자가 수용 여부를 결정하는 것이다. 가격 제시 모델(고객 주도적 가격결정 또는 역逆가격결정이라고도 함)은 고객이 가격 지불 의사를 분명히 표시한 것으로 판매자가 간주하는 가격결정 방법이다. 이 때 고객의 가격 제시는(적어도 이어프라이스의 초창기에는) 구속력이 있다. 지불은 신용카드 번호를 제시하거나 자동이체를 함으로써 보장된다. 고객이 제시한 가격이 공급자에게만 알려진 최저 가격을 상회하면 고객은 곧바로 낙찰을 받고 자신이 제시한 가격을 지불한다. 가격 제시 모델의 고안자는 미국의 회사 프라이스라인Priceline.com으로 알려져 있다. 독일에도 이어프라이스 외에 몇몇 공급 업체(특히 탈리만tallyman.de)가 있었다.

주식회사 이사회에 속하는 설립자들은 프로젝트를 매우 전문적으로 처리했다. 감독위원회 일은 재미있었다. 새로운 아이디어와 접근법이 항상 있었기 때문이다. 자금 조달 문제가 늘 있었으나 TUI(독일 하노버에 본사를 둔 관광업 주력 기업.-옮긴이), 메디온 또는 오토 그룹처럼 이름 있는 기업을 투자자 및 공급자로 확보하는 데 성공했다. 사업은 전도가 유망했다. 그러나 시간이 흐르면서 많은 고객이 터무니없이 낮은 가격을 제시한다는 것이 밝혀졌다. 주로 값싼 물건을 찾으러 다니는 사람들이 들르는 경우 또는 소비자가 실제 가격 지불 의사를 밝히지 않거나 제품을 아주 싼 값에 살 수 있는지 떠보는 경우가 많았다. 이론적으로는 상당한 가능성이 있었음에도 가격 제시 모델은 기대에 미치지 못했다. 이어프라이스는 2년 후 영업을 중단했다. 이어프라이스는 전도 유망한 수많은 인터넷 비즈니스 모델과 같은 길을 밟았다. 그럼에도 나는 이 신설 회사의 감독위원회 위원으로 있었던 것을 후회하지 않는다. 그곳에서 새로운 것을 많이 배웠기 때문이다.

이어프라이스 감독위원회 동료로서 잘 알게 된 전 연방경제부 장관 귄터 렉스로트는 슬픈 추억과 관련이 있다. 나는 운이 좋았지만 그는 운이 없었다. 1996년 5월 우리 두 사람은 각자 따로 짐바브웨의 빅토리아 폭포에 있었다. 그는 출장 중에 개인적으로 그곳에 들렀다. 나는 이른바 '캐스팅 공법의 이형지'로 세계 시장을 선도하는 남아프리카의 회사 사피SAPPI를 위해 그곳에서 강연을 했다. 전날 저녁 우리는 잠베지강으로 자동차 여행을 갔다. 여행은 강가에서의 바비큐 파티로 끝났다. 우연히 어떤 남아프리카 사람이 말라리아 예방약이 있느냐고 내게 물었다. 나는 없다고 했다. 내가 하루만 머무를 작정이었기 때문에 독일인 주치의는 그런 예방 조치가 필요 없다고 보았다. 남아프리카인이 곧바로 되물었다. "정신 나갔습니까?" 호텔로 돌아가자마자 그는 내게 말라리아 예방약을 주었고, 나는 냉큼 복용했다. 다음 주에 나는 긴장을 늦추지 않은 채 말라리아 증세가 나타나지 않는지 주시했다. 다행히도 조사 결과는 음성으로 나왔다. 귄터 렉스로트는 운이 나쁜 편이었다. 그는 체류지에서 악성 말라리아인 '말라리아 트로피카'에 걸렸다. 한 달 후 그는 병이 악화되어 베를린의 대학 병원 샤리테로 옮겨졌다. 2004년 8월 19일 그는 62세의 나이에 죽었다. 그는 내 마음에 딱 드는 사람이었다.

그 밖에 보험사 그룹 걸링, 쾰른의 기계공장 헤르만 콜브, 독일의 아스팔트 시장 선도 업체 도이타크 그리고 모 출판사의 감독위원회 위원으로 있으면서 나는 경험의 폭을 넓힐 수 있었다. 이어프라이스와 달리 형식적인 측면이 많은(대부분이라고 할 수는 없다) 회의가 대부분이었다. 나는 감독위원회가 각 기업의 전략적 발전에는 그다지 기여하지 않은 것으로 평가한다. 나도 회의가 점점 지루한 것으로 느껴졌다. 나의 학습 곡선은 내리막을 걸었다. 나는 1995년 지몬-쿠허의 CEO로 취임한 후 감독위원회 위원직을 그만두었다. 기업 컨설팅과 감독위원회 활동은 서로 어울리지 않는다. 해당 기업에 대한 컨설팅 프로젝트에 응할 때는 눈꼴사나운 것을 감수해야 하고 감독위원회 활동은 다른 분야를 관심 대상에서 사실상 배제한다. CEO가 된 후 관심을 두지 않는데도 감독위원회 위원 초빙이 많이 있었다. 그러나 나는 감독위원회 위원직을 맡지 않기로 결심했었다.

매혹적인 제안

슐로스 그라흐트에서의 활동, 경영 세미나, 강연, 출간을 통해 나는 실제로 상당한 지명도를 얻었다. 놀랍게도 독일의 50대 기업에 속하고 매출이 수백억 마르크인 두 기업의 CEO로부터 개별적으로 만나자는 연락이 왔다. 나는 두 사람과 많은 대화를 나누었다. 그중 한 사람은 그 회사의 공동 소유자이기도 했는데 1988년에 하버드에 있는 나를 일부러 찾아와 저녁 식사 자리에서 오너 일가를 소개하기도 했다. 협상은 이사회에 들어오라는 제안으로 끝났다. 당시 나는 40대 초반이었다. 이 제안은 내게는 대단한 것이었다. 이때까지만 해도 나는 지몬-쿠허의 CEO가 되리라고는 생각지도 못했다. 나는 부업으로 컨설팅을 하며 학계에서 출세하느냐 대기업에 몸담아 산업계에서 성공하느냐는 선택의 기로에 서게 된 것이다. 두 제안 중에서 나는 가족기업의 제안을 선호했을 것이다. 나는 이 회사가 더 탄탄하고 성장 전망이 더 밝다고 생각했다. 그러나 몇몇 가족 구성원이 나를 좀 마뜩찮게 여기는 것 같았다. 가족기업에서 중역으로 일하려면 의기투합해야 한다. 이 점이 불안했다. 나는 이 기업의 최고 관리자를 모두 알고 있었다. 그들은 그저 그런 사람들이었다. 나는 이 부문의 경험과 리더십 경험이 부족해서 망설였다. 마침내 산업 현장에 뛰어들지 않기로 결정했다. 나는 종종 아쉬운 마음으로 이사직 제안을 받아들였다면 이후의 삶이 어떻게 달라졌을까 자문한다. 그러나 이런 질문은 무의미하다. 우리는 한 길만 간다. 되돌아보건대 내가 선택한 길이 옳았다고 나는 생각한다.

9

가격 게임

가격 지혜

내 책 중에 제목이 《프라이스하이텐Preisheiten》이라는 책이 있다. '프라이스하이텐'은 '가격Preis'과 '지혜Weisheiten'의 합성어이다. 이 특이한 책 제목은 다음 시에서 따온 것이다.

"가격에 대한 깊은 지혜를 / 나는 씩 웃으며 '프라이스하이텐'이라고 한다네 / '가격은 핫hot하다'고들 곧잘 말한다네 / 현실은 훨씬 더 심각하다네 / 가격 게임을 꿰뚫어보아야만 한다네 / 그렇지 않으면 속아넘어간다네."

가격은 경제학의 중심 돌쩌귀이다. 모든 것이 가격 주위를 돈다. 가격은 수요와 공급을 조정한다. 판매를 신속하고도 효과적으로 조종하는 마케팅 수단으로는 가격이 단연 으뜸이다. 전형적인 산업 비용 구성에 있어서 가격은 가장 강력한 이윤 동인이다. 경쟁에서 가격은 가장 자주 사용되는 효율적 공격 무기이다. 시장에서의 가격 전쟁은 통례이지 예외가 아니다. 이것은 으레 이익 충돌 때문에 일어난다. 거래에서는 특별 할인과 가격 인상이 언제나 존재한다. 독일에서는 소매로 판매되는 맥주의 70%가 최대 50%까지 특별 할인된 것이다.[1] 특히 가격 인상을 앞둔 때에는 경영자들이 고민을 거듭한다. 고객이 어떻게 반응할지 확실하게 예측할 수 없기 때문이다. 가격을 내리면 더 많이 팔릴까? 가격 인상 후에도 전처럼 구매할까? 경쟁사 제품 쪽으로 우르르 몰려갈까? 이런 질문으로 경영자들은 그야말로 골머리를 앓는다. 의심스러우면 가격에는 신경을 끄고 비용 절감에 신경을 쓰는 것이 좋다. 나는 가격에 신경을 끈 적이 없다. 반대로 가격은 나의 천직이 되었다.

돼지 가격

어릴 때부터 나는 농장에서 가격을 피부로 접했다. 아버지는 살찐 돼지를 도매 시장으로 출하했고, 돼지는 경매를 통해 매각되었다. 많은 농부가 돼지를 시장에 가지고 오고 수많은 도축업자와 상인이 수요자로 나타났기 때문에 전형적인 과점 시장이 형성되었다. 한 사람의 공급자와 수요자는 돼지 가격에 영향을 미치지 못했다. 아버지는 거래를 주선하는 농업신용조합으로부터 킬로그램당 가격을 통지받았다. 우리가 지역 유업자에 공급하는 우유도 마찬가지였다. 우리는 가격에 전혀 영향을 미치지 못했고, 조합을 결성하고 있는 유업자에게서 통지받았다. 우유 가격은 수요와 공급에 따라 오르내렸다. 2주에 한 번 군청 소재지 비틀리히에 서는 새끼 돼지 시장(우리는 짐마차를 끌고 시장에 갔다)도 크게 다르지 않았다. 공급이 많으면 가격이 떨어졌다. 아버지는 어느 시장에서나 마지못해 '가격결정자'가 되었다. 돈은 빠듯하고 매각이 우리의 유일한 수입원이었기 때문이다. 나는 그런 것들을 어린 소년 때에 경험했다. 그런 것들이 내 마음에 들지 않았다고 말하지 않을 수 없다. 수십 년 후 인터뷰에서 나는 어릴 때의 이 경험으로부터 가격에 전혀 영향을 미치지 못하는 사업을 해서는 안 된다는 교훈을 얻었다고 말했다.[2] 어릴 때 이것을 뚜렷하게 인식했다고 말하지는 않겠다. 그러나 돼지 가격과 우유 가격을 생각하면 지금도 배 속에서 꼬르륵대는 소리가 들린다. 이익을 가져다주지 않는 사업을 대수롭지 않게 여기는 감정은 어쩌면 이때부터 생겼을지도 모른다. 어쨌든 가격이라는 주제는 결코 내게서 떠나서는 안 되는 것이었다.

가격은 나의 길동무

가격은 나의 평생 길동무가 되었다. 본 대학 시절 나는 빌헬름 크렐레 교수의 가격론 강의에 매혹되었다. 사실 이 근사한 이론은 수학적으로 우아하고 매우 복잡하기도 했다. 응용에 대해서는 그다지 언급이 없었다. 그럼에도 이 엄격한 학교는 내게 탄탄한 사고의 토대와 방법론의 토대를 마련해주었다. 그러나 당시에는 이 이론을 실제로 실무에 이용할 수 있으리라고는 생각하지 못했을 것이다. 진짜 돈으로 실험을 한 라인하르트 젤텐 교수는 우리에게 실제 가격 체험을 시켰다. 이것은 그야말로 혁신이었다. 1971년 젤텐 교수는 크렐레 교수의 세미나에서 강연을 할 때 100마르크를 걸었다. A 플레이어 1

명과 B 플레이어 4명이 적어도 10분간 지속되어야 하는 제휴를 함으로써 100마르크를 서로 나누어 가지는 것이었다. A 플레이어가 B 플레이어 2명과 제휴하거나 B 플레이어 4명이 서로 제휴할 수 있었다. 나는 A 플레이어였고, 이리저리 바꾸어가며 제휴를 여러 번 하여 10분 이상 지속시키는 데 성공했다. B 플레이어 2명은 각기 20마르크를 벌었고, 나는 60마르크를 벌었다. 이 대단히 구체적인 실험을 통해 나는 가격에서는 언제나 가치의 분배가 중요하다는 것을 배웠다. 8년 후 나는 빌레펠트 대학에서 라인하르트 젤텐 교수의 동료가 되어 있었다. 그는 실험적 연구로 1994년에 독일인으로서는 처음으로 노벨 경제학상을 받았다. 그의 실험은 내 대학 시절의 하이라이트이다. 졸업 시험 후에도 실험은 계속되었다. 결정적인 계기는 '신상품을 위한 가격 전략'을 주제로 한 나의 박사학위 논문이었다.[3] 나는 호르스트 알바흐 교수의 조교로 있을 때 이 논문을 썼다. 조교 시절에 나도 가격 정책 문제를 다루는 전문가 몇 명과 함께 일할 수 있었다. 이 전문가들 덕분에 나는 처음으로 대기업의 가격결정에 대한 통찰력을 얻었다. 내가 보기에 바로 이것에 상당한 향상 가능성이 있었다.

에반스톤의 노스웨스턴 대학 방문 때 필립 코틀러가 나를 어떤 사람에게 소개했다. '가격 컨설턴트'라고 불리는 사람인데 실제로 응용 지향적으로 일하고 그것으로 꽤 성과를 올리고 있는 사람이라는 것이다. '가격 컨설턴트', 그것은 내게는 새로운 것이었고 상상도 못한 것이었다. 얼마 후 나는 댄 나이머를 알게 되었다. 시카고에 거주하는 가격 컨설턴트였다. 그는 내게 자신의 논문 몇 편을 보내주었다. 내가 그때까지 다루어온 이론적인 논문과는 크게 다른 것이었다. 그 후 나는 가격 회의 때 나이머를 여러 번 만났다. 2012년에 우리는 그의 90번째 생일을 맞아 기념 논문집을 발행함으로써 경의를 표했다.[4] 그는 최근까지도 활동을 했다. 강연을 하고 고령에도 불구하고 가격 문제에 조언을 했다. 일찍이 그는 다음과 같은 불변의 명제를 정립했다. "가격의 목적은 바용을 회수하는 것이 아니라 고객의 마음속에 있는 제품의 가치를 포착하는 것이다."[5] 댄 나이머는 2015년 1월 9일에 죽었다.

나는 유명한 경영 사상가 피터 드러커와도 가격결정에 관한 흥미로운 토론을 많이 했다. 다음과 같은 말로 그는 내게 계속 정진하라고 격려했다. "자네가 가격결정을 중시하는 데 감명을 받았네. 그건 가장 소홀히 취급되는 분야야. 현재의 가격결정 정책은 어림짐작에 입각한 거야. 자네는 선구적인 일을 하고 있어. 머지않아 어떤 경쟁자가 따라붙을 걸세."[6] 드러커는 경제적, 윤리적 관점에서 가격에 관심을 가졌다. 그는 이윤을 기업의 '생존 대가'로 이해했고, 그 결과 넉넉한 가격을 생존 수단으로 이해했다. 그는 시장 지배력의 이용, 가격 투명성, 공정한 행동 같은 주제에 윤리적으로 높은 기대치를 두었다. 그는 죽기 직전에 우리의 책 《시장 점유율을 위해 관리하지 말고 이윤을 위해 관리하라》의 '감사의 말'에 다음과 같이 썼다. "시장 점유율과 이윤은 균형을 이루어야 하는데 이윤은 곧잘 소홀히 취급된다. 이 책은 이를 바로잡고 있다."[7]

박사학위 논문 통과 후 나는 이 주제에만 매달렸고 가격결정 연구에 매진했다. 1982년 가블러 출판사에서 출간된 나의 첫 교재 제목으로 '가격 관리'[8]라는 새 용어를 생각해냈다. 나는 책 제목을 두고 오랫동안 숙고했다. 그전에는 이 용어를 사용한 사람이 없어 당시만 해도 이 용어는 생소한 것이어서 자연스럽게 받아들여지지 않았다. 그때까지는 '가격론'과 '가격 정책'이라는 용어만 통용되었다. 가격론은 이론과 계량을 중시하는 본 대학에서 알게 된 분야였다. 가격 정책은 실제와 관련된 내용으로 대부분 말로 개진되었다. 이런 의견 개진만 믿고 무언가를 시작할 수는 없었다. 요컨대 가격은 언제나 계량적이어야 한다. 다시 말해서 숫자로 표현되어야 한다.

나는 '가격 관리'라는 용어를 사용하여 가격론과 가격 정책이라는 두 분야를 통합했다. 나는 계량적, 이론적 개념을 실제로 사용할 수 있게 하여 실무에서 가격결정이 더 잘 이루어지게 하려고 했다. 나의 《가격 관리론》 초판은 483쪽으로 이미 분량이 상당했다. 전면 개정판은 표제는 같았지만 '분석-전략-변환'이라는 부제로 보완하여 분량이 740쪽으로 늘어났고, 1992년에 출간되었다. 마르틴 파스나흐트 교수와 함께 쓴 제3판은 2008년에 출간되었다. 나는 내가 그다지 잘 알지 못하는 현재의 학문 수준을 공저자의 힘을 빌려 반영하려고 했다. 실무자(당시에 나는 실무에 종사한 지 13년 되었다)와 학자가 교재의 공저자가 되는 경우는 매우 드물었다. 2011년에 《가격 관리론》은 최고의 마케팅 교재로 선정되어 게오르크 베르클러 상을 받았다. 마침내 2016년에는 전면 개정판인 《가격 관리론》 제4판이 나왔다. 디지털화의 영향을 이전 판보다 훨씬 깊이 있게 다룬 것이었다.

2010년에 《가격 관리론》이라는 같은 제목의 책이 독일의 유명 출판사에서 출간되었다. 저자는 독일 유명 대학의 교수였다. 우리 원작과 엄청 많이 '겹치기' 때문에 이 책은 2010년 말에 시장에서 퇴출될 수밖에 없었다. 2010년 12월 9일 (마찬가지로 유명한) 출판사가 나의 특허 변리사에게 다음과 같은 편지를 보냈다. "우리는 앞으로 xxx교수의 《가격 관리론》 초판을 제작하거나 보급하지 않는다는 것을 확약합니다. 우리는 곧바로 허가 소지자 yyy에게 제목을 취소하게 했습니다." 그 책이 아마존 서점에 계속 공급되자 특허 변리사는 아마존에 경고 서한을 보냈다. 2011년 1월 7일 아마존 서점에서 답신이 왔다. "우리는 귀하의 서신을 받은 후 곧바로 xxx교수의 《가격 관리론》 제목이 아마존에 뜨지 않게 했습니다." 또한 이 표절 출판사는 《가격 관리론》의 제목에 대한 우리의 권리를 인정했고, 앞으로는 이 제목으로 어떤 전문서도 출간하지 않겠다고 확약했다.

《가격 관리론》의 영어판 축약본은 1989년에 《가격 관리론Price Management》이란 제목으로 뉴욕의 출판사 엘스비어가 출간했다.[9] 가격 관리라는 용어는 영어권에서도 그때까지 사용되지 않았다. 1996년에 나는 로버트 돌란과 공동으로 《파워 프라이싱》이라는 책을 출간했다.[10] 2018년에는 뉴욕의 스프링거 출판사가 영어판 교재 《가격 관리론》을 출간했다. 《프라이싱》의 여러 버전은 20개 이상의 언어로 출간되었다.

빌레펠트 대학(1979~1989)과 마인츠 대학(1989~1995) 교수 시절에 나는 가격 관리론에 대해 정기적으로 강연을 하고 세미나를 개최했다. 나는 이 분야에 대한 수많은 학사학위 논문과 박사학위 논문을 지도했다. 우리가 다룬 주제에 대해서는 항상 새로운 문제가 제기되었다. 이에 대한 연구와 그 밖의 연구는 가격 관리에 대한 우리의 지식수준 확대에 기여했다. 빌레펠트 대학과 마인츠 대학에서의 강의 외에 나는 여러 해 동안 전 세계의 대학과 경영대학원 그리고 경영협의회에서 가격 관리에 대해 수없이 강연을 했다. 가격은 휴면 상태에서 깨어났다.

프레티움

나는 가격 관리에서 가장 중요한 점이 무엇이냐는 질문을 그야 말로 수천 번은 받았다. 나는 한결같이 '가치' 또는 '고객의 유용성' 이라고 대답했다. 고객의 지불 의사와 공급자가 달성하려는 가격은 언제나 고객이 인지한 제품의 가치 또는 유용성을 반영하고 있다. 더 높은 가치를 인지하면 고객은 더 많이 지불하려고 한다. 반대로 인지된 가치가 경쟁 제품보다 낮으면 고객은 가격도 더 낮을 때에 만 구매한다. 달성 가능한 가격에 관한 한 고객이 주관적으로 인지 한 가치만이 의미가 있다. 다른 가치설(예를 들어 제품의 가치는 투입 된 노동에서 나온다는 카를 마르크스의 노동 가치설)은 잊어도 좋다.

고대 로마인은 이 기본적인 연관성을 이해하고 있었다. 라틴어 에는 '가치'와 '가격'이라는 뜻을 동시에 가진 단어가 있기 때문이다. 다름 아닌 '프레티움Pretium'이다. 이 단어의 뜻에 따르면 가치와 가 격은 같은 것이다. 이렇게 파악한 것은 가격 문제에 접근할 때 좋은 지침이 된다. 무엇보다도 가격이 고객의 눈에 비친 가치와 관련이 있다는 것을 암시하기 때문이다. 이것으로부터 중요한 과제 세 개가 나온다.

- 가치 창조: 혁신을 위한 도전, 재료의 특성, 제품의 질, 디자 인 등등

- 가치 선전: 이 과제에는 제품 소개(특히 브랜드)와 전시가 포함된다. 포장, 상점에서의 진열, 배치도 이 과제에 속한다.
- 가치 보존: 이것은 다음 구매 단계를 위해 중요하다. 사치품 또는 자동차 같은 내구적 소비재의 경우 가치 보존은 최초 구매 시의 가격 지불 의사에 결정적으로 기여한다.

공급자는 가치에 대한 확신이 섰을 때에 비로소 가격을 결정해야 한다. 가치 판단은 수요자 측에도 마찬가지로 중요하다. 구매자는 가치를 인지할 때에만 속지 않고 너무 많이 지불하지 않게 된다. 가치에 대한 인지는 제품 구매 전에 구매자를 보호한다. 요컨대 처음에는 싸게 산 것처럼 보이지만 나중에 '바가지' 쓴 것으로 밝혀진 제품을 구매하지 않게 해준다.[11] 스페인의 유명한 경구 작가 발타자르 그라시안은 이것을 아주 재치 있게 다음과 같이 표현했다. "물건에 속는 것보다는 가격에 속는 것이 낫다."[12] 상인이 가격을 속여서 너무 비싼 가격에 제품을 구매하게 되면 화가 난다. 그러나 이 분노는 일시적인 것이다. 반대로 상인이 형편없는 물건을 비싸게 팔면 이 물건이 꼴 보기 싫어서 마침내 처분할 때까지 분노가 지속된다. 이 통찰로부터 얻는 교훈은 구매나 협상을 할 때는 가격보다는 물건에 더 신경 써야 한다는 것이다. 그러나 그것은 쉽지 않다. 가격은 일차원적인 것이거나 기껏해야 저차원적인 것이지만 물건은 다차원적인 것이어서 판단하기가 더 어렵다.

프랑스에도 이와 비슷한 금언이 있다. "가격은 잊히지만 품질은 남는다." 이 단순하고 심오한 진리를 경험하지 않은 사람이 어디 있겠는가? 가격은 일시적인 것이어서 금세 잊히기도 하지만 가치와 품질은 지속되는 것이다. 싸게 사놓고는 나중에야 이 싸게 보이는 제품의 품질이 형편없다는 것을 깨닫게 되면 누가 기뻐하겠는가? 반대로 살 때는 비싸다고 실랑이를 벌였지만 나중에 제품의 품질이 엄청 좋다는 것을 알게 되면 누가 기뻐하지 않겠는가? 영국의 사회개혁가 존 러스킨은 이런 사실 관계를 정확히 기술했다. "너무 많이 지불하는 것은 현명하지 않지만 너무 적게 지불하는 것은 훨씬 더 나쁘다. 너무 많이 지불하면 조금 손해 본다. 그것이 전부다. 이와 달리 너무 적게 지불하면 구매한 물건이 기대에 미치지 않기 때문에 전부를 잃을 수도 있다. 경제 법칙은 적은 돈으로 많은 가치를 획득하는 것을 금한다. 너무 낮은 가격 제안을 받아들이면 감수해야 할 위험까지 계산해야 한다. 그렇게 하면 더 좋은 것을 위해 지불할 돈이 충분해진다."[13]

이 말을 증명해주는 경험을 나는 청소년 시절에 했다. 우리 마을의 영농 규모가 워낙 작아서 농부 두세 명이 콤바인을 공동으로 사용했다. 이것은 곡물 수확 때 다른 농부를 도와주어야 했다는 것을 의미한다. 열여섯 살이었던 나는 이에 대해 왈가왈부하고 싶지 않았다. 그래서 아버지한테 묻지도 않고 영농을 포기한 농부한테서 중고 콤바인을 800마르크(409유로)에 사버렸다. 가격 조건이 매우 유리한 것으로 생각되었다. 콤바인은 꽤나 새것이어서 상태가 양호했다. 나는 진짜 싸게 잘 샀다고 의기양양해했다. 유감스럽게도 새 시스템으로 작동하는 이 기계가 고장이 잘 난다는 것이 수확 때에 밝혀졌다. 가격이 싸다는 것은 금세 잊히고 분노는 2년 후 기계를 폐기 처분할 때까지 기계와 함께 남아 있었다. 나는 가격은 잊히지만 품질은 남는다는 교훈을 배웠다. 가장 싼값을 부르는 사람을 찾게 마련인 일반 고객은 이 금언과 러스킨의 말을 알고 있기나 할까?

가격부터 먼저

신개발품의 경우는 종종 역逆 접근법이 보인다. 제품 개발 후 가격을 책정하는 대신 달성 가능한 가격부터 먼저 생각하는 것이 득책得策일 수 있다. '가격부터 먼저 책정하는 것'은 나의 동료 마드하반 라마누잠과 게오르크 타케가 쓴 책《혁신적 가격 책정》의 중심 내용이다.[14] 그들은 가격을 중심으로 제품을 개발할 것을 권한다. 그러면 실행 과정에서 언제나 생기는 중대한 실수를 방지할 수 있다는 것이다. 그들은 잦은 기능 변화를 '기능 쇼크Feature Shock'라고 한다. 이에 해당하는 독일어는 '아이어레겐데 볼밀히자우'(Eierlegende Wollmilchsau. 달걀도 낳고 양털도 뽑고 우유도 얻을 수 있는 암퇘지라는 뜻.-옮긴이)이다. 이것은 한 제품에 너무 많은 기능을 집어넣는 것을 말한다. 모든 것을 제공하려는 시도 때문에 결국 누구에게도 적합하지 않은 제품이 되어버리고 가격만 높아져 시장에서 받아들여지지 않게 된다. 얼굴 인식을 가능하게 하기 위해 카메라 렌즈를 네 개 장착한 아마존의 스마트폰 '파이어'가 일례였다. 이 제품은 2014년 7월에 199달러에 출시되었다. 넉 달 후 아마존은 가격을 99센트로 낮췄다. 그럼에도 이 제품은 실패작이 되었고, 아마존은 1억 7,000만 달러를 결손 처리해야 했다. 특히 비싸기 때문에 사실상 아무도 찾지 않는 제품은 또 다른 범주에 속한다. 많은 기술적 걸작이 이에 해당한다. 이른바 개인 이동 수단인 세그웨이가 일례다. 이 혁신품이 출시되었을 때 발명자 딘 카멘은 첫해에 5만 대 팔릴 것이라고 했다. 6년 후 3만 대 팔렸다. 1년이 아니라 6년 동안 그만큼 팔렸다. 연간 5,000대 팔린 셈이었다. 처음의 판매 예측보다 90% 적은 수치였다. 터무니없이 높은 가격을 주된 원인으로 꼽을 수 있다. 이 제품은 5,000달러에 공급되었다. 사양에 따라서는 7,000달러짜리도 있었다. 유용성이 기대에 훨씬 못 미친 것이 틀림없었다. 라틴어의 프레티움=가치=가격이라는 원칙이 무시되었다.

제품 개발 때 가격 책정부터 하는 회사는 여전히 적다고 생각한다. 이 분야의 선구자는 포르쉐이다. 자동차 산업과 다른 부문에서 소수의 기업만이 신제품 개발에 투자하기 앞서 가격에 신경을 곤두세운다. 마드하반과 트라케는 카이엔을 예로 든다. "첫 콘셉트 카가 바이스자흐에서 시운전되기 오래 전에 제품 개발 팀은 잠재 고객을 대상으로 광범한 조사를 하여 포르쉐 SUV에 대한 취향을 알아내고 가격을 평가하여 수용 가능한 범위를 찾아냈다. 분석 결과 고객들이 다른 제조사의 비교 대상 차보다 포르쉐 SUV에 더 많은 돈을 지불할 의사가 있는 것으로 나타났다. 히트 칠 가능성은 바로 여기에 있었다."[15] 포르쉐는 어쩌다가 이윤을 가장 많이 남기는 자동차 제조사가 아니다. 우리는 포르쉐를 통해 흥미로운 경험을 했다.

가격결정력

가격결정력(영어로는 프라이싱 파워Pricing Power라고 한다)은 중요한 요소이다. 그것은 공급자가 고객과 시장에게서 얼마만큼의 가격을 기대할 수 있느냐는 문제이다. 가격결정력은 반대 방향에서도 예측될 수 있다. 수요자는 공급자에게서 기대 가격을 실현할 수 있는가? 예를 들어 자동차 제조사는 부품 납품업체에 대해 높은 가격결정력 또는 수요력을 가지고 있다고 할 수 있다. 대大 상인도 상당한 수요력 또는 가격결정력을 제조사에 행사한다. 독일에서는 식료품 소매 매출의 85%가 대형 체인점 4개, 즉 에데카, 레베, 알디 그리고 카우프란트와 리들을 거느린 슈바르츠 그룹을 통해 이루어진다.

워런 버핏은 가격결정력을 기업 가치의 결정적인 요인으로 간주한다. 버핏은 "비즈니스 평가에서 가장 중요한 유일한 결정자는 가격결정력이다. 가격 인상 전에 기도 시간을 가져야 한다면 끔찍한 사업을 하고 있는 것이다"라고 말한다.[16] 브랜드 가치도 궁극적으로는 프리미엄 가격 달성 여부에 달려 있다.

힘 측면을 중시하는 가격에 대한 이례적인 해석은 프랑스의 사회학자 가브리엘 타르드에게서 유래한다. 타르드는 가격, 임금, 이자를 일시적으로 잠잠한 분쟁으로 본다.[17] 임금 협상은 이를 잘 보여준다. 평화는 다음번 협상 때까지만 유지된다. 그러면 다음번 합의 때까지 다시 분쟁이 일어난다. 가격결정은 공급자와 수요자 간의 힘 싸움이다. 그것은 제로섬 게임이 아니다. 그럼에도 판매자와 구매자 간의 과자 분배는 본질적으로 가격이 결정한다.

우리는 가격결정력이라는 주제를 더 다루어야 한다. 사실 대부분의 기업은 가격결정력을 그다지 행사하지 못한다. 지몬-쿠허 앤드 파트너스는 '글로벌 가격결정 연구'의 일환으로 50개국의 경영자 2,713명에게 질문을 했다. 이 중 33%만이 자기 기업의 가격결정력이 높다고 했다. 반대로 67%는 자기 기업이 적절한 연수익율 달성에 필요한 가격을 시장에서 실현할 수 없다고 했다. 이 연구에 따르면 최고경영자가 직접 가격을 결정하는 기업이 하위 경영자가 가격을 결정하는 기업보다 가격결정력이 35% 더 높다. 특별한 가격결정 요인이 있는 경우는 가격결정력이 24% 높다. 경영 능력이 가격 책정에 반영된다는 것은 분명하다. 뛰어난 경영 능력은 가격결정력을 낳는다. 가격결정력이 더 큰 회사는 그만큼 더 가격 인상 실현에 성공한다. 또한 더 높은 가격을 잘 고수하여 궁극적으로 상당히 높은 이익을 달성한다.

가격의 진군

과거에는 가격이 없는 재화가 많았다. 이런 재화는 국가, 교회, 자선단체가 무상으로 사용했고, 어떤 서비스에는 가격을 붙이는 것이 도덕적으로 받아들여질 수 없는 것으로 간주되었다. 아우토반 이용은 무료였다. 수업료는 없었다(개별 수업료는 총 가격에 포함되어 있었다). 많은 영역에서 가격은 금기로 간주되었다. 그러나 사정은 급격히 변했다. 미국의 철학자 마이클 샌델은 《돈으로 살 수 없는 것》에서 가격이 삶의 모든 영역에 점점 더 깊이 침투하고 있다는 것을 증명한다.[18] 민간 항공사는 추가 요금을 낸 승객에게 먼저 탑승할 권리를 준다. 지금은 미국에 입국하는 데만도 14달러를 지불해야 한다. 전자 여행허가ESTA 신청에 그 정도 비용이 든다. 미국에서는 요금을 내면 러시아워 때 특별 항적을 이용할 수 있다. 가격은 교통편에 따라 다르다. 미국 의사들은 휴대전화가 언제라도 접속되게 하려고 1년에 1,500달러를 지불한다. 아프가니스탄에서는 전투 투입 대가로 용병에게 하루에 250~1,000달러를 지불한다. 가격은 용병의 수준, 경험, 국적에 따라 다르다. 이라크와 아프가니스탄에서는 민간 경비 업체와 군사 기업의 고용인이 미군 병사로 더 많이 투입되었다.[19] 인도인 대리모가 태아를 만삭까지 품고 있는 비용은 6,250달러이다. 미국 이주권은 50만 달러에 살 수 있다. 많은 대학에서는 지원자가 정원보다 더 많을 경우 최고 가격을 제시하는 사람에게 우선권을 준다.

시장 메커니즘과 가격 메커니즘은 우리 삶에 점점 더 깊이 침투하고 있다. 가격표가 붙는 것이 점점 더 많아지고 있다. 지금까지 시장 밖에서 규범의 지배를 받은 영역에 가격이 개입하는 것이 우리 시대의 가장 중요한 변화의 하나다. 철학자 샌델은 이런 추세에 대해 다음과 같이 논평한다. "어떤 재화를 매매할 수 있다고 결정할 때는 (적어도 은연중에) 재화를 상품으로 간주하고 이윤과 이용을 위한 도구로 간주하는 것이 좋다고 결정하는 것과 같다. 그러나 재화를 상품으로 간주하면 모든 재화가 다 적절하게 평가되지는 않는다. 사람이 그 예다."[20]

기업 평가도 어렵다. 터무니없이 높은 가격이 문제일 수 있다. 이와 관련하여 나는 최고 가격을 접한 적이 있다. 2000년 3월 2일 루트비히스하펜에서 있었던 일이다. 우리는 당시 바스프의 최고 재무 책임자 막스 디트리히 클라이의 사무실에 앉아 있었다. 바스프는 크놀과 제휴되어 있고 우리가 몇 개 프로젝트에 관여하고 있던 제약 사업 부문을 얼마 전에 미국 회사 애보트 랩에 매각했었다. 클라이의 비서가 들어와서 그에게 종이쪽지를 건네주었다. 클라이가 쪽지를 보더니 "크놀 매각 대금 69억 마르크가 우리 계좌로 들어왔다는 내용입니다"라고 말했다. 69억 마르크는 35억 유로쯤 된다. 오늘날에는 인수합병M&A과 관련하여 아무도 이 정도의 금액에 흥분하지는 않을 것이다. 하지만 당시에는 그것이 거액이었다.

농장에서 보낸 어린 시절에 나는 완전히 다른 세계를 경험했었다. 돼지 가격을 관찰한 바는 있지만 돈과 가격은 부차적인 역할을 했다. 그때는 돈과 가격이 오늘날처럼 비즈니스 방식을 지배하지 않았다. 자급이 지배했고, (공식적인 가격 메커니즘과 무관한) 이웃 간의 상호 부조가 널리 퍼져 있었다. 지금은 가격이 삶의 거의 모든 영역을 지배하고 있다. 돈과 가격이 어디까지 진군해 나아가느냐는 문제를 우리는 앞으로 집중적으로 연구할 것이다. 가격과 그 메커니즘을 이해하는 것이 그만큼 더 중요해졌다. "가격 게임을 꿰뚫어보아야 한다네. 그렇지 않으면 바가지 쓴다네"라는 말은 여전히 유효하다.

가격과의 인연

1970년대 초에 박사학위 논문을 준비하면서 가격을 주제로 잡았을 때 이 길이 나를 어디로 이끌고 갈지 머릿속에 그림이 선명하게 그려지지 않았다. 이것이 내 평생의 연구 주제이자 하면 할수록 어려운 주제가 되었다. 지몬-쿠허는 가격 컨설팅 시장을 개척하여 지속적으로 발전했다고 사람들은 덤덤히 말할 수 있다. 269쪽의 표는 나와 가격의 인연을 한눈에 보여준다. 작은 인연이 쌓인 것임을 알 수 있다.

시기	사건과 경험	영향을 준 사람
1960~1966	부모님 농장에서 농산물 가격 형성 경험	아버지
1969~1973	대학 공부, 특히 '가격론' 강의와 교재	빌헬름 크렐레 교수
1972	후에 노벨상을 탄 사람과 함께 가격 흥정 실험을 함	라인하르트 젤텐 교수
1973~1976	박사학위 논문 《신상품 가격 전략》	호르스트 알바흐 교수
1977	가격 경쟁 공동 연구	호르스트 알바흐 교수
1978~1979	MIT에서의 연구, 가격을 주제로 한 다양한 논문	앨빈 J. 실크 교수
1979	'가격 컨설턴트' 댄 나이머를 알려준 코틀러 교수와의 만남	필립 코틀러 교수, 댄 나이머
1981	퐁텐블로에 있는 인시아드의 가격 관리론 과정	
1982	'가격 관리'라는 용어를 만들어내고 《가격 관리론》이라는 교재를 출간함	
1983	가격을 주제로 한 첫 컨설팅 프로젝트와 강연(바스프, 제약 산업)	
1983	에르하르트 쿠허 박사 및 카를 하인츠 세바스티안 박사와 함께 마케팅 및 경영 연구를 위한 UNIC를 설립함	에르하르트 쿠허 박사, 카를 하인츠 세바스티안 박사
1988–1989	하버드 경영대학원에서의 마빈 바우어 펠로, 《가격 관리론》 영어판 교재 출간	테드 레빗 교수 로보트 돌란 교수
1992	《가격 관리론》을 전면 개정한 제2판 《가격 관리론-분석-전략-변환》을 출간함	
1993	헤묘 클라인 및 게오르크 타케 박사와 함께 철도 카드 개발	헤묘 클라인, 게오르크 타케 박사
1995	지몬-쿠허 CEO 취임, 대학 활동 종료	
1996	하버드 경영대학원의 로버트 J. 돌란 교수와 함께 《파워 프라이싱》 출간. 이 책은 20개 이상의 언어로 번역되었다.	로버트 돌란 교수
2002	《비즈니스위크》가 지몬-쿠허를 가격 컨설팅 부문의 세계 시장 선도 업체로 선정함	
2008	마르틴 파스나흐트 교수(코블렌츠의 WHU)와 공동으로 《가격 관리론》 제3판 출간함	마르틴 파스나흐트 교수
1992	CEO 사임, 지몬-쿠허 회장	
2012	가격결정에 대한 일종의 전기인 《프라이스하이텐》 출간함. 2015년에 《가격결정자의 고백》이라는 제목으로 영어판이 출간됨. 이 책은 수많은 언어로 번역되었다.	
2016	파스나흐트 교수와 함께 《가격 관리론》 제4판 출간함 2018년에 영어판 《가격 관리론》이 출간됨	마르틴 파스나흐트 교수
2018	미국판 《가격 관리론》이 뉴욕에서 출간됨	마르틴 파스나흐트 교수

10

히든 챔피언

1987년 유명한 하버드 대학교 교수 테오도르 레빗('테드')가 독일을 방문하여 나를 대화에 초대했다. 우리는 뒤셀도르프의 바라이덴바허 호프 호텔에서 만났다. 레빗은《하버드 비즈니스 리뷰》에 기고한, 엄청난 주목을 끈 논문을 통해 '세계화'라는 말을 유행시켰다.[1] 그는 국제 경쟁력이라는 주제에 관심이 있었다. 그는 "독일이 수출에 성공한 이유가 뭡니까?"라고 물었다. 1986년에 독일은 처음으로 수출 세계 챔피언이 되었다. 독일처럼 미국과 일본에 비해 비교적 작은 나라가 선도적 수출 국가가 될 수 있었다는 것이 놀랍기도 하지만 독일이 수출 강점을 완전히 발휘하기까지 2차 세계 대전 후 40년이 걸렸다는 사실이 중요하다.

레빗과의 만남은 내게 깊은 인상을 남겼다. 나는 그의 질문에 대한 답을 찾는 데 몰두했다. 정말이지 독일이 수출에 성공한 이유가 무엇일까? 이 질문에 대한 답을 찾을 때는 대기업부터 떠올린다. 실제로 바이엘, 회흐스트, 지멘스, 보쉬, E. 머크는 당시 막강한 수출 업체였다. 이들 대기업은 19세기 이래 세계적 판매망을 구축했다.

테오도르 레빗 교수와의 인터뷰.
왼쪽부터 헤르만 지몬, 테오도르 레빗, 《판매 경제》의 페터 한저 기자. 1986년.

예를 들어 바이엘은 1864년에 미국에 진출했고, 보쉬는 이미 1차 세계 대전 전에 매출의 절반 이상을 해외에서 달성했다. 지멘스는 훨씬 일찍 세계화에 들어가 1890년에 중국에 진출했다. 이와 달리 중소기업은 1980년에야 세계화에 들어갔다. 지금도 모든 중소기업이 다 수출하고 있지는 않다.

경제지 《판매 경제》의 기자 페터 한저는 뒤셀도르프 회동 때 레빗 및 나와 인터뷰를 했다. 한저는 "독일 산업의 문제는 높은 수출 비중을 가진 중소기업의 수에 있습니다. '글로벌 마케팅'도 중소기업의 전략입니까?"라는 질문부터 했다.[2] 레빗은 모든 기업은 작은 것으로 출발하지만 비교적 큰 기업이 주로 살아남는다는 점을 강조했다. 이와 반대로 가족기업은 생존 문제로 씨름해야 할 것이었다. 나는 젊은 사람들이 점점 더 중소기업으로 간다는 것에 이의를 제기했다. 레빗은 이 점에서 나와 견해를 달리 했다. 당시에는 레빗은 물론 나도 히든 챔피언 현상을 생각하지 못했다.

독일 기업의 80%가 중소기업이다. 그러나 그 한 귀퉁이에는 제빵업자와 수공업자가 있는데 이들은 대부분 수출업자가 아니다. 레빗의 질문에 대한 답을 찾다가 나는 그 분야에서 세계 시장 선도자이고 급속히 성장한 중소기업이 적지 않다는 것을 알았다. 당연히 이들의 독일 수출 성과에 대한 기여는 증가했다. 나는 시장을 선도하는 중소기업이 독일 경제의 엄청난 수출 실적을 설명해줄 수 있지 않을까 하는 생각이 문득 들었다. 물론 나는 이런 회사를 몇 개 알고 있었다. 베르톨트 라이빙거는 슐로스 그라흐트를 방문할 때 헬리콥터로 지붕의 일부를 날려버렸다. 그는 자신의 기업 트럼프(레이저 공작 기계로 세계 시장을 선도하고 있는 라이빙거의 가족기업.-옮긴이)를 소개했다. 마침 이 회사는 기계적인 니블링 머신에서 레이저 머신으로 옮겨가고 중이었다. 나는 담배 기계 제조 부문에서 세계 시장 점유율이 90%가 넘는 하우니를 알고 있었다. 빌레펠트에서는 단추 부문에서 세계 시장을 선도하는 유니온 크노프, 산업용 재봉틀의 세계 시장 선도자인 뒤르코프 아들러 또는 전자 연결 기술의 선도적 기업인 바이드뮐러 같은 회사를 알게 되었다. 산업용 세탁기 부문의 글로벌 선두 기업인 칸네기서와 고성능 마이크 전문 업체인 젠하이저는 내게 낯익은 이름이었다. 하르제빈켈에 본사를 둔 세계 최대 농기계 기업 클라스는 청소년 때 농장에서 일하면서 알았다. 이런 시장 선도 기업이 독일에 얼마나 많이 있었나? 요컨대 이 기업들이 수출 성과에 결정적인 기여를 했는가? 이들 기업의 전략은 어떤 것이었나? 이런 질문들이 내게서 떠나지 않았다. 1988년에 나는 다니엘 클라퍼에게 학사 학위를 수여했다. 지금 그는 베를린 훔볼트 대학의 교수이다. 그는 세계 시장을 선도하는 중소기업을 찾아내고 이에 대한 기초 자료를 수집하는 과제를 떠맡았다. 클라퍼는 세계 시장을 선도하는 중소기업을 39개 찾아냈다. 이 기업들은 주목할 만하다고 생각되었고, 나의 연구욕을 자극했다. 이들 기업은 가파르게 성장했고, 수많은 자회사를 거느리고 있었으며, 일본과 같은 까다로운 시장에서도 성공을 거두었다. 트럼프 사는 이미 1964년에 일본에 진출했다. 엑스테르탈에 본사를 둔 소형 전동장치 제조사 렌제는 여러해 전부터 일본 기업과 긴밀히 협력했다. 이들 기업이 진짜 챔피언이었다. 그러나 몇몇 전문가를 제외하고는 아무도 이들 기업을 몰랐다. 이들 글로벌 중소기업을 무엇이라고 불러야 하나? 나는 오랜 숙고 끝에 '히든 챔피언'이라는 말을 생각해냈다. 이 단어는 잘 고른 것으로 밝혀졌다. 물론 모순이 함축되어 있는 언어유희이다. '챔피언'은 일반적으로 널리 알려져 있다. 어떻게 챔피언이 감추어지거나 '숨겨질hidden' 수 있나? 그것은 어울리지 않는다. 나는 1990년 9월 《경영경제》지에 기고한 〈히든 챔피언-독일 경제의 선봉장〉이라는 글에서 이 용어를 처음 사용했다.[3] 어쨌거나 나는 이 초기 간행물에서 '선봉장' 이야기를 했지만 이들 기업이 독일의 수출에 얼마만큼 기여하는지는 아직 알지 못했다. 마인츠 대학 에크하르트 슈미트의 박사학위 논문이 큰 진전을 가져다주었다. 그는 히든 챔피언 457개를 찾아냈다.[4]

나는 《히든 챔피언-알려지지 않은 세계 최고 회사 500개로부터 얻은 교훈》이라는 제목으로 첫 책을 1996년에 하버드 경영대학원 출판사에서 출간했다.[5] 독일어 번역판은 1년 후에 프랑크푸르트의 캄푸스 출판사가 《숨은 승자-알려지지 않은 세계 시장 선도 업체의 성공 전략》이라는 제목으로 출간했다.[6] 왜 독일어판에는 '히든 챔

영역	기준	독일의 세계 '시장 점유율'
중소기업	히든 챔피언 수	48.0%
예술가	명성 기준 톱 100	29.0%
포뮬러 1	세계 선수권 대회	16.1%
축구	세계 선수권 대회	15.8%
과학	노벨상	12.5%
대학	《타임스》 2018 대학 랭킹(톱 100)	10.0%
스포츠	올림픽 금메달리스트 1896~2016	9.3%
대기업	2017 《포춘》 글로벌 500대 기업 수	5.8%
테니스	남자 세계 랭킹 리스트	5.5%
위키피디아	등록(4,390만 중에서 214만)	4.9%
사회	《타임》: 2009~2011 세계에서 가장 영향력 있는 인물 100명	3.3%
인구	주민 수	1.2%
국토 면적	제곱킬로미터	0.2%

다양한 영역에서 독일의 시장 점유율.

피언'이라는 용어를 사용하지 않았는가? 캄푸스 출판사의 설립자이
자 대표인 프랑크 슈뵈러는 뉴욕에서 몇 년간 살았음에도 덮어놓고
독일어 제목을 고집했다. 우리는 간결한 용어 '히든 챔피언'을 독일어
판에서도 사용할 마음의 준비가 아직 되어 있지 않았다. 지금 생각
해보니 그것은 실수였다. 우리는 캄푸스가 2007년에 다시 출간한 전
면 개정판에서 이 실수를 바로잡았다.[7] 그동안 나는 지속적 관찰을
통해 독일에서 히든 챔피언 1,167개를 찾아냈다. 제3판도 2012년에
캄푸스가 출간했다.[8] 그 사이에 독일 히든 챔피언의 수는 약 1,300개
로 늘어났다.

　　마침내 나는 조사 범위를 전 세계로 확대하여 시장을 선도하는
중소기업을 총 3,000개 정도 찾아냈다. 스위스와 오스트리아는 1인
당 히든 챔피언 수가 독일과 비슷하다. 그 밖의 나라에는 히든 챔피
언이 드문드문 있었다. 히든 챔피언은 독일을 세계의 다른 나라와

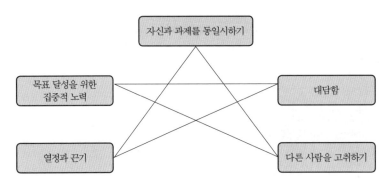

히든 챔피언 리더의 개성 특징.

확연히 구분 짓는 특징일 것이다. 이를 위해 나는 완벽하지는 않은 표를 작성했다. 277쪽의 표는 독일의 세계 시장 점유율이 우리가 살펴본 다른 분야에서는 히든 챔피언만큼 높지 않다는 것을 보여준다.

히든 챔피언 발굴은 내 삶에서 어떤 의미가 있었나? 내가 이 주제에 달려들어 점점 깊이 파고든 것은 계획적인 것이었다기보다는 우연이었다. 그 과정에서 나는 점점 더 매혹되었다. 이전부터, 특히 슐로스 그라흐트 시절부터 나는 대기업 세계를 이미 잘 알고 있었다. 그러나 히든 챔피언을 만남으로써 나는 전략과 기업 경영의 완전히 다른 모습에 눈뜨게 되었다. 나는 히든 챔피언의 리더를 예로 들어 이것을 설명하려고 한다. 이들 기업의 전략에 대해서는 나의 관련 저서에서 자세히 설명할 것이다.

대기업 리더의 재직 기간이 평균 6년인 반면에 히든 챔피언 리더가 정상에 있는 기간이 평균 20년이라는 주목할 만한 사실은 순전히 계량적인 분석이다. 이 차이는 일관성과 장기적 방향 설정이라는 주제에 대한 장황한 설명 이상으로 많은 것을 시사한다. 히든 챔피언 리더는 하나의 패턴에 구속되지 않는다. 그들은 좀 별나고 개성이 뚜렷한 사람이다. 그들은 278쪽 그래프의 특징 5개가 특히 두드러진 사람이다.

자신과 과제를 동일시하기

한스 리겔, 라인하르트 뷔르트, 마르틴 헤렌크네히트, 하인츠 호르스트 다이히만 또는 귄터 필만 같은 기업 리더는 통일성, 즉 유사 동일성을 형성한다. 사람과 회사는 서로 분리될 수 없다. 사람들은 하리보(본에 본사를 둔 제과 회사. 한스 리겔에서 따왔음.-옮긴이)의 한스 리겔에 대해 "그의 회사와 그 직원은 언제나 하나였다"고 했다. 구두 공장 운영자의 아들로서 유럽 구두 시장 선도자로 부상한 하인츠 호르스트 다이히만은 "나는 가죽 냄새를 마치 엄마 젖 냄새 맡듯 했다. 나는 사람을 사랑하고 구두를 사랑한다"고 말한다. 이것은 예술가와 일의 관계를 연상시킨다. "많은 창조적 사람에게 일은 곧 생활이다. 예술가는 사생활과 일을 거의 완벽하리만치 통합하고 삶의 이 두 영역을 분리시키지 않는다."[9] 많은 히든 챔피언 리더에게도 같은 말을 할 수 있다. 히든 챔피언 리더는 자신을 기업과 완전히 동일시함으로써 강한 확신을 가진다. 이와 달리 특히 대기업에 고용된 일부 관리자는 이런 것에 개의치 않는다. 그들은 현재 지위와 앞으로 주어질 지위에 만족하며 산다.

사명에 대한 이런 관점은 돈 버는 것이 이 사람들의 주된 동기가 아니라는 것을 의미한다. 주된 동기는 자신과 기업을 동일시하고 일에서 만족을 얻는 데서 나온다. 따라서 경제적 성공은 부차적 역할을 한다. 로베르트 보쉬는 "신용을 잃기보다는 차라리 돈을 잃는 편을 택할 것이다. 누군가 내 제품을 사용해보고 나서 내가 형편없는 품질의 제품을 공급했다고 말하는 것을 듣는 것은 나로서는 언제나 견딜 수 없는 일이다"고 말한 적이 있다. 헨리 포드도 이와 비슷한 말을 했다. "내가 만든 차가 고장 나면 내게 책임이 있다." 이런 리더들의 최선을 다하는 자세와 책임감은 직원과 고객에게 엄청난 신뢰감을 준다. 그들은 자기 일에 대해 의구심을 가지지 않고 이에 전적으로 책임을 져야 한다고 생각한다. 진정한 리더십은 역할극이 될 수 없다. 그것은 언제나 가치의 내적 본질에 달려 있다.

목표 달성을 위한 집중적 노력

피터 드러커는 개인적으로 알고 있고 역사에도 오른 두 사람, 즉 물리학자 버크민스터 풀러와 미디어 이론가 마셜 맥루언에 대해 이렇게 말한 적이 있다. "그들은 목표에 매진하는 중요성을 내게 잘 보여준다. 진정한 성취자는 한 가지 일에 매진하는 외골수뿐이다. 그 밖의 사람들, 즉 나 같은 사람은 더 재미있게 놀 수는 있지만 자신을 소모시킨다. 풀러 같은 사람과 맥루언 같은 사람이 '사명'을 이행한다. 다른 사람들은 그저 논다. 달성된 것은 무엇이든 사명감을 가진 외골수가 이루어낸 것이다."[10] 이 말은 많은 히든 챔피언 리더에게 들어맞는다. 중요한 것은 사명감에 불타는 '외골수'이다. 나는 이 책에서 '외골수'라는 말 대신 좀 온건한 표현인 '목표 달성을 위한 집중적 노력'이라는 말을 사용한다. 이런 괴짜는 실제로 저 바깥에 있다. 이런 사람을 경쟁자로 보고 경계하라! 나는 히든 챔피언 연구와 컨설팅 활동을 하면서 이런 사람을 많이 알게 되었다. 새벽 2시에 무슨 생각을 하고 있는지 이들에게 물어보면 어떻게 하면 제품을 더 향상시켜 고객들이 편리하게 사용하게 할 수 있을지 생각한다는 답만 돌아온다. 드러커의 말대로 큰 성공 뒤에는 사명감을 가지고 목표 달성에 매진하는 사람이 있다. 히든 챔피언 리더에게도 이것이 적용된다는 것은 분명하다.

대담함

용기는 일반적으로 기업가가 가지고 있는 속성이다. 베르톨트 라이빙거는 '위험에 대한 용기'를 기업가의 가장 중요한 속성으로 본다. 그러나 히든 챔피언 기업가에게는 용기라는 말보다 대담함이라는 말이 더 적합하다. 그들은 "당신의 자유에 대한 무지는 당신을 감금한다"는 중국 속담을 이해하고 명심하고 있는 것 같다. 그들은 일반적인 사람들이 느끼는 압박감과 두려움을 가지고 있지 않다. 그래서 능력을 더 효율적으로 발휘할 수 있다. 이런 기업 리더가, 때로는 높은 교육 수준과 언어 지식도 없이, 어떻게 세계 시장을 정복했는지 사실 놀랍기만 하다. 그러나 그들은 한꺼번에 너무 많은 것을 거는 도박꾼이 아니다.

열정과 끈기

히든 챔피언의 관리자들은 무진장한 에너지, 열정, 끈기를 가지고 있는 것 같다. 이 에너지는 자신과 과제를 동일시하는 데에 소비되는가? 아마도 그럴 것이다! 미국의 한 경영인은 이것을 "명확한 목표와 웅대한 목적보다 개인 또는 회사에 활력(열정)을 더 불어넣는 것은 없다"라는 말로 나타냈다.[11] 히든 챔피언 설립자의 내면에는 때로는 은퇴할 때까지 또는 그 이후까지 불꽃이 타오른다(이것은 또 문제가 될 수 있다). 고희가 넘어서도 자신의 기업에서 왕성하게 활동한다. 나는 방문 때마다 이들 리더가 내뿜는 에너지를 곧잘 느낄 수 있다. 소수의 사람만 가진 미지의 에너지가 있는 걸까?

다른 사람을 고취하기

예술가는 개별 전사로서 세계에 이름을 날릴 수 있을 것이다. 그러나 그 누구도 개별 전사로서 세계 시장을 선도하는 기업을 만들 수는 없다. 이런 기업을 만들기 위해서는 많은 사람의 지원이 필요하다. 불꽃이 기업가의 내면에서만 타오르면 충분하지 않다. 기업가는 이 불꽃을 다른 사람, 그것도 많은 사람에게 옮겨 붙여야 한다. 리더십 연구자 워렌 베니스는 사람들이 특정 리더를 따르고 다른 사람을 따르지 않는 이유를 우리는 지금까지도 이해하지 못하고 있다고 곧잘 지적한다. 히든 챔피언 리더의 가장 중요한 능력은 사명을 달성하기 위해 다른 사람들을 고취하여 최고 능력을 발휘하게 하는 것이다. 그들이 이 점에서 아주 수완이 좋고 성공을 거두고 있다는 것만은 여기서 단언할 수 있다. 그것이 걸음걸이나 의사소통 같은 외양에 있지 않다는 것은 확실하다. 의사소통에 서투른 히든 챔피언 리더도 많다. 적어도 표면적 기준으로 볼 때는 그렇다. 나 자신은 위에서 말한 속성, 즉 사람과 과제를 동일시하기, 목표 달성을 위한 집중적 노력, 활력, 에너지가 다른 사람을 고취하는 능력의 결정적 요인이라고 생각한다.

결국 회사가 크게 성공하느냐 마느냐는 히든 챔피언 리더에 달려 있다. 나는 수십 년간 이런 리더를 수백 명 알게 되었다. 각기 내게 강한 인상을 남겼다. 트럼프 사의 베르톨트 라이빙거는 이미 언급했다. 라인홀트 뷔르트는 부단히 성장을 추구했다. 매출 3억 마르크를 달성하자 그는 10억 마르크를 목표로 잡았다. 그러나 이 음속 장벽도 다음 목표 30억 마르크를 위한 출발점에 지나지 않았다. 매출은 거의 120억 마르크에 이르기까지 계속 증가했고 뷔르트는 현재 직원 7만 1,000명을 두고 있다. 그러나 리더십과 세계화는 크기의 문제가 아니다. 만프레드 보그단이 그 예다. 그의 회사 플렉시는 매출이 약 7,000만 유로밖에 안 되지만 자동 개 목줄 세계 시장에서 점유율 70%를 차지한다. 이구스의 프랑크 블라제 같은 비교적 젊은 리더도 그 예다. 본사가 있는 쾰른에서도 이 회사를 아는 사람이 거의 없다. 그럼에도 이구스는 두 가지 부문, 즉 플라스틱 볼 베어링과 이른바 에너지 체인 부문에서 세계 시장 선도 업체이다. 35개국에 직원 3,000명 이상을 거느리고 매출이 5억 마르크인 이구스는 이제 난쟁이가 아니다. 이구스 고객 센터는 모범적이다. 최고 원칙은 'KNOC'이다. "보스 없으면 '노No' 없다"는 뜻이다. 보스에게 먼저 보고하지 않고는 어떤 직원도 고객이 바라는 것을 거절할 수 없다. '더 깐깐한 사람'은 그로만 엔지니어링의 설립자 클라우스 그로만이다. 아이펠의 소도시 프륌에 있는 이 회사는 전기 제품 및 이와 유사한 제품의 부품을 생산하고 있다. 테슬라의 CEO인 일론 머스크는 그로만의 실적에 큰 감명을 받아 2017년 1월에 이 회사를 매입했다. 그 후로 이 회사는 테슬라 그로만 엔지니어링이라고 불린다.[12] 두 회사의 문화가 어울리는지 않는지는 두고 볼 일이다.

나는 독일뿐만 아니라 전 세계의 히든 챔피언을 알게 되었다. 중국, 뉴질랜드, 남아프리카, 동유럽 국가는 물론 미국의 히든 챔피언도 알게 되었다. 나는 이들 중소기업 리더에게는, 국가 및 본사 소재지와는 무관하게, 유사한 개성 특징이 있다는 것을 밝혀냈다(그중에서 중국의 양슈런과 일본의 토모히로 나카다 두 사람은 12장에서 자세히 다룬다). 히든 챔피언의 거의 대부분은 증권거래소에 상장되지 않은 가족기업이다. 그들은 분기보다는 세대를 생각한다. 그러나 그들은 같은 문제, 즉 후계자 결정 문제를 안고 있다. 세계화는 이들 후계자에게 까다로운 주문을 한다. 이런 까다로운 주문을 감당할 수 있는 사람이 가족 내에 항상 있지는 않다. 그래서 가족이 아닌 경영자 비율이 크게 높아지고 있다. 이로 인해 히든 챔피언이 뿌리내린 정체성을 잃지 않기를 바랄 뿐이다.

1996년 하버드 경영대학원 출판사에서 《히든 챔피언》이 처음 출간되자 히든 챔피언이라는 콘셉트는 하루아침에 전 세계의 주목을 끌었다. 이 책은 20개 이상의 언어로 출간되었고 중국에서는 5판이 나왔다. 285쪽의 사진은 이 책의 국가별 버전을 보여준다.

나는 히든 챔피언이라는 콘셉트가 수많은 기사와 인터뷰의 주제가 되었다고 본다. 《비즈니스위크》는 히든 챔피언 대표자로 테크노짐의 설립자이자 CEO인 네리오 알렉산드리를 소개하면서 그의 사진과 히든 챔피언이라는 단어를 표제에 실었다.[13]

더 나아가 이 주제는 파문을 일으켰다. 내가 거의 매주 있었던 조사에 대해 내린 결론을 주제로 수백 편의 학사학위 논문과 석사학위 논문이 쓰였다는 것은 분명하다. 독일 아마존에는 내가 쓴 책 외에도 표제가 히든 챔피언인 책이 20권 이상 있다. 독일에는 히든 챔피언 관련 회의가 무수히 있다. 가장 유명한 회의는 5년마다 개최되는 '히든 챔피언 서밋'이다. 방송사 n-tv는 매년 히든 챔피언 상을 수여한다. 헤센 주는 선도적 중소기업에 히든 챔피언 상금을 준다. 베

《히든 챔피언》의 국가별 버전.

《비즈니스위크》 표지에 실린 히든 챔피언. 테크노짐 CEO 네리오 알렉산드리.

를린의 유럽경영기술학교는 세계적으로 유명한 '히든 챔피언 연구소'를 2017년에 최초로 설립했다.

2017년에는 중국의 타이창에서도 처음으로 '히든 챔피언 서밋'이 개최되었다. 앞으로는 헤르만 지몬 비즈니스 스쿨과 협력하여 여러 도시에서 '히든 챔피언 서밋'을 정기적으로 개최하고 매년 중국 기업에 히든 챔피언 상을 수여할 것이다.

히든 챔피언이라는 콘셉트는 금융 부문에도 퍼지고 있다. 베를린의 아베스코 금융 서비스는 '지속 가능한 히든 챔피언 펀드'를 판매하고 있다. 싱가포르에도 '히든 챔피언 펀드'가 있다. 타이완에서는 대규모 히든 챔피언 콘테스트가 개최된다. 독일 중소기업의 비밀에 대한 관심은 세계 여러 나라에서 크게 높아졌다. 중국이 대표적인 예다. 중소기업 부문이 취약한 한국과 일본에서도 관심이 계속 높아지고 있다.

프랑스는 예외이다. 특히 2008~2009년의 위기 이후 프랑스인들은 독일 경제에 큰 관심을 가지고 있다. 프랑스인들은 독일의 성공 요인을 이해하여 이로부터 교훈을 얻으려고 한다. 독일의 중소기업이 관심의 중심에 있다. 그래서 나는 히든 챔피언 관련 강연에 초대를 많이 받았다. 그중 한 강연은 프랑스 상원 미래위원회에서 개최되었다.[14] 나는 히든 챔피언 콘셉트를 소개하고 결론으로 도발적인 명제 두 개를 명확히 제시했다. 하나는 대단히 중앙집권적인 국가에는 중소기업이 설 자리가 없다는 것이고 다른 하나는 엘리트 교육을 지나치게 중시하는 국가에서는 바로 이것이 중소기업 설립을 방해한다는 것이다. 이 두 명제는 프랑스에 들어맞는다. 지나친 중앙집권화 때문에 유능한 사람들이 모두 파리에 가려고 한다. 최고 성공은 엘리트 학교를 나와서 대기업이나 정부 부처에서 일하는 것이다. 지방으로 가서 중소기업(이런 중앙집권화된 시스템에서는 덜 알려져 명성이 적을 수밖에 없다)에서 일하려는 사람이 프랑스에는 거의 없다. 나는 독일과의 끊임없는 비교가 많은 프랑스인에게 좌절감과 강박관념을 가져다준다는 인상을 받았다. 프랑스인들은 독일 중소기업을 '모방하는 것'이 불가능하지는 않을지라도 매우 어렵다는 것을 알고 있다. 강박관념은 이런 무력감에서 생긴다. 그 결과 프랑스에서는 독일 중소기업에 대한 관심이 줄어들었다. 어쨌든 이것이 내가 받은 인상이다. 2017년 대통령에 선출된 에마뉘엘 마크롱은 새로운 중소기업 이니셔티브를 제창했다. 이런 맥락에서 '히든 챔피언 클럽'이 설립되었다. 내 책을 프랑스어로 번역한 스테판 갱샤르는 프랑스에서는 이런 이니셔티브가 어렵다고 한다.[15]

　　엄청난 노력과 다양한 조처에도 불구하고 한국에서도 이런 것은 어렵다. 한국에는 여전히 소수의 대기업 이른바 권력의 중심인 재벌이 존재한다. 중국은 완전히 다르다. 중국의 여러 대기업은 무엇보다도 국내 시장 공략에 적극적이다(예를 들어 중국의 이동통신사, 전기 공급 업체, 중국의 은행들). 중국의 엄청난 수출은 그 3분의 2가 중소기업에서 유래한다. 이들 회사의 다수가 히든 챔피언 콘셉트를 적극 받아들였다. 나는 중국의 이런 기업에서 앞으로 독일 히든 챔피언에 가장 큰 위협이 될 경쟁자를 본다. 이것은 특히 중국의 중장비 업체 사니가 콘크리트 펌프 제조업체 푸츠마이스터를 인수한 것이나 중국의 메이디 그룹이 로봇 부문 히든 챔피언 쿠카를 매입한 데서 잘 나타난다.

히든 챔피언 콘셉트는 다름 아닌 중국이 가장 큰 관심을 보이고 있다. 나는 이미 2005년에 베이징의 인민대회당에서 개최된 '제1차 국제 히든 챔피언 서밋 포럼'에서 이 주제로 첫 번째 강연을 했다.

중국에서 강연할 때 히든 챔피언이 되려는 사람이 있느냐고 물으면 청중의 절반이 손을 들 때도 종종 있었다. '히든 챔피언'은 가격 관리 다음으로 나의 두 번째 주제가 되었다. '히든 챔피언'은 국제 경영 용어가 되었다. 구글에 '히든 챔피언'을 입력하면 31만 4,000개가 뜬다.[16] 이 주제는 처음 알려진 후 25년이 지났어도 계속 관심을 끌고 있다. 2017년 11월 22일 베를린의 유럽경영기술학교는 세계적으로 유명한 '히든 챔피언 연구소'를 최초로 설립했다. 이 연구소는 내가 지금까지 할 수 있었던 것보다 더 깊이 있게 이 현상을 과학적으로 연구할 것이라고 한다. 칭다오 대학의 '헤르만 지몬 비즈니스 스쿨'이 특별히 중국 히든 챔피언 연구에 전념할 것이라는 사실에서 중국이 이에 관심을 가장 많이 가지고 있음을 알 수 있다. 개인적으로 내게 매우 중요한 또 다른 성과는 지몬-쿠허 앤드 파트너스를 이끌면서 히든 챔피언 전략을 철저히 따르고 있다는 것이다. 이것이 다음 11장의 주제이다.

11

독수리 날개 위에

다람쥐 새끼는 간신히 먹이를 구한다

나는 학문 연구 외에 항상 실무 세계와 접촉하려고 노력했다. 이 점에서는 대학 은사인 알바흐 교수의 명성과 관계망이 크게 도움이 되었다. 그는 나를 경영 세미나에 참석시켰다. 나는 전문가와 협력할 수 있었다. 그 밖에 기업과도 많이 접촉했다. 빌레펠트 대학 교수에 임명되면서 나는 실무 지향적 연구와 이론에 노력을 집중했다. 기업은 구체적인 마케팅 문제를 해결해 달라면서 우리에게 접근했다. 그래서 비교적 소규모의 컨설팅 프로젝트가 성사되었다. 세계 최대 화학기업 바스프의 공업용 래커 부문이 내게 위탁한 프로젝트가 그 이후의 내 계획에 결정적인 역할을 했다. 보수는 당시의 내게는 엄청난 액수인 12만 5,000마르크(약 6만 2,500유로)였다. 바스프를 위해 우리는 다차원적 등급 분류와 판별 분석 같은 현대적 통계 방법을 사용하여 복잡한 고객 세분화 방법을 개발했다. 이 방법은 고객의 행동 차이에 근거를 두고 있지만 직원이 쉽게 다룰 수 있

는 것이었다. 제품 차별화와 가격 차별화 및 판매 조직에서의 성과
는 이 세분화로부터 나왔다. 기술 수준 요구 및 구매량과 관련하여
어떤 특징을 보여주는 고객은 상당한 전문 지식을 가진 중앙 조직이
관리했다. 비교적 단순한 요구, 비교적 큰 가격 민감성, 비교적 적은
구매량을 가진 고객은 지역 판매점이 관리했다. 우리는 공업용 래커
를 사용하는 기업을 100개 이상 방문하여 광범한 인터뷰를 했다. 실
제 작업은 당시에 아직 박사학위를 받지 않은, 나의 첫 조교 에크하
르트 쿠허가 맡았다. 쿠허는 내용상으로나 방법상으로 꼼꼼하고도
신뢰할 만하게 프로젝트를 처리했다. 고객의 바스프 인정과 이런 프
로젝트를 '감당할' 수 있었다는 경험은 나와 에크하르트 쿠허에게
강한 확신을 심어주었다. 그러나 대학 밖에서는 기밀을 유지하며 전
문적으로 이런 기도를 실행할 수 없다는 것도 나는 프로젝트를 통해
배웠다. 프로젝트 협력자는 적절한 보수를 받았다. 우리는 대학의
물자를 그다지 사용하지 않았다. 기껏해야 컴퓨터를 사용한 정도였
다. 그럼에도 나는 기업의 기밀 자료와 전략적 제안 사항 등의 자료
를 대학 안에 갖고 있는 것이 불편하게 느껴졌다. 본격적으로 기업
컨설팅을 하려면 대학 밖에 조직을 마련하는 것이 좋겠다는 생각이
들었다. 그러나 나는 젊은 교수에 지나지 않는 만큼 무엇보다도 우
리 학과를 더 키우는 일에 힘을 기울여야 했다. 내게는 연구가 최우
선이었다. 그러나 컨설팅에 종사하겠다는 생각의 씨앗이 땅에 떨어
져 싹이 계속 올라오고 있었다.

무엇보다도 일본에서의 연구 학기가 예정되어 있었다. 나는
1983년 11월 21일 나의 첫 조교인 에크하르트 쿠허와 카를 하인츠
세바스티안으로부터 장문의 편지를 받았다. 우리가 몇 달 전에 부스

하나를 차지한 프랑크푸르트 마케팅 서비스 박람회에 대한 인상을 적은 것이었다. 우리가 내건 표어 '마케팅에서의 의사 결정 지원'은 박람회 방문객에게 큰 반향을 불러일으켰다. 컨설팅도 제공하느냐고 묻는 사람이 많았다. 우리가 공동으로 수행한 컨설팅 프로젝트에서 얻은 경험과 이 박람회에서 받은 인상은 두 조교에게 자극을 주었다. 요컨대 미래의 방향을 제시하는 것이었다. 편지 내용은 이러했다.

> 앞으로의 직업적 공동 작업 전망에 대해 기본적으로 어떻게 생각하시는지, 어떤 제안을 하실지 이 자리를 빌려 상의하고자 합니다. 마케팅 박람회는 분석 서비스에 대한 수요 잠재력이 있다는 것을 보여주었습니다. 선생님에게는 새로운 것이 전혀 아닙니다. 우리는 박사학위 논문을 끝내놓고 이 점을 예의주시하려고 합니다. 이 수요 또는 신수요 자극은 팀을 이룰 때 가장 잘 해낼 수 있습니다. 우리는 몇 가지 이유에서 지몬-쿠허-세바스티안 강의 팀이 이 기회를 이용하여 성공하기에 적합하다고 생각합니다. 팀을 이루면 우리는 다음과 같은 점에서 두각을 나타낼 것입니다.
> 요컨대 우리는 현재로서는 이렇다 할 경쟁을 두려워하지 않아도 되는 분야에서 분석 서비스 제공자가 될 수 있습니다. 이런 이유로 우리는 미래의 협력을 위해 팀을 구성해야 모든 참가자가 성공할 기회를 잡을 수 있다고 봅니다.[1]

나에게 있어서 이런 생각은 옥토沃土에 떨어졌다. 나는 일주일 동안 이 주제를 숙고한 끝에 두 조교가 개진한 '비전'을 기꺼이 환영

한다는 답장을 12월 1일에 보냈다. 나는 1984년 봄에 독일로 돌아가면 곧바로 만나서 구체적인 콘셉트를 개발하자고 제안했다. 사실 나는 두 조교가 자발적으로 내게 다가와서 매우 기뻤다. 컨설팅 조직을 만든다는 생각과 이 생각을 실현하는 것 사이에는 장애물이 있다. 이를 극복하기 위해서는 컨설턴트로서 능력이 있을 뿐만 아니라 창업에 발을 들여놓고 거의 무에서 시작할 용기가 있는 협력자가 필요하다. 나는 교수직을 등에 업고 있지만 두 조교에게 창업은 큰 위험을 감수한다는 것을 의미했다. 나에게는 명성이 걸린 문제였다. 그러나 재정적 위험은 관리 가능한 투자액에 국한되었다.

일본에서 연구 학기를 보낸 뒤 나는 스탠퍼드 대학에서 또 석 달을 보냈다. 내가 독일로 돌아온 후 우리 세 사람은 만나서 콘셉트를 구상했다. 만남은 우리가 경영 세미나를 통해 알고 있던 아르탈의 로흐뮐레에서 대부분 이루어졌다. 이 외진 곳에서 우리는 마음껏 기발한 생각을 펼치며 계획을 구체화할 수 있었다. 나는 교수직을 가지고 있었으므로 회사에 내 이름을 올리지 않으려고 했다. 그래서 사명을 UNIC라고 했다. UNIC은 'University Connection'을 의미한다. 여기에 '대학에서의 학문 연구를 실제 문제 해결에'라는 표어를 붙였다.

1985년 초에 우리는 회사 설립에 착수했다. 법적 형태로는 유한책임회사GmbH를 선택했다. 동일한 지분을 가진 공동 출자자는 쿠허, 세바스티안, 나의 아내 그리고 나였다. 우리는 창업 자본금으로 총 10만 마르크(약 5만 유로)를 회사에 투입했다. 우리는 본 변두리에 임대료가 싼 작은 사무실을 임대했다. 입지는 내가 본에 살고 있다는 사실로부터 아주 간단하게 결정되었다. 그것은 내가 온갖 입지를 결정할 때 얻은 기본적 경험에 따른 것이다. 누가 입지를 결정하는지, 이 사람이 무엇을 선호하는지만 알면 된다. 그러면 일반적으로 다른 설명은 필요하지 않다. 우리는 비용을 의식하여 절약에 절약을 거듭하면서 일했다. 내가 항상 요구한 비용 의식은 오래 간 것으로 밝혀졌다. 이 주제가 나의 고희연 인사말에도 나타났기 때문이다.

첫 번째 협력자는 창업 직전에 박사학위 논문을 끝낸 에크하르트 쿠허였다. 몇 달 후 카를 하인츠 세바스티안이 박사학위 논문을 끝내고 합류했다. 우리는 23세의 크리스티안 넬레스를 비서로 채용했다. 넬레스는 현재 지몬-쿠허의 관리 책임자이다. 이런 유의 신설 업체가 으레 그렇듯이 프로젝트 수주는 엄청난 도전이었다. 상당한 네트워크를 이미 구축하고 있었음에도 힘든 일이었다. 1만 유로짜리 또는 5만 유로짜리 프로젝트는 엄청난 성공이라고 기념을 했다. 다람쥐 새끼는 간신히 먹이를 구한다는 말은 UNIC에 딱 들어맞았다. 우리는 직원 3명으로 첫해에 35만 유로 남짓한 매출을 달성했다. 우리는 이 액수를 성공으로 간주하고 의기양양했다. 주지하다시피 첫해는 신설 업체에게 가장 위험하다. 우리는 이 첫 번째 장애물을 거뜬히 극복했다.

매출은 서서히 증가했다. 1989년 우리는 직원 13명으로 매출 220만 유로를 달성했다. 1994년 우리는 직원이 35명이었고 매출은 590만 유로였다. 그때 나는 대학 교수직을 그만두었다. 나는 CEO로서 지몬-쿠허 앤드 파트너스를 1995년부터 2009년까지 이끌었다. 2009년에 나는 이 기업의 '회장'이 되었고 2017년 2월 고희 때 '명예회장'이 되었다. 고희를 맞은 나는 직원 1,000명의 벽을 돌파했으면 좋겠다고 마음속으로 생각했다. 2017년 2월 11일 고희 기념일에 CEO 게오르크 타케 박사가 이제 회사 직원이 1,003명이라고 했다. 2017 사업연도에는 매출이 2억 5,200만 유로에 달했다. 2018년 우리 회사는 직원이 약 1,200명이고, 25개국에 지사 37개를 두고 있다. 가격 컨설팅 부문에서는 지몬-쿠허가 세계 시장 선도 업체이다.

그러나 한 가지 기대는 실현되지 않았다. 원래 우리 의도는 의사 결정 지원에 계량경제학적 방법을 사용하는 것이었다. 계량경제학은 역사적 자료를 토대로 가격, 광고 결정, 판매 촉진 활동의 효과를 측정하는 것이다. 우리는 가격에 유달리 관심이 있었다. 가격은 일반적으로 가격 탄력성이라는 것에 의해 그 효과가 측정된다. 에크하르트 쿠허는 이 주제로 박사학위 논문을 썼다. 이때 쿠허는 최신 스캐너 자료를 이용했다. 카를 하인츠 세바스티안은 광고가 전화 보급에 미치는 영향을 분석했다. 우리는 연구 및 경쟁에 있어서 계량경제학적 방법 사용에 매우 유리한 입장에 있었다. 애초에 우리는 실제 응용에 걸림돌이 있다는 것을 알았어야 했다. 시카고 대학의 레스터 G. 텔저 교수는 이미 1962년에 이것을 예언했다. 그의 논제는 이러했다.[2] 시장에서 가격 탄력성이 높으면 경쟁 가격 사이의 편차가 작다는 것이다. 계량경제학적으로 말하자면 독립 변수인 '가격'은 타당한 평가를 가능하게 하는 변량(산포 범위)을 적게 보여준다. 가격 탄력성이 적으면 가격은 큰 변량을 보여주지만 판매량에 그다지 영향을 미치지 않는다. 바꾸어 말하자면 종속 변수 판매의 변량이 너무 적다.

우리가 이때까지 전 세계에서 수행한 5,000개 이상의 프라이싱 프로젝트 중에서 계량경제학적 방법에 토대를 둔 것은 100개가 넘지 않는다. 텔저가 말한 명명한 독립 변수 외에 두 개가 더 있다. 하나는 신제품의 경우 역사적 자료는 가치가 제한되어 있고 때로는 가치가 없기도 하다는 것이다. 다른 하나는 계량경제학에서 말하는 구조 붕괴가 일어나면, 예를 들어 새 경쟁자가 시장에 진입하거나 특허 기간이 만료되어 복제 약품이 출시되거나 인터넷 같은 새로운 유통 채널이 나타나면 비용이 드는 가격 분석을 하고 컨설턴트를 끌어들인다는 것이다. 이 모든 경우에 역사적 시장 자료는 고객의 가격 반응을 그다지 설명하지 못한다. 빅 데이터 시대에 계량경제학은 다시 각광을 받을 수 있다. 예를 들어 인터넷을 이용하면 큰 비용을 들이지 않고도 가격 테스트를 수행할 수 있다. 이때 바람직한 가격의 산포 범위를 인위적으로 만들어낼 수도 있고, 판매에 미치는 영향을 파악할 수도 있다.

그러나 우리는 계량경제학 대신 신식 방법인 컨조인트 분석을 많은 프로젝트에 이용했다. 이 방법은 내가 MIT 연구 체류 중에 처음 접한 것으로 초기에는 트레이드 오프 분석이라고 불렸다. 이익과 가격을 함께 측정하기 때문에 트레이드 오프 또는 컨조인트 분석이라 한다. 이를 위해 피험자에게 제품을 여러 개 제시하고 그중에서 선택하라고 한다. 제시된 제품들은 특징과 가격이 다 다르다. 고객의 판단을 근거로 각 제품의 이익 기여도와 가격 지불 의사를 평가할 수 있다. 결합 측정법은 부단히 개선되어 마침내 우리가 설문조사에 사용한 퍼스널 컴퓨터의 보급 덕분에 획기적 발전을 이룩했다. 이 방법을 사용한 첫 번째 프로젝트는 안경 브랜드 질 샌더의 가치를 측정한 것이다. 이를 위해 우리는 실제로 다양한 디자인과 브랜드의 안경을 마련했다. 컨조인트 분석의 진보된 변량은 지금도 우리

1987년과 2015년의 지몬-쿠허 핵심 팀.
왼쪽부터 카를 하인츠 세바스티안, 헤르만 지몬, 게오르크 타케, 에크하르트 쿠허, 클라우스 힐레케.

작업의 중요한 도구이다. 그러나 우리는 오래전부터 설문조사 수행을 시장 연구 기관에 위탁했다. 반면에 분석은 우리의 핵심 역량이므로 직접 수행한다.

1988년에 우리 팀은 결정적으로 보강되었다. 게오르크 타케 박사와 클라우스 힐레케 박사가 박사학위 논문을 끝내고 합류했다. 타케는 '비선형적 가격 형성'을 주제로 한 논문으로 박사학위를 받았다. 그의 논문은 우리가 몇 년 후 독일 철도청을 위해 개발한 철도 카드 50의 토대가 되었다. 힐레케는 '제약 시장에서의 경쟁 전략'을 박사학위 논문 주제로 잡았고, 개척 중인 제약 산업 비즈니스에 그의 전문 지식을 쏟아 부었다. 물론 이런 권위 있는 전문가들은 대안을 제시했다. 우리는 이들 전문가를 놓치지 않기 위해 곧바로 컨설팅 파트너로 모셨다. 쿠허 박사, 세바스티안 박사, 타케 박사, 힐레케 박사 팀은 동반자로서 나와 함께 우리 회사의 핵심 팀을 이루었다. 나는 이 팀의 구성원들이 직업 활동의 전부를 우리 회사에 걸었다는 것을 자랑으로 여긴다.

300쪽의 두 사진은 지몬-쿠허의 핵심 팀을 보여준다. 하나는 1988년 것이고 다른 하나는 2015년 것이다. 두 사진 간에는 27년의 세월이 있다.[3] 세월의 흔적이 남아 있기는 하지만 세월조차 이 5인 팀의 단결을 깨뜨릴 수 없었다.

가격 컨설팅

가격은 수천 가지 모습과 다양한 상황으로 다가와 나를 즐겁게 해주기도 하고 자극하기도 하며 짜증나게 만들기도 했다. 나는 가격 때문에 골머리를 앓기도 하고 쩔쩔매기도 했다. 가격의 비밀을 알아낸 유레카의 순간도 있었다. 나는 가격의 개가凱歌를 경험하기도 했다. 예를 들어 1992년에 철도 카드 50을 도입한 것이나 2003년에 당시 철도청장 하르트무트 메도른과 격심한 실랑이 끝에 철도 카드를 다시 사용하게 한 것이 그것이다. 1998년 출시 당시 혁신적인 리무진이라고 평가받은 메르세데스 A 클래스에 비교적 높은 가격을 성공적으로 달성시킨 것에 나는 자부심을 가지기도 했다. 그 정점은 포르쉐의 신모델을 위해 우리가 개발한 가격 전략이었다. 1993년부터 2009년까지 CEO를 지낸 벤델린 비데킹은 직접 이 프로젝트에 '매달렸다.' 특히 우리 회사의 실리콘 밸리 지사가 담당하고 있는 선도적 인터넷 회사의 프로젝트도 중요한 역할을 했다. 물론 허탕을 치기도 했다. 가격 인상을 달성하지 못한 적도 있고, 신제품 가격이 수용되지 않은 적도 있으며, 가격 인하가 기대한 만큼 매출 증가를 가져오지 않고 마진만 감소시킨 적도 있었다. 다행히 이런 실패는 드물었다. 우리의 권고를 탐탁지 않게 여기는 컨설팅 고객과 언쟁을 벌이기도 했다. 누가 옳은지는 나중에도 모르는 경우가 있다. 현실에서는 하나의 대안만 실행될 수 있기 때문이다. 다른 옵션이 더 나았다고 단언할 수 없는 경우가 많다.

세상은 급격히 달라진다. 그래서 우리는 2001년 10월 1일 관광 기업 TUI를 위해 새로운 가격결정 시스템을 개발했다. 그러나 2001년 9월 11일의 세계무역센터 테러 때문에 세상은 그 이전과 달라졌다. 우리의 분석과 권고의 토대가 되는 전제와 자료를 담배 한 대 피우며 바람결에 날려버릴 수 있었다. 1년 후에 TUI 매니저가 보낸 회신에 우리는 위안을 받았다. 9·11테러 이후에 이전 가격결정 시스템을 적용했다면 결과는 더욱 나빴을 것이라는 내용이었다.

우리 회사도 늘 순탄하지만은 않았다. 두 가지 예를 들겠다. 통일 후에 우리는 신연방주에 있는 어떤 기업의 프로젝트를 수행했다. 서독의 회사에 인수되어 자회사가 된 기업이었다. 프로젝트가 끝날 무렵 동독의 이 회사가 파산 신청을 했다. 멍청하게도 우리는 사실상의 프로젝트 위임자인 서독의 모회사와 계약을 체결하지 않고 이 회사와 계약을 체결했다. 모회사에 조치를 취하는 것은 불가능했다. 우리는 사례금을 포기하지 않을 수 없었다. 그 결과 한 푼도 받지 못했다. 우리는 마냥 순진하게 행동했었고 그 대가를 톡톡히 치렀다.

1990년대 말에 독일의 전기 시장 규제가 철폐되었다. 전기 공급 업체는 환호와 두려움 사이에서 망설였다. 한 경쟁 업체가 규제 철폐를 이용하여 광범한 공격적 경영을 하기로 하면서 우리에게 대형 프로젝트를 위임했다. 이것은 우리에게 엄청난 성공을 의미하기도 했으나 이 부문의 다른 기업을 위해 일할 수 없다는 것을 의미하기도 했다. 프로젝트가 진행되면서 이 업체의 경영진 내부에서뿐만 아니라 담당 책임자와 우리 사이에도 의견 불일치가 생겼다. 우리는 점점 더 까다롭게 구는 비즈니스 파트너를 상대해야 했다. 여기서는 '리스Riss'라고 부르기로 한다. 리스는 나름대로 엄청난 압박을 받고 있었다. 리스와 우리 회사 프로젝트 책임자는 서로 견해가 크게 달랐다. 1999년 가을 우리는 이른바 중립 지역인 공항 회의실에서 만났다. 이 까다로운 협상 자리에 동석한 프로젝트 책임자가 "초조하십니까?"라고 물었다. 나는 짐짓 "괜찮네"라고 대답했다. 나는 초조했다. 거액과 중요한 조건이 왔다 갔다 하는 자리였다. 우리는 그날 저녁에 해결책을 찾아내야만 했다. 나는 리스를 기껏 두 번 만나서 그를 잘 알지 못했다. 그를 믿지 못하는 이유가 있었다. 그는 우리를 기다리게 했다. 그것이 그의 스타일이었다. 우리는 놀라지 않았다. 협상은 냉랭하게 시작되었다. 양측의 주장이 오갔다. 리스와 나는 말없이 한참 서로 빤히 쳐다보았다. 분위기가 경색되었다. 합의는 멀리 달아나고 있었다. 그것은 원하는 것이 아니었다. 나는 오래전부터 서로 잘 아는 우리 회사 프로젝트 책임자와 리스만 회의실에 남겨두고 문 앞에서 기다렸다. 한참 지났다. 이윽고 프로젝트 책임자가 타협안을 가지고 나왔다. 나로서는 받아들일 수 없는 것이었다. 우리 측 변호사가 휴가 중이어서 우리는 전화를 했다. 그는 법원에 가면 우리가 훨씬 더 좋은 결과를 얻어낼 것이라고 확신하고 있었다. 그러나 소송 제기는 나로서는 절대로 있을 수 없는 일이었다. 우리는 고객에게 소송을 제기한 적이 아직 없었다. 나는 이 방침을 고수하려고 했다.[4] 나는 리스를 한 번 더 우리 방향 쪽으로 압박했다. 회의실을 떠날 때가 임박했다. 마침내 우리는 합의에 서명했다. 합의안은 금전적으로 내게 만족스러운 것이 아니었다. 그러나 우리는 이 부문의 다른 회사를 위해 일할 수 있는 자유를 얻었다. 우리로서는 이 자유가 금전적 양보의 가치가 있었다. 이 성가신 일을 떨쳐버리고 법정에서 권리를 다투지 않아도 되어서 나는 홀가분했다. 우리는 법적 다툼 이상의 의미를 가진 것에 열정을 쏟아 부을 수 있게 되었다. 이 경우에 우리가 변호사를 쓴 것은 참 잘한 일이었다. 왜냐하면 협상 최종 단계에서 변호사가 합의된 금액에 무조건 '부가가치세'를 포함시켜야 한다고 했기 때문이다. 이 구절을 포함시키지 않았다면 우리는 그냥 50만 마르크를 날려버렸을 것이다. 나는 리스를 다시는 보지 못했다.

비전과 리더십

1995년 초에 CEO에 취임함으로써 내 삶의 새 단계, 즉 학계에 몸담은 시기 이후의 두 번째 경력이 시작되었다. 새로운 삶의 단계에 접어들었다. 컨설팅은 내게 새로운 것은 아니었지만 일상적인 영업 관리 업무와 프로젝트를 따내어 신뢰할 만하게 완수하는 필수 업무에 적응해야 했다. 우리는 어디에 있었는가? 우리의 길은 어디로 뻗어 있는가? 3년마다 매출을 배가시킨다고 막연히 결심한 것이 사실상 우리의 전략이었다. 지금까지는 실제로 이것에 성공했다. 1985년부터 1994년까지 연평균 성장률은 34%였다. 1차 걸프전 때문에 성장세가 약간 꺾인 1991년을 제외하면 우리는 성장을 거듭했다. 우리는 독수리 날개 위에 올라탄 기분이었다. 그러나 우리에게는 사무실 하나밖에 없었다. 몇 사람을 제외하고 우리 회사 직원은 모두 독일인이었다. 프로젝트도 90% 이상 독일어권에서 땄다. 현실적으로는 우리 회사를 독일의 작은 컨설팅 중소기업으로 보는 것이 합당했다. 그러나 우리의 야망은 더욱 컸다. 우리는 글로벌 컨설팅 회사가 되려고 했다. 우리는 비전과 가치 성명서를 작성하여 우리의 정체성을 다음과 같이 정의했다. "우리는 전략 및 마케팅 부문의 글로벌 컨설팅 회사이다. 우리는 세계 최정상을 지향한다." 우리의 가치 규범은 4개의 원칙에서 나왔다.

정직 | 품질 | 창의 | 신속

이들 원칙은 외적으로는 고객에, 내적으로는 직원에 적용된다. 신뢰는 정직으로만 구축할 수 있다. 이미 대안을 정해 놓고 오는 고객도 있다. 이들은 컨설턴트에게서 이것을 확인 받으려고 한다. 고객이 듣기 싫어하는 결점이나 약점을 밝혀야 할 때도 있고, 직원에게 불편한 진실을 말해야 할 때도 있다. 나는 이런 요구에 다 부응할 수 있다고 주장하지는 않는다. 그러나 우리는 기대치를 더 낮추지는 않았다. 시간이 걸리더라도 "거짓말 하면 쫓겨난다"는 원칙을 실행에 옮겼다.

우리에게 '품질'은 최신 계량 방식을 사용하여 가장 타당하고 신뢰할 만한 결과를 얻어내는 것을 의미한다. 그 토대는 직원의 높은 자질과 평생 학습이다. 나는 초기의 프로젝트를 통해 사소한 것에도 품질이 얼마나 중요한지를 배웠다. 설문지 작성 때는 콤마에 따라 자릿수가 달라졌다. 자문을 구한 기업에게는 소비량 1,000톤이 1만 톤이 되어버렸다. 이것은 시장 잠재력에 대한 엄청난 오판을 초래했다. 다행히도 우리는 최종 프레젠테이션 전에 이 결함을 발견했다. 그렇지 않았다면 고객한테 손가락질 받았을 것이다. 그러나 품질은 결함을 방지하는 것 이상이다. 결국 컨설팅 비즈니스의 품질은 우리 팀의 능력과 책임감에 뿌리를 두고 있다. 컨베이어 벨트 노동자와 달리 서비스 창출 과정을 통제할 수 없는 '지식 노동자'에게는 예외 없이 이것이 요구된다. 컨설팅에서는 결과도 통제하기 어렵다. 감독자는 결과 도출 과정을 파악해야 한다. 예를 들어 경영진 또는 고객과의 대화도 살펴보아야 한다. 요컨대 높은 품질은 직원의 엄선, 평가, 지속적 자질 교육을 통해 보장될 수 있다.

'창의' 원칙은 내외적 관계에 있어서 여러 측면을 가지고 있다. 창의는 문제를 고객과 개별 상황에 따라 특화되게 해결할 것을 우리에게 요구한다. 우리는 방법의 도구 상자를 가지고 있지만 전략 및 마케팅 요리법을 제공하지는 않는다. 이 점에서 우리는 표준화된 방법에 따라 곧잘 일하는 시장 연구 업체와 확연히 구별된다. 내적 관계에 있어서 창의는 모든 동료에게 '함께 생각할 것'을 요구한다. 이것은 특히 각 동료의 행동 결과와 관련하여 적용된다.

내 경험에 따르면 실무에서 가장 자주 위반하는 원칙은 '신속'이다. "오늘 할 수 있는 일을 내일로 미루지 말라"는 격언을 실행에 옮기지 못하는 사람이 많다. 나는 꾸물대는 것 때문에 항상 골머리를 앓아왔다. 신속보다 고객을 더 기쁘게 해주는 것은 거의 없다. 나는 신속한 반응보다 긍정적 피드백을 자주 받는 것을 알지 못한다. 나는 이 경험을 신속이라는 원칙으로 직원들 몸에 배게 하려고 했다. 유감스럽게도 모든 직원에게 성공하지는 못했지만 대부분의 직원에게는 성공했다. 약속된 시간에 나타나거나 약속된 기한에 서비스를 제공하는 것과 같은 시간 엄수라는 주제는 은연중에 신속 원칙에 포함된다. 물론 나는 결코 늦는 법이 없다고 말할 수는 없다. 살다 보면 이것은 불가피하다. 속수무책인 때도 있다. 비행기가 연착하거나 도로가 꽉 막히는 것을 예로 들 수 있다. 이것은 어찌할 도리가 없다. 그러나 출발 시간은 우리가 컨트롤할 수 있다. 볼테르는 알고 있었다. 그는 "중요한 것은 정시에 도착하는 것이 아니라 정시에 출발하는 것이다"라고 말했다. 과연 명언이다.

나는 이 네 개의 원칙을 직원들에게 귀가 따갑도록 주지시켰다. 똑같은 소리를 반복하기 때문에 더는 듣고 싶어 하지 않는 상황이 발생할 수도 있다. 당시 ABB의 대표이사였던 에버하르트 폰 쾨르버는 "내가 이미 골백번 한 말을 더 이상 들을 수는 없습니다"라고 내게 말한 적이 있다. 나는 "당신은 그 말을 골백번 들은 유일한 사람입니다. 대기업 직원들은 그 말을 한두 번 들을 것입니다. 당신은 그 말을 조용히 골백번 반복할 수 있습니다. 그러면 모든 직원이 적어도 세 번은 그 말을 듣게 될 것입니다"라고 대답했다. 우리의 공식적인 가치 체계는 나의 후계자 체제하에서도 계속 발전되었다. 2018년에 지몬-쿠허의 가치 체계는 여섯 가지 특징을 가지고 있다. 정직, 존경, 기업가 정신, 능력주의, 영향, 팀이 바로 그것이다.[5] 가치 또는 그것의 성문화成文化는 살아 있는 시스템이다. 그러나 말보다 더 중요한 것은 행동이다. 결정적인 것은 그 가치대로 살아가느냐 그리고 그 가치가 어떻게 구현되느냐 하는 것이다.

나는 "페르 아스페라 아드 아스트라per aspera ad astra", 즉 "역경을 넘어 별까지"라는 세네카의 좌우명을 인용하면서 말과 글을 종종 끝 맺었다. 이로써 나는 과정이 순탄치 않을지라도 목표를 높이 설정해 야 한다는 것을 전하고자 했다. 목표에 이르는 과정에 역경이 있어도 낙담해서는 안 된다는 말은 진부하다. 몇 년간은 난관이 많았다. 새 지사 개설이 순조롭지만은 않았다. 몇 곳은 지사장을 교체해야 했고, 몇 곳은 뜻밖에도 손익 분기점에 이를 때까지 지사장이 오래 유임되 기도 했다. 파트너를 잃는 것은 적지 않은 실망을 안겨주었다. 약속 된 지급을 이행하기 않았기 때문에 몇몇 파트너와는 결별해야 했다. 몇몇 파트너는 우리 회사의 스타일 또는 문화에 적응하지 못해서 제 풀에 떨어져나갔다. 첫 30년 동안 우리 회사는 파트너 25개를 잃었 다. 해마다 0.8개 잃은 셈이었다. 현재의 파트너 수 약 100개는 파트 너 레벨에서는 매우 낮은 변동이다. 컨설턴트의 경우 연간 변동률은 15~20%이다. 이것은 우리 회사도 이 부문의 다른 회사와 다르지 않다. 이와 달리 파트너의 경우 기대된 급부를 이행한다는 것을 전 제로 우리는 가능한 한 변동이 적도록 노력하고 있다.

세계화

앞에서 "우리는 글로벌 컨설팅 회사이다"와 "우리는 세계 최정 상을 지향한다"가 우리 회사의 비전이라고 했다. 독일의 중소 도시 에 사무실 하나만 두고 있는 컨설팅 회사의 이 말은 매우 다양하게 해석될 수 있다. 한 가지 해석에 따르면 이 말은 아직 실현되지 않 은 불타는 야망을 나타낸 것이다. 이 말을 오만하거나 허풍 떠는 것으로 해석한다면 우리의 비전을 덜 긍정적으로 보는 것이다. 그러나 우리는 우리의 비전에서 표현한 바로 그대로 하려고 마음먹은 것이었다. 우리는 목표에 유의했고, 무엇을 하려고 하는지 알고 있었다. 이 목표에 이르는 길이 끝났다고는 아직 생각되지 않았다. 어느 나라에서 세계화에 발을 디뎌야 할까? 어떻게 해야 앞설 수 있을까? 누가 이 과제를 떠맡을까? 세계화를 결심하면서 취리히나 빈 같은 독어권 지역에 두 번째 사무실을 여는 것은 별 의미가 없다. 세계 정상급 글로벌 기업 컨설팅 회사가 되려면 '컨설팅 사자 굴', 즉 미국에서 살아남아야 한다. 1995년 그 사이에 7명으로 늘어난 파트너 모임에서 우리는 만장일치로 위와 같은 결론을 내렸다. 그래서 우리는 (본 다음의) 두 번째 사무실을 미국에 두기로 결정했다. 그러나 누가 이 일을 맡을 것인가 하는 핵심 문제에는 답이 나오지 않았다. 파트너 모임에서 내가 이 문제를 제기하자 다들 눈을 내리깔았다. 우리는 생각할 시간을 가졌다. 이윽고 클라우스 힐레케 박사가 가족과 함께 3년간 미국으로 가서 그곳에 사무실을 열겠다고 밝혔을 때 우리는 가슴을 쓸어내렸다. 그 후로 나는 비슷한 상황에 더 자주 마주쳐야 했다. 사무실 개설 과제를 떠맡을 사람이 없을 때 새 사무실을 열려고 하는 것은 부질없는 짓이다. 힐레케는 마인츠에서 내 밑에서 배운 젊은 컨설턴트 슈테판 부처를 데리고 가기로 했다. 부처는 카사블랑카에서 외교관의 아들로 태어났다. 그래서 아직 젊은데도 외국 경험이 많았고, 무엇보다도 뉴욕에서 몇 달간 실무 경험을 쌓은 적이 있었다.

그러나 우리는 소재지를 뉴욕(컨설턴트는 으레 뉴욕에 자리 잡았다)이 아닌 보스턴으로 정했다. 두 가지 이유 때문이었다. 하나는 내가 보스턴 주변을 잘 알고 있다는 것이었다. 어쨌든 나는 보스턴에서 2년간 살았고 하버드 및 MIT와 접촉을 많이 했었다. 클라우스 힐레케는 '빅 애플Big Apple'(뉴욕의 별명.-옮긴이)에서 살기보다 주변을 한눈에 알 수 있는 곳에서 가족과 함께 살기를 선호했다. 또한 보스턴은 전통적으로 컨설턴트들의 보금자리이기도 했다. 1864년 세계 최초의 컨설팅 회사 아서 D. 리틀이 이곳에 설립되었다. 보스턴 컨설팅 그룹도 이곳에 뿌리를 두고 있다. 어쨌든 필요한 조치, 즉 유한책임회사 설립, 사무실 임차, 첫 미국인 직원 채용을 완수해야 했다. 우리는 나의 첫 미국 체류지인 MIT 슬론 경영대학원에서 몇 미터 떨어지지 않은 케임브리지의 켄달 스퀘어에 사무실을 두기로 했다. 좋은 추억과 결부되어 있으면 이전에 활동하던 곳으로 돌아가게 마련이다. 경영학 석사인 후안 리베라와 스티브 로젠을 처음 면접 본 기억이 새록새록하다. 둘 다 합격했다. 지금 후안 리베라는 미국 지몬-쿠허 앤드 파트너스의 책임자이고, 스티브 로젠은 생명과학 부문의 파트너이다. 독일에서와 마찬가지로 초창기의 미국인 직원들은 수십 년간 회사에 충성을 다했다. 이들은 1년간 본에서 연수를 받았다. 우리는 장광설이나 문서를 통해서가 아니라 사람을 통해서만 기업 문화를 바꿀 수 있다고 확신하고 있었다.

초창기에 나는 한 달에 한 번 꼴로 보스턴에 갔다. 이때 나는 대서양을 넘나들 때마다 모든 것을 들고 다니는 불편을 덜기 위해 케임브리지 하버드 스퀘어의 찰스 호텔 옷 보관소를 이용했다. 그러나 그렇게 해봤자 내가 미국 고객에게 그다지 영향을 못 미친다는 것을 재빨리 깨달았다. 컨설팅은 사람을 상대하는 비즈니스이다. 나는 미국 주소가 적힌 명함을 가지고 있었으나 이곳에는 가끔 들른다는 것을 고객에게 숨기지 않았다. 작은 컨설팅 회사의 대표가 프로젝트를 따낼 때만 모습을 보이고 그 후로는 좀체 보이지 않는다는 것이 고객에게 좋은 인상을 줄 리 없다는 것은 당연하다. 미국에 진출한 독일 기업에 컨설팅을 해주겠다는 우리의 희망은 계획대로 되지 않았다. 많은 독일의 컨설팅 회사가 이 길을 택했으나 바로 그 때문에 해외에서는 성과를 못 거두었다. 우리가 미국 기업에서 프로젝트를 따내야 한다는 것과 이 과제는 현지 직원만이 이루어낼 수 있다는 것이 얼마 후 분명해졌다. 우리가 도전을 과소평가했는가? 능력을 과대평가했는가? 우리가 독일에서 얻은 경험, 즉 "다람쥐 새끼는 간신히 먹이를 구한다"는 경험을 우리는 미국에서 또 했다. 미국의 고객이 놀랄 만큼 솔직하고 관심이 많아 우리는 회동 기회를 얻는 데 성공했다. 그러나 프로젝트를 따내기 위한 첫 번째 회동에 이르는 길은 험난했다. 이때도 어디에나 있는 경쟁이 한몫했다. 미국에는 컨설턴트가 남아돌았기 때문이다. 그러나 우리만큼 가격결정이라는 주제에 특화된 경쟁자는 없었다. 어쨌든 클라우스 힐레케가 이끄는 팀은 좌절에 대한 높은 내성과 모범적인 극복 의지를 보여주었다. 어느 땐가 매듭이 풀리고 사정은 갈수록 좋아졌다.

　　미국에서의 성공으로 우리는 용기를 얻었다. 4년 후 우리는 취리히와 파리에도 사무실을 열었다.　그 직전에는 뮌헨에 지사를 두었는데 취리히의 경우와 마찬가지로 큰 문제가 없었다. 뮌헨과 취리히는 독어권이었기 때문이다. 이와 달리 파리 사무실 개소는 적지 않은 문제를 안고 있었다. 이 과제를 맡길 파트너나 직원이 없었다. 그래서 나는 파리의 헤드헌터 업체 에릭 새먼에 의뢰하여 샹젤리제에 있는 이 회사 사무실에서 후보자 몇 명을 면접했다. 여기서 나는

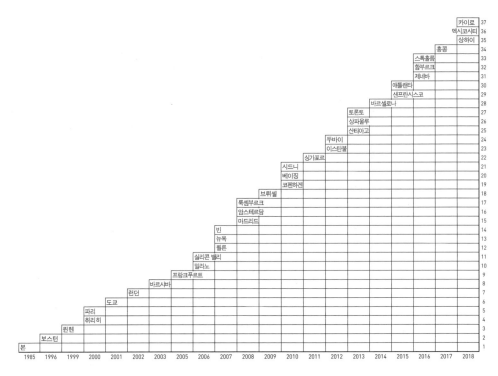

지몬-쿠허, 세계로의 확장. 1985～2018년.

세상이 참으로 좁다는 것을 또 한번 경험했다. 새먼 측의 우리 회사 담당자는 내가 아는 여자인 카트린 뒤낭이었다. 뒤낭이 세계적인 제약회사 회흐스트의 판매 책임자 프리츠 슈트라우프의 비서를 지냈기 때문이다. 내가 면접을 본 지원자 중에는 카이 반딜라도 있었다. 그때 반딜라는 파리 롤랜드 버거(유럽 최대의 컨설팅 기업.-옮긴이)의 젊은 파트너였다. 그러나 우리는 함께하지 못했다. 그 대신 나는 프랑스인 컨설턴트를 채용했다. 그는 우리의 제안을 받아들여 사무실을 열었다. 그 전에 우리는 파리 경영대학 석사과정 졸업생인 두 명의 젊은이 플로랑 자케와 프랑크 브로를 본에서 채용했었다. 두 사람은 파리에 돌아가서 그곳에서 1년간 경험을 쌓았다. 현재 두 사람은 파트너이다. 두 사람도 수십 년 넘게 근무하고 있다. 그러나 외부에서 온 책임자는 성공하지 못했다. 그래서 우리는 결별했다. 우리는 독일인 파트너를 파리에 보냈다. 이 사람도 무척 노력했기는 했으나 성공하지 못했다. 3년이 지났다. 우리는 손익 분기점에 이르지 못했다. 그래서 더 나아갈 수 없었다. 그때 헤드헌터 업체 에릭 새먼을 통해 알게 된 첫 번째 지원자 카이 반딜라가 생각났다. 나는 그에게 전화를 했고, 며칠 후에 합의가 이루어졌다. 지금 카이 반딜라는 파리 지사뿐만 아니라 이스탄불, 두바이, 싱가포르, 시드니, 베이징, 홍콩 지사를 관리하고 있다. 그는 우리 회사의 이사회 이사이기도 하다. 우리는 실패를 경험하기도 했다. 아마도 최악의 때인 듯한 2008년 11월에 우리는 모스크바에 사무실을 열었다. 임대료가 매우 비싼 곳이었다. 비용은 많이 들고 수주는 없는 것과 마찬가지여서 1년 후 우리는 철수했다. 그러나 세계화는 계속되었다. 312쪽의 표는 우리 회사의 확장 역사를 보여준다.[6]

난제는 언제나 있었고 지금도 있다. 사무실 책임자 임명이 가장 큰 문제였다. 유능한 컨설턴트나 파트너가 있으면 일은 순조롭게 진행된다. 적임자가 없으면 사무실은 몇 년 넘게 골칫거리가 될 수 있다. 현지어에 능통한 각국의 컨설턴트를 확보하여 교육하는 일도 이에 못지않게 중요하다. 해외 근무자만으로는 세계를 아우르는 컨설팅 비즈니스를 구축할 수 없다. 그러나 기업의 문화와 경쟁력을 새 사무실에 이식하기 위해서는 해외 근무자도 필요하다. 그래서 우리는 여러 해에 걸쳐 유능한 직원을 세계 곳곳으로 많이 보냈다. 이들 해외 근무자는 대개 목적지 국가에 여러 해 머무르거나 오랫동안 머무른다. 이런 사람으로는 앙드레 베버, 폴커 얀센 박사, 페터 에르하르트(미국 주재), 요헨 크라우스 박사와 얀 바이저(싱가포르 주재), 옌스 뮐러 박사(도쿄 주재), 크리스토프 페촐트(시드니 주재), 로브렌크 케슬러(두바이 주재), 그리고 스위스인 실비오 슈트뤼비(홍콩 주재)가 있다. 그러나 외국에 배치된 독일계 파트너는 10명도 채 안 된다.

세계화 시작과 더불어 우리는 영어를 회사 언어로 선언했다. 모든 직원은 영어를 사용해야 했고, 모든 회사 문서는 영어로만 작성해야 했다. 이 때문에 처음에는 몇몇 직원에게 문제가 생겼으나 몇 년 후에는 전 직원이 회사에서 영어 사용하는 것을 당연시했다. 나는 세계화 의지가 있는 기업에게만 꿋꿋이 이 길을 가라고 충고할 수 있다. 영어를 회사 언어로 사용하자 소통이 쉬워지고, 번역 같은 이중 작업이 없어졌으며, 비독어권 지원자를 더 많이 끌어들일 수 있게 되었다. 글로벌 기업에는 단일 언어가 필요하다.

지적 자본 기업의 난제는 세계 각국 출신의 직원에게 국경과 문화 경계를 초월한 단일 가치와 기업 문화를 전달하고 유지하는 것이다. 이것에 성공할 때에만 고객은 우리 회사 컨설턴트에게서 일관된 태도와 품질을 경험하게 된다. 우리의 목표는 전 세계 고객에게 비교 가능한 서비스를 제공하는 것이다. 공동 시스템을 더욱 결속하고 구속력 있는 가치를 확립할 때에만 우리는 이 요구를 관철할 수 있다. 그럼에도 이런 시스템은 토착 문화의 특수성을 통합할 수 있을 만큼 유연해야 하고, 세계를 향해 성장하는 컨설팅 기업에 지속적으로 필요한 변화를 방해해서는 안 된다. 세계화는 우리 회사 정체성의 핵심 요소이다. 세계화한다는 것은 모든 중요한 시장에서 고객, 직원, 사무실을 확보한다는 것을 의미한다. 무엇보다도 우리는 이런 글로벌 네트워크를 직원을 확보하기 위한 매력적인 요소로 간주한다.

지금 우리는 25개국에 37개 지사를 두고 있다.[7] 그러나 우리의 세계 지도에도 여전히 흰 점이 많이 있다. 언젠가는 전 세계에 지사를 두겠다는 우리의 결의는 초창기 때만큼 굳다. 이 목표에 도달하기 위한 기반은 이전보다 더 넓고 더 탄탄하다. 이 점에서 우리는 세계화를 더욱 가속시켜야 한다.

지적 자본 대 금융 자본

1968년에 피터 드러커는 '지식 노동자'라는 용어를 만들어냈다. 지식 노동자는 본질적으로 육체노동을 하지 않고 정신노동을 한다. 지식 노동자는 무엇보다도 뇌와 정신을 사용하고 육체는 적게 사용한다. 주로 지식 노동자를 고용한 회사를 지적 자본 기업이라 한다. 지적 자본 기업은 현대의 경제학에서 중요한 역할을 한다. 컨설팅 회사, 변호사 사무소, 개인 병원, 개발회사 및 감리회사가 지적 자본 기업에 속한다. 물론 대학과 학교도 지적 자본 기업이다. 지본-쿠허 앤드 파트너스는 지적 자본 기업이다. 직원의 80 이상이 대학 졸업장을 가지고 있고, 10분의 1 이상이 박사학위를 가지고 있다. 우리는 유형有形 제품을 생산하지 않는다. 종이 형태 또는 디지털 형태로 된 프로젝트 보고서에는 정보와 지식만이 포함된다.

지식 노동자의 경우 가치 창조 과정을 통제할 수 없다. 지식 노동자가 창밖을 내다보고 있으면 그저 멍하니 있는지, 꿈꾸고 있는지, 근사한 문제 해결책을 생각하고 있는지 아무도 모른다. 한 시간 내에 근사한 문제 해결책을 찾아낸 사람은 하루 종일 문제와 씨름하고도 확실한 답을 찾아내지 못한 동료보다 일을 더 많이 한 셈이다. 상품의 가치는 투입된 노동 시간으로부터 도출된다는 카를 마르크스의 노동가치설은 지적 자본 기업보다 생산 기업에 훨씬 더 적합하다.

지적 자본 기업의 또 다른 특징은 가장 중요한 자원이 매일 저녁 사무실을 떠난다는 것이다. 우리는 이 자원이 내일 아침에 다시 나타나기를 바라기만 할 뿐이다. 중요한 자원은 직원의 머릿속에 있다. 이것은 특별한 자격을 갖춘 컨설턴트와 파트너에게 가장 많이 적용된다. 이들을 고무하는 것은 꼭 필요한 일이면서 엄청난 난제이기도 하다. 지적 자본 기업은 금융 자본을 그다지 필요로 하지 않는다. 일반적으로 지적 자본 기업은 사무실을 임차한다. 운전 자본도 제한되어 있다. 원료 창고도, 완제품 창고도 필요 없다. 일반적으로 자금 조달도 애로 사항이 아니다. 그럼에도 자금 문제 때문에 정체성을 잃는 신설 지적 자본 기업이 많다.

모든 것은 보스에게 달려 있다는 말을 우리는 종종 듣는다. 이 말은 엄격한 위계 구조를 가진 기업에 실제로 적용될 것이다. 그러나 지적 자본 기업에는 그다지 적용되지 않는다. 지적 자본 기업이 일정 규모에 도달하면 성공은 보스에게 달려 있다기보다는 오히려 파트너에게 달려 있다. 파트너가 작은 기업처럼 행동하는 그룹을 이끈다. 그러므로 파트너가 진짜 기업가라고 해야 한다. 스탠퍼드 대학의 찰스 오라일리 교수는 지적 자본 기업의 지분은 외부 투자자가 보유하지 말고 활동적인 파트너가 보유해야 한다고 주장한다. 그는 부족한 요소는 지적 자본에 있지 금융 자본에 있지 않다는 것을 근거로 자신의 주장을 뒷받침하고 있다.

그러나 소유권을 비교적 젊은 파트너에게 넘기기는 쉽지 않다. 당연히 처음에는 설립자가 유일한 주주이다. 설립자는 최대한 많은 지분을 최대한 오래 보유하기 마련이다. 시간은 쏜살같다. 어느덧 그들은 50대이다. 회사가 그때까지 성공하고 있으면 비교적 젊은 파트너가 인수하기에는 지분이 너무 비싸다. 그 결과 회사는 더 큰 컨설팅 회사에 매각되고 정체성을 잃는다. 토머스 네이글 교수가 설립한 '전략 프라이싱 그룹'(우리 회사의 초기 경쟁사 중 하나)은 하버드 대학 교수 마이클 포터의 주도로 설립된 컨설팅 회사 모니터에 매각되었다. 모니터는 결국 딜로이트에 인수되었다. 롤랜드 버거도 회사를 도이체방크에 매각했고, 파트너가 후에 다시 매입해야 했다. A.T. 커니는 로스 페로가 설립한 IT 회사 EDS에 매각되었고, EDS는 제너럴 모터스 그룹에 인수되었다. 롤랜드 버거의 경우처럼 후에 파트너가 기업을 다시 매입했다. 그 밖에도 예는 얼마든지 들 수 있다. 나는 신설 컨설팅 회사의 90%가 한 세대 후에는 이 길을 간다고 본다. 소수의 회사만이 두 번째 세대에 이 전철을 밟는다. 지분이 처음부터 체계적으로 넘어가 있지 않으면 매각의 대안은 비교적 젊은 파트너에게 지분을 넘기는 것뿐이다. 이것은 반대급부 없이 또는 명목가격으로 이루어질 수 있다. 맥킨지, 보스턴 컨설팅 그룹, 베인이 존재한다는 사실은 바로 여기에 기원을 두고 있다. 맥킨지 설립자 마빈 바우어는 1964년에 지분을 파트너에게 넘겼다. 보스턴 컨설팅 그룹의 설립자 브루스 헨더슨과 베인의 설립자 빌 베인도 이와 비슷하게 행동했다.

이런 '증여'의 결과는 이런 회사의 참여 모델이 후속 세대에는 사실상 기업가답지 않다는 것이다. '사실상 기업가답다'는 것은 새 파트너가 시장 가격으로 지분을 매입해서 후에 결별할 때는 그때의 시장 가격으로 매각한다는 것을 의미한다. 지분을 설립자한테서 넘겨받거나 명목 가격으로 취득한 경우는 다음 파트너 세대에게 시장 가격으로 넘기기가 어렵다. 이런 기업의 파트너는 실소유자라기보다는 오히려 신탁 관리인이다. 기업 가치는 결코 실현되지 않는다. 그렇지 않으면 회사 전체를 매각하거나 골드만삭스처럼 주식시장을 통해 처분한다.

지몬-쿠허 앤드 파트너스는 처음부터 다른 의도를 가졌고 이에 따라 완전히 다른 모델을 따랐다. 우리는 설립자로서 기업을 독립적이고 지속적인 토대 위에 두기로 결심했다. 우리는 55세나 60세가 되어도 이 신설 회사를 절대로 큰 기업에 매각하지 않고 신설 회사의 정체성을 희생시키지 않으려고 했다. 그래서 우리는 설립 5년 후에 지분을 두 번째 파트너 세대에 넘기기 시작했다. 넘긴 지분의 양과 가격은 협상 사안이었다. 당연히 약간의 흥정은 불가피했다. 나는 이것이 마음에 걸렸다. 나는 다른 모델을 꿈꾸었다. 주식시장 모델과 비슷한 것이었다. 1998년에 우리는 이런 모델을 따르기로 결정했다. 내가 알기로 컨설팅 부문에서는 처음 있는 일이었다. 설립자 3명은 결별 때까지 지분의 92.5%를 넘겨야 했고, 7.5%는 반대급부로서 평생 보유할 수 있었다. 지분의 가격 영역은 해마다 정했다. 고참 파트너(10년 이상 된 파트너)는 매각할 수 있고, 그 밖의 파트너(새로 선출된 파트너 포함)는 매입할 수 있다. 이런 기본 조건 내에서 과정은 주식시장처럼 진행된다. 매각자는 주어진 가격으로 양도할 지분 수를 제시하고 이에 따라 매입자는 주어진 가격으로 의무적으로 인수할 지분 수를 제시한다. 고전적 모델의 경우와 마찬가지

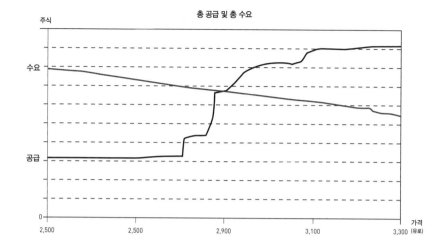

총 공급 및 총 수요

지몬-쿠허 앤드 파트너스의 주식시장 모델.

로 공급곡선과 수요곡선이 생긴다. 넘길 지분의 수와 가격은 교차점에서 정해진다. 319쪽의 표는 2017년도에 있었던 이 과정의 결과를 일목요연하게 보여준다.

이 시스템은 오랫동안 순조롭게 작동했다. 우리는 딱 두 번 '벽'에 부닥쳤다. 가격 영역이 너무 좁게 정해졌기 때문이다. 이 경우 수요와 공급의 간극은 양도 지분의 일부를 배분함으로써 조절해야 했다. 우리는 경험을 바탕으로 약간 개선했지만 기본적 시스템은 그대로 두었다. 그 결과 지분은 100명 이상의 파트너에게 분산되었다. 설립자 3명은 1998년에 합의한 7.5%만 소유하고 있다. 시스템의 기본 구조는 그대로 둔 채 시간이 흐름에 따라 약간의 조정만 있었다.

이런 기업 파트너십 모델은 장점이 많다. 그것은 기업가를 매혹한다. 우리는 우리 기업 문화에 유달리 자부심을 가지고 있다. 새 파트너 자신이 액수를 결정하는 초기 투자금(우리는 적지 않은 최소 투자금을 요구한다)은 관리형의 사람을 놀라게 할지도 모르지만 기업가를 매혹한다. 이런 기업가는 우리 회사를 성장시키고 회사의 성장은 기업 가치를 높인다. 물론 우리는 앞으로는 성장이 어떻게 될지 모른다. 이 점에서 투자는 위험을 안고 있다. 그러나 과거의 지표를 보면 지몬-쿠허 앤드 파트너스 지분 투자는 젊은 파트너에게 대단히 매력적이다. 우리는 첫 10년간(1985~1994) 매년 34%씩 성장했다. 그러나 높은 성장률은 제로에서 출발한 때가 그 후 규모가 커진 때보다 달성하기 쉽다는 것에 주목해야 한다. 1995년부터 2008년까지 우리는 매출이 겨우 17배 늘었다. 연평균 성장률은 24%이다. 2009년부터 2017년까지는 초기에 위기의 해들이 있었음에도 연평균 성장률 15%를 달성했다. 우리는 앞으로도 계속 성장하겠다고 결심했다. 그러나 앞으로 어떻게 될지는 불확실하다.

우리의 성장을 고려할 때 여러 해 동안 수많은 인수 제의가 있었던 것은 당연하다. 1989년 초 내가 하버드에 있을 때 이미 첫 번째 제의가 들어왔다. 우리는 매사추세츠주 렉싱턴에 있는 컨설팅 회사 템플 바커 앤드 슬론TBS의 설립자 칼 슬론에게 주목했다. 후에 TBS는 유나이티드 리서치에 인수되었고, 유나이티드 리서치는 캡제미니에 인수되었다. 슬론은 독일을 잘 알고 있었고 우리를 관찰하고 있었다. 그렇게 여러 해가 지났다. 유명한 컨설턴트와 선도적 회계 감사 회사가 우리의 의사를 타진했다. 그러나 매각은 설립자와 비교적 젊은 파트너가 진지하게 생각해본 주제가 아니었다. 우리는 국내 주식시장에서보다 더 높은 몸값을 받을 수 있었을 것이다. 그러나 독립과 언제까지고 독립된 기업을 만든다는 비전이 우리에게는 더 중요했다. 나는 우리 파트너의 대부분이 콘체른(기업 합병.-옮

긴이)에 대한 생각과 관료주의가 팽배한 환경에서 일하지 않으리라
고 생각한다. 우리 파트너들은 지몬-쿠허에 있는 기업가의 자유를
매우 높이 평가한다. 동시에 기업가의 자유는 불굴의 야심으로 미래
의 도전을 극복하는 토대이기도 하다.

사령탑에서 내려오다

2007년 2월 나는 60세가 되었다. 지몬-쿠허 앤드 파트너스의
파트너들과 환갑잔치를 벌이는 자리에서 나는 늦어도 65세에, 어쩌
면 그보다 더 일찍, CEO 자리를 넘겨주겠다고 했다. 나는 예순두셋
쯤에 물러날 생각을 하고 있었다. 긴 레임덕 기간을 피하기 위해 나
는 확정적인 은퇴 시기는 그 직전에 공표하려고 했다.

CEO 시절은 쏜살같이 지나갔다. 몹시 어설프게 출발했으나
나는 일에 사로잡혔고 이를 감당할 수 있다고 느꼈다. 그러나 내 나
이에도 경의를 표해야 했다. 우리는 11개국에 새 사무실 16개를 열
었다. 나는 항상 외국으로 나돌아 다녔다. 여행이 감내하기 힘든 때
도 있었다. 2000년 10월의 일주일이 그 좋은 예다. 나는 일주일 만
에 본-프랑크푸르트-애틀란타-보스턴-애틀란타-프랑크푸르트-쾰
른-본-빈-프랑크푸르트-코블렌츠-본-베를린-프랑크푸르트-본을
돌아다녔다. 이 일주일이 대표적인 사례는 아니지만 나는 이 일주일
동안 부리나케 돌아다녔다. 어느 날 저녁이 기억난다. 기진맥진하여
호텔 침대에 몸을 던졌을 때 전화벨이 울렸다. 나는 멍한 상태에서
수화기를 들었다. 미국인 고객 빌이었다. 나: "빌, 어딥니까?" 빌: "뉴

욕입니다." 나는 잠에 취한 상태여서 내가 어디 있는지 몰랐기 때문에 "제가 어디 있습니까?"라고 되물었다. 빌은 "보스턴에 있습니다"라고 대답했다. 회사 파티 때 어떤 직원에게 한 말 그대로였다. "로데발트 양, 내가 어디 있는지, 여기서 무얼 해야 하는지, 이 파티가 언제 끝나는지 말해주시오." 잉그룬 로데발트는 당시 나의 비서였다. 여기서 얻을 수 있는 교훈은 사람은 언제나 한 곳에만 있을 수 있고 자기가 어디 있는지 알아야 한다는 것이다.

2007년에는 비즈니스가 순조롭게 이루어졌다. 매출이 6,400만 유로에서 8,100만 유로로 26% 증가했다. 2008년에는 9,870만 유로로 증가했다. 2007년 초에 마음먹은 계획, 즉 예순두셋 쯤에 번창하는 기업을 후계자에게 넘겨주겠다는 계획은 포기해야 할 것 같았다. 2008년 마지막 분기에 위기가 닥쳤고 이 위기는 2009년 초에 더욱 심해졌다. 이 때문에 내 계획이 크게 흔들렸다. 이런 상황에서 함교艦橋를 떠날 수 있을까? 그것은 탈주처럼 보이지 않을까? '위기의 수프'를 숟가락으로 다 떠먹어야 한다면 나의 파트너와 후계자는 CEO 자리를 어떻게 생각할까? 나는 이 위기를 초래한 것이 틀림없는 더 높은 요구 사항을 극복할 수 있을지 자문했다. 이 헤라클레스의 과제를 감당하기에는 너무 늦지 않았나? 이 어려운 상황에서 나보다 젊고 참신한 사람에게 노를 넘겨주어야 하지 않을까?

평생 조언자인 세실리아와 진지하게 논의한 후 2009년 2월 62세 생일에 나는 4월 30일에 CEO를 그만두겠다고 공표했다. 4월 23일에는 계획대로 룩셈부르크에서 파트너 회동이 있었다. 이 자리에서 클라우스 힐레케 박사와 게오르크 타케 박사가 5년 임기의 공동 CEO로 선출되었다. 두 사람은 2009년 5월 1일 CEO직을 인수했다. 두 사람은 이 지휘 임무에 최적임자였다. 두 사람은 대학 시절부터 서로 아는 사이였고 어느덧 20년 넘게 컨설팅 경험을 쌓았다. 두 사람은 순조롭게 작동하는 팀을 꾸렸다. 두 사람은 5년 임기 후 3년 더 공동 CEO를 맡았다.[8] 총 8년간 공동 CEO를 지낸 후 클라우스 힐레케는 더 이상 CEO에 지원하지 않았다. 그래서 2017년 1월 1일부터 게오르크 타케가 혼자서 기업을 이끌고 있다. 두 사람은 공동 CEO로 있으면서 두드러진 업적을 남겼다. 임기가 끝난 2017년에는 매출이 2억 5,200만 유로로 두 배 이상 증가했다. 공동 CEO가 관리와 조직을 철저히 전문화했다는 사실이 더욱 중요할지도 모른다. 설립자가 CEO인 시절에 으레 그렇듯이 내가 CEO인 시절에는 모든 것이 주먹구구식이었다. 현재 25개국에 37개 지사를 두고 있어 훨씬 복잡해진 업무를 이런 식으로는 감당할 수 없었을 것이다. 현재 지몬-쿠허는 SAP(Systems, Applications, and Products in Data Processing의 약자.-옮긴이)와 평가 분류법 같은 도구를 사용하고 있다. 이들 도구는 프로젝트와 직원을 실시간으로 더욱 정확하게 관리할 수 있게 해주는 것이다.

삶의 세 번째 단계에 들어서는 것은 많은 사람, 특히 관리자에게 극적인 사건이다. 지휘 임무 때문은 그들은 능력을 100% 이상 발휘할 것을 종종 요구받았다. 그들은 힘과 영향력을 가지고 있었다. 직을 그만둠과 함께 이 모든 것을 포기해야 한다. 나는 이 상황에 어떻게 대처했는가? 나의 사임은 전형적인 관리자의 사임보다 훨씬 덜 갑작스러운 것이었다. 나는 파트너로 남아 있었고 내 사무실도 있었다. 그러나 공식적 힘은 사라졌다. 그럼에도 나는 설립자이자 최연장 파트너로서 곧잘 자문을 받았다. 파트너 회동 때에도 나는 여전히 의견을 개진했다. 강연과 저술 활동을 위한 시간이 훨씬 더 많아졌다. 나날의 업무 압력은 점점 더 내 정신에서 멀어졌다. 나는 새로운 분야로 나아갔다.

생소한 분야

지금까지 재산 관리인으로서 일해 온 분야는 그다지 큰 성공을 거두지는 못했으나 유달리 관심을 끌었다. 나는 자산과 투자에 더욱 적극적으로 주의를 기울였다. 초기의 프로젝트 하나는 이른바 서치 펀드였다. 독일에서는 이런 유의 첫 펀드였다. 서치 펀드는 젊은 기업가가 다수의 투자자를 모집하고, 투자자는 비교적 적은 금액을 출연한다. 이 자본은 인수 후보자 발굴 자금으로 사용된다. 하버드 졸업생인 젊은 알렉산더 키른 덕분에 나는 이 펀드에 관심을 가지게 되었다.[9] 그는 투자자 5명을 찾아냈고, 각 투자자는 2만 5,000유로를 투자했다. 발굴 과정은 키른에게 지구력과 좌절에 대한 내성을 요구했다. 그러나 2년 남짓 후 그는 인버스 사 매수에 성공했다. 인버스는 하드웨어 컴포넌트 및 소프트웨어 컴포넌트를 포함한 카셰어링 시스템의 세계 시장 선도 업체이다. 이 회사는 1993에 엔지니어 우베 라취가 설립했다. 라취는 사업계에서 물러나려고 했다. 알렉산더 키른과 나는 라취를 움직여 매각을 유도했다. 이때 재정뿐만 아니라 친화력도 중요한 역할을 했다. 서치 펀드의 투자자 12명은 취득에 참여하는 옵션을 가지게 되었다. 모두 가담했고, 알렉산더 키른은 기업 운영권을 인수했다. 이 프로젝트는 성공으로 볼 수 있다. 나는 몇 년 후 상당한 수익을 올리고 손을 뗐다. 알렉산더 키른은 지금까지 이 회사를 운영하고 있다.

두 번째 프로젝트는 차원이 달랐다. 이번에는 이른바 기업인수목적회사SPAC가 문제였다. 이 프로젝트는 프랑스의 투자회사 벤델의 증권 인수업자 롤란드 리에나우의 제안에서 유래했다. 함부르크 출신의 리에나우는 도이체방크에서 자본시장 관련 재주를 익혔다. 그는 프랑스에서 공부하고 그곳에서 아내를 알게 되었기 때문에 벤델 사가 있는 파리로 이사 갔다. 오늘날의 투자회사 벤델은 1704년에 설립된 로렌의 철강회사에서 유래했다. 1978년에, 아이러니컬하게도 보수주의자인 발레리 지스카르 데스탱 대통령과 레이몽 바르 총리 시절에, 이 집안은 소유권을 박탈당하여 보유 자산을 여러 기업에 투자했다. 그래서 수십 년 후 5,000만 유로가 수십 억 유로가 되었다.

SPAC 콘셉트의 경우 제안자가 먼저 일정 금액을 가지고 간다. 그들은 공동 투자자를 찾고 또 자금을 모은다. 우리는 이렇게 했고 이것은 내게 새로운 세계를 열어주었다. 우리는 대서양 이쪽과 저쪽의 모든 주요 금융 중심지의 투자자들 앞에서 우리의 아이디어를 소개했다. 히든 챔피언 콘셉트는 매력적인 것이었다. 우리의 목표는 모인 자금으로 히든 챔피언을 매입하는 것이었다. SPAC의 중요한 특징은 매입 전에 히든 챔피언을 증권거래소에 상장하는 것이다. 매입된 회사는 이미 상장된 SPAC에 합병되고 이에 따라 시가가 정해진다. 리에나우와 나는 2009년 중반에 자금 조달에 착수하여 연말에 계획된 2억 유로를 조달했다. 흥미진진한 만남이 그 과정 중에 많이 있었다. 예를 들어 우리는 뉴욕에서 하버드를 졸업한 34세의 여

자와 마주앉았다. 이 여자는 SPAC에만 투자하는 약 10억 달러의
펀드를 관리하고 있었다. 누가 투자를 결정하느냐고 내가 묻자 이
여자는 간단명료하게 "접니다"라고 대답했다. 또 다른 경우에는 뉴
욕의 고층 빌딩 26층으로 갔다. 우리가 엘리베이터에서 내리자 작
은 문이 열리더니 어떤 사람이 나와서 우리를 슈바르츠발트슈투베
Schwarzwaldstube(증권거래소 딜링 룸을 말하는 듯함.-옮긴이)로 안내했다.
그곳에서 우리는 자본이 엄청난 투자회사의 설립자 후손들과 인사
를 나누었다. 설립자는 20대 때 독일에서 미국으로 이주했다. 그는
파산한 고객한테서 지불금 대신 받은 희귀한 새 몇 마리를 가져갔
다. 그는 미국에서 동물 사료 회사를 설립하여 이 부문에서 세계 2위
로 성장시켰다. 후에 이 회사는 더 큰 경쟁사에 매각되었고, 그는 이
수익으로 투자 기금을 조성했다. 미국의 유명한 모 경영대학원도 이
설립자의 이름을 따서 명명되었다. 나는 딜링 룸의 큰 의자들을 흘
낏 보았다. 나는 누가 이 복잡한 것을 꿰뚫어보고 관리할 수 있을지
자문했다. 앉아서 모니터를 쳐다보고 있는 수천 명의 딜러는 무엇을
하고 있나? 그들 앞에는 모니터가 한 대만이 아니라 세 대, 때로는
다섯 대까지 놓여 있었다. 나는 그때까지 추상적인 것으로 알고 있
었던 자본시장에 커다란 관심을 가지게 되었다.

2010년 2월 우리는 헬리코스를 프랑크푸르트 증권거래소에 상
장했다. 이때 대차대조표는 자산 면에 현금 2억 유로, 부채 면에 자
기자본 2억 유로로 구성되어 있었다. 인수 후보자 찾기가 시작되
었다. 이때는 히든 챔피언과의 인연 때문에 내가 주된 역할을 했다.
이 무렵에 경제는 아직도 위기 상황이었다. 내가 전화로 자기자본
이 2억 유로라고 하자 많은 기업에서 큰 관심을 보였다. 그러나 프

익시트 그룹 S. E.의 신규 상장.
프랑크푸르트 증권거래소, 2011년 7월.

로젝트가 증권거래소 상장과 결부되어 있다고 덧붙이자 가족기업의 80% 이상이 관심을 꺼버렸다. 그러나 증권거래소 상장은 SPAC-콘셉트의 핵심이었다. 누군가가 상장을 이행하지 않으면 방문 흥정은 무의미했다. 그럼에도 우리는 약속을 많이 잡았다. 그러나 많은 후보자가 한 번 만나고는 떨어져나갔다. 리에나우와 나는 거의 18개월을 밖으로 나다녔다. 마침내 우리는 룩셈부르크에 있는 내장형 컴퓨터 제조업체 익시트 그룹을 인수했다. 이 경우는 보청기, 심박 조정기, 자기공명 단층 촬영기 같은 의료 기술과 안전 기술에 사용되는 특정 고객용 제품 생산이 문제였다. 2011년 7월 익시트의 인수, 합병, 증권거래소 상장(신규 상장IPO)이 이루어졌다. 사진(327쪽)은 프랑크푸르트 증권거래소 앞의 황소와 핵심 인물 세 사람을 보여준다. 가운데가 익시트의 CEO 울리 로이트너이고, 오른쪽이 벤델의 롤란드 리에나우이다.

본에 있는 하이테크 창업 펀드와 관련하여 나는 몇몇 벤처기업에 투자했다. 실적은 뒤죽박죽이었다. 이 생소한 분야를 나는 어떻게 생각했나? 전반적으로는 좀 겁이 났다. 이 자본시장 세계에서 만난 사람들을 믿을 수 있을까? 이 사람들을 감당할 수 있을까? 이런 물음에 대한 답은 조금 회의적인 것이었다. 투자 및 자본시장 세계에 발을 들여놓기에는 이미 나이가 너무 많을 것이었다. 어쨌든 내게는 투자 및 자본시장 세계가 그다지 마뜩치 않게 여겨졌다. 지금으로서는 투자 결정은 자산 관리자에게 맡기고 싶다.

떠돌이 시인

그래서 나는 본연의 분야인 글쓰기와 강연으로 되돌아갔다. 이 활동에는 두 가지 장점이 있었다. 하나는 재미있어서 부담스럽지 않다는 것이다. 다른 하나는 다른 일보다 자유 시간이 더 많아 세계 곳곳을 돌아다닐 수 있다는 것이다. 책이 여러 언어로 출간되어 나는 세계에 어느 정도 알려졌다. 2017년에는 세계에서 가장 영향력이 큰 경영 사상가 50인 이른바 '사상가 50' 중에서 25위를 차지했다. 그리고 2년 후인 2019년 중국 상하이에서 치러진 성대한 행사에서 내 이름이 '경영 사상가 50인 명예의 전당'에 영원히 오르게 되었다.[10] 독어권에서 가장 영향력이 큰 경영 사상가를 뽑는 '경영 사상가Managementdenker.de'에서는 2005년부터 작고한 피터 드러커에 이어 줄곧 2위를 차지했다.[11]

미하일 고르바초프와의 대화. 1992년. / 빌 클린턴과의 대화. 2002년.

가격결정이란 주제뿐만 아니라 히든 챔피언도 여러 나라에서 관심을 끌고 있다. 독일의 성공, 특히 독일 중소기업의 지속적 성공이 이것에 중요한 역할을 한다. 무엇보다도 이것을 계기로 중요한 인물을 많이 만난다. 이 중에는 각 대륙의 국가 원수와 장관도 있다. 위의 두 사진은 이런 만남의 예를 보여준다.

고령에도 불구하고 여행 및 강연 활동의 강도는 오히려 높아질 때도 있었다. 2016년 가을의 강연 일정이 이것을 잘 보여준다.

이런 여행 일정은 거뜬히 소화할 수 있다. 지몬-쿠허 CEO 업무 수행보다 힘이 덜 들기 때문이다. CEO 시절에는 일정이 빡빡하

9월	10월	11월
1. 베르기슈 글라트바흐	7. 서울	3. 바르샤바
5. 외펜(벨기에)	10. 나카쓰가와(일본)	8. 함부르크
9. 뉴욕	12. 도쿄	9. 빈
10. 뉴욕	15. 웨이팡(중국)	16. 빈
13. 상하이	16. 베이징	17. 빈
14. 상하이	25. 휴스턴	21. 취리히
21. 비틀리크	26. 달라스	28. 모스크바
23. 암스테르담	28. 보스턴	

2016년 가을에 한 강연. (숫자는 날짜)

지 않은 날이 없었다. 지금 나는 강연을 마치고 가끔 인터뷰를 하고 는 대개는 즐거운 식사 자리에 초대된다. 때로는 세실리아가 이 여행에 동행하기도 한다. 그래서 우리는 직업과 관련해서든 사적으로든 함께 있을 수 있다. 건강이 허락하는 한 나는 앞으로도 계속 여행을 하고 강연을 할 것이다. '떠돌이 시인' 역할은 내 마음에 든다.

저술 활동도 삶의 세 번째 단계의 성질을 바꾸어놓았다. 《가격 관리론》[12]을 제외하면 나는 책과 논문으로 학문적 야망을 추구하지는 않는다. 《가격 관리론》의 경우 오토바이스하임 경영대학의 마르틴 파스나흐트 교수가 학문적 측면을 맡고, 나는 실무적 통찰에 기여한다. 2015년에 2판이 나온 《프라이스하이텐》[13]은 자전적 요소와 가격 시스템적 요소가 섞여 있다. 고향에서의 어린 시절과 청소년기를 다룬 《잃어버린 기억의 정원》[14]을 쓰는 일은 내게 큰 기쁨이었다. 이 책은 자서전이라기보다는 1950~60년대의 사회, 농업, 한 학급짜리 초등학교, 가톨릭교회의 역할 및 그 밖의 측면을 다룬 책이다. 이 자서전도 위의 틀에 딱 들어맞는다. 앞으로 경영 관련 책을 또 쓴다면 학문적 분석보다는 내 경험에 바탕을 둔 책이 될 것이다.

나이 들고 행복한 삶을 살면 표창과 상훈이 따르게 된다. 솔직히 말해 나는 명예 박사, 명예 교수, '헤르만 지몬 경영대학원'이라는 명칭, 그 밖에 국내외에서 받은 여러 가지 상에 대해 뿌듯하게 생각한다. 이 느낌은 나 자신 때문이 아니라 가족들 때문에 생길지도 모른다. 누가 이것을 판단할 수 있을까?

어쨌든 나는 CEO 자리에서 물러나고 삶의 세 번째 단계로 넘어간 것에 대해 푸념을 늘어놓을 수 없다. 오히려 이렇게 된 것을 흡족하게 여기고 있다. 나이 들어감에 따라 직업 측면에서의 성공과 명성은 덜 중요해지고, 건강은 갈수록 중요해지는데 점점 더 당연시되지 않는다. 다행히도 나는 자유로운 시간이 많은 만큼 건강을 더 챙길 수 있다.

12

만남

나는 지금까지 살아오면서 수많은 사람을 만났다. 대부분은 요직에 있거나 있었던 사람이다. 그러나 내게 지속적 영향을 미친 사람, 즉 '깊은 인상을 남긴' 사람은 그다지 많지 않다. 이 장에서는 이런 만남을 다루고자 한다.

피터 드러커

나는 30년쯤 전에 뒤셀도르프에서 피터 드러커 교수를 처음 만났다. 드러커의 독일어판 책을 출간하고 내 책도 출간한 에콘 출판사가 주최한 종일 세미나 자리에서 우리는 만났다. 그 후 우리는 20여 년간 정기적으로 서신을 주고받았다. 나는 로스앤젤레스 교외 클레어몬트에 있는 그의 집을 몇 번 방문했다. 그러나 예정된 마지막 방문은 이루어지지 않았다. 2005년 11월 12일 토요일에 만나기로 약속이 되어 있었다. 전날 저녁에 나는 멕시코시티에서 그의 집으로

캘리포니아주 클레어몬트의 자택에서 마지막으로 만난 피터 F. 드러커 교수.
2002년 8월 11일.

전화를 걸어 몇 주 전에 잡은 약속이 유효한지 물어보았다. 전화를 받은 그의 아내 도리스가 "피터는 오늘 아침에 돌아가셨어요"라고 말했다. 나는 충격을 받았고 바로 다음 비행기편으로 그의 집에 갔다. 위의 사진은 2002년 8월 11일 로스앤젤레스 클레어몬트에서 그를 마지막으로 만났을 때 찍은 것이다.

나는 드러커 교수에게 자신을 역사 저술가라고 생각하는지, 경영 사상가라고 생각하는지 물어본 적이 있다. 그는 서슴없이 "역사 저술가라고 해야 되겠지요"라고 대답했다. 얼마 전에 나는 그의 회상록《어떤 방관자의 모험》(국내에는《피터 드러커 자서전》으로 출간되었다.-옮긴이)을 읽었다.[1] 이 책은 우리를 과거의 세계로 데려다주었다. 빈의 또 다른 유명 작가 슈테판 츠바이크는《어제의 세계》에서 이것을 묘사했다.[2] 피터 드러커가 태어나고 자란 환경은 특이했다. 오스트리아-헝가리 제국의 시민 계급에서는 교육, 문화, 미술, 음악, 역사의식, 도회지풍, 국제적 개방이 가치의 윗자리를 차지했다. 그러나 이것만으로는 그 시대의 빈이 완전하게 설명되지 않는다. 이 시대의 세계를 더 깊이 추체험하려는 사람은 드러커의 《어떤 방관자의 모험》과 츠바이크의 《어제의 세계》를 둘 다 읽어야 할 것이다. 그래야 지식 계급의 자녀들이 영국인 또는 프랑스인 가정교사의 교육을 받으면서 자라 몇 개 언어를 구사한다는 것을 이해하게 된다.

그 시대의 세계는 그 세계를 잘 묘사하고 놀라우리만치 피터 드러커와 유사한 삶을 산 사람의 작품에 가장 그럴듯하게 반영되어 있다. 슈테판 츠바이크가 말한 "유럽을 뒤흔든 엄청난 사건들", 즉 1918년 오스트리아-헝가리 제국의 몰락, 러시아의 공산화, 독일의 나치 대두는 사람들의 삶을 송두리째 빼앗기도 했으나 엄청난 창의성을 내뿜기도 했다. 슈테판 츠바이크는 처음에 영국으로 이주했다가 후에 브라질로 이주했다. 빈 출신의 철학자 카를 포퍼는 2차 세계 대전 때 뉴질랜드로 망명하여 주저 《열린사회와 그 적들》[3]을 썼고, 후에 영국으로 이주했다. 게임 이론과 컴퓨터의 창시자인 수학자 존 폰 노이만은 부다페스트에서 독일을 거쳐 미국의 프린스턴으로 갔다. 작가이자 철학자인 엘리아스 카네티는 영국으로 갔다가 마침내 스위스로 갔다.[4] 부다페스트 출신의 과학 저널리스트 아서 쾨슬러는 이스라엘, 독일, 러시아, 프랑스, 스페인, 그리고 마지막에는 영국에서 불안한 삶을 살았다. 드러커가 태어난 해에 에른스트 곰브리치도 빈에서 태어났다. 그는 영국에서 미술사가로 세계적 명성을 떨쳤다. 그의 방대한 저서 《미술사》(668페이지!)는 600만 부 넘게 팔

렸다.[5]

브레슬라우 출신의 사회학자 노르베르트 엘리아스[6]도 이 그룹에 넣을 수 있다. 그는 파리, 영국, 암스테르담, 빌레펠트에서 살았다. 빌레펠트에는 객원 교수로 머물렀는데 나는 95세인 그를 알게 되었다. 폴란드의 크라쿠프 출신인 카롤 보이티야(후에 교황 요한 바오로 2세)도 이 매우 비옥한 문화적 토양에서 자란 아이였다. 그는 10개 국어를 구사했다. 피터 드러커의 인생행로도 이들과 다를 바 없었다. 그는 빈, 함부르크, 프랑크푸르트, 영국, 미국에서 살았다.

도나우 왕국(옛 오스트리아-헝가리 왕국의 별칭)이 몰락하자 피터 드러커와 그의 동료들은 왕국을 떠났다. 그들은 이역에서 위업을 달성하여 인류의 문화유산에 영원한 흔적을 남겼다. 왕실과 황실의 자제들이 이것을 달성했다. 그들은 교양 있고 다양한 문화에 잘 적응하며 다국어를 구사하고 역사의식이 있었다는 점에서 세계화가 이루어지기 훨씬 이전에 이미 모범적인 세계 시민이었기 때문이다. 《어제의 세계》가 그들에게 미래 세계를 가장 잘 대비하게 했다는 것은 분명하다. 그들의 업적은 독특한 문화의 형성에 기여하고 있다.

그러나 이것은 피상적 관찰, 일반적 견해에 지나지 않는다. 세부적으로 파고들어야 그의 특질이 드러난다. 피터 드러커는 몇몇 다른 사람들처럼 역사를 알고 이해했기 때문에 자기 나름의 방식으로만 미래를 조망할 수 있었다. 드러커의 광범한 세부 지식, 이것을 연결시키는 탁월한 재주는 내게 언제나 깊은 인상을 남겼다. 몇 가지 체험과 비교는 이에 대한 증거가 될 수 있다. 철학자 아르투어 쇼펜하우어가 스페인의 예수회 사제 발타자르 그라시안의 《세상을 보는 지혜》[7]를 원문으로 읽기 위해 따로 스페인어를 공부했다는 것을 여러 해 전에 알았을 때 나는 감명을 받았다. 후에 나는 드러커에게 편지를 보내 이 책에 대해 물었다. 나는 드러커가 그라시안에 정통해 있다는 것을 알았다. 드러커는 다음과 같은 답장을 보냈다.

"내가 함부르크에서 상인의 도제가 되려고 빈을 떠날 때 72세를 눈앞에 둔 아버지가 이 책을 선물로 주셨습니다. (…) 몇 달 후에 나는 키르케고르를 알게 되었습니다. 이 두 사람은 내 인생의 북극성이 되었습니다. 나는 그라시안 때문에 스페인어를 배워 그의 책을 원문으로 읽었습니다. 그리고 키르케고르 때문에 덴마크어를 배워 그의 책을 원문으로 읽었습니다".[8]

드러커가 쇼펜하우어처럼 그라시안의 원전을 읽기 위해 스페인어를 배우고 스페인의 유명한 철학자 미겔 데 우나무노처럼 쇠렌 키르케고르의 원전을 읽기 위해 덴마크어를 배운 것은 드러커의 재능이 얼마나 뛰어나고 드러커가 세부 지식에 얼마나 정통해 있었는지 잘 보여준다.[9]

이제 구체적인 경우를 보기로 하자. 드러커는 논문과 책에서 도이체방크를 현대식 원리에 따라 조직된 최초의 기업으로 곧잘 소개한다. 나는 그의 관심사에 대해 알고 있기 때문에 어느 날 도이체방크의 공동 설립자인 루트비히 밤베르거[10]에 대한 기사를 드러커에게 보냈다. 나 자신도 모르는 이 이름이 드러커에게 커다란 반향을 불러일으키리라고는 기대하지 않았다. 그러나 이 기대는 여지없이 깨졌다. 드러커는 밤베르거를 잘 알고 있었다. 드러커는 할아버지 페르디난트 폰 본트의 일기를 인용한 답장을 내게 보냈다. "루트비히 밤베르거와 게오르크 지멘스(도이체방크의 공동 설립자) 이야기는 나를 매혹시켰다. 나는 지금도 몇 가지를 기억하고 있다."[11] 이것은 드러커가 세부 지식에 얼마나 정통해 있었는지를 잘 보여주는 증거이다. 드러커가 삶의 여러 분야에서 탁월한 업적을 남긴 사람들과 개인적으로 알고 지내고 만난 것도 눈에 띈다.《어떤 방관자의 모험》에서 드러커는 물리학자 버크민스터 풀러와 미디어 이론가 마샬 맥루언을 알게 된 사연을 이야기한다. 나는 드러커를 언급할 때마다 그가 이 사람들을 알고 있었다는 사실에 주목했다. 세 사람을 예로 들겠다. 드러커는 논란이 많은 독일의 작가 에른스트 윙거를 1930년대부터 알았다. 드러커는 윙거를 교활한 기회주의자로 간주했다. 드러커는 베텔스만을 회생시킨 라인하르트 몬을 이미 1950년대에 만났다. 미술사가 에른스트 곰브리치를 알고 있느냐고 물었을 때 드러커는 "빈 시절에는 곰브리치를 몰랐습니다. 그러나 10년 또는 12년쯤 전에 런던에서 그와 함께 저녁 내내 아주 행복한 시간을 보냈습니다. 그 후로 책과 편지와 논문을 정기적으로 주고받았습니다"[12]라고 대답했다. 세상은 좁다. 위인들은 공간을 초월하여 서로 끌어당기고 그들의 인생행로는 교차된다. 드러커는 적시에 이런 교차점에 종종 있었다.

내가 이런 강렬한 인상을 받으면서 아르헨티나 작가 호르헤 루이스 보르헤스에게서만 볼 수 있었던 능력이 하나 더 있다. 다름 아닌 연관시키는 능력이다.[13] 보르헤스는 모든 것을 읽었을 뿐만 아니라 아무런 관련이 없는 것처럼 보이는 것을 연관시키고 결합시킬 줄 알았다. 그는 시간과 공간에 다리를 놓고, 보통 사람이 파악하지 못하는 관계와 유사성을 꿰뚫어본다. 이것은 피터 드러커에게도 적용된다. 드러커는 사상의 과거, 현재, 미래 사이의 유사성과 공통성을 보고 정신의 활을 팽팽히 한다. 드러커와 보르헤스 같은 사람은 분명히 백과사전 같은 기억력을 가지고 있을 것이다. 그러나 그것은 충분하지 않다. 더 중요한 능력은 연관 짓는 능력이다. 아서 쾨슬러는 이 능력을 창의성의 원천으로 간주한다.[14]

드러커의 책《21세기 지식경영》은 이 능력을 웅변적으로 증언한다. 인쇄술 역사에 비추어서 정보 기술을 고찰한 것은 놀라운 결론에 이른다. 즉 드러커는 IT 혁명의 궁극적 승자는 하드웨어 회사 또는 소프트웨어 회사가 아니라 지식과 콘텐츠를 제공할 수 있는 회사들일 것이라고 예언한다.

물론 드러커의 역사를 꿰뚫어보는 능력을 '기계적으로' 해석해서는 안 된다. 카를 마르크스나 오스발트 슈펭글러가 선전한 것과 같은 역사의 반복 또는 법칙성은 존재하지 않는다.[15] 그러나 알려진 역사의 진행 범위 내에서 인간이 거의 변하지 않았다는 것은 유효하다. 플라톤, 아리스토텔레스 또는 세네카가 인간 또는 그 행동에 대해 표명한 견해는 본질적으로 고대에 유효했듯이 현대에도 유효하다. 그러므로 현재의 사상 전개와 미래를 역사적 유사성에 비추어서 해석하면 귀중한 통찰을 얻을 수 있다. 바로 여기에 피터 드러커의 강점이 있다(이것은 거의 모든 경영 사상가의 두드러진 약점이기도 하다). 다른 경영 사상가들의 역사 지식은 대개 피상적인 것이다. 그렇지 않으면 아예 없다. 기업 역사 전문가로 자처하면서 좁은 영역만 이해하는 사람들과 달리 드러커는 광범한 역사 지식의 토대를 가지고 있다. 이런 역사 이해 또는 의식이 없으면 경영 사상가는 쉽게 유행 또는 트렌드의 제물이 된다.

피터 드러커는 역사에서 얻은 통찰을 우리에게 가르쳐준다. 드러커는 이런 방법으로 새로운 시각을 열어주는 거울을 우리 앞에 내놓고 미래를 더 잘 이해하도록 도와준다. 이 글을 쇠렌 키르케고르의 말로 끝맺는다. 키르케고르는 "삶은 뒤돌아봄으로써만 이해될 수 있지만 우리는 앞을 내다봄으로써만 살 수 있다"라고 말한다. 피터 드러커는 과거의 사람이었기 때문에 미래를 내다보는 사람으로 두각을 나타냈다. 나는 드러커와 생각을 나누고 그를 만난 것이 아주 유익했다고 느끼고 있다.

독일인 헤르만

나는 평생 동안 진짜 모험가를 몇 명밖에 보지 못했다. 독일인 헤르만은 진짜 모험가였다. 그는 1917년 10월 8일 프랑크푸르트 안 더 오데르에서 게르하르트 노이만이라는 이름으로 태어났다. 그는 20세 때 미트바이다 공업 학교에서 기사 시험을 치렀다. 어머니가 유대계여서 그가 독일에 있는 것은 너무 위험했다. 그는 홍콩의 한 회사에 채용되었다. 그러나 그가 홍콩에 도착했을 때 그 회사는 파산했다. 그는 우연히 미국 항공사 팬암에 취직했다. 후에 그는 플라잉 타이거스로 옮겼다. 원래 '미국인 의용대'라고 불린 이 그룹은 미국 정부의 허가하에 중국에서 일본인과 맞서 싸운 왕년의 미군 병사로 구성되었다. 게르하르트 노이만은 플라잉 타이거스에서 '괴링'이라는 별명을 얻었다. 괴링은 악명 높은 독일 공군 총사령관이었다. 플라잉 타이거스의 지휘관 클레어 리 셔놀트 장군이 이 별명을 듣고는 "그를 괴링이 아니라 독일인 헤르만이라고 불러라"라고 명령했

다.[16]

　이때부터 노이만은 '독일인 헤르만'이라는 별명을 얻었다. 그는 이 별명을 자서전 제목으로 사용했다.[17] 그는 플라잉 타이거스의 전투기 수리 및 정비 책임자였다. 그러나 그는 정비사의 행태에 불만이 많았다. 정비 작업 후 사고가 너무 많았다. 그래서 그는 그 유명한 관리 원칙을 도입했다. 정비 후 첫 비행 때 정비사를 동승하게 한 것이었다. 이때부터 품질이 급속히 향상되었고, 정비 후 추락이 거의 없었다. 일본군의 가장 중요한 전투기는 이른바 제로 파이터였다. 노이만은 추락한 제로 파이터 네 대를 조립하여 비행 가능한 비행기를 만들었다. 이 비행기는 아시아 담당 CIA 지부가 있는 파키스탄의 카라치로 보내 검사를 받아야 했다. 히말라야 산맥을 넘어 비행할 때는 미국 비행기 네 대로 조립된 제로 파이터를 동행했다. 무사히 카라치에 도착한 비행기는 제로 파이터뿐이었다. 얼마 후에 노이만 자신이 카라치에 도착했다. CIA의 심문을 받아야 했던 것이다. 그는 미국인은 체스를 두지 않느냐고 물었다. 체스를 둘 수 없어서 몹시 아쉬웠기 때문이다. 후에 누군가가 워싱턴의 펜타곤에서 근무하는 젊은 여자의 주소를 노이만에게 알려주었다. 노이만은 그곳에서 클라리스라는 젊은 여자를 만나 3주 후에 결혼했다. 2차 세계 대전이 끝난 후 노이만은 셔놀트 장군과 함께 항공사를 설립하려고 아내와 함께 중국으로 돌아갔다. 그러나 이 계획은 물거품이 되었다. 장제스가 마오쩌둥에게 밀려 본토에서 쫓겨나 타이완으로 들어가야 했기 때문이다. 노이만은 클라리스와 함께 미제 지프차를 타고 무려 1만 마일의 아시아를 횡단하여 간신히 달아났다. 마침내 두 사람은 이스라엘에 도착했고 거기서 미국으로 건너갔다. 독일인 헤르만은 미국인에게도 쓸모가 있어 미국은 특별법을 통해 헤르만에게 시민권을 주었다. 매사추세츠의 스왐스콧에 있는 헤르만의 자택에서 나는 '게르하르트 노이만 상사 귀화법'이라는 제목이 붙은 법령 원본을 직접 두 눈으로 확인했다.

제트 시대가 시작되었다. 노이만은 GE의 항공기 엔진 부서에 고용되었다. 몇 년 후 노이만은 제트 엔진 부문의 세계 시장 선도 업체의 CEO가 되었다. 독일인 헤르만이 제트 시대의 역사를 썼다고 할 수 있다. 노이만의 지도하에 가장 많이 팔린 군용 제트 엔진 GE J79뿐만 아니라 프랑스 회사 스네크마와 공동으로 제작되어 가장 많이 팔린 민간용 터보 제트 엔진 CFM 56도 개발되었다. 10여 년 후 노이만은 연방국방부 장관 프란츠 요제프 슈트라우스와 스타 파이터용 GE J79 제트 엔진 구입 협상을 벌였다. 내가 뷔헬에서 추락되는 것을 목격한 스타 파이터도 이 제트 엔진을 장착한 것이었다.

노이만은 말 그대로 유명한 동시에 악명이 높기도 했다. 그의 책상 뒤에는 "너 자신이 위태롭다고 생각하라"는 표찰이 항상 걸려 있었다. 또 하나의 모토 "알려진 위험은 위험이 아니다"는 그가 프로이센의 장군 폰 슈토이벤에게서 차용한 것이었다. 그의 사무실 협상 테이블 밑에는 군데군데 버튼이 부착되어 있었다. 무릎으로 누르면 벨이 울리는 것이었다. 벨이 울리면 말하던 사람은 주제가 무엇이든 간에 말을 중단해야 했다. 노이만은 '호프나르'(궁정 익살광대라는 뜻.-옮긴이)를 한 명 두었다. 호프나르는 위계질서 밖에 있었고, 모든 중요한 결정은 이 사람을 '거쳐야' 했다. 노이만의 '중요 항목IoI'(Items of Importance) 시스템도 유명했다. 모든 매니저는 매일 가장 중요한 사항을 (1페이지 이내로) 작성하여 상사와 동료에게 주어야 했다. 노이만은 자신에 대한 신화를 만들어냈다. 그래서 한밤중에 항상 독일산 셰퍼드를 데리고 공장에 나타났다. 노이만은 1982년에 제너럴 일렉트릭 CEO가 된(따라서 노이만의 직속 상사이기도 했다) 잭 웰치에게서도 이런저런 명령을 받지 않았다. 그는 크로턴 온 허드슨에 있는 유명한 제너럴 일렉트릭 경영 연구소의 부서장 세미나에 보내졌다. 세미나는 월요일 아침에 시작되었다. 오후에 노이만은 실무와 관련하여 배울 것이 없다는 이유로 세미나장을 박차고 나갔다. 뒤이어서 그는 자기 밑의 최고 관리자들에게도 이런 세미나에 참가하지 못하게 했다. 잭 웰치가 그것을 받아들였다는 노이만의 주장이 사실인지 여부는 내가 밝힐 수 없었다. 노이만은 비행기 추락 사고에서도 아내 클라리스와 함께 살아남았다. 운이 좋았다. 비행기가 육지가 아닌 멕시코의 호수에 추락했기 때문이었다. 그는 이 사고 이후 '그저 운이 좋았을 뿐'이라는 좌우명을 버렸다. 72세 때 노이만은 지적으로 자신보다 결코 뒤지지 않는 아내 클라리스와 함께 처음으로 낙하산으로 뛰어내렸다. 노이만은 에르하르트 괴데르트처럼 해면에서 음속 장벽을 돌파했다. 그러나 조종사로서가 아니라 2인승 F-104 스타 파이터 훈련기의 '뒷좌석에 앉은 사람'으로서 돌파했다.

나는 1980년대에 뮌헨의 MTU(현재의 MTU 에어로 엔진)(독일의 항공기 엔진 제조업체.-옮긴이)에서 노이만을 알게 되었다. 우리는 서로 방문했다. 스왐스콧에서 노이만은 들떠서 요트를 내게 보여주었다. 자신이 직접 조종하는 최신식 항해 기기가 장착된 요트였다. 오토 릴리엔탈 메달 수상을 계기로 우리는 1995년 6월 15일 우리 집에서 항공 산업계 대표들과 리셉션을 가졌다. 노이만은 마인츠 대학에서 강연할 때 단순하면서도 효과적인 자신의 경영 원칙을 밝혔다. 대학의 대강당이 너무 작았다. 청중 1,200명은 기립 박수로 감사의 뜻을 표했다. 이 강연은 내가 대학에 몸담고 있으면서 경험한 최고의 강연이었다.

셔놀트 장군의 미망인 안나 셔놀트는 노이만의 책 서문에 이렇게 썼다. "2차 세계 대전 중에 중국의 쿤밍에서 게르하르트 노이만을 처음 만났습니다. 그 후로 그의 삶에 가득 찬 만화경 같은 모험에 매혹되었습니다. 독불장군 같은 관리자로서의 놀라운 경력을 쌓음으로써 그는 경탄할 만한 삶에 모험을 추가했습니다."[18] 그렇다. 독일인 헤르만이야말로 진짜 모험가였다.

고령에 이를 때까지 독일인 헤르만은 내게 젊은이처럼 여겨졌다. 항상 쾌활했고 곧잘 농담을 했으며 나도 관심이 있는 제트 엔진을 줄곧 생각했다. 그와의 만남은 그 어떤 것도 잊지 못할 것이다. 그는 1997년에 죽었다.

테드 레빗

테드 레빗은 대단히 흥미로운 대화 상대였다. 그에게서는 끊임없이 아이디어가 쏟아져 나왔다. 그는 모든 것의 배후를 탐구했고, 성급하게 답하거나 해명하는 것을 주저했다. 히든 챔피언이라는 아이디어의 기원도 따지고 보면 그에게 있다. 1987년 우리가 뒤셀도르프에서 처음 만났을 때 "독일이 수출에 이렇게 성공한 이유가 뭡니까?"라고 단순한 질문을 했기 때문이다. 그 후에 나는 이 질문에 매달렸고, 세계 시장을 선도하는 독일 중소기업의 자취를 꽤 오래 뒤쫓았다. 그리고 몇 년 후에 '히든 챔피언'이라는 용어를 만들어냈다. 테드 레빗은 1925년에 마인 킨치히의 폴메르츠라는 마을에서 유대인 부모의 아들로 태어났다. 10년 후 가족은 미국으로 이주했다. 우리는 그의 어린 시절에 대해 이야기한 적이 없다. 그가 독일 출신이라는 사실이 딱 한 번 번뜩인 적이 있었다. 내가 하버드 체류를 끝내고 교수 회관에서 송별회를 열었을 때 레빗이 나타나서 억센 헤센 사투리로 "여기에 블루트 부르슈트(돼지 피와 보리 등이 들어간 소시지. 우리나라의 피순대와 비슷함.-옮긴이) 있습니까?"라고 물었다. 이어서 우리는 영어로 이야기했다.

레빗은 간행물이 많지 않았다. 그러나 간행물 몇 개는 이목을 끌었다. 가장 유명한 첫 번째 간행물은 1960년 〈마케팅 근시近視〉라는 제목으로 《하버드 비즈니스 리뷰》에 기고한 글이었다.[19] 여기서 레빗은 "당신은 무슨 사업을 하고 있습니까?"라고 물었다. 그 후의 마케팅 학자들은 지금까지 이 질문에 매달리고 있다. 질문은 단순하다. 그러나 흔히 보듯이 이런 단순한 질문이 중요한 통찰을 가져다준다. 레빗은 미국 철도 회사를 예로 들어 이 문제를 설명했다. 1930년대에 미국 철도 회사는 철도 사업을 하고 있는 것이 아니라 승객 운송 사업을 하고 있다는 사실을 이해하지 못하고 있었다. 아이러니컬하게도 미국 정부가 1934년에 항공 회사법을 철도법에 포함시켰을 때 그들은 비로소 깨달았다. 사람들은 기차 타는 비용을 지불하는 것이 아니라 운송 비용을 지불한다는 사실을 자금력이 막강한 철도 회사가 당시에 이해했다면 항공 사업에 뛰어들어 이 부문도 손쉽게 접수할 수 있었을 것이다. 그래서 철도 회사는 새 사업을 여러 신규 진입 회사에 넘겼고, 그 신규 회사들은 나중에 거대한 미국 항공 회사들이 되었다.

'세계화'라는 용어가 대중화된 것도 레빗 덕분이다. 이 용어는 1944년에 처음 사용되었으나 널리 대중화되지 못했다. 대중화는 레빗이 1983년에《하버드 비즈니스 리뷰》에 기고한 〈시장의 세계화〉라는 논문을 통해서 비로소 이루어졌다.[20] 지금 '글로벌라이제이션 globalization'이라는 영어 단어를 구글에 입력하면 4,900만 개가 뜬다. 독일어 단어로는 510만 개가 뜬다. 반면에 1982년 이전에는 이 단어가 구글에 고작 130개 떴다. 레빗은 아이디어의 샘이었다. 그는 어떤 주제에나 흥미로운 것을 제공했다. 레빗은 정년 퇴임 후 하버드 경영대학원의 에미리티 건물(정년 퇴임자 건물이라는 뜻으로 명예의 전당과 비슷한 것임.-옮긴이)에 사무실을 두었다. 나는 보스턴에 갈 때마다 그를 방문했다. 레빗은 2006년에 죽었다.

요제프 회프너 추기경

1983년 12월 4일 우리는 잔뜩 긴장하여 도쿄 독일인 가톨릭 공동체의 식장에 들어섰다. 우리 딸 제닌처럼 도쿄의 독일 학교에 다니는 두 아들의 견진성사 예식에 슈튀버 가족이 우리를 초대한 것이었다. 알프레드 슈튀버는 여러 해 전부터 슈바인푸르트의 볼 베어링 회사 FAG 쿠겔피셔의 일본 자회사를 관리하고 있었다. 슈튀버와 그의 아내 엠마는 세실리아와 동향 사람으로 세실리아의 부모와도 아는 사이였다. 식장에는 장엄한 분위기가 감돌았다. 가운데 서서 하객과 일일이 악수를 나누는 사람에게 모든 참석자의 주의가 집중되었다. 쾰른의 대주교인 요제프 회프너 추기경이었다. 쾰른 대교구는 도쿄 교구와 이곳의 독일인 가톨릭 공동체를 관할하고 있었다. 이런 연유로 회프너 추기경이 견진성사를 집전했다. 나는 이때 회프너 추기경을 처음 만났다. 우리는 악수를 하고 몇 마디 주고받았다. 무슨 말을 했는지는 기억나지 않는다. 만남이 극히 짧았고 몇 마디밖에 주고받지 않았음에도 나는 깊은 인상을 받았다.

3년 후 나는 쾰른의 추기경 집무실에서 회프너를 다시 만났다. 이 방문을 계기로 '경제와 교회'라는 주제로 슐로스 그라흐트의 독일경영연구원에서 회의를 개최할 예정이었다. 나는 회프너 추기경을 강연에 초청하기 위해 개인 자격으로 방문했다. 가톨릭교회에서의 높은 지위와 4개의 박사학위(그중에는 경제학 박사학위도 있다. 그는 경제학 석사이기도 하다)가 보여주는 특출한 자격을 근거로 나는 회프너 추기경을 이 행사의 기조 연설자로 내정했다. 나는 그에게 용건을 말했다. 그는 내 말에 귀를 기울이더니 우리의 계획이 교회 입장에서도 중요하고 시의 적절한 주제라고 본다고 말했다. 그러고는 잠시 침묵했다. 이 순간이 내게는 영원처럼 느껴졌다. 그는 곰곰 생각한 끝에 "받아들이지 않겠소"라고 말했다. 그의 목소리는 나직하고도 차분했다. 그의 말은 최종적인 것이어서 더 이상 졸라보았자 소용없다는 것을 나는 직감했다. 그렇게 확고한 답변은 처음 들었다. 나는 낙담했고, 그도 이것을 알아챘다. 그가 "적합한 강연자를 찾아보겠소"라고 덧붙였기 때문이다. 그의 말은 인사치레에서 나온 것이 아니라 구속력이 있고 중천금의 무게가 있다는 것을 나는 새삼 느꼈다. 실제로 그는 우리를 위해 바티칸의 주교(나중에는 파울 요제프 코르데스 추기경)를 소개해주었다. 코르데스는 이 주제에 가장 적합한 사람이었고 몇 달 후 슐로스 그라흐트에서 수준 높은 강연을 했다.

나는 개인적으로 만나본 사람 중에 누가 가장 깊은 인상을 남겼는지 곧잘 자문한다. 몇 안 되는 후보자 중에 단연 으뜸은 회프너 추기경이다. 1990년 《w&v》 잡지와의 인터뷰 때 역사적 인물 또는 현재의 인물 중에 누가 가장 깊은 인상을 주었느냐는 질문에 나는 서슴없이 "회프너 추기경입니다"라고 대답했다.[21] 그러나 이 현상을 설명하기는 어렵다. 그의 내면에 있는 무엇이 내게 이런 강렬한 자국을 남겼는가? 회프너 추기경이 내면세계에 침잠해 있는 것처럼 보였다는 것이 내 느낌이었나? 그가 발하는 철석같은 확신 때문이었나? 태연하면서도 요지부동의 태도에 추호의 의심도 허용하지 않는 그의 대답 방식 때문이었을지도 모른다. 이런 요지부동의 태도와 태연함은 범접할 수 없는 신앙에 뿌리를 깊이 두고 있다. 나는 그 후에도 거룩하다는 말을 듣는 사람을 만난 적이 없다. 예전의 한 동료가 캘커타에서 마더 테레사를 만난 이야기를 내게 해주었다. 그의 말을 듣고 나는 회프너 추기경과의 만남을 떠올렸다.

필립 코틀러

내가 마케팅에 관심을 가지게 된 것은 필립 코틀러 때문일 것이다. 어쨌든 그는 이 방향 전환에 중요한 역할을 했다. 1967년에 그는 획기적인 책 《마케팅 관리론: 분석, 계획, 통제》를 출간했다. 대학 시절에 나는 이 교재를 미친 듯이 읽었다. 이 책은 내게 새 지평을 열어주었다. 고객 지향적 기업 경영으로 알고 있던 마케팅은 내게 완전히 새로운 것이었다. 1968년에 뮌스터 대학 교수 헤리베르트 메페르트가 독일에서 처음으로 마케팅 강좌를 개설했다.[22] 나는 연구를 하다가 코틀러의 논문을 접했다. 그의 논문은 나의 박사학위 논문 주제와 직접 관련이 있었다. 특히 1965년에 《경영과학》에 게재된 논문, 즉 마케팅이 신제품의 라이프사이클에 미치는 영향에 관한 논문과 관련이 있었다.[23] 이미 언급했듯이 나는 이 모델이 무의미한 결론에 이르게 한다는 것을 수학적 방식을 이용하여 증명할 수 있었다. 이에 관한 논문은 《경영과학》에 발표되었다.[24] 무명의 독일인이 거장을 비판한 것은 전문가 집단의 큰 주목을 끌었다.

1979년 1월 나는 코틀러가 몸담고 있는 에반스톤의 노스웨스턴 대학을 방문하여 그에게 약속 날짜를 잡아달라고 부탁했다. 놀랍게도 그는 선뜻 응했다. 그는 매우 친절하게 나를 맞이했다. 나는 우리 두 사람의 기질이 딱 맞아떨어진다는 것을 직감했다. 그는 내게 몇 가지 조언을 했다. 그중 하나, 즉 시카고의 '가격 컨설턴트' 존 나이머를 언급한 것은 내게 중요한 의미를 지녔다. 이 계기가 없었다면 나는 가격 컨설턴트가 되지 못했을 것이다. 이 첫 만남은 평생의 우정으로 발전했다. 나는 어떤 마케팅 학자보다도 필립 코틀러를 더 많이 만났다. 우리는 오랫동안 상하이, 멕시코시티, 상파울루, 방글라데시, 도쿄, 슐로스 그라흐트, 라이프치히 경영대학원 등등 세계 여러 곳에서 만났다. 무엇보다도 그가 고령에 이르기까지 강연자로 활동하여 우리 두 사람이 같은 회의장에서 강연을 했기 때문이다.

내가 아는 한 필립 코틀러만큼 한결같이 친절하고 원만하며 지

도쿄에서 필립 코틀러와 함께. 2016년 10월.

칠 줄 모르고 활동하는 사람은 별로 없었다. 그래서 그는 다른 사람 같았으면 이루지 못할 일을 성공적으로 해냈다. 그는 마케팅 책을 60권 넘게 썼다. 그는 명예 박사학위를 21개 가지고 있었다(독일의 라이프치히 경영대학원에서 받은 것 포함). 코틀러의 h지수는 156이고, i10 지수는 747이다.[25] 내가 개인적으로 아는 저자 중에 코틀러보다 이 두 지수가 높은 사람은 없다. 새 주제에 빨리 익숙해지는 능력은 혀를 내두를 정도였다. 그래서 그는 마케팅 강연 자료를 꼬박꼬박 디지털화하고, 고령임에도 최신 방법과 사례 연구에 정통하다. 그의 호기심은 끝이 없다. 그의 저서를 속속들이 알고 있다고 자부하는데도 2015년에 출간된 책《자본주의에 맞서다》(Confronting Capitalism: Real Solutions for a Troubled Economic System. 국내에는《다른 자본주의: 우리 삶이 직면한 위기를 해결하는 14가지 길》로 출간되었다.−옮긴이)은 몇 가지 점에서 나를 놀라게 했다.[26] 하나는 마케팅 전문가가 시장경제의 본질로 간주되는 자본주의를 근본적으로 비판한 것은 매우 이례적이라는 것이다. 이 책은 코틀러의 시야가 전형적인 마케팅 학자보다 훨씬 더 넓다는 것을 보여준다. 이 책을 통해 그의 교양이 얼마나 넓고 그가 정치와 경제의 연관성을 얼마나 깊이 이해하고 있는지 알고서는 감명을 받았다. 이 책에는 MIT 경제학부 박사의 진면모가 여실히 드러나 있다. 그는 고령임에도 해마다 책을 한두 권 써서 주제 영역을 넓히고 있다. 그는 두 살 아래의 동생 밀턴 코틀러와 함께 거대 도시의 미래의 역할을 다룬 책을 2014년에 출간했다.[27] 나도 개인적으로 알고 있는 밀턴 코틀러는 워싱턴에 살고 있는 중국 전문 컨설턴트로 80세가 넘었음에도 한 달에 한 번은 중국에 간다. 나는 필립 코틀러에게 진심으로 사의를 표하고 앞으로도 계속 만날 수 있기를 바란다.

마빈 바우어

하버드 시절 나는 '마빈 바우어 펠로'였다. 마빈 바우어는 제임스 맥킨지 및 A. T. 커니와 함께 맥킨지 앤드 컴퍼니를 설립했다. 시카고 대학 교수 맥킨지는 설립 몇 년 후인 1935년에 죽었고, A. T. 커니는 독립했다. 마빈 바우어도 맥킨지의 정신적 아버지라고 할 수 있다. 이 컨설팅 회사의 행동 강령과 기업 문화는 마빈 바우어에게서 유래한다. 마빈 바우어와의 저녁식사는 내게 강한 인상을 남겼다. 그는 이 식사를 위해 특별히 뉴욕에서 보스턴으로 왔다. 당시 그는 85세였는데 정신이 멀쩡했다.

바우어가 1997년 94세 때 《선도 의지》[28]를 출간했다는 사실이 그것을 잘 보여준다. 비슷한 제목의 첫 책 《경영 의지》[29]는 1966년에 출간되었다. 논란의 여지가 있는 콘셉트인 프리드리히 니체의 "권력에의 의지"[30]가 생각날 것이다. 의지가 리더십과 경영에서 결정적 요소임에도 경영학 문헌에는 '의지'라는 용어가 별로 안 보인다. "의지는 학습할 수 없다"는 세네카의 말이 문득 떠오른다. 마빈 바우어가 이식한 가치 체계는 지금까지 맥킨지의 기업 문화에 반영되어 있다.

마빈 바우어의 그 무엇 때문에 딱 한 번 만났음에도 그토록 강한 인상을 받았을까? '부드러운 면'과 '강한 면'의 결합 때문이다. 노인의 지혜와 겸손한 태도가 결합된 의젓함이 '부드러운 면'을 이루었지만 단호함, 즉 불굴의(그러나 공격적이지는 않은) 의지가 그 뒤에 있다고 나는 생각했다. 마빈 바우어는 2003년 1월 22일 100번째 생일을 몇 달 앞두고 죽었다. 그를 만난 것은 내 인생의 하이라이트였다.

한스 리겔

한스 리겔은 내가 만난 기업가 중에서 가장 특이했다. 럭셔리 제품 회사 리치몬트의 요한 루퍼트와 비슷한 점이 있는 사람이었다. 리겔은 1923년에 같은 이름의 하리보 설립자의 장남으로 본에서 태어났다. '한스 리겔 본'에서 사명을 따온 하리보는 작은 곰 모양 젤리로 전 세계에 이름을 날렸다. 전시 복무 중에 포로가 되었다가 본에 돌아온 한스 리겔은 부친의 사망으로 젊은 나이에 작은 제과 회사 경영권을 물려받았다. 그는 1946년부터 2013년까지 67년간 하리보를 관리했다. 고령이 되어도 그의 창의성은 고갈되지 않았다. 그는 청소년 잡지를 읽고 청소년의 언어를 이해했다. 이것을 토대로 그는 어린이와 청소년을 사로잡은 신제품 개발에 거듭 성공했다.

그의 기질은 모순된 성향을 적지 않게 보여주었다. 그래서 그는 하리보에만 집중했다. 새벽 2시에 그를 깨워서 지금 무슨 생각을 하고 있느냐고 물어보면 '하리보'라고 대답할 것이다. 한편으로 그는 취미 생활 특히 사냥에 몰두하기도 했다. 그는 오스트리아의 고산 지대에 4,500헥타르의 대농장을 가지고 있었다. 어떤 귀족한테서 산 것이었다. 그는 보파르트에 사냥터가 딸린 호텔 클로스터 야콥스베르크도 가지고 있었다. 그는 젊었을 때 배드민턴을 독일에 도입했고, 1953년에는 남자 복식 경기에서 최초의 우승자가 되었다. 그는 동생과 함께 쾌속정 경주를 하기도 했다. 그는 능률과 효과를 중시했다. 그와의 토론은 본질적인 것에 국한되었고, 결정은 그가 했다. 그는 여행 목적으로 헬리콥터를 일찌감치 구입했고, 조종사 면허증도 취득했다.

우리의 관계는 특이했다. 나는 그가 신뢰하는 몇 안 되는 사람 중의 한 명이었다. 다른 한편으로 그의 내면세계에 접근하는 데는 나도 실패했다. 그의 신뢰는 내가 종종 그의 말에 반박하거나 적어도 동의하지 않은 것 때문일 것으로 생각한다. 직원이나 그에게 종속되어 있는 사람이 그의 말을 반박한다는 것도 꿈도 꿀 수 없는 일이었다. 그의 유언장에는 내가 그의 재산을 털어 넣은 재단의 감독자로 지정되어 있었다. 그러나 나는 충분히 숙고하고 관계자와 상의한 끝에 이 직책을 받아들이지 않았다. 한스 리겔은 2013년에 죽었다. 나는 그의 죽음을 애도했다. 나는 뉴질랜드에 있어서 그의 장례식에는 참석할 수 없었다. 그는 본에 있는 남쪽 묘지Südfriedhof라는 곳에서 영원한 안식을 찾았다.

이미경(미키 리)

아시아에서 자택에 초대받는 것은 대단한 영광이다. 2013년 5월 우리는 유필화, 이기향 교수 부부의 집에서 저녁식사를 했다. 초대자는 유필화, 이기향 부부이고 손님은 황창규 박사와 그의 아내, CJ 그룹의 고위 여성 임원 그리고 우리 부부였다. 다른 여자 한 명은 조금 늦게 오기로 되어 있었다.

조금 늦게 온다는 여자가 마침내 방에 들어섰다. 사람들의 주의가 이 여자에게 쏠렸다. 화려한 색의 옷에 운동화 차림인 이 여자는 비즈니스 우먼이라기보다는 평범한 여자처럼 보였다. 미키리였다. 한국 이름은 이미경이다. 이미경이 나타나자 집 안 분위기가 쾌활하고 즐거운 방향으로 싹 바뀌었다. 그녀는 겸손하고 스스럼없고 익살스러웠다. 우리는 많이 웃었다. 그녀의 자태가 방을 꽉 채우는 듯했다.

이미경은 삼성 창립자인 이병철 회장의 장손녀이다. 이미경은 명문대인 서울대학교를 졸업하고 타이완, 일본, 중국, 하버드에서 공부했다. 하버드에서는 석사학위를 받고 몇 년간 강의도 했다. 그러나 이미경은 상속 재산에 눌러 붙지 않았다. 이미경은 남동생과 함께 CJ E&M이라는 회사를 설립하여 관리했다. 이 회사는 미디어, 엔터테인먼트, 소매 부문 기업으로 CJ 그룹에 속했고, 2017년에는《포춘》의 세계 500대 기업 리스트에 처음으로 올랐고, 매출액은 240억 달러였다. 이미경은 스티븐 스필버그, 제프리 카젠버그, 데이비드 게펜이 1994년에 설립한 영화사 드림웍스의 초기 투자자이기도 했다. 이미경은 기업가로서의 탁월한 업적과 문화 업적으로 한국은 물론 세계 여러 나라에서 상을 많이 받고 존경도 받았다. 2014년 당시만 해도《블룸버그 마켓》은 "이미경에 대해 알려진 것은 거의 없다"라고 썼다.[31] 하지만 이미경은 '새로운 산업, 일자리, 영웅'을 창조하겠다는 비전[32]을 불가사의하게 실행에 옮겼다. 제프리 카젠버그는 이미경에 대해 "나는 이미경을 비즈니스 우먼, 매니저, 리더로서 매우 존경한다"라고 말한다.[33] 다른 사람들도 특별한 이유가 없는 한 이미경에 대해 그렇게 말한다. 중병에도 불구하고 이런 업적을 이룬 이미경에 필적할 사람은 없을 것이다. 이미경의 인간적 위대함은 인생의 걸림돌이 된 건강 장애를 극복하고 쾌활함을 잃지 않았다는 데 있다. 내가 만난 사람 중에 가장 깊은 인상을 준 사람은 누구일까라고 나는 종종 자문한다. 1위 후보자는 두 사람밖에 없다. 이미경은 그중의 한 사람이다.

양슈런

중국인 기업가 양슈런은 2002년에 나의《히든 챔피언》중국어 초판을 읽고 이 전략 콘셉트의 열렬한 추종자가 되었다. 그의 회사 모리스 테크놀로지스는 맥주로 유명한 예전의 독일 식민 도시 칭다오에서 멀지 않은 산둥성 서우광에 있다. 서우광에는 가까운 바다에서 공급되는 염수를 이용하는 특수 화학 산업 단지인 중국 유일의 염천鹽泉 단지가 있고, 모리스의 공장이 총 아홉 개 있다.

양슈런은 히든 챔피언 콘셉트에 착안하여 세계 시장 선도 가능성이 있는 제품에 집중했다. 지금 그의 회사는 내연 관련 화학 제품 세 개로 세계 시장을 선도하고 있다. 크레펠트에 있는 자회사 독일 모리스 사는 독일인 디터 뵈닝이 관리하고 있다.

양슈런과 함께 걸어갈 때 나는 키가 더 큼에도 속도를 맞추느라고 안간힘을 쓴다. 몸집은 작아도 양슈런에게서는 아이디어와 에너지가 솟구쳐 나온다. 그는 아이디어가 넘칠 뿐만 아니라 그야말로 과감하고 신속하게 이를 실행에 옮긴다. 그는 자신이 파악한 모든 문제를 비즈니스 기회로 삼는다. 서우광에 있는 약 50개의 화학 기업은 급수 문제를 안고 있다. 양슈런도 고객의 수요에 맞추어 물을 준비해두는 공장을 세운다. 중국 화학 산업의 중요한 테마는 노동 안전이다. 사망 사고가 잦다. 노동 안전은 양슈런에게 지대한 관심사이다. 그는 어떻게 나올까? 이에 대해 중국의 히든 챔피언 전문가 덩 디 교수는 이렇게 말한다. "양슈런은 '문제를 비즈니스로 삼아라'는 놀라운 생각을 가지고 있습니다. 안전은 서우광의 모든 화학 기업이 안고 있는 문제입니다. 첫째, 양슈런은 직원과 전문가 팀이 화학 산업 부문의 안전 기술을 배울 수 있도록 투자를 많이 했습니다. 둘째, 양슈런은 안전 박물관 같은 시설을 건립하여 다른 회사 직원들도 안전 훈련을 할 수 있게 했습니다. 마지막으로, 양슈런은 이 팀에게 새 회사를 설립하여 서우광에 있는 화학 기업들에게 전문 컨설팅 서비스를 제공하게 했습니다."[34]

중국의 체계적 직업 교육은 요원하다. 이 문제를 극복하기 위

산둥성 서우광에 있는 헤르만 지몬 비즈니스 스쿨의 전경.

해 양슈런은 독일을 본떠 직업학교를 세웠다. 끝으로 그는 수준 높은 경영자 교육에 대한 수요가 있다고 결론 내린다. 그래서 시와 협력하여 비즈니스 스쿨을 설립한다. 그가 내 이름을 따서 이 학교 이름을 지은 것은 나로서는 과분한 영광이다. 헤르만 지몬 비즈니스 스쿨은 특히 히든 챔피언 개념에 초점을 맞추고, 중소기업들이 세계 시장에서 성공적으로 경쟁할 수 있도록 도울 것이다.

성공한 기업가가 대개 그렇듯이 양슈런도 다각화 신드롬에 빠져 있었다고 생각하기 쉬울 것이다. 그렇지 않다. 그가 추진하는 프로젝트가 모두 화학 산업과 서우광의 중소기업에 맞추어져 있기 때문이다. 그의 목표는 언제나 분명하다. 자기 회사뿐만 아니라 서우광의 화학 산업도 진흥하는 것이다.

토모히로 나카다

토모히로 나카다와의 관계는 도쿄의 학습원 대학 교수이자 오랜 친구인 타카호 우에다를 통해 이루어졌다. 학습원 대학은 일본에서 특수한 역할을 하고 있다. 전통적으로 황실 자제들이 이곳에서 공부하기 때문이다.

토모히로 나카다는 여러 가지 점에서 특이한 중소기업인이다. 그의 회사 샐러드 코스모는 치커리와 양배추 같은 신선 야채 시장 선도 업체이다. 그는 회사를 성공적으로 오랫동안 운영하고 있다. 나는 샐러드 코스모 공장에서 유기농 제품이 산업적으로 생산되는 것을 처음 보았다. 야채를 실은 팔레트(소화물 운반 및 적재용 받침대.-옮긴이)가 컴퓨터 명령에 따라 커다란 공장 안을 이리저리 움직이고 있다. 그동안 야채는 매 순간 최적의 물, 영양소, 빛, 습도를 공급받는다. 인공 비료도, 병충해 방제 약품도 사용하지 않는다. 그래서 유기농 제품 생산 조건이 충족된다. 그러나 나는 그의 기업가적 능력에만 깊은 인상을 받은 것은 아니다.

샐러드 코스모 본사는 일본 중부의 소도시 나카쓰가와에 있다. 나카다는 아이디어와 에너지를 모범적인 방식으로 사용하여 고향 도시에 미래를 열어주려고 했다. 하이라이트는 2007년에 자기 부상 열차 이른바 '직선 신칸센'이 이 도시를 경유하게 한 것이다. 사실상 산을 똑바로 관통하는 이 구간이 도시를 지나게 되어 지금도 조금 벽지인 나카쓰가와는 도쿄와 나고야의 교외가 될 것이다.

나카다는 시골 토박이임에도 진정한 글로벌 플레이어이다. 그는 아르헨티나에서 1,200헥타르에 채소 종자를 재배했고, 치커리를

생산하기 위해 모종을 네덜란드에서 가지고 왔으며, 이탈리아에서
는 예비 제품을 구입하기도 했다. 나카다는 나보다 몇 살 어린데도
이런 활동을 해마다 몇 번씩 한다. 나카다는 볼 때마다 친절했고 지
칠 줄 몰랐으며 새로운 아이디어가 넘쳤다.

13

운명의 순간

이번 장에서는 내 기억 깊숙이 달라붙어 있는 개인적 경험 몇 개를 다룬다. 이번 장은 그중 몇 개는 독일 통일이나 세계무역센터 공격 같은 중요한 사건과 관련이 있고, 다른 것들은 그다지 중요하지 않은 사건과 관련이 있다. 이 장 제목을 슈테판 츠바이크의 《광기와 우연의 역사》에서 따오기는 했으나 그렇다고 츠바이크의 책에 나오는 것 같은 중요한 사건을 다룬다는 뜻은 아니다. 그러나 한 가지 공통점은 있다. 츠바이크의 말대로 역사에는 "그저 그런 사건과 일상적인 사건이 헤아릴 수 없이 많이 일어나지만 잊히지 않는 숭고한 순간은 별로 없다."[1] 우리의 삶도 이와 비슷하다. 몇몇 경험은 기억에 깊숙이 달라붙어 있지만 다른 것들은 더 중요한 경험조차 망각되는 이유를 과학은 아직 설명하지 못한다.

예측 불가능성에 대하여

1989년 10월 25일, 대기업 CEO 12명이 뮌헨에 본사를 둔《매니저》의 초청으로 한 자리에 모였다. 나는 하버드 시절부터《매니저》에 칼럼을 기고했기 때문에 손님 자격으로 자리를 같이할 수 있었다. 주제는 "독일은 어떻게 될 것인가?"였다. 몇 주 전부터 상황이 빠르게 전개되었다. 외무부 장관 한스 디트리히 겐셔가 프라하 주재 독일 대사관에 와 있는 극적인 장면(대사관에 들어와 있던 수많은 동독 시민들이 서독으로 갈 수 있게 되었다)이 반향을 불러일으켰다. 아디다스의 CEO 르네 예기는 모임에 조금 늦게 나타났다. 동독 올림픽 대표팀과의 계약에 서명하느라 지각한 것이다. 1992년 바르셀로나 올림픽 경기를 위한 스포츠 용품 계약이었다. 예기는 "아디다스가 동독 올림픽 대표팀과 계약을 맺는 것은 이번이 마지막일 것입니다"라고 말했다. 한 참석자가 예기에게 "1996년 애틀랜타 올림픽 때는 동독이 존재하지 않을 거라는 말입니까?"라고 물었다. 예기는 "그렇습니다!"라고 짤막하게 대답했다. 다들 믿을 수 없다는 표정을 지었다. 대부분은 꿈같은 소리라고 간주했다.

1989년 11월 9일 목요일 파리에서 나는 경영 컨설팅 회사 프라이스 워터하우스가 주최한 세미나에 참석했다.[2] 독일 이야기가 나오는 것은 어쩔 수가 없다. 나는 독일이 20세기에, 즉 10년 이내에 통일될 가능성이 있다고 말했다. 저녁 늦게 귀가했을 때 베를린 장벽이 무너졌다. 동독은 사실상 끝났다. 그 후 통일은 1년 이내에 이루어졌다.

나는 한국에서 항상 이 이야기를 하면서 한국의 통일은 오지만 언제 올지는 아무도 모른다고 덧붙인다. 독일의 통일을 예언할 수 없었던 것처럼 한국의 통일도 예언할 수는 없을 것이다. 통일이 평화적으로 이루어지기를 바랄 수 있을 뿐이다. 독일의 통일이 평화적으로 이루어진 것을 나는 지금도 기적이라고 생각한다. '우레 같은 시절' 장에서 말한 것처럼 철의 장막 양쪽의 냉전 주역들은 중무장했다. 그러나 총격도 폭격도 없었다. "미래는 어둠 속에 있다…." 이것은 〈작별〉(올드 랭 사인)의 가사이다. 미래는 지금도 어둠 속에 있고 앞으로도 영원히 어둠 속에 있을 것이다.

베를린 장벽 붕괴 이틀 후인 1989년 11월 11일 토요일에 나는 14세인 제닌과 9세인 패트릭을 데리고 베를린 행 비행기를 탔다. 두 아이에게 장벽과 동독을 보여주고 싶었다. 장벽과 동독은 더 이상 존재하지 않을 터였다. 우리는 렌터카를 타고 구멍 뚫린 장벽을 지나 동베를린으로 갔다. 25년 전 수학여행 때 처음 본 것과 별로 다를 바 없었다. 동베를린은 슬프고 음울한 모습을 보여준다. 베를린 미테의 골목길에는 2차 세계 대전 때의 총알구멍이 아직도 있다. 나는 지금까지 동베를린에 몇 번밖에 못 갔다. 서독 사람이 동독의 다른 곳에 가는 것은 허용되지 않았기 때문이다. 지금 우리는 아무런 방해 없이 포츠담으로 간다. 포츠담도 음울한 모습을 보여준다. 나는 베를린에서 포츠담까지 얼마나 빨리 갈 수 있는지 알고 놀란다. 포플러가 늘어선 국도에서 우리는 조악하고 육중한 트럭인 러시아군 호송 차량에 올라타본다. 이 트럭은 험상궂게 생겼다. 나는 몹시 불쾌하다. 1990년 2월 초에 예나를 방문했을 때도 비슷한 감정을 경험했다. 우리는 저녁에 도착하여 어떤 여교수를 방문할 작정이었다. 도시는 어두웠다. 우리는 어디서 전화를 할 수 있는지 지나가는 사람에게 물어보았다. 그는 "우체국이요"라고 하면서 안내해주겠다고 했다. 그가 내 BMW에 올라탔다. 이런 차를 타는 것이 그에게 생소한 경험이라는 것은 분명했다. 예나에는 우리가 숙박할 수 있는 호텔이 없었다. 우리는 서독인 친구의 지인 집에서 간신히 하룻밤 묵을 수 있었다. 몇 달 후 나는 또 예나에 갔다. 카를 차이스(독일의 광학 기기 회사.-옮긴이)의 CEO와 점심식사를 했다. 첫 번째 방문 때 매우 친절하게 우리를 맞이해준 사람들이 이 때문에 나를 수상쩍게 보았다. 꺼리는 기색이 역력했다. 몇 달 후 동독은 역사가 되어버렸다. 우리는 그 영향을 지금도 느낀다. 선거 때의 태도가 그 예다.

유대인 시민의 귀환

나의 고향 도시 비틀리히에는 주민 수에 비해 꽤 큰 유대 공동체가 있었다. 시민의 5% 이상이 유대인이었다. 독일에서는 프랑크푸르트 다음으로 높은 비율이었다고 한다. 마지막 유대인 시민은 1942년에 시에서 모습을 감추었다. 1910년에 세워진 시나고그는 1938년 11월 9일의 크리스탈나흐트('수정의 밤'이란 뜻으로 나치가 자행한 유대인 학살을 말함.-옮긴이) 때도 파괴되지 않고 잔존했다. 전후와 나의 학창 시절 동안에는 비틀리히의 유대인 운명에 대해 다들 침묵했다. 1980년대에야 나치 과거에 물들지 않은 젊은이들이 예전 유대인 시민의 흔적 추적에 나섰다. 1991년에 시는 생존자의 비틀리히 귀환을 권유했다. 약 70명이 이 권유에 따랐는데 대부분 고령자였다. 그들은 이스라엘, 미국, 아르헨티나 및 그 밖의 나라에서 귀환했다. 이 사람들과의 만남은 내 마음을 크게 흔들어놓았다. 그들은 우리와 함께 살았다. 나치 박해를 피해 제때에 달아나지 못한 사람은 로츠의 게토에서 살다가 아우슈비츠나 그 밖의 집단 학살 수용소로 끌려갔다. 우리가 지금 재회한 생존자들은 운 좋게도 나치의 박해를 피해 일찌감치 달아난 사람이었다. 사람들이 침묵한 탓에 이 사람들은 내 청소년기에는 우리의 의식 속에 없었다. 우리는 그들에 대해 아무것도 몰랐다. 그런데 지금 이런 사람들이 적지 않게 우리 앞에 나타났다. 이들 중 다수는 아직도 우리 고향 사투리를 썼다. 그들은 이제 원한을 품고 있지 않은 것 같았고, 적어도 고향 도시에 다시 돌아오게 된 것을 기뻐하는 것 같았다. 그러나 한 번 방문으로 끝이었다. 그것은 고령 때문일 수도 있고, 고향 땅을 한 번 더 밟았다는 것에 만족했기 때문일 수도 있다. 어쨌든 비틀리히의 유대인 중에 이 도시에 다시 눌러앉은 사람은 없었다. 자식을 데리고 온 사람도 더러 있었다. 예를 들어 90세의 에르나 바우만(결혼 전 성은 마이어)은 부에노스아이레스에서 아들 레네 바우만을 데리고 와서 아들에게 깊은 감명을 주었다. 몇 년 후 우리는 부에노스아이레스에서 다시 만났다. 레네 바우만은 그때 두 번 다시 할 수 없는 체험을 했다고 완벽한 독일어로 말했다.

그동안 나의 고향 도시는 유대인의 과거를 규명하기 위해 많은 노력을 기울였다. 1997년에는 에밀 프랑크 연구소를 설립했다. 유대 공동체의 마지막 대표자 이름에서 따온 것이다. 이곳 출신의 신학 교수 라인홀트 볼런이 2013년까지 소장을 맡았다. 이 연구소는 유대교 역사뿐만 아니라 기독교, 유대교, 이슬람교의 종교 간 대화를 연구했다. 수십 년간 판자 울타리, 가시철조망, 딱총나무 덤불 뒤에

흉한 몰골로 휴면 상태에 놓인 시나고그는 1990년대에 원래 모습으로 복구되어 그때부터 문화센터 겸 회의장으로 사용되었다. 비틀리히의 유대인 역사는 수많은 프로젝트를 통해 학문적으로 연구되었다. 생존 유대인 시민이 아직도 있는지는 나는 모른다. 어쨌든 내가 이들을 만난 것은 운명의 순간에 속했고, 나는 이것을 결코 잊지 않을 것이다.

　여기서 또 다른 경험담을 털어놓고자 한다. 고향 도시와는 관련이 없지만 소개할 만한 이야기다. 2016년 3월 25일 나는 이메일을 한 통 받았다. 발신지는 이스라엘이었고, 발신자는 나도 모르는 사람인 츠비 해리 리크보르니크였다. 그는 독일어로 출간된《일곱 살배기가 겪은 홀로코스트》[3]라는 자신의 책 2판을 언급하기도 했다. 그는 오늘날의 루마니아에 속하는 체르노비츠에서 독어를 말하며 자랐고, 1941년에 게토를 전전하다가 우크라이나까지 끌려갔다. 어린아이로서 겪은 고통은 상상을 초월하는 것이었다. 우여곡절 끝에 그는 어머니와 함께 이스라엘로 갔다. 나는 그의 책을 읽고 엄청난 충격에 휩싸인 채 그에게 이메일을 보냈다. 그는 나의 반응에 기뻐 날뛰면서 내게 전화를 했다. 일곱 살배기로서 홀로코스트에서 살아남은 사람의 전화를 받고 있는 사람을 상상해보라. 나는 가까운 시일 내에 이스라엘에 가게 되면 그를 방문할 생각이다. 이런 사람은 내가 개인적으로 알아야만 한다.

꿈에 나타난 조상

2001년 1월 19일, 나는 이상한 꿈을 꾸었다. 그 내용은 이렇다. 1944년에 흑해에서 익사한 삼촌 야콥 지몬이 고향 마을에 다시 나타난다. 나는 그 이야기를 듣고 내가 참석하는 행사장에 삼촌이 나타난다는 것을 알아차린다. 꿈에서 우리는 1959년이라고 쓴다. 나는 청중석에 앉아 있고, 야콥 지몬은 연단에서 질문을 받는다. 대화는 나치 시절에 독일에서 달아난 독일인에 대한 것이다. 꿈에서 삼촌은 1959년에 다시 나타나 스위스에서 살고 있거나 그곳에서 살았다. 짙은 색의 줄무늬 옷차림인 삼촌은 교양 있는 사람처럼 보인다. 삼촌의 말은 유창하다. 그는 침착함으로 상황을 지배한다. 삼촌은 50세쯤 되어 보인다. 몸은 호리호리하고 얼굴은 수척하다. 나는 그 얼굴을 한참 동안 뚫어지게 바라본다. 아버지 얼굴과 좀 닮았다.

인터뷰가 끝난 후 삼촌에게 다가가려고 하지만 사람들이 삼촌을 둘러싸고 있어서 여의치 않다. 마침내 나는 삼촌에게 다가가 말을 건다. 나는 고향 마을에 또 올 것이냐고 삼촌에게 묻는다. 삼촌은 안 온다고 한다. 나는 삼촌에게 주소를 알려달라고 한다. 찾아뵙고 싶기 때문이다. 삼촌은 주소 알려주기를 거부한다. 삼촌은 코블렌츠의 관청이 발급한 증명서를 보여준다. '요주의 인물'이라고 적혀 있고, X 표시가 되어 있다. 나는 삼촌의 명함을 받을 속셈으로 삼촌에게 내 명함을 건네준다. 그러나 부질없는 짓이다. 그는 가버린다. 나는 어디서 다시 삼촌을 만날 수 있을지조차 모른다.

나는 식은땀을 흘리며 가위눌린 채 깨어났고, 그 꿈은 오랫동안 여운을 남겼다.

아프리카 여행

청소년 시절에 우리는 크고 넓은 세상을 얼마나 꿈꾸었던가? 또래 아이 몇 명은 실제로 선원이 되었고, 그들의 이야기는 먼 곳에 대한 동경을 부추겼다. 우리의 아버지들은 전쟁 중에 본의 아니게 먼 나라를 떠돌았다. 삼촌 두 명은 롬멜 휘하에서 아프리카에서 싸웠다. 이웃의 한 젊은이는 1950년에 프랑스 외인부대에 지원하여 시디 벨 아베스(알제리 북부의 주.-옮긴이)에서 복무했다. 아프리카가 우리를 유혹했다. 그러나 우리는 마을이라는 사슬에 묶여 있었다.

2장에서 언급한 스페인, 모로코, 포르투갈 여행으로 우리는 드디어 이 사슬에서 풀려났다. 아프리카를 여행하면서 '아프리카의 성모' 성당을 방문했을 때 우리는 감격의 절정에 이르렀다. 이때 우리는 알헤시라스에서 지브롤터 해협의 모로코 쪽 스페인령 고립 영토 세우타로 갔다. 373쪽 사진의 '정복자 상'은 이 여행 때의 내 감정을 반영하고 있다.

유럽을 벗어나 낯선 대륙에 발을 처음 내디뎠을 때 나는 콜럼버스나 바스코 다 가마가 된 것 같은 기분이었다. 이렇게 유럽을 처음 벗어나는 것은 한 번밖에 경험하지 못한다. 유럽을 벗어난 것이 나의 개인적 세계 '정복'으로 가는 첫걸음이었을까? 세계적 플레이어(그 후에 나는 마침내 세계적 플레이어가 되었다)로 가는 첫걸음이었을까? 그렇다. 나는 지금도 그렇게 생각한다.

모로코에서 우리는 매혹적인 세계를 경험했다. 당시 모로코 인구는 1,400만이었는데 지금은 3,500만이 넘는다. 도시들도 현대화되었다. 그러나 1965년에 페스와 마라케시는 중세 도시 같았다. 페

아프리카 여행. 1965년 7월.

스의 제혁공 지역 위를 떠돌던 코를 찌르는 냄새가 아직도 코에 남아 있다. 뱀을 부리는 마술사와 물을 파는 사람을 비롯해 온갖 상인들로 북적대는 마라케시의 제마 엘 프나 광장은 천일야화를 생각나게 했다. 우리는 마라케시에 사흘 머물렀는데 푹푹 찌는 더위 때문에 잠을 거의 자지 못했다. 모래 폭풍이 불어 이빨 사이에 모래알이 박혔다. 그때 내가 다시 마라케시에 온다는 것을 두고 나는 급우 파울 하인츠 슈테프겐과 맥주 한 박스 내기를 했다. 30년 후 우리는 동창회 모임에서 그때 약속한 맥주를 마셨다. 내가 내기에서 이겼다. 아프리카 여행과 마라케시 체류는 언제나 운명의 순간으로 남아 있다.

9·11

2001년 9월 11일 프랑크푸르트의 알테 오페르 호텔에서 열린 회의에는 당시 연방은행 총재인 에른스트 벨테케와 전 미 국무장관 헨리 키신저가 연설자로 출연했다. 우리는 오찬 자리에서 처음으로 만났다(375쪽 사진).

15시 정각에 회의가 시작된다. 나는 사회자로서 키신저에게 몇 마디 일러준다. 뉴욕은 지금 아침 9시라는 것이다. 키신저는 〈복구의 날들Years of Renewal〉이라는 제목의 연설을 "미국 본토는 외적의 공격을 당한 적이 없습니다"라는 말로 시작한다. 홀에 있는 사람은 그 누구도 이 말이 정확히 8분 전에 시대에 뒤떨어진 말이 되었다는 것을 알아채지 못한다. 15시 30분에 키신저가 연설을 끝내자 우리는 토론에 들어간다. 어떤 비판적인 저널리스트가 아옌데 사태에 키신저가 연루되었느냐면서 도발적인 질문을 던진다. 홀 안이 웅성거린다. 어떤 사람이 단상의 내게 와서 귓속말로 뉴욕과 미국 국방부 건물이 폭격을 당했다고 전한다. 나는 키신저에게 이 소식을 전해준다. 그러나 키신저는 내 말을 알아듣지 못한 듯하다. 그는 믿을 수 없다는 눈짓을 하며 토론을 계속하자고 한다. 나는 토론을 중단한다. 비판적인 저널리스트가 홀에서 소리친다. 토론을 끝내려는 수작이라고(후에 그는 사과한다). 나는 더 정확하게 아는 사람 있느냐고 청중에게 묻는다. 조금 전에 홀에 들어왔던 《블룸버그》의 저널리스트가 간략히 보고한다. 그 사이에 기술자들이 알테 오페르 호텔의 스크린에 독일 제1 텔레비전 방송 뉴스를 비춰준다. 뉴욕과 공격당한

헨리 키신저와 오찬을 함께하며. 2001년 9월 11일 프랑크푸르트.[4]

세계무역센터 모습을 보고 다들 크게 놀란다. 이런 순간에 사람들은 역사의 숨결을 느낀다.

　우리의 파트너 에크하르트 쿠허 박사는 뉴욕에 체류하고 있었다. 나는 미국의 우리 사무소를 통해 그와 연락하려고 시도한다. 그러나 아무것도 되지 않는다. 접속선이 모두 차단되어 있다. 이런 경우는 인터넷이 구조 수단이다. 두 시간쯤 후 우리는 워싱턴뿐만 아니라 보스턴(납치된 비행기 두 대가 출발한 곳이다)에 있는 우리 사무소의 직원이 모두 무사하다는 것을 이메일을 통해 안다. 그러나 쿠허 박사는 일주일 넘게 미국에 '억류되어' 있다. 이것도 세계화의 결과이다. 세계의 네트워크화는 사건이 어디서 터지든지 간에 즉각 관심을 가지게 만든다. 며칠 후 나는 도쿄에서 노무라 연구소의 컨설턴트를 만난다. 그는 동료 두 명이 세계무역센터에서 죽었다고 말한다. 위험은 멀리 있는 것 같아도 가까이 있다.

모스크바의 밤

1971년 가을. 냉전이 지속되고 있다. 소련은 다른 나라를 모두 불신한다. 러시아에는 암시장이 번창한다. 러시아의 젊은이들이 가장 갖고 싶어 하는 것이 서구 제품이라는 사실이 이것을 잘 보여준다. 본의 대학생들과 함께 우리는 모스크바로 간다. 러시아 암시장에서 쉽게 팔 수 있는 제품이 잔뜩 들어 있는 트렁크를 다들 가지고 있다. 청바지, 버튼다운 셔츠도 있지만 러시아의 택시 운전자들이 지불 수단으로 받아주는 볼펜 같은 하찮은 것들도 있다. 암시장에서의 달러화에 대한 루블화 시세는 공식 시세의 네다섯 배쯤 된다. 10달러를 암시장에서 루블화로 바꾸면 하룻저녁을 흥청망청 즐길 수 있다. 우리는 크림젝트(포도주의 일종.-옮긴이)와 캐비어를 비롯해 대학생으로서 집에서는 맛볼 수 없는 비싼 러시아 음식을 먹는다. 큰 서점에는 독일어로 된 책(동독의 출판사에서 간행함)이 있다. 장정된 책은 암시장 시세로 환산하면 약 1마르크이다. 우편료가 엄청 싸서 우리는 책을 무더기로 구입하여 러시아 우편을 이용하여 독일로 보낸다. 대학생인 우리는 이런 거래를 하고도 양심의 가책을 받지 않는다.

그러나 뜻밖에도 불쾌한 일을 경험하기도 한다. 나는 길거리에서 20달러 지폐를 교환하려고 한다. 암시장 상인이 100루블짜리인 듯한 지폐를 내 손에 쥐어준다. 그러더니 "경찰, 경찰!"이라고 소리 지른다. 나는 뒤돌아본다. 돈을 바꾼 사람은 빠른 걸음으로 다른 방향으로 사라진다. 지폐를 찬찬히 살펴보니 100루블짜리 복권 추첨표다. 나는 속아 넘어갔다. 20달러가 날아가 버린다.

메트로폴 호텔에서는 아프가니스탄인 친구 사미 누르를 만나기로 약속이 되어 있다. 우리는 본에서 같은 기숙사에 살고 있다. 그는 모스크바를 경유하여 아프가니스탄으로 가는 길이다. 우리는 메트로폴 호텔에 있는 아프가니스탄 항공사 아리아나 사무소에서 이날 만나기로 했다. 나는 약속된 시간에 가서 사미 누르가 왔는지 묻는다. 아리아나 직원이 "예, 왔습니다만 금방 또 가버렸습니다"라고 말한다. 그것은 드문 일이다. 독일로 돌아간 후에야 나는 누르가 예정에 없이 가버린 이유를 알게 된다. 사미는 러시아 택시를 타고 공항에서 메트로폴 호텔로 갔다. 그는 캐리어를 자동차 트렁크에 실었다. 사미가 택시에서 내리자 운전자는 쏜살같이 질주해 달아났다. 사미는 경찰서로 가지 않고 곧바로 새 티켓을 구입하여 독일로 돌아갔다. 러시아 경찰과는 왈가왈부하고 싶지 않았던 것이다.

어쨌든 러시아를 떠나 독일로 돌아갈 수 있게 되어서 나도 기뻤다. 무엇보다도 저녁과 밤에 폭음한 후에는 우리의 행동도 곧잘 흐트러졌고 경찰과도 마찰이 있었다. 우리 일행 중에는 미국인 대학생 제임스 J. P. 쿤이 있었다. 저녁에 우리는 모스크바 지하철에서 〈신이여 미국을 축복하소서〉(God Bless America. 미국의 비공식 국가國歌-옮긴이) 같은 노래를 그와 함께 불렀다. 딱히 러시아에 우호적이라고는 할 수 없는 노래였다. 레닌그라드(지금은 상트페테르부르크)에서 우리는 더욱 무분별하게 굴었다. 우리는 거나하게 취해서 4층에서 호텔 로비로 커다란 꽃병을 내던져 박살을 냈다. 결국 우리는 경찰에 연행되었다. 그럼에도 우리 모두가 러시아에서의 경험을 교훈으로 삼은 것은 아니었다. 우리 일행 중 한 대학생은 얼마 후 프라하로 갔다. 러시아와 마찬가지로 프라하에도 암시장이 있고, 폭음 사태가 있었다. 그는 모스크바에서처럼 행패를 부리다가 결국 한 달간

쇠고랑을 찼다. 그야말로 방종하게 군 시절이었다.

드러누워 지낸 날들

나는 일곱 살 때 8주 동안 문자 그대로 '드러누워 지냈다.' 자연 속에서 천방지축으로 살아온 시골 꼬마에게 이것이 무엇을 의미하는지는 알기 어렵다. 나는 쑥쑥 컸다. 어쩌면 영양도 부족했을 것이다. 맛이 고약함에도 어머니가 꼬박꼬박 챙겨준 간유肝油를 제외하면 우리는 밭에서 나는 것만 먹고살았다. 게다가 나는 세 살 이후로는 우유를 먹지 않았고, 채소도 몇 가지밖에 못 먹었다. 나는 여섯 살 때 요통을 앓았다. 걸을 때도 절뚝거렸고 만성 통증에 시달렸다. 우리 집 주치의 프란츠카를 위버홀츠 박사는 '성장 장애'와 '고관절염' 이야기를 하면서 마침내 트리어의 큰 병원인 자비로운 형제단 병원(줄여서 '형제단 병원'이라고 한다)에 가보라고 했다. 지금은 병상이 600개가 넘고 직원이 2,400명인 큰 병원이다. 나는 혼자서 집을 떠난 적이 없어 이 지시에 충격을 받았다. 그러나 그것은 시작에 불과했다. 내 몸의 절반에 깁스를 했다. 배꼽 언저리부터 시작해서 오른쪽 다리는 발끝까지, 왼쪽 다리는 무릎까지 깁스를 했다. 그래서 나는 '드러누워 지냈다.' 무려 8주 동안 꼼짝도 못했다. 처음에는 무서웠다. 그러나 어떻게든 견뎌냈다. 가장 기분 좋으면서 가장 서글픈 날은 일요일이었다. 부모님이 일요일에만 방문할 수 있었기 때문이다. 부모님은 여동생을 데리고 오기도 했고, 이웃집 아이와 친구 하인츠 토마스를 데리고 오기도 했다. 그들이 돌아갈 때마다 나는 버

림받았다는 느낌이 들었다. 깁스를 풀고 난 후에도 다시 학교에 다니면서 4주 더 입원해 있어야 했다. 집으로 돌아간 날은 내 인생에서 가장 행복한 날의 하나였다. 급우들과 마을 사람 절반이 나를 맞이했다. 근육 위축을 고려하면 재활이 절실히 필요했음에도 그 후에 재활 과정은 없었다. 나는 운동에 약했다. 몇 년간 우승했다는 기록이 하나도 없었다. 열다섯 살 때부터 어느 정도 괜찮은 성적을 얻었고, 연방 청소년 대회에서 상장을 받기도 했다. 어린 시절의 이 통절한 경험은 흔적을 남겼는가? 형제단 병원에서의 에피소드를 생각할 때 트라우마를 느끼지는 않는다. 그때 나는 삶의 어려운 시기를 무조건 견뎌내야 한다는 것을 배웠다. 예를 들어 그것은 2014년에 어려운 어깨 수술을 받을 때 도움이 되었다. 이때도 몇 달간 누워 지냈다. 평소에 나는 인내와는 거리가 멀다. 그러나 인내해야 할 경우에는 1954년 가을 형제단 병원에서의 에피소드를 돌이켜 생각한다. 그것은 유용하다! 고향에 대한 나의 애착은 어린 시절의 이 경험에 뿌리를 두고 있을 것이다. 고향을 생각할 때만큼 서글플 때가 없고 향수보다 더 강렬한 감정은 없기 때문이다. 나는 여러 해 걸려서라도 운동을 더 잘해야 한다는 것을 배웠다. 무엇보다도 체계적 훈련을 못 받아서 최고 성적을 내지는 못했을지라도 어쨌든 나는 창던지기 군 대표선수가 되었고, 공군 제2사단 대회에도 참가했다.

지진

지진은 굳이 겪고 싶지 않은 경험에 속한다. 나는 2005년에 도쿄에서 지진을 처음 경험했다. 자정 직전이었다. 나는 ANA 호텔 21층의 객실에 있었다.[5] 나는 그 직전에 잠자리에 들어 잠이 들락 말락 하는 찰나에 이상한 떨림을 느꼈다. 무엇보다도 비몽사몽 상태여서 나는 이 현상이 무엇인지 감을 잡을 수 없었다. 꿈을 꾸었나? 이게 지진 이라는 것인가? 이런 것을 처음 겪으면 불안해진다. 그런 생각이 들 자 나는 벌떡 일어났다. 그러나 어찌 해야 할지 막막하기만 했다. 방에 가만있어야 하느냐, 계단을 타고 아래로 내려가야 하느냐(이것은 21층에서는 무모한 시도이다)? 37층짜리 건물인데 위의 16층 무게가 나를 덮친다고 생각하니 소름이 끼쳤다. 그러나 이때 스피커에서 안 내 방송이 나왔다.[6] 이런 위험한 상황에서는 건물이 실제로 지진을 견딜 수 있기를 바라면서도 이런 믿음에 의심이 스며든다. 이제 끝 장났다고 생각한다. 기다리는 수밖에 없다. 30분 후 지진이 지나갔 다는 구원의 안내 방송이 나왔다. 그럼에도 그날 밤은 불안에 떨었 다. 다음 날 아침 나는 독일로 돌아가야 했다. 나는 도쿄 중심지에서 북쪽으로 약 70킬로미터 떨어져 있는 나리타 공항으로 버스를 타고 갔다. 우리 뒤에는 무시무시한 먹구름이 하늘을 뒤덮고 있었다. 태 풍이 올라오고 있었다. 이륙 후 조종사가 태풍 직전에 이륙할 수 있 었다고 안내 방송을 했다. 몇 분 후에는 이륙이 불가능했을 것이다. 지진 강도는 리히터 지진계로 5.8이었고, 태풍도 엄청난 피해를 야 기했다.

　2017년 9월 19일 멕시코시티에서 내가 강연하기로 되어 있는 회의 프로그램에는 11시에 지진 대피 훈련이 있다고 고지되어 있었 다. 지진 대피 훈련은 1985년 9월 19일 1만 명의 목숨을 앗아간 끔 찍한 지진을 기억하기 위해 멕시코 전역에서 매년 실시된다. 훈련은

30분 남짓 질서 정연하게 이루어졌다. 훈련이 끝나자 회의 참가자들은 센트로 대학 강당으로 갔다. 이곳에서 12시에 내 강연이 시작되어 13시 30분까지 계속될 예정이었다. 나는 정시에 강연을 시작했다. 13시 14분에 건물이 흔들리고 내가 서 있는 연단이 흔들렸다. 실제 상황이었다. 훈련이 끝난 후 정확히 두 시간이 지난 때였다! 수백 명의 청중이 벌떡 일어나 출구로 황급히 달려갔다. 그러나 공포에 사로잡히지는 않았다. 나도 강연이고 뭐고 다 때려치우고 출구로 뛰어갔다. 강당이 1층에 있어서 우리는 재빨리 밖으로 나갈 수 있었다. 이 대학의 현대식 건물은 20층쯤 되었다. 우리는 고층에 있는 사람들이(일부는 옥외 계단으로) 아래로 뛰어 내려오는 것을 보았다. 그들은 훨씬 오래 걸렸다. 나는 고층에 있지 않아서 천만다행이라고 생각했다. 그 사이에 건물에서 핑음이 났기 때문이다. 처음 들어보는 소리였다. 진동을 흡수하는 강철 대들보가 찌부러지는 소리에 나는 기겁을 했다. 다행히도 내진 설계된 현대식 대학 건물이라 피해를 입은 사람은 없었다. 그러나 도시의 수많은 건물이 무너져 370명 이상이 죽고 6,000명 이상이 다쳤다. 리히터 지진계로 7.1인 이 지진은 도쿄 지진보다 훨씬 강했다.[7]

멕시코시티의 교통은 마비되었다. 그러나 주최자들이 기지를 발휘했다. 자전거를 발견한 것이었다. 나는 자전거를 타고 6킬로미터 남짓 떨어진 호텔에 당도했다. 멕시코시티의 혼란 속에 혼자서 길을 찾을 가망이 없었기 때문에 주최자의 한 사람(마라톤 동호회원이었다)이 뛰어서 내 뒤를 따라왔다. 나는 그를 매우 고맙게 생각했다.

이런 체험을 한 후에 독일인들은 이처럼 심각한 자연 재해를 거의 입지 않는다는 것을 새삼 절감했다. 그러나 내 고향 아이펠의 화산이 언제 다시 활동할지는 아무도 모른다. 과학자의 말에 따르면 언제든지 폭발할 수 있겠지만.

4만 년 후

2000년 4월 5일 기업가 라인하르트 몬은 야콥 푸거 상을 받았다. 이 상은 바이에른 정기 간행물 발행인 협회가 '정기 간행물의 자유, 독립, 통합을 촉진하고 국민들에게 알린 뛰어난 공로와 탁월한 업적'을 기려서 주는 유명한 미디어 상이다. 라인하르트 몬은 동베스트팔렌의 작은 출판사를 글로벌 미디어 기업 베텔스만으로 키웠다. 시상식은 기념 차원에서 뮌헨 국립극장에서 거행되었다. 세기가 바뀌는 2000년을 맞아 《디 차이트》는 '세기의 기업가'를 선정하고 축사를 써달라고 내게 요청했다. 나는 라인하르트 몬을 선정했다.[8] 시상식장에서 '21세기의 리더십'이라는 주제로 기념 강연을 해달라고 초대한 계기는 바로 이 축사였을 것이다. 나는 강연 내용 때문이 아니라 다른 이유에서 이 시상식을 생생히 기억하고 있다.

바이에른주 총리 에드문트 슈토이버가 먼저 축사를 했다. 나는 첫째 줄에 앉아 있었다. 강연 내용을 머릿속에 정리하기 위해 나는 눈을 감았다. 나는 연단에 오르기 전에 으레 그렇게 한다. 그때는 집중이 되지 않았다. 나는 '자각몽自覺夢'을 꾸었다. "자각몽은 꿈꾸고 있다는 것을 자각하면서 꾸는 꿈이다."[9] 바로 그것이었다. 나는 꿈을 꾸면서 내가 꿈꾸고 있다는 것을 자각했다. 꿈에서 나는 구름처럼 가볍게 본에서 라인강을 넘어 코블렌츠 쪽으로 날아갔다. 코블렌츠를 눈앞에 두고 서쪽으로 아이펠을 향해 방향을 틀었다. 나는 우리 시대로부터 4만 년이 지나갔다는 것을 알아챘다. 내 밑에 펼쳐진 땅은 눈부시게 빛났다. 푸른 풀밭과 들판이 무성한 숲과 번갈아 나타났다. 경치는 잘 가꾸어졌다는 인상을 주었다. 그러나 무언가가 결여되어 있었다. 사람도, 집도, 마을도 보이지 않았다. 사람은 사라졌다. 자연은 수천 년 사이에 사람의 흔적을 지워버렸다. 아이펠은 독일 황제이자 프로이센 국왕인 빌헬름 2세가 1889년에 "아이펠은 아름다운 수렵 구역이다. 이곳에 사람이 살고 있어서 유감이다"라고 말하면서 보존되기를 바랐던 모습 그대로였다. 인간의 몰락이 나를 슬프게 했을 것이라고 지레 짐작하기 쉬울 것이다. 그러나 그 반대였다. 백일몽에서 깨어났을 때 나는 마음이 가뿐하고 기분이 좋았다. 나는 편안한 마음으로 슈토이버에 이어 연단에 올라가 강연을 했다. 먼 미래에 내 고향으로 날아간 것은 내 영혼이었을까? 이 백일몽을 생각하면 요제프 폰 아이헨도르프의 시가 저절로 떠오른다.

    내 영혼은
    날개를 활짝 펼치고
    조용한 들녘으로 날아갔다
    마치 집으로 가듯이[10]

14

인생이라는 학교

인생은 영원한 학교이다. 이번 장에서는 지금까지 살아오면서 배운 간단한 교훈 몇 개를 소개하고자 한다. 대개 이런 교훈들은 저자의 부정적인 면이 드러나지 않도록 하다 보니 주관적이고 불완전하며 선별적인 내용이 될 수밖에 없다. 이 점을 양지하며 읽어주기를 바란다.

든든한 가족

아내 세실리아와 가족의 지원이 없었다면 나의 길을 쉽게 헤쳐나가지 못했을 것이다. 세실리아 조쏭은 수공업자 집안에서 태어나 내 고향에서 그다지 멀지 않은 작은 마을에서 자랐다. 세실리아의 외가는 방앗간을 운영했다. 우리 조상 중에도 방앗간을 운영한 사람이 많았다. 세실리아와 나는 본에서 알게 되었다. 둘 다 이곳에서 대학을 다녔다. 우리는 1973년에 결혼했다. 딸 제닌은 1975년에 태어났다. 아들 패트릭은 1980년에 태어났다. 세실리아는 1972년부터 1988년까지 특수학교 교사로 일했다.

하버드 체류 시절이 끝나자 세실리아는 공무원 생활을 접고 링구아 비디오 미디어 사를 설립했다. 학교, 도서관, 미디어 센터 같은 교육 기관에 시청각 매체를 설치하는 회사였다. 세실리아는 이 회사를 27년간 운영했다. 2016년 초에 딸인 제닌 지몬 박사가 인수하여 지금까지 운영하고 있다. 세실리아와 나는 왜 우리가 평생직장인 공무원을 포기하고 자영업을 택했는지에 대해 이야기를 나눈 적이 있다. 무엇보다도 우리는 자영업자 집안에서 태어났다. 결국 우리는 자영업자의 길을 걷기로 합의했다. 보스 밑에서 일하고 싶지 않았기 때문이다.

부모님의 자영업은 내게 어떤 영향을 주었을까? 부모님에게는 무엇을, 어떻게, 언제 처리하라고 지시를 내릴 수 있는 사람이 없었다. 물론 영농과 노동력 투입은 날씨, 자연, 계절의 순환 같은 외적 힘에 따른 제약을 크게 받았다. 그러나 부모님은 이런 불가항력을 어떻게 이겨낼지 자유롭게 결정할 수 있었다. 이런 것들은 내가 의식하는 것 이상으로 영향을 미쳤을지도 모른다. 어쨌든 나는 내 인생의 상당 부분 동안 내가 무엇을 해야 하고, 무엇을 하지 말아야 할지에 대해 아무도 말할 수 없다는 것을 매우 흡족하게 여겼다. 교수였을 때는 국가를 고용주로 두기는 했으나 연구와 교수에 있어서는 최대한의 자유 재량권이 있었다. 사람들이 자유와 고유한 책임이 있는 길을 더는 가지 않고 어떤 시스템 속에서 타인의 명령에 복종하며 산다는 것을 나는 지금도 납득할 수 없다. 그렇다고 자영업이 누구에게나 적합하다고 말하는 것은 아니다. 많은 사람이, 어쩌면 대부분의 사람이, 자영업에 따르는 책임을 떠안지 않고 끊임없이 에너지를 쏟아 부을 필요가 없다는 것을 더 편하게 느낄 것이다.

세실리아도 자영업 집안에서 태어나 비슷한 영향을 받았다. 세실리아는 비범한 조직력을 타고난 사람이었다. 온갖 것에 신경을 써서 내 부담을 덜어주었다. 세실리아는 쾨니히스빈터에 우리 집을 지었고, 후에는 본에도 집을 지었다. 내 부모의 농가도 아예 내 도움 없이 혼자서 리모델링하여 근사한 주택으로 만들었다. 세실리아는 가족을 돌보고 가사를 관리했으며 파티를 주최했다. 아울러 근사한 작은 회사도 키웠다. 세실리아는 내가 여러 해 동안 돌아다니며 정신없이 활동할 수 있도록 뒷바라지를 했다. 뿐만 아니라 조언자 역할도 했다. 그것도 내가 귀담아 들었던 유일한 조언자였다. 때로는 나보다 더 많은 용기를 보여주기도 했다. 내가 새로운 도전에 직면할 때마다 세실리아는 "당신은 해낼 수 있어요"라고 했다.

세실리아의 이런 조직적·정신적 지원이 없었다면 내가 이런저런 성과를 이루어내지 못했으리라는 것은 분명하다. 둘 다 성공한 우리 아이들도 한몫했다. 아이들은 내가 여행이나 다른 중요한 일 때문에 육체적으로나 정신적으로 가까이 있어 주지 못한 것을 감수하며 많은 것을 아쉬워했다. 가족이 나의 성공에 적지 않게 기여했음에도 나는 고맙다는 말도 변변히 하지 않았다. 나 같은 사람은 가족과 가정이 편안한 것을 당연시하고 그 뒤에 숨은 노력을 과소평가하는 경향이 있기 때문이다. 그러나 프로젝트든 여행이든 집으로 돌아갈 때가 가장 좋았다는 것만은 단언할 수 있다.

그렇다면 일에 치이고 여행에 치이며 사는 싱글들은 어떻게 해야 하나? 그런 와중에 스트레스 받지 않고 살기를 원한다면 일상의 많은 귀찮은 일들을 떠넘겨야 한다. 요컨대 그런 것은 따로 사야 한다. 그러지 않으면 높은 수준의 성과를 지속적으로 낼 수 없다.

나는 지금까지 살아오면서 위급한 경우에는 무엇보다도 가족이 중요하다는 것, 때로는 가족밖에 없다는 것을 배웠다. 장기간 지속되는 위기 상황에서도 유지되는 우정은 드물다. 이른바 우정은 막상 일이 닥치면 언제 알았느냐는 것으로 끝나기 마련이다.

세실리아는 다른 분야에서도 적극적으로 활동했다. 쾨니히스빈터 시의회 문화 위원회에서 수년간 활동하기도 했다. 그러나 정치적인 것에는 점점 싫증이 나서 자신만의 문화 행사를 기획했다. 독일 통일 직후인 1991년에는 새 수도를 본으로 할지, 베를린으로 할지 결정해야 했다. 본은 1948년부터 독일 연방공화국(당시는 '서독'이라고 불렸다)의 수도였다. 물론 우리는 본 시민으로서 본을 지지했다. 세실리아는 "수도는 계속 본으로"라고 쓰인 스티커를 인쇄하여 상점, 호텔 및 이와 유사한 곳에 수천 장 배포했다.

"수도는 본으로"라는 운동도 있었다. 동향인이자 친구인 프리델 드라우츠부르크가 주창자의 한 사람이었는데 그는 확고한 본 지지자였다.[1] 1991년 6월 20일 독일 연방의회에서 찬성 338 대 반대 320으로 베를린이 수도로 결정되었다. 그러자 드라우츠부르크는 베를린으로 가서 라인의 분위기를 물씬 풍기는 식당을 만든다는 사명감에서 베를린의 명물인 '슈탠디게 페어트레퉁STAEV'을 열었다. 그는 대성공을 거두었다.

세실리아는 결사 활동과 자연보호에도 관여했다. 그래서 고향마을에 어린이 합창단을 설립하고 야생화 목초지를 만들고 호두나무를 50그루 넘게 심었다. 세실리아는 적극적인 여자임에 틀림없다.

미래의 일을 오늘 걱정하지 마라

일이 잘 풀리지 않거나 절박한 문제가 있을 때는 걱정하거나 괴로워하기 마련이다. 그러나 사람들이 하는 걱정은 미래와 무관한 것이 적지 않다(다 그렇다는 말은 아니다). 내일 약속된 시간까지 제대로 해낼까? 주문을 따낼까? 건강 검진 결과는 어떻게 나올까? 어머니의 좌우명은 "내일 일어나지 않을지도 모르는 것에 대해 오늘 걱정하지 마라"였다. 라이키 명상 기법의 창시자 미카오 우스이 박사의 처세훈도 이와 비슷하다. "오늘을 걱정하지 마라." 더 낫게 할 수 있는 것만 하고 바꿀 수 없는 것은 그대로 받아들여야 한다는 평범한 깨달음도 우스이 박사에게서 유래한다.

인간에게는 미래를 상상하고 고려하고 계획하는 능력과 사건을 예측하는 능력이 있다. 이 능력 때문에 희망뿐만 아니라 근심도 생긴다는 문제가 야기된다. 그러므로 근심과 걱정은 생기는 대로 내버려두어야 한다. 근심과 걱정은 억누르지 않아도 된다. 근심과 걱정은 대개 실현되지 않기 때문이다. 근심이 실제로 실현될 때에만 걱정하면 된다. 작고한 어머니의 충고는 평범한 시골 여성의 조언이지만 내게 큰 도움이 되었다. 일상에서 이 충고를 따를 수 있으면 걱정 없이 평생 살 수 있다. 어쨌든 나는 거의 매일 이 금언을 되새긴다. 내가 이 금언을 잊으면 세실리아가 일깨워준다.

건강

'인생이라는 학교'라는 제목하에 건강을 주제로 이야기하는 데는 두 가지 위험이 따른다. 하나는 건강해지려면 많이 움직이고 적절한 영양분을 섭취하고 스트레스를 적게 받아야 한다는 따위의 고정 관념을 떠올린다는 것이다. 다른 하나는 건강을 유지하고 촉진하기 위한 개인적 처방전을 다른 사람에게 가르치려고 드는 전도자의 역할을 곧잘 떠올린다는 것이다.

여기서는 너무 사적인 이야기는 접어두고 몇 가지 경험을 독자들과 공유하려고 한다. 한 가지 고정관념은 나이가 들어감에 따라 건강은 당연히 예전보다 못해지고 따라서 그만큼 더 중요해진다는 것이다. 이 말은 누구에게나 적용된다. 내가 관찰한 바에 따르면, 그리고 사람들이 잘 이야기하지 않는 것은 비교적 나이가 많은 사람이 앓고 있는 병은 대개 자초했다는 것이다. 요컨대 젊었을 때부터 오랫동안 몸에 밴 태도 때문이라는 것이다. 젊은 시절의 무분별함, 흡연, 과체중, 알코올, 과도한 스트레스가 바로 그것이다. 대부분은 노년기에 그 영향을 되돌릴 수 없고, 기껏해야 완화할 수 있을 따름이다. 따라서 비교적 젊은 사람에게는 하루라도 일찍 이런 장기적 영향을 생각하여 그 원인을 제거하라고 권한다.

두 번째 개인적 경험은 식이요법이 엄청난 효과를 발휘할 수 있다는 것이다. 2014년에 나는 가벼운 당뇨 진단을 받았다. 나는 이 널리 퍼져 있는 병이 얼마나 중대한 결과를 초래할 수 있는지 알고 충격을 받았다. 의사가 약을 처방해주려고 했다. 나는 처방을 거부하고 식이요법으로 문제를 해결하겠다고 약속했다. 나는 식습관을 얼른 바꾸었다. 중국에서 배운 것, 즉 규칙적으로 녹차 마시는 것도 이것에 포함된다. 6개월 후 모든 혈액 수치가 최적 범위에 있었다. 그러나 단언컨대 많은 사람들이 이렇게 먹는 습관을 과감히 바꾸지 못한다. 몰라서 그런 것은 아니다. 규범을 벗어난 영양 섭취 방법을 용인하지 않는 사회적 환경이 불리한 작용을 하기도 한다. 예컨대 나는 술을 마시지 않는다. 요즘은 "한잔하자"는 압력을 쉽게 물리친 다. 음주 거부가 쉽지 않은 러시아나 중국 같은 나라에서도 곧잘 거 부한다. 이와 관련하여 밀레의 페터 진칸 회장이 내게 결정적 조언 을 해주었다. 나는 그가 술을 마시지 않는다는 사실을 알고 러시아 에서는 어떻게 대처하느냐고 물었다. 그는 "첫 잔을 안 마시면 됩니 다"라고 대답했다. 현명한 조언이었다. 실제로 이 방법은 잘 먹혀들 었다. 아이러니컬하게도 진칸은 뉴욕 카네기 홀 옆의 그 유명한 '러 시안 티 룸'이라는 레스토랑에서 이 조언을 해주었다.[2]

나는 식이요법을 권하기가 조심스럽다. 식이요법 관련 책을 많 이 읽었지만 그래도 전문 지식이 부족하다. 그러나 전문가 권고의 모순점에 대해서는 경악을 금할 수 없다. 세월이 지나면서 여러 수 치 기준에 대한 평가도 달라진다. 콜레스테롤 수치를 보는 눈이 그 동안 얼마나 달라졌는가를 떠올려보라. 나도 특정 식이요법을 결심 했다. 사람들은 결심해야 한다. 그러나 아직 더 나은 방법이 없다는 것을 확신할 수 없다. 두 가지 경험을 더 소개하고자 한다. 다이어트 를 결심하면 예외를 두어서도 안 되고 포기해서도 안 된다. 나는 지 인이 일주일간 잘 지키다가도 일요일 오후 커피 타임 때 나온 과자 의 유혹을 극복하지 못하는 것을 보았다. 의지가 약한 것이 원인이 지만 대부분의 다이어트가 특정 음식에 대한 욕구를 생기게 하는 것이 원인일 수도 있다. 따라서 나는 균형 잡힌 다이어트를 해야 이런 욕구가 생기는 것을 막을 수 있다고 생각한다. 나의 두 번째 권고는 강렬한 식욕이 생기는 것을 막아야 한다는 것이다. 나는 컨설턴트여서 항시 나돌아 다닌다. 때로는 허기진 배를 움켜쥐고 저녁에 귀가하기도 한다. 쫄쫄 굶은 채로 나는 항상 여행 중이다. 이런 상태에서는 엄청난 칼로리의 음식을 게걸스럽게 먹기 마련이다. 요즘 나는 정식 식사 시간 중간에 가벼운 간식(이것도 균형 잡혀야 한다) 시간을 두어 강렬한 식욕이 생기는 것을 막으려고 노력하고 있다.

경영자의 허영심에 대하여

중세의 분위기를 풍기는 농가에서 자신이 어떻게 형성되었는가를 느끼고, 또한 (내 비유를 계속 쓰자면) 수 세기가 중첩되어 있는 자신의 길을 걸어온 사람은 생각의 틀이 바뀐다. "템포라 무탄투르 엣 노스 무타무르 인 일리스tempora mutantur et nos mutamur in illis"(시간은 변하고 우리는 시간과 함께 변한다)라는 라틴어 속담은 적어도 내가 스무 살이 되었을 때 딱 들어맞았다. 나는 어디 출신이라는 것을 잊고 있었는가? 급격한 변화에도 불구하고 여전히 땅에 발붙이고 살고 있는가? 성공은 곧잘 사람을 유혹한다. 허영심은 인간의 약점이다. 허영심에 면역이 되어 있는 사람은 없다. 또한 허영심은 오만으로 바뀌기 쉽다.

나는 크게 성공한 유명 인사를 많이 만났다. "성격은 재능에서 허영심을 뺀 것이다"라는 금언은 비스마르크에게서 유래한다. 나는 노벨 물리학상 수상자 페터 그륀베르크(율리히 연구소) 교수가 코블렌츠의 팔렌다에 있는 오토바이스하임 경영대학에서 강연을 할 때 뢰흐링 형제 합자회사의 출자자 위원회 위원장인 요한네스 폰 잘무트에게서 이 말을 들었다. 그륀베르크 교수는 강연 내용뿐만 아니라 그 겸손함으로도 내게 깊은 인상을 남겼다. 주지하다시피 겸손은 허영심과 상극을 이룬다. 그는 저녁식사 자리에서 자기磁氣가 어떻게 작용하는지 내게 참을성 있게 설명했다. 그러나 나는 그의 설명을 알아들었다고 말할 수 없다. 피터 드러커, 마빈 바우어, 요제프 회프너 추기경, 그 밖에 내가 만나본 많은 위대한 인물들도 그처럼 겸손했다.

비스마르크는 교활한 여우였다. 그는 왜 허영심의 의의를 인정하고 재능과 같은 차원에 두었을까? 허영심에 빠진 관리자는 자기 과시와 외형적인 것에 지력, 시간, 에너지를 많이 사용한다고 볼 수 있다. 다시 말해서 지력, 시간, 에너지를 전문 문제 해결을 위해 사용하지 않는다. 이 가설이 맞는다면 허영심이 적은 사람이 더 효율적인 관리자임에 틀림없다. 허영심과 장기적 성공은 부정적 상관관계가 있을 것이다. 유감스럽게도 경영학은 실생활에서 문제 해결에 그다지 도움이 되지 않는다. 하버드 대학 교수 테드 레빗은 실생활에서 특정 현상이 중요할수록 과학은 그런 현실에 관심을 덜 기울인다고 말했다. 허영심은 '현실에서는 매우 중요한' 카테고리에 속할지 모르지만 '학문적으로 잘 다루어지지 않는다.' 그럼에도 명확한 방향을 제시하는 조사 결과가 몇 개 있다.

그래서 미국의 경영 사상가 짐 콜린스는 관리자가 사람들 앞에 덜 나타나고 덜 알려질수록 기업은 그만큼 장기적으로 더 성공한다는 것을 경험에 근거하여 밝혀냈다.[3] 콜린스는 쇼 무대에 등장하는 말인 '쇼 호스Showhorse'와 밭갈이 하는 말인 '플로 호스Plowhhorse'를 명확히 구분한다. '플로 호스'는 외형적인 것에 시간과 에너지를 적게 사용하는 만큼 자신의 과제에 더 몰두할 수 있다. 다시 말해서 비즈니스에 전념할 수 있다. 나는 비스마르크도 이 구별을 흡족히 여길 것이라고 생각한다. 나는 경험에 비추어 이 가설을 확신할 수 있을 따름이다. 나는 젊었을 때 카리스마를 가진 것처럼 보이는 대단한 기업가와 관리자의 모습에 깊은 인상을 받았다. 그러나 대부분의 '히든 챔피언' 관리자처럼 드러나지 않게 조용히 활동하는 관리자가 일반적으로 더 훌륭한 관리자라는 것을 수십 년 후에 알게 되었다. 단순한 통계적 척도로 증명할 수는 없지만 경영 효율성과 허영심 사이에는 부정적 상관관계가 있다. 비스마르크의 공식은 알베르트 아인슈타인의 공식으로 보완될 수 있을 것이다. 이 공식은 다음과 같다. 성공=a+b+c. 여기서 a는 '지능', b는 '근면', c는 '입 다물기'이다. 틀린 공식은 아닌 것 같다. 비스마르크가 말한 취지와 비슷하다.

그렇다면 나는 허영심과 땅에 발붙이는 것을 어떻게 결합하는가? 그것은 2011년 11월 24일 뒤셀도르프에서 마리오 아도르프에게 '베스트 휴먼 브랜드 라이프워크' 상을 줄 때 내가 한 축사와 관련이 있다. 마리오 아도르프는 독일에서 가장 유명하고 가장 사랑받는 배우로 알려져 있다. 그는 200편이 넘는 영화와 텔레비전 드라마에 출연했다. 그는 언제나 자기가 맡은 역에 자신의 개성을 각인했다. 그는 언제나 마리오 아도르프였다. 그는 《양철북》에서 중요한 역을 맡았다. 국을 끓이면서 자신의 감정을 표현하는 라인의 요리사 안톤 마체라트 역이었다. 폴커 슈뢴도르프 감독은 내게 "마리오 아도르프는 언제나 출연자 명단 맨 위에 있습니다. 리허설 첫날부터 마리오와 나 사이에는 일종의 공모 관계에 가까운 신뢰 관계가 있었습니다"라고 말했다. 시상식 전 만남 때 마리오 아도르프는 자신을 "현실적이고 땅에 발붙이고 있는 사람"이라고 했다. 그의 좌우명 중 하나는 "분수를 지켜라"였다. 허영심과 반대되는 겸손과 땅에 발붙이는 것은 인격을 돋보이게 한다.

비스마르크의 이 단순한 공식은 직원, 동료, 관리자 또는 정치가 평가에 매우 유용한 것으로 밝혀졌다. 나는 이 공식을 자주 음미하면서 통찰을 얻는다. 허영심 신드롬은 많은 사람에게 나타나지 않고 소수의 사람에게 나타나지만 그 특색이 워낙 뚜렷하여 인격 평가에 중대한 기여를 한다. 무엇보다도 이와 관련하여 자신은 어떻게 보이는지 자문해보아야 한다. 그러나 여기서는 이 유쾌하지 않은 질문을 하지 않는 편이 낫겠다.

단순한 것이 좋다

세상은 복잡하다. 이것을 더 복잡하게 만들어서는 안 된다. 많은 사람들이 이 사실을 알고 있다. 업무, 프로세스, 사건이 불필요하게 복잡해지면 나는 맥이 빠진다. 이와 달리 누군가가 무엇을 단순화하면 결과가 어떻게 되든지 간에 나는 감명을 받는다. 단순화하면 시간, 에너지, 쓸데없는 토론을 절약할 수 있다. 나는 덴마크에서 감명 깊은 경험을 했다. 예전에는 상인들이 상품을 가지고 덴마크에서 스웨덴으로 넘어갈 때 상품에 따라 정해진 관세를 납부내야 했다.

갖가지 상품을 평가하기는 쉽지 않았다. 게다가 당시에는 적절한 정보가 포함된 통일된 서류도 없었다. 그래서 덴마크 왕은 다음과 같은 방식을 생각해냈다. 상인들이 상품 가격을 스스로 정하여 신고하게 하는 것이었다. 그러나 조건이 하나 있었다. 왕이 신고된 가격으로 상품을 구매할 수 있다는 것이었다. 그야말로 독창적인 아이디어였다! 다른 검사나 교묘한 평가 규정 따위는 불필요한 것으로 밝혀졌다. 왕이 실제로 상품을 구매하는 일은 아주 드물었다. 오늘날의 관세나 조세 예컨대 토지세도 이 방식으로 정하면 어떨까? 흥미로운 아이디어다! 어쨌든 평가 문제는 해결될 것이었다. 아니면 소비자들이 다들 알고 있는 방식, 즉 슈퍼마켓에서 쇼핑 카트를 단돈 1유로에 가질 수 있는 방식을 취하면 어떨까? 이 아주 단순한 방법은 아무도 위반하지 않는 완벽한 질서를 만들어낸다. 이 방식을 도입하기 전에 대형 마켓은 카트를 모아서 정렬하는 직원 몇 명을 둔다. 원천징수세는 단순화의 또 다른 예다. 수백만 명의 납세자에게서 소득세를 징수하는 대신 비교적 소수의 은행에게서 징수하면 된다.

단순하면 비용이 절감된다. 단순화는 프린터나 ABS 시스템 같은 제품의 부품 수를 크게 줄이는 데 유용하다. 토요타는 생산 공정의 단순화와 이에 따른 품질 향상을 통해 세계 자동차 산업의 모범이 되었다.[4] 과정을 단순화하면 시간이 줄어든다. 크게 각광 받는 주제인 '리엔지니어링'의 핵심은 단순화를 통한 시간 절감이다.[5] 이 점에서 인터넷은 엄청난 진보를 가져다주었다. 아마존의 원 클릭 주문이 모범 사례다. 한 번의 클릭으로 주문과 결제가 이루어진다. 확인할 것도 없다. 팀뷰어의 CEO 안드레아스 쾨니히는 내게 깊은 인상을 주었다. 그는 단순함에 대한 확고한 신념을 가지고 있었다. 팀뷰어는 독일의 히든 챔피언이자 퍼스널 컴퓨터 및 이와 유사한 기기의 글로벌 네트워킹 세계 시장 선도 업체이다. 팀뷰어의 소프트웨어는 전 세계에서 15억 개의 기기에 설치되어 있다. 그러나 쓸데없이 복잡하고 오래 걸리는 전자 상거래 프로세스가 아직도 많이 있다. 그 예는 도이체 반(독일 철도.-옮긴이)으로 충분할 것이다. 많은 인터넷 업체가 단순화의 중요성을 완전히 과소평가하고 있다.

단순화에 결정적 역할을 하는 것은 직원이다. 박사 논문 지도 교수 호르스트 알바흐한테서 배운 대로 나는 항상 직원들에게 가능한 한 스스로 결정하라고 했다. 그렇게 하면 많은 것이 단순화된다. 되묻기, 중단, 지체가 줄어든다. 그러나 그것은 직원이 필요한 능력을 갖추고 있다는 것을 전제로 한다. 나는 직원이 책임질 준비가 되어 있어야 한다는 것이 더욱 중요하다고 생각한다. 직원이 관리자에게 전화하거나 관리자가 직원에게 전화하는 경우가 얼마나 많은지 나는 놀라지 않을 수 없다.

나 자신도 활동을 가능한 한 단순하게 하려고 했다. 내 사무실은 세 곳(하나는 회사에, 다른 하나는 본의 자택에, 마지막 하나는 아이펠의 농가에)에 있다. 세 개의 사무실은 구조가 통일되어 있다. 이 사무실이든 저 사무실이든 일하기는 마찬가지이다. 나는 40년 동안 동일한 사무실 비품을 주문해왔다. 전화 한 통이면 된다. "그 제품은 이게 마지막입니다"라는 답변을 들을 때도 있다. 나는 이렇게 단순하게 일을 처리한다. 그러나 이 방법은 구두나 셔츠의 경우처럼 최신 유행 제품을 포기할 때에만 가능하다. 나는 같은 가게에서 쇼핑을 하고 여기저기 찾아다니지 않는다. 나는 호텔과 항공사도 늘 같은 곳을 이용한다. 그래서 새것에는 최소한으로 적응하면 된다. 이런 것들은 좀스럽고 고리타분하게 여겨질 수도 있지만 신경을 덜 쓰고 시간을 절약할 수 있다.

일을 가능한 한 신속하게 처리하는 것도 단순화에 속한다. 나는 여행에서 돌아올 때 여비 공제는 오는 도중에 처리한다. 이런 일을 몇 주 있다가 처리하면 기억이 안 나는 것도 있다. 그러면 황급히 영수증 찾느라고 시간을 허비하게 된다. 신속한 것은 단순한 것이고 단순한 것은 신속한 것이다. 결론적으로 나는 단순함에 애착을 가지고 있다고 말할 수 있다. 그러므로 KISS 원칙(Keep It Small and Simple 또는 Keep It Short and Simple의 약자로 '단순하고 간단한 것이 좋다'는 뜻을 가진 말.-옮긴이)을 적극 권한다.

이중적 리더십

리더십은 리더의 권위와 부하의 자기 책임이라는 두 개의 극 사이를 움직인다. 리더의 권위를 너무 강조하면 이른바 '권위적 리더십'이나 명령형 관리 또는 이와 비슷한 것이 된다. 리더가 부하에게 재량권을 너무 많이 부여하고 분명한 목표를 제시하지 않으면 전체 조화가 이루어지지 않고 최악의 경우는 혼란에 빠진다. 권위적 리더십을 너무 강조하면 동기가 상실되고, 규정대로만 근무하게 되고, 이런 리더십 스타일을 마뜩찮게 여기는 직원이 여기저기서 떠나게 된다. 최대 능률은 목표를 분명히 설정하고 능률을 추구하며 높은 동기를 지속적으로 유발시키는 리더십으로만 달성할 수 있다. 상반되는 것처럼 보이는 이것들을 어떻게 달성할 수 있을까?

그 답은 리더십은 이중적이라는 것이다. 다시 말해서 권위도 있어야 하지만 관여도 해야 한다는 것이다. 레이저 기기 세계 시장 선도 업체 트럼프 사의 회장 베르톨트 라이빙거는 자신의 리더십 스타일을 '계몽된 가부장제'라고 했다. SAP 직원들은 공동 설립자 디트마르 호프의 리더십 스타일을 '엄격하면서도 자상하게 챙기는 가부장제'라고 했다. 한 히든 챔피언 리더는 자신의 리더십 스타일이 집단 지향적이면서도 권위적이라고 내게 말했다. 기업의 원칙, 가치, 목표와 관련된 문제인 경우는 권위적 리더십 스타일을 적용하여 토론이 없게 하고 위에서 아래로 명령 계통이 일사분란하게 서게 하고 실행과 구체적 업무에 대해서는 정반대로 한다는 것이었다. 이 경우는 실행자에게 재량권을 크게 부여한다는 것이었다.

이런 이중적 리더십은 뜻밖에도 이스라엘의 군사학자 마틴 반 크레벨드의 연구 결과로 입증되었다. 크레벨드는 《전투력》이라는 책에서 2차 세계 대전 때의 독일군과 미군의 전투력을 비교했다.[6] 나치의 강제 수용소에서 가족을 잃은 유대인인 크레벨드가 나치 정부의 범죄를 곱게 볼 리 없었다. 크레벨드는 독일군의 전투력이 미군의 전투력보다 52% 높았다고 결론을 내린다. 크레벨드는 이런 엄청난 차이의 본질적 요소가 지휘 체계의 차이에 있다고 본다. 헬무트 폰 몰트케의 프로이센군으로 거슬러 올라가는 독일군의 지휘 체계는 '미션 지향적 체계'(임무를 통한 지휘)이지만 미군의 지휘 체계는 이른바 '프로세스 지향적 체계'이다. 임무를 통한 지휘의 경우 지휘관은 실행자에게 '미션'만 제시하고 실행에 대해서는 광범한 재량을 허용한다. 이와 달리 미군은 상황을 철저히 분석한 다음에 구체적인 실행 프로세스를 정한다. 지금도 대부분의 미국 회사는 이런 시스템을 사용한다. 맥도날드 같은 패스트푸드 체인의 단계별 취급 요령에 대한 상세한 설명이 일례다. 나 자신은 실행 단계에서 최대한의 재량을 허용하는 '임무를 통한 지휘'의 확고한 신봉자이다. 그러나 이런 지휘 체계는 부하가 적절한 자질과 실행 능력을 갖추고 있을 때에만 먹혀든다고 솔직히 말하지 않을 수 없다.

누가 통제하느냐는 문제를 덧붙이고자 한다. 주지하다시피 레닌은 "신뢰는 좋다. 그러나 통제는 더 좋다"라고 했다. 통제는 위로부터 이루어지거나 집단에 의해 이루어질 수 있다. 히든 챔피언에서는 집단에 의한 사회적 통제와 평점을 토대로 한 자기 통제가 익명화된 대기업에서보다 더 큰 역할을 한다. 예를 들어 개 목줄 시장의 세계적 선도 업체 플렉시의 설립자 만프레드 보그단은 개 목줄 제조 때 품질 검사는 전적으로 직원에게 맡긴다. 품질 검사는 통상적 제조 과정의 일부이다. 보그단은 이것이 그 후의 어떤 통제 시스템보다도 훨씬 더 효율적이라고 한다. 다시 말해서 최종 단계가 아닌 초기 단계에서 결함을 발견할 수 있다는 것이다. 물 여과 시스템의 세계 시장 선도 업체 브리타의 설립자 하인츠 한카머는 수습 중인 직원을 CEO인 자신이 직접 선발하지 않고 팀에서 자체적으로 선발하게 한다고 내게 말했다. 축구팀의 경우처럼 직원들이 의욕이 없거나 무능력한 동료를 팀에 두면 기업과 자신에게 손해라는 것을 안다는 것이다. 집단에 의한 통제는 효율적 리더십의 필수 요소이다.

리더십의 이중성은 직원들의 태도에 반영된다. CEO의 뜻에 거슬러 따로 노는 직원이 드물지 않다. 그래서 한편으로는 CEO의 권위적 리더십, 엄격함, 예측 불능에 대한 불만이 표출되기도 한다. 다른 한편으로는 불만을 표출한 바로 그 직원이 CEO에게 존경을 표하고 다른 기업을 위해서는 일하지 않겠다고 하기도 한다. 이 괴리는 엄하고 깐깐한 교사에 대한 학생들의 태도를 생각나게 한다. 학생들은 이런 교사를 그다지 좋아하지 않으면서도 물러 터진 교사에게서보다는 이런 교사에게서 더 많은 것을 배운다는 것을 안다. 조지 워싱턴 전기를 쓴 론 처노는 "리더는 너무 떨어져 있어도 안 되고 너무 가까이 있어도 안 된다. 사람들이 리더를 좋아해야 하는 것은 아니다. 사랑해야 하는 것은 더더욱 아니다. 그러나 리더는 사람들의 존경을 받아야 한다"라고 말한다.[7] 효율적 리더십은 바로 이 두 가지 요소를 통합하는 데 있다. 이것이 훌륭한 리더에게서 볼 수 있는 이중성이다.

시간 배분

우리가 늘릴 수 없는 딱 한 가지 자원은 시간이다. 잃어버린 돈은 되찾을 수 있다. 잃어버린 건강도 몸의 자기 치유력 덕분에 회복될 수 있다. 그러나 잃어버린 시간, 허비한 시간은 만회할 수 없다. 로마의 철학자 세네카는 《인생의 짧음에 대하여》에서 이 주제에 대하여 그 누구보다도 현명하게 설파했다. 세네카는 "우리가 부여받은 삶은 짧지 않다. 우리가 삶을 짧게 만든다. 문제는 삶이 짧다는 것이 아니라 우리가 허비한다는 것이다. 제대로 사용할 줄 알면 인생은 길다"라고 말한다."[8]

주어진 시간을 관리하는 것은 사실상 커다란 도전이다. 내 삶을 돌이켜볼 때 나의 어린 시절과 젊은 시절에는 시간이 큰 의미가 없었다. 농가에서의 삶은 하루의 변화와 계절의 변화에 따라 결정되었다. 수확 철에는 시간에 쫓겼으나 전반적으로는 여유가 있었다. 나 자신은 엄청난 시간을 비생산적 활동에 써버렸다. 아마 그러한 이유로 나의 삶의 그 다음 단계에서는 더 의식적으로 시간 관리에 신경을 쓰게 되었을 것이다. 5장에서 기술한 것처럼 시간관념은 대학 생활의 시작과 함께 변했다. 내 삶에서 시간은 결정적인 요소였다. 요즘도 대학 동창생들은 내가 어찌 보면 쪼잔할 정도로 시간을 중요하게 여겼다고 내게 말한다.

나는 교수 시절에 시간 관리가 매우 중요하다는 것을 깨달았고 지몬-쿠허 CEO 시절에는 이를 더욱 절감했다. 나는 풀타임 운전자를 고용한 적이 없다. 그런 것을 감당할 수 없기 때문이었다. 나는 운전자를 파트타임 직원으로만 고용했다. 나는 먼 거리는 가능한 한 다른 사람에게 운전을 맡긴다. 뛰어난 관리자와 프리랜서가 몸소 운전하느라고 얼마나 많은 시간을 허비하는지 놀랍기만 하다. 몸소 운전하는 대신 다른 사람에게 운전을 맡기는 것이 가장 손쉽고도 비용이 적게 드는 시간 절약 방법이다. 운전 시간을 일에 사용할 수도 있고 저녁에 귀가하면서 쉴 수도 있다. 이 두 가지는 몸소 운전하는 것보다 더 가치 있는 시간 이용 방법이다. 자율 주행이 널리 보급되면 그것은 최고경영자 및 부자뿐만 아니라 모든 사람에게 유용한 시간 절약 방법이 될 것이다. 자율 주행은 진짜 혁신이 될 것이다. 시간 절약은 삶을 연장하는 것과 같다. 그러나 나는 어떤 기고문에서 기술적 측면이 아니라 윤리적 측면에서 이 혁신 수용에 장애물이 있는지 자문한 적이 있다.[9]

나는 기차 여행이나 자동차 여행을 할 때는 나와 오랜 대화를

인생이라는 학교

나누고자 하는 학생과 직원을 곧잘 데리고 갔다. 당사자들은 매우 고마워했다. 정상적인 상황에서는 두 시간 넘게 나와 느긋하게 대화를 나눌 수 없기 때문이었다. 때로는 이런 대화 여행에 초대를 받기도 했다. 내가 무슨 문제를 함께 논의하고자 하는 장관이 내가 참석한 회의에 참석한 것이 그 예다. 나는 장관 집무실에 전화를 걸어 회의가 끝나면 차를 타고 돌아가느냐고 물었다. 이것이 그 경우였다. 그는 나를 차에 태워주었고 우리는 두 시간 동안 문제를 논의했다.

CEO 시절에 나는 파트너들이 필요로 하는 내 시간이 내가 낼 수 있는 시간보다 더 많다는 것을 알았다. 비용 부담이 수요 초과를 극복하는 한 가지 가능성이 될 것이었다. 그렇다면 어떻게 결정해야 하나? 문제는 얼마나 중요한가? 시간은 어떻게 배분해야 하나? 이런 경우 나는 언제나 시장 해결책을 선호했다. 가격 컨설턴트에게 이것은 당연했다. 나는 내 시간에 대한 대체 가격을 도입했다. 이 내부 대체 가격은 시간에 대한 수요가 파트너에 의해 생길 경우에만 적용되었다. 내가 파트너와 이야기하고자 할 경우에는 파트너가 시간 비용을 부담하지 않는 것은 당연했다. 이 간단한 메커니즘을 통해 이용 가능한 시간의 배분과 수요를 웬만큼 일치시키는 데 성공했다.

그러나 시간 관리는 끊임없는 투쟁이다. 경영에서 손을 뗀 후 나는 외부로부터의 증가된 시간 수요에 직면했다. 사람들은 이제 내가 시간이 충분히 있을 것이라고 말하고 내 시간을 가지라고 한다. 나는 정곡을 찌른 세네카의 말을 절감한다.

"나는 다른 사람들이 시간 좀 내어달라고 하는 것과 부탁을 받은 사람이 흔쾌히 이를 받아들이는 것을 보고 의아하게 생각할 때가 있다. 이 두 가지는 시간 내달라는 부탁을 야기한 상황을 고려함으로써 결정될 수는 있지만 시간 자체를 고려함으로써 결정될 수는 없다. 사람들은 시간이 아무것도 아닌 것처럼 시간을 내달라고 한다. 사람들은 시간이 아무것도 아닌 것처럼 시간을 내준다. 값으로 따질 수 없는 것을 장난감처럼 다룬다. 시간이 형체가 없어서 눈에 보이지 않기 때문에 이렇게 착각한다. 그래서 현재 주어진 시간을 대수롭지 않은 것으로 여긴다. 심지어 가치가 없는 것으로 여기기도 한다. 그 누구도 시간을 정당하게 평가하지 않는다. 사람들은 시간이 아무것도 아닌 것처럼 허비한다."[10]

나는 이 말에 한마디도 더 덧붙일 필요를 못 느낀다. 이 딜레마를 세네카보다 더 잘 표현할 수 있는 사람은 없다.

한번은 무언가를 찾다가 1990년의 비망록을 우연히 발견했다. 비망록에는 시간을 더 잘 관리하는 방법이 매우 자세하고 구체적으로 일곱 페이지에 걸쳐 적혀 있었다. 이 원칙을 실행에 옮겼는가? 일부만 실행에 옮겼다, 그것도 몇 년 후에야. 아는 것과 행하는 것 사이에는 바다가 놓여 있다. 이탈리아 속담에 따르면 이 바다는 매우 넓다.

법률가를 멀리하라

우리 고향 마을에는 "말은 타고 가는 것이고, 사람들과는 이야기를 나눈다"는 오랜 속담이 있다. 강제 집행에 들어간다는 법원 서류를 받았을 때 부모님은 기겁을 했다. 법원 우편물이라면 질색을 했다. 알고 보니 농기계상의 착오였다. 같은 배달 구역 내의 이름이 비슷한 사람이 계산을 하지 않은 것이었다. 열다섯 살 때 내가 무면허로 소형 오토바이를 몰다가 마을 경찰에 걸렸을 때에도 가족들은 한바탕 홍역을 치렀다. 게다가 나는 또래 아이를 뒷좌석에 태우고 있었다. 또 다른 불법을 저지른 셈이었다. 경찰이 "누가 소형 오토바이를 몰라고 했어?"라고 물었다. 나는 "아버지요"라고 대답했다. 그래서 나는 물론 아버지도 기소되었다. 아버지는 자신이 몇 년간 배심원으로 있었던 지방 법원에 소환되어 벌금 42마르크(약 21유로)를 선고받았다. 이것은 꼴사납게도 경찰 신원 증명서에도 기재되었다. 나는 미성년자여서 경고 처분을 받았다.

나는 일본 체류 중에 미국과 비교할 때 놀라운 사실을 하나 깨달았다. 미국의 1인당 변호사 수가 일본의 10배라는 것이다. 이 두 사회에서 사람들 간의 거래가 매우 상이한 방법으로 규제되고 있다는 것은 분명하다. 나는 일본식 방법을 선호한다.

위에서 언급한 사소한 경험은 법원과 법률가를 경원시하기에 족했다. 나는 사적인 일은 물론 사업과 관련하여서도 변호사를 찾거나 법적 수단에 호소하는 것을 가능한 한 피한다. 그러나 불가피한 경우가 몇 번 있었다. 한번은 사건을 변리사에게 의뢰해야 했다. 8장에서 언급한 내 책《가격 관리론》표절 사건이었다.

지몬-쿠허의 CEO였을 때 나는 변호사 투입은 꼭 필요한 경우로 국한했다. 2000년 무렵 우리는 계약을 더 잘 보호해야 할 필요가 있다고 생각하고 매달 5,000마르크(약 2,553유로)에 우리 회사의 법률 업무를 모두 처리한다는 조건으로 프리랜서 변호사를 고용했다. 이때부터 회사 운영이 복잡해졌다. 1년 후 나는 변호사와의 계약을 해지하고 입증된 '장인' 방식으로 되돌아갔다. 그러나 현재 지몬-쿠허는 변호사가 없어서는 안 될 만큼 규모가 커지고 운영도 복잡해졌다. 그러나 지몬-쿠허는 직원이 1,200명임에도 고문 변호사가 없다. 물론 부동산 거래, 계약의 공증, 이와 비슷한 업무는 공증인, 변호사, 세무사에게 맡긴다. 10장에서 기술한 에너지 공급 업체와의 협상은 때로는 법률가를 투입해야 한다는 것과 이것이 유용하기도 하다는 것을 보여준다.

법적 분쟁을 피하기 위해서는 예방이 중요하다. 신뢰할 수 없는 사람이나 법적인 술수를 부리는 사람과는 거래를 하지 않는 것이 예방법이다. 이웃이 깐깐한 법률가라는 이유로 우리 마음에 드는 주택 매입을 포기한 경우도 있었다. 이 점에서는 직원도 주의해야 한다. 다투기 좋아하는 사람, 소송을 좋아하는 사람, 법률을 이용하는 사람은 가능한 한 피해야 한다. 어린 시절과 청소년기의 농부 세계에서는 구두 약속과 악수 약속이 통했다. 서면 계약은 매우 드물었다. 그럼에도 한 번도 송사에 휘말리지 않았고 변호사와 접촉하지도 않았다. 나는 당시 세계가 지금보다 덜 복잡했다는 것을 인정한다. 그럼에도 나는 곤란한 상황에서도 법적 분쟁을 피해야 한다는 내 생각이 옳다고 확신한다. 나와 비슷한 처지에 있는 사람 중에 시간과 돈을 법적 문제에 나보다 적게 사용하는 사람은 많지 않을 것이다. 나는 앞으로도 이 원칙을 견지할 것이고, 자식들과 젊은이에게도 이를 기꺼이 권한다.

작은 지혜

살다 보면 좋은 충고를 많이 접한다. 그중 대부분은 귀담아듣지 않거나 잊어버리지만 어떤 것은 마침내 습관이 된다. 몇 가지 예를 들고자 한다.

군청 소재지의 김나지움에 진학할 때 어머니는 돈을 좀 가지고 다니라고 입버릇처럼 강조했다. 무슨 일이 일어날지는 아무도 모른다. 나는 지금까지도 이 버릇을 지니고 있다. 나는 돈 없이 집을 나서지는 않는다. 실수로 돈을 안 가지고 나서면 안절부절못한다.

베스트팔렌주 베쿰 출신의 첫 번째 생물 교사 몽켄부쉬는 치약을 번갈아가며 쓰라고 조언했다. 이 여선생은 제품마다 포함된 성분이 다르다는 것을 이유로 들었다. 치약을 교체함으로써 이런저런 치아 문제를 극복할 수 있다는 것이었다. 이것도 나의 습관이 되었다. 나는 같은 치약을 사지 않고 다음번에는 반드시 다른 제품을 산다.

엄한 독일어 교사 에발트는 우리에게 원하지 않는 진단을 곧잘 내리곤 했다. 이 여선생은 "지몬, 너는 남에게 말은 잘 하는데 남이 너에 대해 이야기하는 것에 대해서는 민감해"라고 내게 말했다.[11] 이 여선생 말이 옳았을 것이다. 나는 비판에는 초연하기로 결심했다. 항상 이것에 성공한 것은 아니다. 그러나 에발트 선생의 충고 덕분에 살면서 적지 않게 받는 비판에 잘 대처할 수 있었다. 후에 나는 "누가 나를 화나게 하거나 모욕하는지는 내가 스스로 결정한다"는 것을 모토로 삼았다. 이것에도 항상 성공하지는 않았지만 이 방법은 매우 유용한 것으로 밝혀졌다. 그것은 외부의 영향에 좌우되는 것을 막아준다. 나는 변덕이 심한 사람을 많이 알고 있다. 이런 사람들을 몇 시간 동안 기분 나쁘게 만드는 데는 한마디면 족하다. 이렇게 남에 의해 좌우되는 일은 가능한 한 피해야 한다.

의무 하사 뮐러는 머리를 다친 병사를 자주 치료한다고 기본 교육 중에 우리에게 말했다. 그는 무슨 일이 일어났는지 정확히 알고 있었을 것이다. 그런 병사들은 일어서다가 열려 있는 사물함 문에 머리를 부딪쳤을 것이다. 주방의 찬장 문이 열려 있을 때마다 나는 이 충고를 생각한다. 나는 일어서다가 머리를 부딪친 적이 없다. 연방 방위군이 왜 사물함 문을 다른 것으로 대체하지 않느냐는 문제는 흥미롭다. 이 문제에 늘 부딪치는 사람이 뮐러 하사뿐만이 아니라는 것은 분명하기 때문이다.

나는 대학 은사인 호르스트 알바흐 교수한테서 전문 지식 외에 구술 녹음기의 높은 효율성을 인식하고 이를 이용하는 법을 배웠다. 구술 녹음기는 나의 가장 중요한 작업 도구의 하나다. 그러나 이것을 이용하려면 원칙이 있어야 하고 이용할 때는 집중해야 한다. 나는 라인 강변을 산책하면서 구술하기를 좋아한다. 이 책도 대부분 구술로 썼다. 그럼에도 학술서나 수준 높은 논문을 구술하기에는 내 능력이 부족하다. 이 경우는 지금도 머리에 든 것을 손으로 종이에 쓰는 방식을 이용한다.

나이가 들어감에 따라 나는 속담과 격언에는 소중한 지혜가 많이 담겨 있다는 것을 알았다. 나는 이런 격언 특히 경영과 리더십에 관련된 격언을 수십 년간 수집했다. 내 책 중에서《경영에 관한 재치 있는 말들》보다 더 즐거운 마음으로 쓴 책은 별로 없다. 이 책은 2009년에 2판이 출간되었다.[12]

유감스럽게도 이런 지혜를 이론적으로 아는 것과 실제로 적용하는 것 사이에는 간극이 있다. 무슨 일에 실패하고 나서야 비로소 충고에 귀를 기울이지 않았다는 것을 깨닫는 경우가 종종 있다. 철학자 조지 산타야나의 말을 빌리면 "역사로부터 배우지 못하는 자는 역사를 되풀이할 수밖에 없다."

마지막으로 내 삶의 두 세계, 즉 아이펠 마을과 글로벌화된 세계로 한 번 더 돌아가기로 하자. 사람은 두 시기 때에 결정적 영향을 받는다. 하나는 첫 6년간이고 다른 하나는 사춘기 때이다. 이 시기에 각인된 인격 특성은 지워지지 않고 이후의 삶을 결정한다. 내 안의 아이펠 시골 꼬마는 첫 각인 시기에 형성되었다. 나의 어린 시절은 다행히도 긍정적 기억으로 남아 있다. 그러나 사춘기 때 아이펠의 세계는 너무 좁았다. 이 시기의 이탈리아 및 모로코 여행은 더 넓은 두 번째 세계에 대한 동경을 불러일으켰다. 이 열망은 수십 년간 더욱 강해졌고, 마침내 나는 글로벌 플레이어가 되었다.

때때로 첫 번째 세계로부터 멀어진 것은 글로벌 플레이어가 된 것과 관련이 있다. 그래서 나는 1996년에 이렇게 기록해두었다. "'그때'와 '지금' 사이에는 엄청난 골짜기가 있다. 이 둘 사이에 다리를 놓기는 갈수록 어려워진다. '그때'로 잠시 돌아가는 것은 만족을 주기보다는 오히려 좌절감을 준다." 나는 어린 시절을 찾았으나 다시는 발견하지 못했다. 내 길은 그곳으로 나를 데려갔지만 어린 시절로 데려가지는 못했다. 과거는 기억 속에만 존재한다. 내가 두 번째 세계와의 관계를 차단하지 않는데도 나이 일흔이 넘으니 첫 번째 세계가 다시 나를 더 강하게 사로잡는다. 나는 되도록 오래 두 세계에 머무르려고 한다. 두 세계가 나의 삶에 속하기 때문이다. 나는 이것을 고맙게 생각한다.

주

1. 뿌리

1 정확한 좌표는 50도 3분 10.03초, 6도 54분 37.01초이다.

2 Frankfurter Allgemeine Zeitung, 7. August 2017, S. 4.

3 Seit dem 10. Februar 2017 sind bis zu dem Zeitpunkt, an dem ich diese Zeilen schreibe (15. März 2017) 25.601 Tage vergangen.

4 Seneca, Aus den moralischen Briefen an Lucilius, Position 6406 auf Kindle-Version.

5 Sebastian Kleinschmidt, Zeuge der Dunkelheit, Bote des Lichts, Rezension eines Gedichtes von Ulrich Schacht, Frankfurter Allgemeine Zeitung, 11. Februar 2017, S. 18.

6 Im Jahre 2016 sind bei Badeunfällen in Deutschland 537 Menschen ertrunken. Diese Zahl erscheint hoch im Verhältnis zur Zahl der Menschen, die 2016 in Deutschland bei Verkehrsunfällen starben. Diese Zahl erreichte mit 3.214 Menschen ein historisches Tief. Vgl. Frankfurter Allgemeine Zeitung, Wieder mehr Badetote, 17. März 2017, S. 6.

7 12장 참조.

8 Palle Yourgau, A World without Time: The Forgotten Legacy of Gödel and Einstein, New York: Basic Books 2005, S. 115.

9 Ralph Waldo Emerson, Vertraue dir selbst!: Ein Aufruf zur Selbständigkeit des Menschen, Berlin: Contumax 2017, deutsche Übersetzung von Thora Weigand und Karl Federn, Kindle-Version Position 218, Erstveröffentlichung 1841.

10 Die 72. Infanterie-Division 1939~1945, Eggolsheim: Nebel-Verlag/Dörfler Utting 1982 참조.

11 대화: Der polnische Schriftsteller Andrzej Stasiuk, Frankfurter Allgemeine Zeitung, 9. März 2017, S. 40.

12 Wall Street Journal, 17. Juni 2016.

13 자르 지역은 1920년부터 1935년까지 국제연맹(젠프) 관할하에 있었고, 국제위원회가 관리했다.

14 베사라비아Bessarabien는 대부분이 오늘날의 몰다비아에 속한다. 지명은 아라비아

와 무관하고 13세기와 14세기에 이곳을 지배한 왈라키아Walachia의 왕가 바사라
브Basarab에서 유래한다.

15 Bruno Latour, Das grüne Leuchten, Frankfurter Allgemeine Zeitung, 7.
    Oktober 2017, Frankreich Spezial, S. L7.

16 Johann Wolfgang von Goethe, Dichtung und Wahrheit, 6. Buch.

17 Ursula Kals, Wehe, denn das Heimweh kommt, Frankfurter Allgemeine
    Zeitung, 15. Juli 2017, S. C3.

18 Michael Naumann, "Glück gehabt". Ein Leben. Hamburg: Hoffmann und
    Campe 2017, In den Rollen seines Lebens, Frankfurter Allgemeine Zeitung,
    22. April 2017, S. 12 참조.

19 Hermann Simon, Kinder der Eifel-erfolgreich in der Welt, Daun: Verlag der
    Eifelzeitung 2008 참조. 연재는 《아이펠차이퉁》에 간헐적으로 2018년까지 약
    140명이 소개되었다. 두 번째 연재물 〈아이펠의 아이들-다른 시대〉는 2018년에
    약 400명이 소개되었다. 이것도 책으로 출간되었다. Gregor Brand (Autor), Hermann
    Simon (Herausgeber), Kinder der Eifel-aus anderer Zeit, Daun: Verlag der
    Eifelzeitung 2013; Gregor Brand (Autor), Hermann Simon (Herausgeber),
    Kinder der Eifel-aus anderer Zeit, Band 2, Books on Demand 2018.

2. 내가 자란 세계

1 Johannes Nosbüsch, Als ich bei meinen Kühen wacht... Geschichte einer
   Kindheit und Jugend in den dreißiger und vierziger Jahren, Landau/Pfalz:
   Pfälzische Verlagsanstalt 1993, S. 15.

2 나의 고향 마을 방언 "dä Heer."

3 Günter Wein und Franziska Wein (Hrsg.), Matthias Joseph Mehs (Autor),
   Tagebücher November 1929 bis September 1946, Trier: Kliomedia-Verlag
   2011 참조. 이 광범한 일기(1,305페이지)는 나치 이데올로기가 지역 차원에서 어
   떻게 실행되었는지 잘 보여준다.

4 Markus Fasse, Hart wie Krupp-Stahl, Handelsblatt, 11. Juli 2009, S. 9.

5 같은 책.

6 Die höhere Bildungsarbeit nicht lähmen, Oberstudiendirektor Quast sprach
   in Wittlich zu den Notständen an den Gymnasien, Trierische Landeszeitung,
   29. Oktober 1966, S. 5.

3. 정치 방관자

1 Schwäbische Donau-Zeitung, 17. November 1967, S. 9, 동일한 사진이 1967년 11월 27일자 《슈피겔》에도 게재되었다.

2 NPD Geblähte Segel, Der Spiegel, 27. November 1967, S. 69.

3 NPD Geblähte Segel, Der Spiegel, 27. November 1967, S. 70.

4 http://www.frankfurt-live.com/front_content.php?idcatart=77925, aufgerufen am 23. März 2017.

5 '하우스 베르크펠트Haus Bergfeld' 저택이다. 이 저택은 IT 기업가 토마스 지몬 Thomas Simon(저자의 친척은 아님)이 구입했다. 아이젠슈미트Eisenschmitt 마을은 클라라 피비히Clara Viebig의 사회 비판 소설 《여자들의 마을Das Weiberdorf》에 묘사되어 있다.

6 함부르크 사회연구원Hamburger Instituts für Sozialforschung은 1995년에서 1999년과 2001년에서 2004년까지 두 번 개최한 순회 전람회를 국방군 전람회라고 명명했다. 첫 번째 전람회의 타이틀은 〈섬멸전. 1941년에서 1944년까지의 국방군 범죄〉이고, 두 번째 전람회의 타이틀은 〈국방군 범죄. 1941~1944의 섬멸전의 의의〉이다. 두 번의 전람회를 통해 나치 시대 국방군의 범죄, 특히 소련과의 전쟁에서 자행된 범죄가 사람들에게 널리 알려지고 논란을 불러일으켰다. 첫 번째 전람회 후 비판이 일자 두 번째 전람회는 초점을 바꾸어 국방군이 나치 정부의 대소련 섬멸전, 홀로코스트, 로마에서의 인종 말살, 즉 이른바 포라이모스Porajmos에 관여했다는 기본 메시지를 강조했다. 출처: https://de.wikipedia.org/wiki/Wehrmachtsausstellung.

7 WiWi, Mitteilungsblatt der Fachschaftsvertretung der Fakultät für Wirtschaftswissenschaften, Universität Bielefeld, Dezember 1981, S. 13.

8 Die Strategie des Fachschaftsvorstandes: Lüge und Privatabsprache, Flugblatt der Basisgruppe Volkswirtschaft, Universität Bonn, Juli 1971.

9 Neue Fachschaft! Neue Fachschaft!, Flugblatt einer Aktionsgruppe zur Ablösung der von Simon geleiteten Fachschaft, Universität Bonn, November 1971.

10 원본 문서에 따르면 "체릴리 마리모Zerilli-Marimo 남작부인이 제정한 이 상은 자유경제를 이용하여 사회 발전과 인류의 미래에 기여한 업적을 기려 매년 수여된다." 파리, 2013년 11월 18일.

11 Hermann Simon, Die Zukunft von Bonn, General-Anzeiger Bonn, 11. Mai 2015, S. 8~9 참조.

4. 우레 같은 시절

1 Peter Ochs, Wir vom Jahrgang 1947, Gudensberg: Wartberg-Verlag 2016, S. 5
   참조.

2 독일어로 옮기면 다음과 같다. 거리가 점점 멀어짐에 따라 우리의 거대한 새는
   그 끝을 아무도 모르는 공간에서 하루살이가 된다. 우리는 비행 거리, 속도, 사
   람을 측정한다. 무엇보다도 사람을 측정한다.

3 비틀리히Wittlich 출신의 에르하르트 괴데르트Erhard Gödert와 안드리스 프로이텔
   Andris Freutel, 플루스바흐Flussbach 출신의 브루노 바르첸Bruno Barzen, 그라이머라
   트Greimerath 출신의 페터 바이어Peter Bayer, 울먼Ulmen 출신의 마이크 코스케Mike
   Koske, 케르펜/아이펠Kerpen/Eifel 출신의 프랑크 비쇼프Frank Bischof, 도이데스펠트
   Deudesfeld 출신의 쿠르트 라이엔데커Kurt Leyendecker, 힐레스하임Hillesheim 출신의
   라이너 헤크Reiner Heck, 비트부르크Bitburg 출신의 귀도 데디슈Guido Dedisch, 카이
   저제슈Kaisersesch 출신의 알렉산더 마츠너Alexander Matzner, 튀르Thür 출신의 악셀
   퓌츠Axel Pütz, 나흐츠하임Nachtsheim 출신의 알베르트 베버Albert Weber, 케리히Kehrig
   출신의 올리 쿠츠Olli Kootz는 전투기 조종사 또는 공군 무기 시스템 장교가 되었
   다. 안드리스 프로이텔은 여단장이 되었다. 빈스펠트Binsfeld 출신의 페터 베커Peter
   Becker와 그로스리트젠Großlittgen 출신의 위르겐 뷔커Jürgen Bücker는 수송기 조종사
   였다.

4 Portrait "Erhard Gödert aus Wittlich-Starfighter-Pilot und Manager", in:
   Hermann Simon (Hrsg.), Kinder der Eifel-erfolgreich in der Welt, Daun:
   Verlag der Eifelzeitung 2008, S. 67 참조.

5 Portrait "Jürgen Bücker aus Großlittgen-Globaler Milchmann", Eifelzeitung, 9.
   KW, 2009, S. 7 참조.

6 원래 그것은 그렇게 멀리 갈 수 없다. 연방방위군과 병사 제도에 관한 예비
   역 육군 소장 크리스티안 트룰Christian Trull과의 대화, Frankfurter Allgemeine
   Zeitung, 27. Juni 2017, S. 9.

7 Hermann Simon, Was ist Strategie, in: ders. (Hrsg.), Strategie im Wettbewerb,
   Frankfurt: Frankfurter Allgemeine Buch, 2003, S. 22~23.

8 Alfred Chandler, Strategy and Structure: Chapters in the History of the
   American Industrial Enterprise, Cambridge, MA: MIT Press 1969, S. 13.

9 사고는 1968년 3월 6일에 발생했다. 《슈테른Stern》은 노르베르트 타이젠Norbert
   Theisen이 사망한 후 1968년 3월 17일자 240~241면에서 〈중위의 독가스Giftgas
   vom Leutnant〉라는 제목으로 보도했다.

10 전투기 편대 33은 2013년 10월 1일 공군전술 편대Taktisches Luftwaffengeschwader 33으로 개명되었다.

11 Hannsdieter Loy, Jahre des Donners-Mein Leben mit dem Starfighter-Ein Zeitzeugenroman, Rosenheim: Rosenheimer Verlagshaus 2012, 111면 이하 참조. 그 내용은 다음과 같다.

파니츠키Panitzki 장군은 이렇게 말했다. "스타 파이터의 역할은 핵폭격기 역할이었다. 그 위용은 엄청난 것처럼 보이고 실제로 엄청났다. 5개 전투기 편대가 이 '폭격' 역할을 맡았다. 18 F-104G(조종사들은 비행 훈련을 받았다)를 보유한 2개 비행 중대는 어떤 날씨에서도 핵무기를 부대 집결지, 비행장, 역, 제방堤防벽, 정유 공장 같은 적 지역의 시설에 투하할 수 있었다. 폭탄은 미군 통제하에 있었다. 연방방위군은 마음대로 사용할 수 없었다. 이 폭발물은 무게가 900킬로그램으로 1톤이 조금 못 되었고, 히로시마 원폭의 1.5배 파괴 잠재력을 가지고 있었다. 폭탄은 독일 군비행장에 주둔하고 있는 미군 병기창에 보관되어 있었다. 5개 전투기 편대(메닝엔Memmingen, 레흐펠트Lechfeld, 뷔헬Büchel, 뇌르베니히Nörvenich, 홉스텐Hopsten)에 있는 스타 파이터 6대는 365일 24시간 연료 탱크가 가득 채워져 있었고, 적에게 치명적인 타격을 가하고 이 핵폭탄으로 적 공군을 궤멸시키기 위해 15분 내에 활주로를 이륙할 수 있게끔 대피소에서 예열되어 있었다. 출격 명령은 상급 부대인 NATO 사령부가 내려야 했다. 그러면 특수 임무를 부여받고 특수 키key를 가지고 있는 미군 장교 4명이 활주로 가의 가시철조망이 쳐진 격자格子 문으로 황급히 달려가 차례대로 문을 열고 독일 공군 스타 파이터에 핵폭탄을 장전할 것이다.

'긴급 대응Quick Reaction Alert'(QRA)은 다음과 같이 이루어진다. (…) 비상 대기 중인 스타 파이터 조종사는 폭탄 투하 목적 두 가지를 명심해야 한다. 이른바 카즈믹Cosmic 구역(NATO군에서 가장 높은 비밀 유지 단계가 적용되는 '카즈믹 톱 시크릿Cosmic Top Secret' 구역)에서 몇 시간에 걸쳐 열리는 회의 자리에서 조종사는 이미 이 목적과 이를 달성하기 위한 수단(비행장의 착륙 루트, 구간과 전환점을 포함한 이륙 루트, 투하 요령, 다양한 시기에 기지로 귀환하는 것)을 암기했다. 또한 조종사는 비행 고도, 경로, 경로 변경, 비행시간, 전체 루트의 지형(地形, 눈에 띠는 지점의 극비 항공사진 및 위성사진, 그리고 가능한 경우 목표물을 머릿속에 넣어두었다.) 루트 계획과 그 밖의 세부사항은 조종사 자신의 책임이었다. 모든 자료는 5센티미터 두께의 개인별 적색 비밀문서에 들어 있었다. 조종사 한 명씩만 카즈믹 구역에 발을 들여놓을 수 있었다. 따라서 동료의 비밀문서를 열람하는 것은 불가능했다. 전투기 조종사는 출발 직전에야 최종 목적지를 통지반았다."

12 공군경비중대Luftwaffensicherungsstaffel S 뷔헬Büchel은 공군에서 가장 건장한 요원들로 구성된 비행중대로서 특수 임무를 맡고 있다. 특수 무기를 경비하는 임무이다. 많은 경비병과 대기병이 24시간(주중은 물론 일요일과 공휴일에도) 상주하여 비행중대 임무를 수행한다. 병사들은 공군 경비부대 병사가 되기 위한 모든 훈련과 특수 무기 경비를 위한 특별 훈련을 이수한다. 공군경비중대 S 뷔헬의 병사들은 미국의 이익을 대변하는 미국 특수 경계 및 지원 부대 병사들과 함께 매일 근무한다. 출처: http://www.sondereinheiten.de/forum/viewtopic.php?t=4199.

13 Schreiben der Wehrbereichsverwaltung IV, Az 39~90 G 72/68 vom 4. Dezember 1968.

14 Rainer Pommerin, Aus Kammhubers Wundertüte, Die Beschaffung der F-104 Starfighter für die Luftwaffe der Bundeswehr, Frankfurter Allgemeine Zeitung, 15. November 2016, S. 8 참조. 저자는 "핵폭탄이 장착된 비행기 조종석에 출격 대기 상태로 앉아 있는 조종사"에 대해 이야기한다.

15 45. Hannah Ahrendt, Eichmann in Jerusalem: Ein Bericht von der Banalität des Bösen, München: Piper 2011 참조.

16 https://www.welt.de/print-welt/article215588/Atomraketen-auf-Bremen-Die-Angriffsplaene-gegen-Deutschland-waehrend-des-Kalten-Krieges.html, aufgerufen am 20. März 2017.

17 2016년 11월 11일 카셀Kassel 대학의 외르크 링크Jörg Link 교수는 다음과 같이 쓴다. "귀하가 기술한 냉전 중의 스타 파이터 '긴급 경보 구역Schnellalarmzone'에 대하여: 동일한 장면을 나는 내 책에서 반대편을 위해 기술한다. 1983년 11월 8~9일에 소련 전투기 조종사들이 엔진이 돌아가고 핵폭탄까지 장착한 제트기에 출격 대기 상태로 앉아 있다. 그들은 몇 분이면 도달할 수 있는 서독의 목표물 쪽을 바라보며 출격 명령을 기다리고 있다. NATO의 '에이블 아처Arble Archer' 훈련에 대한 소련 측의 잘못된 해석이 그 배경이었다." Jörg Link, Schreckmomente der Menschheit: Wie der Zufall Geschichte schreibt, Marburg: Tectum Verlag 2015, S. 32 참조.

18 스타 파이터는 토르나도스Tornados로 차츰 대체되었고, 1991년 5월 22일 최종적으로 폐기되었다.

19 http://www.spiegel.de/einestages/50-jahre-starfighter-kauf-a-948207.html, aufgerufen am 20. März 2017.

20 다른 스타 파이터 JaboG 33은 친정 성이 소쏭인 내 아내 체칠리아 지몬의 부모집 근처 훈스뤼크Hunsrück의 노이휘텐Neuhütten에서 추락했다.

21 Hannsdieter Loy, Jahre des Donners-Mein Leben mit dem Starfighter, Rosenheim: Rosenheimer Verlagshaus 2014 und Claas Siano, Die Luftwaffe und der Starfighter. Rüstung im Spannungsfeld von Politik, Wirtschaft und Militär, Berlin: Carola Hartmann Miles Verlag 2016 참조.

22 운동하다가 다친 것이 완치되지 않아 나는 1969년 4월 대학 공부 시작 때까지 석 달 더 연방 방위군 급료 지급 명부에 올라 있었다. 1969년 11월 11일 나는 본에서 예비역 중위Leutnant der Reserve로 진급했다.

5. 본격적인 삶의 시작

1 크렐레Krelle는 롬멜 원수 참모부에서 근무했다. 크렐레는 크루프Krupp 사의 감독 위원회 위원이기도 했다. 이런 사정은 좌파에게 공격 빌미를 제공했다. 크렐레는 프라이부르크 대학의 발터 오이켄Walter Eucken한테서 박사학위를 받았다. 그는 그곳에서 나의 숙부 프란츠 닐레스Franz Nilles 박사도 알게 되었다.

2 Achim Bachem, Hermann Simon, A Product Positioning Model with Costs and Prices, European Journal of Operational Research 7 (1981), 362~370.

3 Horst Albach, Hermann Simon (Hrsg.), Investitionstheorie und Investitionspolitik privater und öffentlicher Unternehmen, Wiesbaden: Gabler 1976.

4 Erich Gutenberg, Grundlagen der Betriebswirtschaftslehre Band 1: Die Produktion, Berlin/Heidelberg: Springer-Verlag 1951, 1983 (24. Auflage).

5 Erich Gutenberg, Grundlagen der Betriebswirtschaftslehre, Band 2: Der Absatz, Berlin/Heidelberg: Springer-Verlag 1955, 1984 (17. Auflage).

6 Erich Gutenberg, Grundlagen der Betriebswirtschaftslehre, Band 3: Die Finanzen, Berlin/Heidelberg: Springer-Verlag 1969, 1980 (8. Auflage).

7 Hermann Simon, Preisstrategien für neue Produkte, Dissertation, Opladen: Westdeutscher Verlag 1976.

8 Reinhard Selten, Preispolitik der Mehrproduktenunternehmung in der statischen Theorie, Berlin: Springer 1970.

9 Hermann Simon, Goodwill und Marketingstrategie, Wiesbaden: Gabler 1985.

6. 세계로

1 Julia Shaw, Das trügerische Gedächtnis-Wie unser Gehirn Erinnerungen fälscht, München: Carl Hanser Verlag, 2016, S. 69

2 Peter Hanser, Am Puls der Praxis, Absatzwirtschaft, 7/8, 2017, S. 46~49 참조.

3 John D.C. Little, A Proof for the Queuing Formula: L=λW, Operations Research. 9 (3)/1961, S. 383~387. 안정된 시스템 L에서의 장기 평균 고객 수는 장기 평균 도착률 λ에 고객이 시스템에서 머무른 평균 시간 W를 곱한 것과 같다. 대수학 공식으로 나타내면 L=λW이다.

4 John D. C. Little, Entscheidungsunterstützung für Marketingmanager, Zeitschrift für Betriebswirtschaft, 49. Jg., Heft 11/1979, S. 982~1007.

5 Hermann Simon, An Analytical Investigation of Kotler's Competitive Simulation Model, Management Science 24 (October 1978), 1462~1473.

6 Frank M. Bass, Comments on "A New Product Growth Model for Consumer Durables The Bass Model". Management Science 50(12_supplement)/2004, S. 1833~1840.

7 Hermann Simon, Karl-Heinz Sebastian, Diffusion und Advertising: The German Telephone Campaign Management Science 33 (April 1987), S. 451~466.

8 지금은 독일인 학교가 요코하마에 있다.

9 John Nilles, They went out to sow…, Bericht über die frühen Jahre der Steyler Mission im Hochland von Papua Neuguinea, Catholic Mission Mingende, 1984.

10 Verena Thomas, Papa der Chimbu (Papa Bilong Chimbu), Dokumentarfilm 54 Minuten, 2008. 이 영화는 독일 텔레비전 방송에도 방영되었고 국제적 상을 많이 받았다.

11 Kate Rayner, Papa Bilong Chimbu-A Study Guide, Pädagogisches Begleitmaterial zu dem gleichnamigen Film von Verena Thomas, S. 2.

12 같은 책, S. 7.

13 슈퍼볼은 미식축구 리그 결승전으로 미국에서는 으레 연중 최고 시청률을 달성한다.

14 Dirck Burckhardt, Das Genie der Masse, Frankfurter Allgemeine Zeitung, 12. Juni 2017, S. 13.

15 Shmuel S. Oren, Stephen A. Smith, Robert B. Wilson, Nonlinear Pricing

in Markets with Interdependent Demand, Marketing Science 1(3)/1982, S. 287~313.

16 Georg Tacke, Nichtlineare Preisbildung: Theorie, Messung und Anwendung, Gabler, Wiesbaden, 1989.

17 Duff McDonald, The Golden Passport, Harvard Business School, The Limits of Capitalism, and the Moral Failure of the MBA Elite, New York: Harper Business 2017 참조.

18 Ibidem, Position 1326 in Kindle-Version.

19 Ibidem, Position 5418 in Kindle-Version.

20 Ibidem, Position 5418 in Kindle-Version.

21 Ibidem, Position 4603 in Kindle-Version.

22 C. K. Prahalad, The Fortune at the Bottom of the Pyramid, Wharton School Publishing, 2004.

23 Vijay Mahajan, Afrika kommt, Rosenheim: Börsenverlag 2009 참조.

24 Robert Locke, Postwar Management Education Reconsidered, in: Lars Engwall and Vera Zamagni, Management Education in Historical Perspective, Manchester: Manchester University Press, 1999, S. 149.

25 Ben Wattenberg, Malthus, Watch Out, Wall Street Journal, 12. Februar 1998 참조.

26 Michael Porter, Competitive Strategy, New York: Free Press 1980.

27 Michael Porter, Competitive Advantage, New York: Free Press 1985.

28 Michael Porter, The Competitive Advantage of Nations, New York: Free Press 1990.

29 여기에 나타난 h지수 값은 2018년 1월 10일자 것이다. https://scholar.google.de/citations?user=XJOBBI4AAAAJ&hl=de.

30 James P. Womack, Daniel T. Jones, Daniel Roos, The Machine That Changed the World : The Story of Lean Production, New York: Free Press 1990 참조.

31 Alfred Chandler, Strategy and Structure: Chapters in the History of the American Industrial Enterprise, Cambridge, MA: MIT Press 1969 참조.

32 Hermann Simon, Robert Dolan, Power Pricing-How Managing Price Transforms the Bottom Line, New York: Free Press 1997.

33 Hermann Simon, Preisheiten-Alles was Sie über Preise wissen müssen, Campus, Frankfurt, 2013/2015.

34 Hermann Simon, Confessions of the Pricing Man-How Price Affects

Everything, New York: Springer 2015.

35 Bekannt wurde Buzzell als Hauptautor des Buches Robert D. Buzzell und Bradley T. Gale, The PIMS Principles: Linking Strategy to Performance, New York: Free Press 1987.

36 데릭 복Derek Bok은 1971년부터 1991년까지 하버드 대학 총장을 지냈다. 그는 41세에 총장직을 물려받았다. 1634년에 설립된 하버드 대학 역사상 최연소 총장이었다.

37 Frankfurter Allgemeine Magazin, 23. April 1993, S. 7.

7. 한국, 나의 한국

1 Koreakrieg, Wikipedia, aufgerufen am 21. August 2018.

2 Hermann Simon, Price Management, New York: Elsevier Science Publishing 1989 참조.

3 같은 책, p. x.

4 Memorandum of Understanding between Industrial Bank of Korea and Professor Hermann Simon, March 5, 2012 참조.

8. 대학과 슐로스 그라흐트

1 https://www.timeshighereducation.com/world-university-rankings 2018.

2 본 대학에서 빌레펠트 대학 교수단 위원회에 파견된 그 밖의 교수는 호르스트 알바흐, 빌헬름 크렐레, 카를 크리스티안 폰 바이츠재커Carl-Christian von Weizsäcker 였다. 나 외에 다른 대학 학생 3명이 위원회에 속했다.

3 본 대학의 빌헬름 크렐레 교수가 1970년 11월 30일 하이델베르크 대학 교수 시절에 카를 크리스티안 폰 바이츠재커 교수에게 보낸 편지. 1971년 7월 5일 본 대학 국민경제 기층 집단이 "이제 빌헬름이 폭로한다! 비밀 편지 교환이 음모를 밝힌다"라는 제목으로 이 편지와 그 밖의 편지를 출간했다.

4 Hermann Simon, Preismanagement, Wiesbaden: Gabler 1982.

5 Hermann Simon, Goodwill und Marketingstrategie, Wiesbaden: Gabler 1985.

6 Dieter Patzelt, Rückkehr gewünscht, Wirtschaftswoche, 11. November 1988, S. 104.

7 Draeger, Marianne; Draeger, Otto, Die Carl Schurz Story. Vom deutschen Revolutionär zum amerikanischen Patrioten, Berlin: Verlag Berlin-Brandenburg 2006 참조.

8 Bruno Seifert, Böser Spuk im Schloss, Wirtschaftswoche, 28. Juli 1989, S. 72~74.

9 스위스 은행협회는 오늘날의 UBS 전 조직의 하나이다. UBS는 1998년에 스위스 방크페어아인Schweizerische Bankverein과 스위스 방크게젤샤프트Schweizer Bankgesellschaft의 합병으로 성립되었다.

10 Karlheinz Schwuchow und Joachim Gutmann (Hrsg.), HR-Trends 2018-Strategie, Kultur, Innovation, Konzepte, Freiburg: Haufe Lexware 2017.

11 Brigitta Lentz, Votum für die Praxis, Manager Magazin, 1/1988, S. 150~153. 이 연구에 대해서는 Handelsblatt, 28. Januar 1988, Management Wissen 3/1988 und Personal - Mensch und Arbeit, 2/1988의 보고도 참조.

12 리블라Liblar는 1977년 9월 5일 한스 마르틴 슐라이어Hanns-Martin Schleyer가 쾰른에서 납치되어 빌딩에 감금된 사건으로 널리 알려졌다. 경찰이 그를 찾아낼 뻔했다. 현지 경찰은 그가 그 빌딩에 있을 것으로 추측했다. 그러나 연방경찰 위기대응반은 이 정보를 입수하지 못했다. 슐라이어는 1977년 10월 18일 납치된 지 한 달 넘게 지나서 프랑스의 뮐루즈Mulhouse에서 죽은 채로 발견되었다.

13 쾰른 대학은 1388년에 설립되었다. 독일에서 가장 오래된 대학인 하이델베르크 대학보다 2년 늦게 설립되었다. 트리어 대학은 1473년에 설립되었다. 두 대학은 프랑스 혁명 중에 운영이 중단되었다. 쾰른 대학은 1919년에, 트리어 대학은 1970년에 다시 개교했다.

14 Kai Wiltinger, Preismanagement in der unternehmerischen Praxis-Probleme der organisatorischen Implementierung, Wiesbaden: Gabler 1998 참조.

15 Martin Fassnacht, Preisdifferenzierung bei Dienstleistungen: Implementationsformen und Determinanten, Wiesbaden: Gabler 1996 참조.

16 Christian Homburg, Kundennähe von Industriegüterunternehmen: Konzeption -Erfolgsauswirkungen-Determinanten, 3. aktualisierte Aufl., Wiesbaden: Gabler 2000 (1. Aufl. 1995, 2. Aufl. 1998)참조.

17 Hermann Simon und Christian Homburg, Kundenzufriedenheit-Konzepte, Methoden, Erfahrungen, Wiesbaden: Gabler, 1. Aufl. 1995, 2. Aufl. 1998 참조.

18 Hermann Simon, Zur internationalen Positionierung der deutschen Marketingwissenschaft, Marketing-Zeitschrift für Forschung und Praxis 1 (2/1979), 140~142 참조.

19 Hermann Simon, Die deutsche BWL im internationalen Wettbewerb - ein schwarzes Loch? Zeitschrift für Betriebswirtschaft. Sonderheft: Die Zukunft der Betriebswirtschaftslehre in Deutschland, 03/1993, S. 73~84 참조.

20 발터 엔드레스Walter Endres 교수의 글 "경영학 언어는 영어라야 하는가?", 1994. 복사본은 저자가 가지고 있다. 엔드레스 교수(1917년생)는 1969년부터 1985년까지 베를린 자유대학 경영학 교수를 지냈다.

21 Alfred Kuß, Marketing-Theorie, Eine Einführung, 3. Auflage, Wiesbaden: Gabler 2013, S. 44.

22 같은 책, S. 44.

23 Nicolai de Cusa, De Docta Ignorantia/Die belehrte Unwissenheit, Hamburg: Verlag Felix Meiner 1994, S. 240.

24 Hermann Simon, Hasborn-kritisch betrachtet, in: Kirchbauverein Hasborn (Herausgeber), Hasborn 1968, Festschrift zur Einweihung der neuen Kirche, S. 32~37 참조.

25 Hermann Simon, 33 Sofortmaßnahmen gegen die Krise, Frankfurt: Campus 2009 참조.

26 Hermann Simon, Preismanagement, 1. Aufl., Wiesbaden: Gabler 1982, 2. Aufl., Wiesbaden: Gabler 1992 참조.

27 W&V, 2. November 1990, S. 180.

28 Hermann Simon, Die Gärten der verlorenen Erinnerung, 2. Aufl., Daun: Verlag der Eifelzeitung 2017.

29 뒤르Dürr는 지금 비티히하임 비싱엔Bietigheim-Bissingen에 있다. 이어프라이스는 이제 존재하지 않는다.

9. 가격 게임

1 Brauereien beklagen Rabattschlachten im Handel, Frankfurter Allgemeine Zeitung, 20. April 2013, S. 12 참조.

2 Hier ist meine Seele vergraben, Interview mit Hermann Simon in Welt am Sonntag, 9. November 2008, S. 37.

3 Hermann Simon, Preisstrategien für neue Produkte, Opladen: Westdeutscher Verlag 1976.

4 Gerald E. Smith (Hrsg.), Visionary Pricing: Reflections and Advances in

Honor of Dan Nimer, London: Emerald Publishing 2012; mein eigener Beitrag in dieser Festschrift trägt den Titel "How Price Consulting is Coming of Age", S. 61~79.

5 Gerald Smith, "Remembering Dan Nimer-A Tribute to a Pricing Pioneer", The Pricing Advisor, January 2015, S. 9.

6 2003년 6월 7일자 피터 드러커의 사신私信.

7 2005년 11월 2일자 피터 드러커의 아내 도리스 드러커의 사신 도리스는 "피터가 위중해요. 피터는 죽음을 앞두고 당신에게 보낼 편지를 구술했어요. 방금 비서가 사인을 받기 위해 편지를 가지고 왔어요"라고 썼다. 그 다음에는 본문에서 말한 바와 같다. 나는 피터가 죽은 후 11월 11일에야 이 편지를 받았다. 2005년 11월 12일 로스앤젤레스의 클레어몬트에 있는 피터의 자택에서 만나기로 약속이 되어 있었다.

8 Hermann Simon, Preismanagement, Wiesbaden: Gabler 1982.

9 Hermann Simon, Price Management, New York: Elsevier 1989 참조.

10 Robert J. Dolan und Hermann Simon, Power Pricing-How Managing Price Transforms the Bottom Line, New York: Free Press 1996 참조.

11 형편없는 제품을 '레몬Zitrone'이라고 하는 것은 미국의 경제학자 조지 A. 아커로프George A. Akerlof의 논문에서 유래한다. 이 논문에서 아커로프는 가격 신호가 나오는 중고차 시장을 다루고 설명한다. George A. Akerlof, The Market for "Lemons": Quality Uncertainty and the Market Mechanism, The Quarterly Journal of Economics, August 1970, S. 488~500. 아커로프는 2001년에 노벨상을 받았다.

12 Baltasar Gracian, Handorakel und Kunst der Weltklugheit, Berlin: Insel Verlag 2009.

13 www.iposs.de/1/gesetz-der-wirtschaft; aufgerufen am 6. Juni 2017.

14 Madhavan Ramanujam und Georg Tacke, Monetizing Innovation, How Smart Companies Design the Product around the Price, Hoboken, N. J.: Wiley 2016 참조.

15 같은 책, S. 4.

16 2010년 5월 26일 금융위기조사위원회Financial Crisis Inquiry Commission(FCIC)에 대해 워런 버핏과 한 인터뷰 기록에서.

17 Gabriel Tarde, Psychologie économique, 2 Bände, Paris: Alcan 1902 참조.

18 Michael J. Sandel, Was man für Geld nicht kaufen kann-Die moralischen Grenzen des Marktes, Berlin: Ullstein 2012 참조.

19 T. Christian Miller, Contractors Outnumber Troops in Iraq, Los Angeles Times, 4. Juli 2007, und James Glanz, Contractors Outnumber U. S. Troops in Afghanistan, New York Times, 2. September 2009 참조.

20 Michael J. Sandel, Was man für Geld nicht kaufen kann-Die moralischen Grenzen des Marktes, Berlin: Ullstein 2012, S. 16~17. Vgl. auch John Kay, Low-Cost Flights and the Limits of what Money Can Buy, Financial Times, 23. Januar 2013, S. 9.

10. 히든 챔피언

1 Theodore Levitt, The Globalization of Markets, Harvard Business Review, May/June 1983, S. 92~102.

2 Peter Hanser, asw-Fachgespräch mit Theodore Levitt und Hermann Simon, Absatzwirtschaft 8/1987, S. 20~20.

3 Hermann Simon, Hidden Champions - Speerspitze der deutschen Wirtschaft, Zeitschrift für Betriebswirtschaft 60 (9/1990), 875~890.

4 Eckart Schmitt: Strategien mittelständischer Welt- und Europamarktführer, Wiesbaden: Gabler Verlag 1996 참조.

5 Hermann Simon, Hidden Champions-Lessons from 500 of the World's Best Unknown Companies, Cambridge: Harvard Business School Press 1996.

6 Hermann Simon, Die heimlichen Gewinner-Die Erfolgsstrategien unbekannter Weltmarktführer, Frankfurt: Campus 1997.

7 Hermann Simon, Hidden Champions des 21. Jahrhunderts-Die Erfolgsstrategien unbekannter Weltmarkführer, Frankfurt: Campus 2007.

8 Hermann Simon, Hidden Champions-Aufbruch nach Globalia, Frankfurt: Campus 2012.

9 Doris Wallace und Howard Gruber (hrsg.), Creative People at Work, Twelve Cognitive Case Studies, New York-Oxford: Oxford University Press 1989, S. 35.

10 Peter F. Drucker, Adventures of a Bystander, New York: Harper & Row 1978, S. 255.

11 Lee Smith, Stamina: Who has it. Why you need it. How to get it., Fortune, 28. November 1994, S. 71.

12 회사가 테슬라에 인수된 후 클라우스 그로만Klaus Grohmann은 물러났다.

13 Business Week, 26. Januar 2004

14 프랑스의 원로원Sénat은 프랑스 의회의 하원chambre basse이 아니라 상원chambre haute 이다. 출처: 위키피디아.

15 스테판 갱샤르Stephan Guinchard는 "프랑스 중류계급에 대해서는 왈가왈부 말이 많다. 그러나 행동은 거의 따르지 않는다"고 썼다. 2017년 9월 5일자 편지.

16 2017년 12월 4일.

11. 독수리 날개 위에

1 1983년 11월 21일 에크하르트 쿠허와 카를 하인츠 세바스티안이 도쿄에 있는 헤르만 지몬에게 보낸 편지.

2 Lester G. Telser, The Demand for Branded Goods as Estimated from Consumer Panel Data, The Review of Economic Statistics, 1962, No. 3, S. 300~324 참조.

3 첫 번째 사진은 컨설턴트로서의 교수에 대한 《매니저Manager》 기고문을 위해 1988년에 슐로스 그라흐트에서 찍은 것이다. Manager Magazin 6/1988, S 188 참조. 두 번째 사진은 지몬-쿠허 앤드 파트너스 창립 30주년을 맞아 찍은 것이다.

4 13장 중 '법률가를 멀리하라' 참조.

5 Georg Tacke, Core Values – Key Ingredients to Our Long-Term Success, Simon-Kucher & Partners: Our Voice, December 2017.

6 지몬 쿠허 앤드 파트너스사의 발전에 대한 상세한 정보는 Hermann Simon, Jörg Krütten, Globalisierung und Führung-Kulturelle Integration und Personalmanagement in global agierenden Beratungsunternehmen. in: Ingolf Bamberger (Hrsg.), Strategische Unternehmensberatung, 5. Auflage, Gabler Verlag 2008, S. 175~195참조.

7 우리는 홍콩을 자체 국가로 간주한다.

8 SKP CEO의 첫 임기는 5년이었다. 그 후에는 3년마다 선출했다. 연임이 가능했기 때문에 최대 임기는 11년이었다.

9 Anja Müller, Übernehmer statt Unternehmer, Handelsblatt, 16. Januar 2017, S. 22 참조.

10 http://thinkers50.com/t50-ranking/ 참조.

11 http://thinkers50.com/t50-ranking/ 그리고 https://thinkers50.com/blog/

thinkers50-hall-of-fame-announces-new-inductees/, 20. September 2019 참조.

12 Hermann Simon, Martin Fassnacht, Preismanagement, Wiesbaden: Springer-Gabler 2016; Hermann Simon, Martin Fassnacht, Price Management, New York: Springer 2018.

13 Hermann Simon, Preisheiten-Alles, was Sie über Preise wissen müssen, Frankfurt: Campus 2013/2015; Hermann Simon, Confessions of the Pricing Man, Springer: New York 2015.

14 Hermann Simon, Die Gärten der verlorenen Erinnerung-Eifel unvergessen, 2.Auflage, Südwest- und Eifel-Zeitung Verlags- und Vertriebs-GmbH: Daun 2017.

12. 만남

1 Peter F. Drucker, Adventures of a Bystander, New York: Harper & Row 1978.

2 Stefan Zweig, Die Welt von gestern-Erinnerungen eines Europäers, Stockholm: Bermann-Fischer 1944.

3 Karl Popper, Die offene Gesellschaft und ihre Feinde, Stuttgart: UTB 1992.

4 Elias Canetti, Die gerettete Zunge, München: Carl Hanser 1977.

5 Ernst H. Gombrich, The Story of Art, 16th edition, London: Phaidon Press 1995 (Erstveröffentlichung 1950).

6 Norbert Elias, Der Prozess der Zivilisation, Bern: Francke 1969.

7 Balthasar Gracian, Hand-Orakel und Kunst der Weltklugheit (스페인어 원본: Oraculo manual, y arte de prudencia), 아르투르 쇼펜하우어가 독일어로 번역했다. 11판, 프랑크푸르트 암 마인: 인젤Insel 1998.

8 1999년 7월 26일자 피터 드러커의 사신.

9 그러나 피터의 딸 세실리 드러커Cecily Drucker는 2016년 10월 17일자 편지에서 이 어학 지식을 의문시했다. -헤르만 선생님에게: 선생님이 《하버드 비즈니스 리뷰》에 기고한 글을 어떤 친구가 제게 보내 주었어요. 무척 기뻤답니다. 하지만 한 가지는 좀 짚어보고 싶어요. 그는 역사적 사실을 이용하여(때로는 원하는 결과를 얻기 위해 사실을 왜곡하기도 해요) 상황을 설명해요. 또한 자신의 업적을 너무 과시하려다가 오히려 손해를 봐요. 저는 이 말을 하지 않을 수 없어요. 그러나 저는 그가 그라시안이나 키르케고르를 읽을(충분히 이해할) 수 있을 만큼 스페인

어나 덴마크어를 배웠다고 생각하지는 않아요. 제가 잘못 알고 있을지도 모르지
만 자랄 때 저녁식사 자리에서 스페인어나 덴마크어는 들어보지 못했어요! 그럼
이만 줄입니다. 사모님에게도 안부 전해주세요. 세실리 드러커 올림."

10 Frankfurter Allgemeine Zeitung, "Ein bärtiger Revolutionär und erfolgreicher
Bankier", 15. Februar 1999, Benedikt Koehler, Ludwig Bamberger, Revolutionär
und Bankier, Stuttgart: Deutsche Verlags-Anstalt 1999 참조.

11 1999년 3월 4일자 피터 F. 드러커의 사신.

12 2001년 11월 28일자 피터 F. 드러커의 사신.

13 예를 들어 Jorge Luis Borges, Selected Non-Fictions, New York: Viking 1999
참조.

14 Arthur Koestler, Der göttliche Funke, München: Scherz 1968.

15 Oswald Spengler, Der Untergang des Abendlandes, München: Beck 1923.

16 셔놀트Chennault는 미국의 유명 인사이다. 그를 기리는 우표도 발행되었고, 루이
지애나의 셔놀트 국제공항도 그의 이름을 딴 것이다.

17 Gerhard Neumann, Herman the German: Enemy Alien U.S. Army Master
Sergeant #10500000, New York: William Morrow 1984. Deutsche Übersetzung
: China, Jeep und Jetmotoren: Vom Autolehrling zum Topmanager. Die Abenteuer
-Story von "Herman the German", eines ungewöhnlichen Deutschen, der in den
USA Karriere machte, Planegg: Aviatic 1989.

18 Gerhard Neumann, Herman the German: Enemy Alien U.S. Army Master
Sergeant #10500000, New York: William Morrow 1984, S. 5.

19 Theodore Levitt, Marketing Myopia, Harvard Business Review, July/August
1960, S. 45~56.

20 Theodore Levitt, The Globalization of Markets, Harvard Business Review,
May/June 1983, S. 92~102.

21 w&v, 2. November 1990, S. 180.

22 그 이전에도 독어권에는 마케팅 연구소가 있었다. 1966년 에르네스트 쿨하비
Ernest Kulhavy 교수가 오스트리아 린츠Linz의 대학에 국제마케팅 연구소를 설립했
다. 이에 따라 독어권 최초의 마케팅 연구소가 린츠에 생겼다.

23 Philip Kotler, Competitive Strategies for New Product Marketing over the
Life Cycle, Management Science 12(1965), S. B-104 참조.

24 Hermann Simon, An Analytical Investigation of Kotler's Competitive Simulation
Model, Management Science 24 (October 1978), 1462-1473 참조.

25 h지수는 간행물 수 n을 나타낸다. 최소 n번 인용되었다는 뜻이다. i10 지수는 최

소 10번 인용된 간행물 수를 나타낸다. 2018년 1월 10일을 기준으로 한 값이다.

26 Philip Kotler, Confronting Capitalism: Real Solutions for a Troubled Economic System, New York: AMACOM 2015 참조.

27 Philip Kotler und Milton Kotler, Winning Global Markets: How Businesses Invest and Prosper in the World's High-Growth Cities: Hoboken: Wiley 2014 참조.

28 Marvin Bower, The Will to Lead: Running a Business with a Network of Leaders, Harvard Business School Press, Cambridge, 1997.

29 Marvin Bower, The Will to Manage: Corporate Success Through Programmed Management, McGraw-Hill, New York, 1966.

30 "권력에의 의지"는 프리드리히 니체의 독립된 저서가 아니다. 니체의 《즐거운 지식》과 그 후속작 《짜라투스트라는 이렇게 말했다》에도 나오고 그 후의 책들에도 나오는 용어이다.

31 Yoolim Lee, Selling Korean Cool, Bloomberg Markets, March 2014, S. 57.

32 Yoolim Lee, Selling Korean Cool, Bloomberg Markets, March 2014, S. 54.

33 Yoolim Lee, Selling Korean Cool, Bloomberg Markets, March 2014, S. 57.

34 2017년 11월 20일자 덩 디의 서신.

13. 운명의 순간

1 Stefan Zweig, Sternstunden der Menschheit, Frankfurt: Fischer Verlag 1964, S. 7.

2 프라이스 워터하우스Price Waterhouse는 1998년에 쿠퍼스 앤드 라이브랜드Coopers & Lybrand와 합병되어 프라이스워터하우스쿠퍼스PricewaterhouseCoopers가 되었다. PwC라고도 한다. 현재 PwC는 세계 2위의 경영 컨설팅 회사이다.

3 Zvi Harry Likwornik, Als Siebenjähriger im Holocaust, Konstanz: Hartung Gorre Verlag, 2012/2014.

4 사진 왼쪽에서부터: 헨리 키신저, 에른스트 벨테케Ernst Welteke(연방은행 총재, 뒷모습), 프란츠 알트Franz Alt(텔레비전 저널리스트), 카조 노이키르헨Kajo Neukirchen(메탈 게젤샤프트Metallgesellschaft 대표이사), 에른스트 앤드 영Ernst & Young의 발기인 대표, 헤르만 지몬.

5 ANA(All Nippon Airways)는 일본 2위의 항공사이다. 나는 당시 도쿄의 우리 사무소 바로 옆에 있는 ANA 호텔을 이용했다.

6 "지진입니다. 방에서 나가지 마십시오. 이 건물은 내진 건물입니다. 다음 지시를 기다리세요."

7 리히터 지진계의 지진 규모는 선형적인 것이 아니고 대수적인 것이다. 따라서 지진 규모는 지수적으로 증가한다.

8 Hermann Simon, Fit für die Zukunft-Hermann Simon kürt den Unternehmer des Jahrhunderts, Die Zeit, 30. Dezember 1998 참조.

9 Celia Green, Charles McCreery: Träume bewusst steuern. Über das Paradox vom Wachsein im Schlaf. Krüger, Frankfurt am Main 1996,

10 요제프 폰 아이헨도르프Joseph von Eichendorff(1788~1857)가 1835년에 쓰고 1837년에 처음 발표한 〈달밤Mondnacht〉이라는 시의 3연이다.

14. 인생이라는 학교

1 Portrait von Friedel Drautzburg in Hermann Simon, Kinder der Eifel-Erfolgreich in der Welt, Daun: Südwest und Eifel-Zeitungsverlag 2008, S. 53~54 참조.

2 http://www.russiantearoomnyc.com/

3 Jim Collins, Jerry Porras, Built to Last: Successful Habits of Visionary Companies, New York: Harper Business 1994; Jim Collins, Good to Great: Why Some Companies Make the Leap ⋯ And Others Don't, New York: Random House 2001.

4 Daniel T. Jones, Daniel Roos and James P. Womack, The Machine That Changed the World: The Story of Lean Production, New York: Free Press 1990 참조.

5 Michael Hammer und James Champy, Reengineering the Corporation: A Manifesto for Business Revolution, New York: Collins Business Essentials 2006 참조.

6 Martin van Creveld, Militärische Organisation und Leistung der deutschen und der amerikanischen Armee 1939~1945, Graz: Ares-Verlag 2011 참조.

7 George Washington's Leadership Secrets, The Wall Street Journal, 13. Februar 2012, S. 15.

8 Seneca, Von der Kürze des Lebens, Kindle-Version 2017, Position 4238.

9 Hermann Simon, Zur Ethik des autonomen Fahrens, Frankfurter Allgemeine

Zeitung, 27. März 2017, S. 23 참조; 영어판: The Ethics of Autonomous Driving: Quo Vadis?, https://www.2025ad.com/latest/ethics-of-autonomous-driving/

10 같은 책, Position 4401.

11 학교와 연방방위군에서는 성姓을 호칭으로 사용했다.

12 Hermann Simon, Geistreiches für Manager, Campus: Frankfurt 2000/2009.

헤르만 지몬 Hermann Simon

1947년 독일 북부의 산골 마을 아이펠Eifel에서 태어났다. 경영 전략과 마케팅, 특히 가격결정 분야에서 세계 최고의 권위자이며 독일이 낳은 초일류 경영학자로 평가 받는다. 또한 2005년부터 독일어권에서 가장 영향력 있는 경영 사상가를 선정할 때마다 피터 드러커와 함께 늘 최상위권을 차지하는 등, 창조적인 이론과 탁월한 실행력을 인정받아 '현대 유럽 경영학의 자존심'으로 불린다. 1985년 국제적인 마케팅 전문 컨설팅회사 지몬-쿠허 앤드 파트너스Simon-Kucher & Partners를 설립, 1995~2009년 CEO를 거쳐 현재 명예 회장으로 있다. 1991년에는 '히든 챔피언 Hidden Champion' 개념(대중에게 잘 알려져 있지 않지만 전문 분야에서 특화된 경쟁력으로 세계 시장을 지배하는 우량 강소기업)을 만들었고, 히든 챔피언 기업들의 원칙과 이야기를 담은 책《히든 챔피언》을 통해 전 세계적 베스트셀러 저술가로 이름을 알렸다. 그 후 2017년 베를린의 유럽경영기술학교는 '히든 챔피언 연구소'를 설립했고, 같은 해에 중국의 칭다오 대학은 산둥성에 그의 이름을 붙인 '헤르만 지몬 비즈니스 스쿨'을 설립했다. 유럽마케팅학회 회장, 독일 빌레펠트 대학교 교수, 독일경영연구원(현재 유럽경영기술학교) 원장, 마인츠 대학교 석좌교수를 역임했으며, 미국의 스탠퍼드 대학교, 하버드 대학교, MIT, 프랑스의 인시아드INSEAD, 일본의 게이오 대학교에서 학생들을 가르치며 연구에 몰두했고, 영국 런던 비즈니스 스쿨로부터 영구초빙교수 자격을 받았다. 《프라이싱: 가격이 모든 것이다》, 《생각하는 경영》, 《이익 창조의 기술》, 《승리하는 기업》, 《가격 관리론》 등 40여 권의 저서를 전 세계 10여 개국에서 출간했으며 《하버드 비즈니스 리뷰》, 《매니지먼트 사이언스》, 《파이낸셜 타임스》, 《월스트리트 저널》 등 유수의 비즈니스 관련 매체 및 학술지에 수백 편의 논문을 발표했다. 2018년에는 한국에서 '히든 챔피언 경영원'이 설립되었고, 2019년 독일의 지식인 500인, 세계의 변화를 이끄는 경영 구루들의 글로벌 랭킹을 보여주는 '씽커스 50(thinkers50.com)'에서 첫 번째 독일인이자 유일한 독일인으로 선정되었다.

헤르만 지몬

2019년 12월 23일 초판 1쇄 발행

지은이·헤르만 지몬
옮긴이·김하락

펴낸이·김상현, 최세현 | 경영고문·박시형

책임편집·정상태 | 디자인·박소희

마케팅·양근모, 최의범, 권금숙, 양봉호, 임지윤, 조히라, 유미정
경영지원·김현우, 문경국 | 해외기획·우정민, 배혜림 | 디지털 콘텐츠·김명래
펴낸곳·(주)쌤앤파커스 | 출판신고·2006년 9월 25일 제406-2006-0000210호
주소·서울시 마포구 월드컵북로 396 누리꿈스퀘어 비즈니스타워 18층
전화·02-6712-9800 | 팩스·02-6712-9810 | 이메일·info@smpk.kr

ⓒ 헤르만 지몬 (저작권자와 맺은 특약에 따라 검인을 생략합니다)
ISBN 978-89-6570-938-1 (03320)

쌤앤파커스(Sam&Parkers)는 독자 여러분의 책에 관한 아이디어와 원고 투고를 설레는 마음으로 기다리고
있습니다. 책으로 엮기를 원하는 아이디어가 있으신 분은 이메일 book@smpk.kr로 간단한 개요와 취지,
연락처 등을 보내주세요. 머뭇거리지 말고 문을 두드리세요. 길이 열립니다.